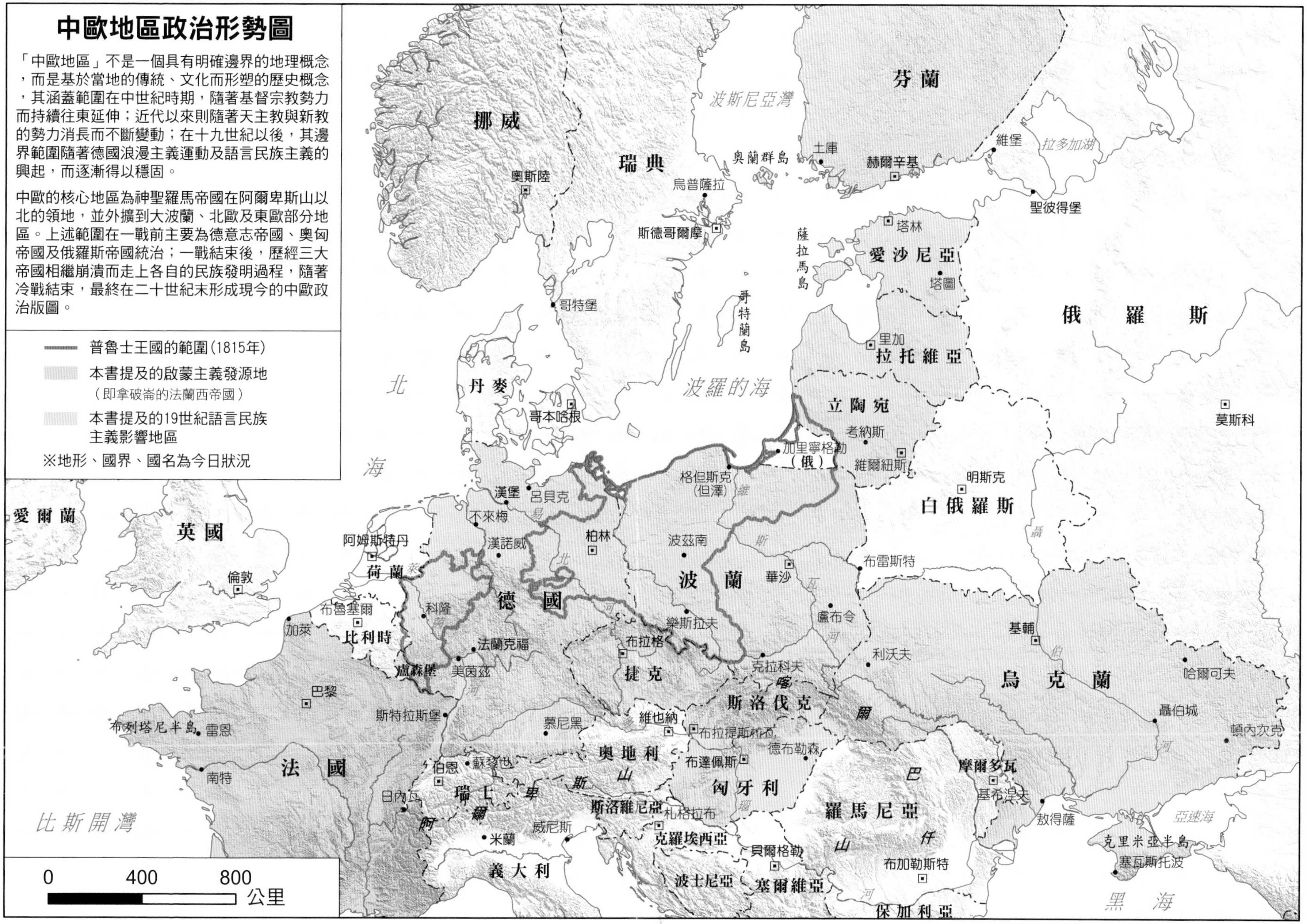
中歐地區政治形勢圖
「中歐地區」不是一個具有明確邊界的地理概念，而是基於當地的傳統、文化而形塑的歷史概念，其涵蓋範圍在中世紀時期，隨著基督宗教勢力而持續往東延伸；近代以來則隨著天主教與新教的勢力消長而不斷變動；在十九世紀以後，其邊界範圍隨著德國浪漫主義運動及語言民族主義的興起，而逐漸得以穩固。
中歐的核心地區為神聖羅馬帝國在阿爾卑斯山以北的領地，並外擴到大波蘭、北歐及東歐部分地區。上述範圍在一戰前主要為德意志帝國、奧匈帝國及俄羅斯帝國統治；一戰結束後，歷經三大帝國相繼崩潰而走上各自的民族發明過程，隨著冷戰結束，最終在二十世紀末形成現今的中歐政治版圖。
普魯士王國的範圍（1815年）
本書提及的啟蒙主義發源地
（即拿破崙的法蘭西帝國）
本書提及的19世紀語言民族主義影響地區
※地形、國界、國名為今日狀況
0
400
800
公里
芬蘭
波斯尼亞灣
挪威
瑞典
奧蘭群島
土庫
赫爾辛基
維堡
拉多加湖
聖彼得堡
奧斯陸
烏普薩拉
斯德哥爾摩
薩拉馬島
塔林
愛沙尼亞
塔圖
哥特蘭島
哥特堡
俄羅斯
里加
拉托維亞
北海
丹麥
波羅的海
立陶宛
哥本哈根
莫斯科
考納斯
加里寧格勒
（俄）
維爾紐斯
格但斯克
（但澤）
明斯克
漢堡
呂貝克
白俄羅斯
愛爾蘭
英國
不來梅
易
阿姆斯特丹
漢諾威
柏林
波茲南
維
斯
布雷斯特
荷蘭
萊
北
倫敦
德國
波蘭
華沙
瓦
聶
布魯塞爾
科隆
樂斯拉夫
盧布令
加萊
比利時
河
基輔
法蘭克福
布拉格
河
伯
利沃夫
盧森堡
美因茲
捷克
克拉科夫
烏克蘭
哈爾可夫
巴黎
喀
斯洛伐克
斯特拉斯堡
慕尼黑
維也納
爾
聶伯城
布列塔尼半島
雷恩
布拉提斯拉瓦
頓內次克
奧地利
德布勒森
法國
伯恩
蘇黎世
布達佩斯
摩爾多瓦
河
南特
山
巴
斯
阡
匈牙利
日內瓦
瑞士
卑
基希涅夫
敖得薩
斯洛維尼亞
亞速海
爾
札格拉布
羅馬尼亞
比斯開灣
阿
威尼斯
克羅埃西亞
山
阡
克里米亞半島
米蘭
貝爾格勒
塞瓦斯托波
義大利
布加勒斯特
波士尼亞
塞爾維亞
河
黑海
保加利亞

歐洲的感性邊疆

德意志語言民族主義如何抵制法蘭西理性主義

劉仲敬——著

編輯說明

本書是在明鏡新聞網《劉仲敬思想》系列節目的基礎上彙編整理而成，內容保留劉仲敬本人演說的白話特色，並為他引述的各種比喻或典故添加注解，以及附上相關插圖解說和製作重要大事記年表。

下列為本書各講次的原始節目名稱及播出時間：

一、《北歐新教自由主義與普魯士軍國主義》（第2期，2017年8月16日）
二、《克里米亞問題與烏克蘭民族構建》（第3期，2017年8月23日）
三、《歐洲邊疆與波羅的海民族》（第4期，2017年8月30日）
四、《芬蘭的歷史語言與民族》（第5期，2017年9月6日）
五、《捷克：中歐帝國勤王黨人的萬里長征》（第20期，2018年1月3日）
六、《斯洛伐克：匈牙利朱安黨人的寄居蟹》（第21期，2018年1月10日）
七、《匈牙利：從拉斐特到佛朗哥》（第22期，2018年1月17日）
八、《波蘭：帝國超民族主義和文化泛民族主義的剋星》（《第23期，2018年1月24日）

附錄：（1）《加泰隆——遲到的民族發明》（第8期，2017年10月14日）
（2）《烏拉圭東岸——從地區到民族》（第6期，2017年9月13日）

目次

普魯士王國

Kingdom of Prussia

Königreich Preußen

成立時間：1701年1月18日

首都：柏林

一、普魯士

軍國主義與新教自由主義

二〇一七年八月前後，美國人為了「李將軍塑像」問題[1]爭論得很激烈。這就引出一個叫做「狗哨政治」[2]的現象，它指的便是政治符號和歷史事實的分離。例如李將軍塑像作為一種政治符號，與實際上的歷史事實不盡相同。左派運用「狗哨政治」這個詞，意思就是說，雖然李將軍本人不贊同奴隸制，他也不是一個種族主義者，但是其他的種族主義者肯定會拿李將軍這個符號來為他們的政治訴求辯護，儘管這些李將軍本人也不會贊成這些政治訴求；右派也可以說，左派要拆除李將軍的塑像，其實也是運用符號政治的原理為自己辯護，把李將軍這個紳士和英雄說成是占美國大多數的白人中產階級的象徵，也就是把種族主義的原罪扣到他們身上。不過「狗哨政治」不一定跟種族問題有特別的聯繫，也不是美國特有而是全世界歷史上都經常出現的政治現象。所以你如果關心政治，但對背後的歷史來龍去脈不大清楚的話，就很容易被符號所欺騙。

早在美國人對李將軍塑像的爭論，或是在冷戰後的認同政治崛起之前，就有很多政治家以及政治勢力運用符號與事實的背離為自身利益服務。像托洛茨基就很精闢地說，「德國人在歌德那個時代被公認為是一個哲學家的民族，但是到了威廉二世的時代卻被公認為是一個軍國主義的民族。從表象到事實的差距始終很遠，但表象的變化也不過是花了三代人的時間就足夠了。」托洛茨基這句話的意思是，在他本人所在的那個時代，美國給全世界留下的印象，包括給馬克思這樣的早期社會主義者留下的印象，是一個熱愛和平、不干涉國際政治的「大型瑞士」。德國國防部的人甚至認為美國的軍事實力還比不上保加利亞，在政治上是一個微不足道的存在，早期的社會主義者也往往把他們的理想寄託在美國人身上；但托洛茨基卻預見到，由於美國的潛在實力和國際體系的演變，未來的美國將是資本主義勢力的中堅和蘇聯共產主義的主要障礙。他試圖說服他在左翼勢力中的同伴，不要因為我們的前輩——包括馬克思都非常愛美國，就覺得美國必然是我們的朋友，將來美國總有一天會變成我們的敵人。事後的歷史發展證明，他其實是說對了。

也因此我們就得追溯所謂的「德國軍國主義」，這個概念在歷史上到底是怎麼產生的。大家

① 二〇一七年時，美國維吉尼亞州的夏綠蒂鎮（Charlottesville）議會決議拆除該鎮的李將軍（Robert Lee）塑像。李將軍為南北戰爭時南方邦聯的軍事領袖，其形象被左翼民權人士視為種族主義的象徵。此舉引起許多右翼人士不滿並發起「團結右翼」運動，在八月十一日舉行大規模示威集會以抗議塑像的拆除，最終爆發衝突並導致多人死亡，引起社會輿論的廣泛爭議。

② 狗哨政治（Dog–Whistle Politics），指使用特定的語彙，向特定政治族群傳達信息的手法；由於這種手法鎖定特定目標，所以才稱為「狗哨」（一般正常人聽不見之意）。

現在都把「軍國主義」看成是一個汙名化的詞，但是在它剛剛產生的時候卻是一個相當正面的說法，而且跟自由主義是有內在聯繫的。現在的人，特別是因為希特勒上台和二戰的影響，往往條件反射地認為「軍國主義」是一個貶義詞，與自由主義大體上是對立的概念。「自由主義」這個詞給人引起的聯想一般來說是開明與和平，而「軍國主義」一般會給人引起一個專制和戰爭的聯想。但是這個聯想的銜接實際上是圍繞著第二次世界大戰的意識形態宣傳而形成的，也是美國人今天所說的「狗哨政治」的一部分。其實真正的軍國主義跟北歐的新教自由主義有非常密切的關係。它們不僅是相互支持的，而且在它們的起始階段，如果只有其中一種主義存在，從歷史發展的角度來看都會是站不住腳的。

近代歐洲的基本社區結構，是在十六世紀宗教改革時期形成的。當然，所有的文明都有它的基礎社區，但是基礎社區的形態總是前後不同的。羅馬時代的基礎社區和中世紀早期的基礎社區現在已經沒有什麼遺留痕跡了，但是宗教改革時期形成的基礎社區一直到現在還有它的直接繼承者。我們現在看到的典型美國WASP（盎格魯・撒克遜白人清教徒，White Anglo-Saxon Protestant）的中產階級社區，它是殖民地時期那些新教徒移民社區的直接繼承者，而這些移民社區又繼承於十六至十七世紀宗教改革者建立的教區。從宗教改革的時代一直到今天的美國，從西北歐到今天的美國，在基礎共同體這個層面上一直沒有發生過變化，所以宗教改革是近代世界真正的起源。

宗教改革把基督教世界和歐洲分成了兩半：天主教那一半，巴伐利亞人和奧地利人是它的領袖；新教這一半則遙奉英格蘭的伊莉莎白女王為領袖。在伊莉莎白女王去世以後，北歐的新教國家都希望蘇格蘭和英格蘭的國王詹姆斯一世（1566–1625）能夠繼承伊莉莎白女王的志業，團結整個歐洲的新教徒來對抗天主教勢力。但是，詹姆斯國王基於國內的政治衝突和憲法衝突，不希望英格蘭王國承擔太多的軍費，這會使他在財政方面進一步依賴國會提供的預算。所以，他實際上沒有按照新教徒期望的方向走去。也因此，新教徒就必須在靠近中歐和北歐的這個邊境地帶尋找另一個區域性的領袖，他能夠像以前的英國伊莉莎白女王和荷蘭奧蘭治親王一樣團結和保護新教徒的勢力，對抗巴伐利亞、奧地利和羅馬教廷旗下的天主教勢力。這方面的候選人，起初是立陶宛的拉齊維烏家族（Radvila Family），其次就是瑞典國王古斯塔夫二世（Gustav II Adolf，1594–1632），最後則是普魯士的霍亨索倫家族（House of Hohenzollern）；之所以發生這樣的轉折變化，因為新教徒先後尋找的這三個候選人，都沒有能夠像伊莉莎白女王或者巴伐利亞的維特爾斯巴赫家族一樣維持長期的統治連續性③。

拉齊維烏家族曾經在波蘭立陶宛聯邦顯赫一時。當時的波蘭立陶宛聯邦在國際上給人留下的印像是歐洲自由思想的大本營，所以有很多不能容於傳統教會的思想流派和科學家最後都跑到波蘭去避難。我們熟悉的哥白尼，就是一個波蘭的教士。儘管近代波蘭給人留下的印象是，它是天主教的堡壘，而天主教和波蘭民族主義不可分割地結合在一起，但是這其實也是波蘭被三次瓜分[4]以後才形成的歷史形象；在波蘭被瓜分之前，也就是歐洲宗教戰爭那個時代，波蘭恰好是全歐範圍內宗教信仰自由最發達的國家。新教徒在這裡能夠找到很多大貴族做為自己的庇護人，包括拉齊維烏家族。但是，拉齊維烏家族企圖把立陶宛從波蘭分離出去，解散波蘭和立陶宛的共主聯邦，然後立陶宛和瑞典再成立一個新教聯邦。

這在當時的外交形勢上，實際上是跟諾斯（John Knox，1514–1572）和蘇格蘭長老會的做法是差不多的。蘇格蘭原先憑藉它與法蘭西的「古老聯盟」，屬於天主教君主國的陣營[5]。瑪麗女王

左圖為拉齊維烏家族的徽章，為神聖羅馬帝國皇帝於1547年所授予，象徵家族聲望的尖峰時刻；右圖為拉齊維烏家族於1738年在柏林興建的宮殿建築。此宮殿在1875年後成為德意志帝國的首相官邸，1939年後成為希特勒的私人官邸，也是希特勒於1945年的葬身之所。

和吉斯家族的蘇格蘭王太后都是這個政策的忠實繼承者。歐洲中世紀的政治鬥爭結構，一向是蘇格蘭人和法蘭西人結盟，反對英格蘭人。但是在英格蘭倒向新教陣營以後，蘇格蘭就要在天主教陣營和新教陣營之間做一個選擇。蘇格蘭長老會在取得政權以後，蘇格蘭便站到了英格蘭和新教陣營這一邊，使法蘭西以及天主教勢力喪失了一個重要盟友。拉齊維烏家族在立陶宛也想做同樣的事情：解散波蘭和立陶宛的傳統聯盟，把立陶宛的合作對象從天主教波蘭改為新教瑞典，形成一個更加鞏固的新教聯盟⑥。

但是他們失敗了，結果導致新教勢力在立陶宛的崩潰，波蘭立陶宛聯邦變成了天主教陣營的

③ 英國的伊莉莎白女王（Elizabeth I, 1533–1603），自一五五八年登基以來，統治英國長達四十四年；雖然她終生未婚也無後代，但英國在其統治期間形成了高度的國家認同感。維爾斯特巴赫家族（House of Wittelsbach），該家族從一一八〇年左右開始統治巴伐利亞，直到一九一八年因德國戰敗而退位，統治期間長達七百多年，其家族形象為巴伐利亞本地的文化象徵之一。

④ 波蘭立陶宛聯邦在十五世紀左右曾經強盛一時，可是隨著周遭幾個君主專制大國（俄、普、奧）的擴張，仍保有強烈封建貴族傳統、權力分散的波蘭無力抗衡，分別在一七七二年、一七九三年、一七九五年，遭到俄、普、奧三國三度瓜分領土，在一七九五年後實質滅亡。

⑤ 古老聯盟（Auld Alliance）是十三世紀以來法國與蘇格蘭之間的長期同盟，始自法國對蘇格蘭貴族領袖羅伯特．布魯斯（Robert Bruce, 1274–1329）的支持，直至一五六〇年信奉長老會的蘇格蘭議會明白表示終止對法國的盟約而結束，時間長達兩百六十五年，是歐洲史上存在最久的同盟關係。

⑥ 波蘭與立陶宛自一五六九年以來為聯合國家，但到了十八世紀普魯士王國崛起後，立陶宛便力圖擺脫波蘭的支配；詳情可以參閱波蘭諾貝爾文學家軒克維奇的《洪流》（*Henryk Sienkiewicz*）一書。

穩固堡壘。從此以後，宗教改革和思想自由的大本營也從原本的波蘭立陶宛聯邦轉移到瑞典王國。瑞典王國儘管沒有與立陶宛實現聯合，也沒有打敗波蘭，但是在三十年戰爭期間以及戰爭結束後的很長一段時間，仍然是德國新教各邦的保護者以及中歐、北歐新教徒的主要領袖。但在一七〇九年後，瑞典國王卡爾十二世（Charles XII of Sweden）東征俄國、在烏克蘭的波爾塔瓦遭彼得大帝打敗以後，瑞典的國勢急劇衰落，瑞典統治的波羅的海東岸和芬蘭都被俄羅斯帝國奪去了。瑞典變成了一個地方性的小國，無法繼續承擔新教領袖的責任。

於是這個使命便落到普魯士的霍亨索倫家族頭上。從國際政治的角度來看，霍亨索倫家族其實就是拉齊維烏家族和瑞典新教王國的繼承者。由於前兩者都衰微了，德國北部乃至於整個北歐的新教陣營，就要在殘餘的新教各邦之中選出軍事實力最強大的一個邦國，把它推舉成為新教的領袖。環顧整個北歐，能夠符合這個標準的只有普魯士。瑞典已經衰落，瑞典在德國北部的勢力範圍也就跟著土崩瓦解。這時，普魯士人接管了瑞典人的影響力，打開了通向波羅的海的通道，變成了新教的主要強國。在這以前，普魯士基本上沒有海岸線，跟漢薩同盟的商業城市也沒有什麼關係。漢薩同盟跟瑞典國王和波蘭．立陶宛的國王都有過商業協定，而且是波蘭王國的主要經銷商；但與依賴波美拉尼亞（Pomerania）和東普魯士（East Prussia）貧瘠土地、以經營農業為主的普魯士容克[7]沒有什麼聯繫。普魯士也不像波蘭那樣擁有烏克蘭廣闊的、肥沃的平原，是歐洲的主要糧食出口者，可獲取巨大的外貿利益。

普魯士在近代的輝煌，實際上是隨著瑞典新教王國的倒台而開始的。它之所以能夠擴張，大多數歷史學家，包括中國國內的那些處理二、三手資訊的歷史科普作家，都把它歸功於霍亨索倫家族的雄才大略和各種優秀政策，但實際上這都是次要問題。像普魯士這樣優秀的新教小邦其實非常多，漢諾威也是這樣的一個邦國，但後者就沒有崛起。關鍵的因素還是在於普魯士的地緣形勢。它不像是萊茵地區的新教各邦那樣太偏向西歐。普魯士是緊接著北歐的，它所占據的地方恰好就是立陶宛大公國以及瑞典王國曾經在德國控制的那一帶，是北歐的腹心之地。在這個地方興起一個新教王國，可以填補地緣政治變化而造成的真空。這個因素才是最主要的。有了這個因素，然後才會有腓特烈大帝和他的繼承者的開明政策[8]；沒有這樣的地緣優勢，君主個人的開明政策其實是影響不大的。這就像是日本明治維新的成功，其實是來自於英國人的鼎力支持；如果日本不是一個海上國家、非常適合充當大英帝國在東亞的代理人的話，那麼英國人未必會在薩摩和長州發起倒幕運動的時候支持他們[9]，也未必會在甲午戰爭以後建立英日同盟。缺乏國際大環境的配合，日本的維新政府也是建立不起來的。

這時，普魯士產生了後人所說的軍國主義。跟二十世紀以來的評論家看法並不相同，十七至十八世紀的英法自由主義者，以及十九世紀初期的社會主義者，對普魯士軍國主義的評價都是正面多於負面的，這跟二十世紀以來的看法並不相同。他們認為，普魯士的地位是很接近於蘇格蘭的——蘇格蘭在宗教改革以前是歐洲最貧困的國家，如果不前往法蘭西去充當雇傭兵、為法蘭西人打仗的話，國內的貴族基本上是沒有什麼賺錢或者出人頭地的機會。所以，優秀的蘇格蘭騎士都不希望留在本國，而希望到國外去謀出路。但宗教改革以後，蘇格蘭轉變為新教國家，而新教徒又比天主教徒更重視教育，蘇格蘭就迅速發展起來了。在倫理方面，正如韋伯所說，當時的新教徒還不是二十世紀的樣子，而是十六至十七世紀的面貌，他們的社會倫理觀比同時期的天主教徒更偏向資本主義，結果導致資本主義首先是在新教各邦得到發展[10]。

普魯士王國在十六至十七世紀的國內基本形勢跟蘇格蘭很相似。它確實很貧窮，但是它的君主像蘇格蘭長老會那樣開明，樂於在教育領域投資。像盧梭這些人，在法國受到天主教徒的迫害，就一度跑到普魯士去；而伏爾泰在普魯士跟波蘭發生衝突的時候也堅決支持普魯士。他們的理由都是因為，普魯士國王是個開明君主，與當時歐洲大多數迫害異教勢力的新教及天主教統治者很不一樣；普魯士國王在宗教上採取開明政策，只要是願意納稅或者對普魯士國家建設有好處，任何人他都願意接受。路易十四開始迫害法國的加爾文主義者的時候，很多法國新教徒都跑到普魯士去。例如後來在坦能堡之役中立下大功的弗朗索瓦將軍[11]，從他的姓氏就可以看出，他的祖先其實是法國的新教徒，在法國天主教不再能容忍新教以後才跑到普魯士去的。波蘭—立陶宛王國放棄新教以後，原先勢力曾經很大的加爾文教徒——他們曾經是波蘭和立陶宛的資產階級和商人的主力，也紛紛遷往普魯士。結果促使普魯士變成一個海納百川、有容乃大的地方。

普魯士的新教社區來源是多樣化的，它有點像是近代早期的北美殖民地。各派的新教徒，無論你是浸禮會的、教友會[12]的還是長老會，都會跑到北美洲來開闢殖民地。在國內不得志的人，都跑到北美洲來。當時的普魯士也是這樣的地方——普魯士跟北美有一個相似之處，就是同樣有大量的荒地。儘管從規模來說，普魯士可供開墾的荒地跟北美阿帕拉契山脈以西的廣大草原是不能相比的，但是在中世紀末期的歐洲，處女地已經不多，普魯士擁有的大片尚未開墾的荒地也算

⑦ 容克（junker）是普魯士（特別是東普魯士）的地主鄉紳，這群人在工業革命後積極投入工業化，對德國的近代化有很大的助益，並在政治上有巨大影響力（俾斯麥即是容克的一員）。二次大戰末期蘇聯占領東普魯士後，失去土地的容克階層也因此隨之沒落。

⑧ 普魯士國王腓特烈二世（德語：Friedrich II, 1712–1786），又稱「腓特烈大帝」（Friedrich the Great），十八世紀普魯士王國的開明專制君主，啟蒙運動的代表性歷史人物。統治期間對外屢次發動戰爭、擴大疆土，對內則鼓吹法治和教育，在文治武功上都有很大的成就。

⑨ 英國在一八六三年薩英戰爭後，轉而支持開放西化的薩摩藩對抗德川幕府，之後日本海軍（以薩摩為主體），一直跟英國保持密切的關係。

⑩ 即十九世紀著名德國學者馬克斯·韋伯（Max Weber）的「新教倫理與資本主義」理論；韋伯以喀爾文教派發端的英國清教徒的禁慾宗教職業觀為代表，認為清教徒倫理核心在於節制消費及自願勞動的重要性；而衡量一份職業是否有用，依據的判斷標準有兩種，其一是能榮耀上帝的道德標準，其二則是個人獲利的程度，後者實質上促進了資本主義的發展。

⑪ 弗朗索瓦將軍（Hermann von François，1856–1933），普魯士及德意志帝國軍人，出身為盧森堡的法國胡格諾派（法語：Huguenot）後裔，在一戰初期的「坦能堡戰役」中率領德國第一軍包圍並殲滅俄軍，立下大功。

是一塊相當有吸引力的地方。在本國混不下去的新教徒或者其他的政治流亡者都覺得，我可以到普魯士去墾荒，就像是摩門教徒可以到猶他州的沙漠中建立鹽湖城[13]。

但是普魯士人的宗教開明政策是有一個前提的，也就是新移民必須承擔軍事義務。這點與北美相同，你移民到北美以後，可以組織一些民兵或者成立地方法院、地方教會之類的，接著就能夠建立你的新社區了。除了有時候要跟印第安人打打仗以外，基本沒有重大的軍事壓力。但是普魯士王國就有軍事方面的壓力。你移民到普魯士去，在宗教方面確實可以完全自由，在政治方面也相當開明，但是你必須要承擔軍事義務，因為普魯士是四戰之地，而且德國新教諸邦擁護它的理由就是普魯士能夠率領他們抵抗天主教徒，就像是燕國將軍樂毅的兒子樂閒說的那樣，「四戰之國，其民習兵」[14]。它之所以那樣如飢似渴地歡迎各國的人才，歡迎全世界的流亡者到它那裡去避難，正是因為它需要更多的人力來保衛自己。

開明政策不是單純的仁慈，也有相當的利害動機。北美之所以相對開明，那是因為它人口很少，要建立一個現代社會非得依靠歐洲的移民不可。普魯士的開明政策也是如此，它也是極端缺乏人口，有大量的荒地需要開墾，同時處在四戰之地，需要有大量的軍隊。所以無論你原先的來源是什麼，是法國的胡格諾派新教徒[15]，還是低地國家（荷蘭、比利時）、立陶宛，又或者德國各邦的新教徒，你到了普魯士去都要經過教區重組；普魯士的路德教會把各國的新教徒的移民重新組織起來，建立一個新的社會。這個建立基礎社區的作用，跟蘇格蘭長老會和美國維吉尼亞州、麻薩諸塞州的新教徒社會是非常相似的。

普魯士的宗教改革跟移民社會的重建有著極其密切的關係。這樣重建出來的新教社區，一方面是開明的新教社區，是德國自由主義的大本營，另一方面又是德國軍國主義的大本營，而且這兩者是相互聯繫的。每個社區必然有自己的精英。像蘇格蘭長老會在本國產生的社區精英，那就是蘇格蘭的長老會牧師，他們與英國的締結了著名的「蘇格蘭盟約」[16]，打敗查理一世並強迫查理二世承認蘇格蘭長老會，後來更強迫發動光榮革命的奧蘭治親王威廉接受長老會在蘇格蘭的統

⑫ 教友會，又稱貴格會（Quaker），新教教派之一，主張宗教寬容、和平共存，反對蓄奴；該教派早年遭到英國迫害，與清教徒一起移民到美洲，之後又受到清教徒排擠，遷徙到羅德島和賓夕法尼亞州。他們建立的最著名都市為費城。。

⑬ 摩門教（耶穌基督後期聖徒教會），主張耶穌的教義在兩千年後，透過先知史密斯的傳播而重新完整。這種主張不見容於眾多基督教派，於是史密斯和楊百翰率領信徒西遷，在美國西部的沙漠中開闢了鹽湖城基地。

⑭ 出自《史記卷八十・樂毅列傳第二十》：「樂閒居燕三十餘年，燕王喜用其相栗腹之計，欲攻趙，而問昌國君樂閒。樂閒曰：『趙，四戰之國也，其民習兵，伐之不可。』」

⑮ 胡格諾派（Huguenots）主要是信奉喀爾文派的新教徒，這些人飽受波旁王朝迫害，紛紛逃亡國外，普魯士是他們逃亡的主要選擇地。

⑯ 蘇格蘭盟約又稱「莊嚴盟約」（Solemn League and Covenan, 1643），是蘇格蘭長老會和英國國會在十七世紀英國內戰初期訂立的盟約，雙方約定共同對抗查理一世的王軍；此盟約決定了英格蘭內戰的勝負關鍵。

治地位。普魯士的新教社區也是這樣的，他們也有他們的社區精英，雖然他們的社區精英不是長老會的牧師，而是普魯士軍國主義的凝結核，也就是所謂的還鄉軍人。後來日本維新志士設計的鄉村自治體，就是以普魯士的新教社區為範本。

普魯士的新教社區不是由本地人組成的，而是五湖四海的移民組成的；那麼他們的社區怎麼樣產生領袖呢？蛇無頭不行，任何社區都需要有少量的精英。像東亞的儒家社會，就是由飽讀四書五經的地主士紳充當凝結核。共產黨發動土改的時候，要打倒的也是這批人。明治維新建立的日本社區凝結核，就是在明治新式軍隊中間服役過的軍官。軍官本來是沒什麼見識的鄉下人，在軍隊裡面學到了一些西方的先進文化，回到家鄉之後就變成地方上的凝結核了。韓國和台灣的中學生參加軍訓以後，回到家鄉也是這樣的角色。閻錫山、李宗仁、唐繼堯這些人也都是在日本接受的教育，而他們創造的地方自治模式，包括號稱是民國模範省治的、閻錫山建立山西自治的模式，都是從明治軍國主義學來的。

明治軍國主義的特點就是，軍國主義跟地方自治是一回事，沒有軍國主義就沒有地方自治。軍隊是最主要的學校，是把現代化推廣到全國的大學校。通過軍隊這個大學校培養出一批地方自治的骨幹，讓他們退役以後回到地方去建立自治體系。這個體系最先的創始者就是普魯士。普魯士的新教社區通過軍國主義建立了所謂的地方自治體。後來山縣有朋和其他明治改革家學習西方的時候，就是參考了普魯士的地方自治法。實際上，明治憲法涉及地方自治的部分等於是他們的德國顧問制定的，依據的也就是在普魯士執行了兩百年、很有現實效果的地方自治體系。一般人在洪堡時代以後有一句說法就是，普魯士在色當戰役能夠戰勝法國人，是因為普魯士的小學教師[17]。其實呢，普魯士小學教師只是普魯士軍國主義和地方自治制度的一部分。地方的精英是誰呢？就是地方的醫生、小學教師、學校校長這些人。這些人大部分都是由在普魯士軍隊裡面受過較好教育、到過歐洲各國見識世面的還鄉軍人組成的。

一般的農民受到的教育不多，尤其是一輩子待在老家，也沒有見過世面的人，他們在家鄉並沒有威望，但是有一條建立威望的捷徑，就是參加普魯士軍隊。參加普魯士軍隊，你在軍隊內部就會認識很多從各國投奔普魯士的客卿，這些人的知識水平相當於普魯士的貴族和紳士，這樣一來你就已經長了見識。普魯士軍隊南征北討，在大日耳曼地區四處打仗，然後駐紮在各國的市鎮內，你長的見識就更多了。等你回到鄉下的時候，你自然而然就變成了本鄉最見多識廣的人。如果你打算做一個「平信徒」[18]的話，你可以在本鄉做小學校長；假如你打算走宗教道路的話，你很容易在新教教會裡面謀得一個接近於長老的職位；如果你打算做地主的話，憑你當兵掙下的薪俸和開荒的經驗，你很容易建立一個田莊，讓子孫後代成為容克地主。這就是普魯士軍國主義的實質——普魯士軍隊，等於是創造國家精英的一個培訓基地。

後來啟蒙時期有很多作家都嘲笑普魯士說，「普魯士不是一個擁有軍隊的國家，而是一支擁有國家的軍隊」⑲，這話其實是千真萬確的。普魯士原先是一個極小的小邦，它是沒有能力負擔一支強大的軍隊的。它能夠負擔強大的軍隊，是因為它的軍隊不僅僅屬於普魯士王國本身。普魯士王國的財政預算是不夠用的，但是歐洲新教世界是能夠出得起全部價錢的。所以，普魯士軍隊很少為普魯士本國打仗。一開始它是為整個新教世界打仗，打擊以奧地利和巴伐利亞為代表的天主教勢力；後來英法七年戰爭的時候，普魯士又變成了英國人的打手⑳，接受英國人的津貼替英國人打仗，替英國人打擊法國和奧地利人。腓特烈大帝能夠把普魯士從一個

1757年柯林戰役的普魯士軍隊　為德國畫家克諾特爾（Richard Knötel）創作於1914年的作品，描繪英法七年戰爭中科林戰役（Battle of Kolin, 1757）中，組成縱陣（Column）的普魯士步兵正向左右來襲的敵軍開火反擊。普魯士與英國於1756年簽訂《威斯敏斯特條約》條約後，於隔年入侵奧地利與薩克森，並得到英國的財政援助。

小國變成大國，就靠的是他為英國人充當打手、充當雇傭兵的這種外交政策。普魯士的財政是依靠英國人補貼的，沒有英國人就沒有普魯士軍隊，普魯士軍隊離開英國的錢是一刻都養活不了自己的。

而以商業為主的英國，雖然擁有強大的海軍，卻很難指望本國國民踴躍報名參加陸軍，乃至於維持一支強大的英國常備軍。維持強大的常備軍，歷來被看成是法蘭西和西班牙專制國家的淵源，不利於本國的自由。因此在法國大革命以前，普魯士和英國的聯盟關係最緊密、最牢靠的這段時間，英國政治家和德國北部的政治家——包括後來華盛頓時代的美國政治家普遍都認為，普

⑰ 這是十九世紀普魯士參謀總長老毛奇（Helmuth von Moltke the Elder, 1800—1891）的名言，他認為普魯士能在一八七〇年的「色當戰役」中戰勝法國，根源於普魯士的義務教育的成功。普魯士在十九世紀初期的拿破崙戰爭敗給法國並失去大量領土和人口之後，以哲學家費希特為首的有識之士，開始呼籲建立「為保衛祖國而生、為保衛祖國而學」的教育制度；一八〇九年威廉·洪堡就任教育部長後，更進一步推行教育改革，從而奠立了普魯士義務教育的基礎。

⑱ 平信徒（Layman）指基督教中除了聖職人員及教會所認可的修會人員之外所有的基督信徒。

⑲ 奧諾雷·米拉波（Honoré Gabriel Riqueti, comte de Mirabeau, 1749–1791）語。米拉波是法國的貴族政治家兼啟蒙作家，在法國大革命初期，他扮演了關鍵角色；他的立場傾向保留王室，力圖調和王室與革命的關係，但未能達成目標便逝世。

⑳ 指英法七年戰爭（1756–1763）初期，英國與普魯士王國簽訂的威斯敏斯特條約（Anglo–Prussian Alliance，1756–1762）的簽訂，按照這項條約，英國每年提供普魯士一定的財政支援，以換取普魯士在歐陸戰場上對法國的戰略箝制。

魯士非常適合充當北歐的蘇格蘭，正如長老會統治的蘇格蘭，在光榮革命後的英國黨派政治中向來為輝格黨的主力。當時英國的輝格黨和托利黨差不多就是對應於長老會和國教會，長老會是自由黨或者輝格黨在社會意義上的主力軍，而聖公會或者國教會是保守黨或者托利黨的社會支持者。這兩者的關係就有點像是現代日本的公明黨和創價學會的關係，在國會政治這個層面是一個名叫公明黨的政黨，在社會組織這個層面就是一個名叫創價學會的宗教組織[21]。

在國會政治早期，光榮革命以後的英格蘭，國會層面的輝格黨，就是社會層面的長老會以及比長老會更偏新教的新教會；國會層面的托利黨或保守黨，就是社會層面的聖公會以及比聖公會更偏右的天主教會和更接近天主教會的各教派。宗教的分布和政治的分布是有密切關連性的，新教大體上是偏自由主義和輝格黨這一方面的，天主教則是偏保守派這一方面的，而國教會是新教當中最偏天主教的政黨。因為英國政局如此，所以英國政治家自然通過國內的政治局勢來對照歐洲的政治局勢。在他們看來，那些天主教的大國像是波旁家族的法蘭西、哈布斯堡家族的奧地利以及維特爾斯巴赫家族的巴伐利亞，就很接近於本國的斯圖亞特王室，這些國家都傾向於建立常備軍，在政治上都是自由主義的英格蘭的對手，也都有追求陸地霸權、反對英國海上霸權和自由貿易政策的傾向；相反，瑞典、漢諾威這些北歐新教國家，都比較反對天主教大國的絕對君主制，社會組成上是以新教徒為主，外交方面跟英國人走得比較近，政治上講也比較接近於開明的政治自由主義，這些國家自然是英國的天然盟友。所以在英法爭霸的一百年當中，法國和奧地利發動外交革命結成天主教聯盟以後，英國就轉而跟普魯士結成聯盟。加入英普聯盟的還有一些信仰新教的德意志小邦。

事實上，漢諾威王朝得以入主英國，也是因為英國輝格黨和托利黨大貴族在這方面的考慮。在瑪麗女王去世以後，如果讓她的弟弟愛德華繼位的話，那麼就會導致信奉天主教、擁護斯圖亞特王朝復辟的支持者捲土重來，這對托利黨溫和派以及輝格黨都是不利的。所以托利黨和輝格黨極力支持信奉新教的漢諾威家族——只會講德語的喬治一世入主英格蘭[22]。這個可以說是英格蘭的內部政治演化結果，但也同時受到國際政治的影響。國內政治和國際政治從來都是分不開的，不僅是冷戰以後，親資本主義的國家就比較有可能親近美國，親社會主義的國家就比較有可能親近蘇聯，這是國內政治和國際政治結合的一部分；而且這也是自古以來的原則，在英法爭霸的時代也是這樣的，新教各國親近英國、親近自由主義的可能性就比較大，天主教各國親近法蘭西、親近絕對君主制的可能性就比較大，這個形勢也是國內的政治傾向和國際政治相互交錯。英國國內的比較支持斯圖亞特王朝復辟的力量也就是比較偏向天主教和托利黨的力量，反過來也就是比較傾向於新教和輝格黨的力量。

普魯士能夠崛起，跟英國國內以及歐洲大陸的宗教與政治聯動演變是關係非常密切的。新教和自由主義的聯合勢力，在蘇格蘭表現為對國際貿易和殖民帝國的追求，在普魯士和瑞典就表現為對開明政策和強大陸軍的支持。普魯士和瑞典都是本國的經濟基礎不強，只靠自己養不起強大軍隊的例子。瑞典的古斯塔夫國王和普魯士的腓特烈國王能夠建立強大軍隊的祕訣都是廣招客卿，組織一支絕大部分都是由外邦人組成的軍隊。如果沒有這支主要由外邦人組成的軍隊的話，那麼瑞典王國以及普魯士王國是不可能在天主教和新教的三十年戰爭當中獨占鰲頭的，不可能獲得天主教國家的敬畏，更不可能獲得北歐新教徒國家的普遍支持。

瑞典變成一個民族國家，恰好是它喪失了德意志的主要領地、被迫局限在北歐一隅之地的附帶產物。如果瑞典人仍然能夠控制北歐的廣大領地，占據著德國的半壁江山，占據著波羅的海東岸的愛沙尼亞、拉脫維亞——當時稱之為庫爾蘭的大塊土地的話，那麼就只會有瑞典帝國，不存在瑞典王國，更不會有瑞典民族國家。瑞典人在失去了海外領地、在俄羅斯的壓力之下不得不變成一個默默無聞的地方性邦國以後，才能夠走上發明瑞典民族的道路，才會有今天這個和平中立的瑞典。瑞典在十七世紀三十年戰爭時期的好戰形象跟十九世紀的普魯士是差不多的；而普魯士在十七世紀的邊陲形象則跟現在的瑞典差不多。

但正如托洛茨基所說的那樣，公共形象的變化往往趕不上實際的變化。往往是，你的國家路線實際上已經改變以後，其他人認為你的形象還是你過去一百年的樣子。在華盛頓將軍那個時代，普魯士在美國人心中的形象還是非常正面的。他們希望美國在華盛頓將軍的領導之下走類似當年普魯士的開明和中立路線，休養民力，遠離英法爭霸和國際糾紛。但實際上，當時的普魯士已經拋棄了這條與北歐新教各國共同反抗天主教和絕對君主制的路線，走向了一條完全相反的道路。

普魯士加入反拿破崙聯盟的時候，仍然是過去的形象，這就是為什麼在維也納會議的時候，很多政治家，不僅是英國和北歐的政治家，甚至法國的開明派政治家，都有加強普魯士實力的傾向。在他們看來，拿破崙雖然嚴重地破壞了國際體系，造成了很多危險的後果，其做法是不值得鼓勵和必須壓制的，但是壓制法蘭西又有可能造成另一個後果，這就是導致天主教奧地利和沙皇俄國的勢力過大，不僅破壞了歐洲的平衡，對歐洲的自由也是不利的。歐洲在之前一直是天主教新教各占一半——既是在宗教層面，也是在政治層面，一半是開明的、傾向自由主義的，另一半是專制的、傾向絕對主義的。在俄羅斯帝國開始參與歐洲政治之前，哈布斯堡家族和巴伐利亞公認是德國反動派的大本營，是絕對君主制和天主教勢力在德國的主要壁壘，而普魯士是開明派和自由主義派在德國的主要壁壘。

這個同時體現在國際關係以及普魯士國內的憲法：普魯士接連出了一系列開明君主，願意在宗教和政治方面採取開明政策，願意庇護信奉啟蒙主義的文人；它的憲法也是所謂的三級會議制憲法，跟十八世紀寡頭政治時期的英格蘭是很相似的。普魯士的三級會議是國王、貴族和資產階級分享權力的體制。普魯士的容克貴族是由普魯士軍官轉化來的集團，因此它不像是法蘭西和奧地利的世襲貴族那樣堅決地擁護天主教、反對新教。實際上，容克貴族中的普魯士本地人只占少數，占多數都是全歐洲的新教徒，在充當普魯士軍官的過程中立了功，然後就變成普魯士的地主、變成普魯士國會的核心成員了。普魯士的資產階級，則是在普魯士打開波羅的海出海口，並逐步變成歐洲的重要出口國的過程中產生的。

從國際貿易上來講，普魯士接管了波蘭、漢薩同盟尤其是但澤市原有的那個角色。事實上，但澤也確實是波蘭在一七九三年第三次被瓜分以後歸併了普魯士。波蘭過去出口糧食的那個區域，大部分落入普魯士之手。普魯士人用歐洲第一批科學農業和科學林業的方式經營這些地方，一方面出口英國海軍所必需的木材，一方面出口天主教歐洲尤其是法國所必需的糧食。要從事這些活動，都必須有一批相當於是傑佛遜總統那樣的、有文化的鄉紳階級[23]。這些鄉紳階級首先為普魯士國王當軍官，維持普魯士的國家地位，在退役以後把他們透過接受啟蒙主義教育而學到的科學知識帶回家，用科學經營莊園的方法提高土地的肥力，提高農作物的產量。

所以，按照馬克思主義的說法，他們就等於是一種資產階級化的新貴族，跟英國紳士在英國發展經濟的作用有一定的相似之處。只不過普魯士位於北歐和東歐的連接點上，它在國際貿易的地位比英格蘭要外圍得多。如果說英格蘭是資本主義世界的核心的話，那麼普魯士就是它的外圍和原材料提供者。但是，原材料提供者也必須有一批有資本主義頭腦的在鄉地主，而不能由傳統的那批封建地主來經營。普魯士的地主之所以是新教徒，不像是奧地利或者巴伐利亞地主那樣是傳統的封建貴族，原因就在這一點。他們必須是資產階級化的新式精英，而不能是依靠封建勞役為生的老式貴族、十字軍時代的那種貴族，後者的做法在英法七年戰爭和英格蘭殖民帝國的時代已經是行不通了。普魯士要充當英國的外圍，要做為英國的代理人發展自己的國家實力，實際上就要像後來的明治日本一樣，把自己的國家和社會徹底改造一番。近代的普魯士國家就是這樣產生的。

但我們要注意，這樣一個普魯士國家是一個純粹的東歐及北歐國家，它跟西歐是沒有關係的。當時的中歐不是一個民族國家的概念，而是一個區域性的概念。它們中間的很多小邦跟哈布斯堡帝國都有宗藩關係，而哈布斯堡帝國並不是民族國家。普魯士人跟萊茵地區的各小邦、漢諾威和巴伐利亞是沒有什麼關係的，但是它跟波蘭、瑞典、立陶宛和俄羅斯有著非常密切的關係。它是新教徒在東歐的外交和軍事據點，也是日耳曼人在東歐和北歐開荒的急先鋒。在這個方面，它的基本作用就像是建立鹽湖城的摩門教徒一樣。為此，他們也產生了跟美國西部拓荒運動非常類似的人格結構，就是強調個人奮鬥，強調自給自足的莊園經濟，培養吃苦耐勞、有耐心、肯奮鬥的人格。這種人格發展到十九世紀，就產生了一種與美國的「天定命運說」非常相似的「東進運動說」[24]。

十九世紀的「天定命運說」認為，美國人是上帝揀選的特殊民族，他們不僅注定要把勢力擴張到整個北美大陸，而且還要在整個世界上扮演特殊角色。這個特殊角色就是，把美國特殊的價值觀、特殊的正義感普及到不像美國人這樣講道德和講正義的黑暗的舊世界去。德國的「東進運動說」則是強調，由普魯士的新教貴族地主領導和塑造的日耳曼人社區有較強的自治能力和奮鬥精神，把過去斯拉夫人不肯開發或者無力開發的沼澤地都變成了良田，把過去渙散的、沒有能力自行形成高級國家的社區組織變成強

美國「天定命運說」形象圖　為美國畫家賈斯特（John Gast）創作於1872年的作品，名為《前進的美國人》（American Progress）。此圖中心的「哥倫比亞天使」，為「天定命運說」的擬人化形象，她手持象徵文明開化的經書，帶領拓荒者、電報線及蒸汽火車一同往西前進，拓展美國文明的邊疆界線。

有力的自治體，再從這個強有力的自治體當中產生了戰無不勝的普魯士軍官團——普魯士軍官團和普魯士地方自治體是一回事，兩者都是普魯士新教地主開發荒地的政治產物。

它在本來沒有普魯士的地方開發出了普魯士，在本來落後的、不但不屬於近代世界的一部分、甚至基督教影響都很薄弱、充滿了異教色彩的斯拉夫廣闊內陸，建立了一個基督教新教的開明的近代社會，這就充分證明，日耳曼人也是受上帝揀選的特殊民族，他們負有使整個東歐和北歐的廣大內地文明開化的特殊使命。這個使命，就有點像後來日本人自以為他們是東亞唯一的現代化民族，有義務開化整個黑暗的東亞大陸。這跟美國人認為他們不僅有義務建設整個美洲、還

㉑ 一九三〇年，日本日蓮宗信徒牧口常三郎與其弟子戶田城聖創建創價學會，提倡以日蓮宗佛法為指導進行教育改革。一九六一年，創價學會組成「公明政治聯盟」。一九六四年十一月十七日，公明政治聯盟正式政黨化，定名「公明党」，選舉原島宏治為委員長，北條浩為書記長。

㉒ 英國安妮女王去世後，由於膝下無子，王位面臨絕嗣危機。此時國會為避免逃亡法國、信奉天主教的詹姆斯．愛德華（James Francis Edward Stuart）重新繼承王位，於是迎進了有王室血統、信奉新教的漢諾威選侯喬治（格奧爾格），是為漢諾威王朝之始。

㉓ 指主導美國革命、創立憲法的北美知識鄉紳階級，通常為蓄奴的大莊園主，熱心於工商業和政治文化方面的事務，他們對政治的關心促成了美國的革命。

㉔ 天定命運說（Manifest Destiny），十九世紀美國社會的類宗教信念，認為作為基督徒的美國人被上帝賦予從東岸向西擴張殖民，直到濱臨太平洋的北美大陸西岸為止。東進運動說（德語：Drang nach Osten）起源於十九世紀中期，指要求德國延續歷史上條頓騎士團和普魯士的拓殖路線，為日爾曼農業殖民者獲得東方斯拉夫人土地的理論。

有義務把自由民主帶給世界，其實是差不多的觀念。東進運動說這個觀念雖然把其實主要是普魯士人的功勞放到了整個「日耳曼人」頭上，而且後來因為希特勒的緣故，跟美國的天定命運說一起在二十世紀被批判得很激烈，但它的暗線其實跟當初的普魯士博得英國人和美國人好感的那些理由是一脈相承的。面向東方的普魯士，是新教世界的普魯士、文明開化的普魯士，要把開明的理想帶給黑暗的中歐和東歐。而在這個使命當中，普魯士是背靠西歐、做為西歐文明世界的先鋒隊出現的，它沒有意識到自己是一個西歐國家，更沒有想到自己對於西歐還有任何使命。普魯士承擔起後一方面的責任，是拿破崙戰爭和維也納和約的結果。

普魯士的開拓方向，如前所述，一直是向著東方。它一面抗擊南方的天主教大國尤其是奧地利，同時開發東方廣袤的斯拉夫土地，它跟西歐的關係一直是不明確的；而且西歐是英國和法國的勢力範圍，它也沒法打進去。德國西部只有一系列小邦，像哥廷根、威瑪這樣，文化上雖然發達，但是軍事實力不強，領土範圍也很小。這些極小的小邦，在歐洲各國爭霸的時候一般都是左右逢源。其中有些統治者，例如像是美因茨大主教或者巴伐利亞大公之類的人，在大多數時候都站到路易十四及其繼承人一邊去，把自己的領土交給法國軍隊，接受法國國王的津貼。而漢諾威和北方的新教小邦，還有丹麥——按照當時的觀念，丹麥也是日耳曼世界的一部分，丹麥語和波希米亞語都是日耳曼的方言，丹麥人和波希米亞人後來各自發明民族，是在格林兄弟時代以後的事情。

但是這種格局被拿破崙打破了。原先英國人和法國人施展得很好的那種國際平衡術，在拿破崙手裡面變成了一邊倒的格局。他不遵守過去的遊戲規則，想把整個歐洲大陸都吃下來。這是英國人所不能容忍的，迫使他們把俄國人拉進來，推翻拿破崙，以便恢復歐洲的平衡。拿破崙把名義上由神聖羅馬帝國管轄的那些小邦合併成為萊茵邦聯[25]，由法蘭西帝國直接保護，把德意志的數千個小邦國強行合併成為十幾個大邦國，粗暴地踐踏了德意志的既有憲法，同時也踐踏了中世紀的政治傳統。《呂內維爾條約》[26]對中世紀封建自由的德意志諸邦來說，是比法蘭西大革命更可怕的一次社會性屠殺。德國舊派的自由主義者看到這種情況，就像是伯克看到法國革命者用粗暴的中央集權手段廢除了法蘭西過去享有一定封建自治權利的各個省分的邊界一樣，覺得這種事情就像是女巫的春藥，以為把年老的父親碎屍成一塊一塊的肉、扔進鍋裡面重新煮一遍，就能夠提煉出返老還童的仙丹[27]。其實這就是絕對主義國家邁向中央集權的最後一步。絕對主義國家是中央集權國家的過渡狀態，把過去有歷史傳統的封建邦國的邊界弄得模糊和破壞了。法國大革命走到最後一步，就是廢除法蘭西所有的封建領地，從今以後不再有洛林，不再有勃艮第，不再有布列塔尼，不再有諾曼第，你們全都是法蘭西的行省；波希米亞國王、洛林公爵（Duke of Lorraine）、羅馬教廷在法蘭西境內的所有封建領地也一筆勾銷，變成法蘭西帝國的行政區。

問題是這樣做就絕不僅僅只是法蘭西本國的憲法改革，而是踐踏國際秩序。洛林公爵在神聖羅馬帝國的國會中是有議席的。亞維農的封建領地不是屬於法蘭西王國的，而是屬於羅馬教廷的㉘。法蘭西王國在這些地方只是有保護人的權利。這種保護人的權利就像現在的印度和不丹，不丹並不是印度的領土，但是因為印度是大國，不丹是小國，所以印度繼承了大英帝國保護不丹的義務。法蘭西王國及其繼承者有權、而且也應該保護亞維農的教皇領地，但他們無權吞併這塊領地，就像是印度無權吞併不丹一樣。如果要吞併的話，他至少也要跟羅馬教皇打一打招呼。而法蘭西革命者斷然吞併這些地方，這個行為按照當時的國際秩序來看，就像是

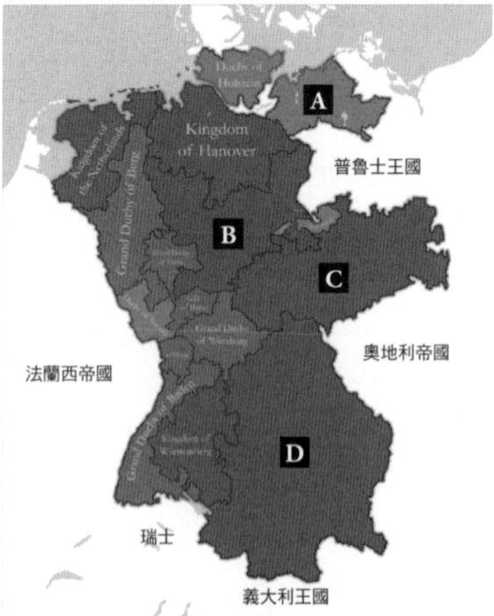

萊茵邦聯（1806–1813）疆域圖　萊茵邦聯又稱「萊茵聯盟」，為拿破崙解散神聖羅馬帝國後，所成立的中歐政治聯盟，主要成員為易北河以西，不含普魯士的前神聖羅馬帝國成員國，其中位於東部且較具規模的成員包括：（A）梅克倫堡－施特雷利茨大公國、（B）西發利亞王國、（C）薩克森王國、（D）巴伐利亞王國構成針對普魯士王國的防線。

後來毛澤東在一九五九年年斷然吞併西藏一樣。從印度人、不丹人、尼泊爾人的角度來看，西藏跟大清帝國和中華民國簽署的就是亞維農教皇領地和法蘭西王國那種保護和被保護的關係。教皇領地是宗教領地，沒有自衛能力，所以由法蘭西保護，但是這並不表明它是法蘭西的行政區；同理，西藏是由大清帝國保護的，但是這並不意味著西藏是大清帝國的行政區。你把西藏的自治權撤銷了，變成中華人民共和國的行政區，這就不僅僅是中國內政的問題了，這是一個撕毀國際條約的問題，撕毀了印度、大英帝國都曾經加入的國際條約。法蘭西革命者的這種行為，以及後來拿破崙帝國的這種行為，也不僅僅是改革法蘭西的內政，也是撕毀了法國跟英國、普魯士、奧地

㉕ 一八〇六年七月十二日，十六個德意志諸侯的全權代表在巴黎與法國外交大臣塔列朗簽署《萊茵邦聯備忘錄》，宣布脫離德意志帝國，組成由法國皇帝保護下的「萊茵邦聯」（Confederation of the Rhine，1806–1813）。

㉖ 一八〇〇年法國在馬倫哥戰役擊敗奧地利後，和奧地利簽訂了《呂內維爾條約》（*Treaty of Lunéville*）。該條約承認法國占有萊茵河左岸地區，並且認可義大利中部多個城邦脫離奧地利的控制。

㉗ 出自十八世紀英國貴族政治家埃德蒙·伯克（Edmund Burke）著作《對法國大革命的反思》中引用自希臘悲劇《美狄亞》的典故：魔法師美狄亞誘騙伊俄爾科斯王國的公主，讓她們以為將父親殺死後丟進鍋裡煮，就可以讓父親重生並返老還童。柏克引用此典故以諷刺法國大革命的種種粗暴改革措施。

㉘ 羅馬教皇在中古末期勢力衰弱，一三〇九年，教皇遭到法王挾持，播遷到法國南部的亞維農（Avignon），直到一三七七年，共有連續七位教皇居住在亞維農，史稱「巴比倫之囚」。一三四八年，教皇克萊孟六世（Pope Clement VI）買下該地並成為教皇領的合法領地，直到一七九一年遭到法國革命政府沒收為止。

利、羅馬教皇、西班牙簽署的國際條約。

這就是為什麼各國組成了反法同盟的緣故。一般歷史教科書經常是很浮泛地說，歐洲的反動勢力為了反對法蘭西革命而團結起來。其實他們團結起來的原因很簡單：他們的條約權利都被踐踏了，他們在法蘭西王國境內的領地都被法蘭西新政府沒收了。這個道理就像是共產主義在蘇聯得勢以後沒收了所有外國資本家在俄羅斯帝國的財產一樣。英國人和法國人可以說，你沒收俄國地主資本家的財產可以說是你的內政，但是我們英國和法國的資本家財產你沒收了，那就是向我們英法開戰了。毛澤東在中國推行的所謂「打掃乾淨屋子再請客」[29]，也就是類似的行為。美國人可以說，你沒收本國地主資本家的財產是你的內政，但是你把美國資本家的財產給沒收了，那就是違反了中華民國跟美國簽署的條約了。古巴卡斯楚革命以後也是這樣的，美國在古巴的企業被卡斯楚沒收了，這個遺留問題到現在都還沒有解決[30]。法國大革命的時候發生的情況也就是類似的，外國封建主在法蘭西王國享有的領地遭到剝奪，他們的感受就像是近代共產主義革命以後外國資本家在共產主義國家的產業遭到沒收一樣。這是一個國際條約的問題。法蘭西不能提出適當補償，就意味著法蘭西撕毀了以前法蘭西絕對君主國跟各國簽署的條約，使法蘭西立刻陷入了和整個歐洲的戰爭之中。

而這場戰爭的結果是拿破崙帝國的產生。拿破崙用軍事手段幾乎征服了全歐洲，把雅各賓黨人的激進政策[31]推行到整個歐洲。德國是最大的受害者。德國後來走向擴張性的民族主義，主要就是受了拿破崙這一次的刺激。德國原有的封建權利被完全踐踏了，所有的領土和邊界都被打亂了，按照法國行政官所喜歡的武斷方式強行重畫邊界。即使在拿破崙失敗以後，原有的邊界也無法恢復了。而且即使恢復了邊界，原有的德國西部的那些小邦，像是美因茨這樣的教會邦，被法國人首先改成了美因茨共和國，然後直接併入法蘭西領土[32]，至於漢堡這樣的商業城邦，也沒有足夠的實力抵抗法蘭西。所以，英國、奧地利以及拿破崙戰爭中的戰勝國在維也納會議的主要目的就是要防止法國重新崛起。拿破崙雖然戰敗，但是法蘭西的實力無疑還是在奧地利和德國各小邦之上。如果盟軍撤退，特別是英國人和俄國人的軍隊一旦撤退，那麼法國人重返德國西部是不成問題的。巴伐利亞仍然有可能跟著法國走，德國西部的小邦在法國的強大軍隊面前是不堪一擊的。環顧整個德國，只有普魯士還算有點戰鬥力，於是英國、奧地利和俄國的外交官就達成協議，把接近法國邊境的萊茵地區的各小邦合併成為萊茵省，把萊茵省交給普魯士，變成普魯士的領土[33]。同時，把拿破崙糟蹋過後，屬於殘山剩水的日耳曼各小邦分別與奧地利、普魯士聯合起來，構成一個「日耳曼邦聯」。

日耳曼邦聯與其說是一個國家，不如說是一個像歐盟這樣的國際組織，它自身沒有任何戰鬥力。普魯士人和奧地利人永遠不能達成協議，雙方都紛紛要求俄國沙皇站在自己這一邊。所以，日耳曼邦聯儘管占有了中歐的絕大部分土地和資源，由於內部分裂的緣故，它沒有能力對其他國家構成威脅。但是，它製造的這個國際框架仍然能夠阻止法國向東歐擴張。這就是維也納會議形成的歐洲框架，這個框架的核心就是在法國邊境構成一條防線。在北方，因為比利時完全沒有能力抵抗法蘭西，如果把它併入荷蘭，組成荷蘭·比利時聯合王國，它的抵抗力就會比較強；而在最危險的法國東部方面建立一個萊茵省，把萊茵省交給普魯士，雖然萊茵人沒有抵抗能力，但普魯士王國還有一定的抵抗能力。這樣，荷蘭可以保護比利時，而普魯士則可以保護萊茵省。在南方，把皮埃蒙特（Piedmont）歸還撒丁王國（Kingdom of Sardinia），並跟熱那亞合併，在義大利西北部建立一個比較強有力的王國。當地過去的君主薩伏依公爵（Duke of Savoy）不可能抵抗法蘭西國王，在法蘭西共和國和拿破崙面前立刻就投降了，但是擁有西北部義大利和撒丁島的撒丁王國，在英國和奧地利的支持下就有一定的能力抵抗法蘭西的擴張了。可以看出，維也納會議設置的荷蘭·比利時聯合王國、新普魯士王國和撒丁王國，在國際體系中扮演的位置恰好就是二十世紀初凡爾賽會議建立的波蘭、捷克斯洛伐克和南斯拉夫。一九一九年成立的這三個新國家的用處是為了封鎖德國，防止德國重新崛起；而一八一五年成立的三個新國家，用處則是為了封鎖法國，防止法國再次崛起。

在這三個國家當中，普魯士是站在最前線的。路易十四以來，法蘭西的傳統擴張路線是順著科隆大主教區和美因茨大主教區這些毫無抵抗能力的領地，向東方突入德意志內部。二次世界大戰以後，一般的符號政治、狗哨政治的操作者都把德國看成是主要威脅；可是在拿破崙戰爭剛結束的時候，普遍的輿論都認為法國人才是威脅。他們的看法就跟斯戴爾夫人[34]和托洛茨基所說的那樣，德國是個專門出音樂家和哲學家的國度，它出不了什麼好軍人，無論是法國人、瑞典人還是俄國人，即使他們在別的地方打不贏，打贏德國人都沒有問題的，任何人都能夠打德國人而且獲得勝利。我們如果去看托爾斯泰的名著《戰爭與和平》，當中描寫拿破崙東征快要打到俄國的時候，俄國貴族瘋狂地大罵拿破崙說：「拿破崙這個人其實沒有什麼了不起。你們不要看他好像

㉙ 這是毛澤東的外交政策，主張帝國主義在華的殘餘勢力和特權以及一切不平等條約，再考慮與西方國家建立外交關係的問題。

㉚ 二〇一九年三月，美國國務院宣布重新啟用於一九九六年通過的《赫爾姆斯—伯頓法》（*Helms-Burton Act*）第三條的部分內容；此內容允許在一九五九年古巴革命後，遭到古巴政府沒收財產的美國個人和公司法人，可向使用這些財產的古巴各單位及與其有經貿往來的外國公司提起訴訟。

㉛ 例如剷除封建制度及各地習慣法、沒收教會財產、實施徵兵制等。

㉜ 美因茨共和國（Republic of Mainz）成立於一七九二年，只維持了短短七個月，然而當地的德意志雅各賓黨人之後仍持續活動，最終導致了一八四八年德國地區的革命，因此該共和國在歷史上仍有不可忽視的地位。

㉝ 維也納會議上，俄國不願交還普魯士於一八〇六年喪失的波蘭北部和西部各省，普魯士遂提出合併薩克森作為補償，但又遭到奧地利和英國的反對。最後各方達成妥協，普魯士在東方僅合併波森地區與薩克森部分領土，而在西方獲得萊茵省（Rhine Province，1822–1946）作為補償。

㉞ 斯戴爾夫人（法語：Madame de Staël，1766–1817），法國隨筆家、小說家。身為法國著名的沙龍女主人，在知識分子間擁有很強大的力量；後來因為跟拿破崙的關係不睦，遭到拿破崙所放逐。

打了很多勝仗，你仔細看，他打的那些勝仗有什麼了不起的，他每一次打勝仗都是在打德國人而已。打德國人有什麼了不起呢？我們誰都能夠打德國人的，任何人只要高興打德國人，都可以打上一場。」這就是德國人在當時留下的形象[35]。他們好像是一個生活在非常熱愛和平的、幾乎等於是理想之鄉的國度，抵擋不住任何人的進攻。所以當時人們想的不是怎樣削弱德國，而是怎樣強化德國；不是怎樣限制德國的擴張，而是怎樣保護德國免遭法國擴張主義的威脅。

普魯士做為德國的最開明、最自由主義的國家——嚴格來說它不是最開明和最自由主義的邦國，德國最開明的邦國是威瑪大公國、最自由主義的邦國是巴登公國，但是威瑪和巴登的領土都只有一座城市的大小，無論如何是毫無戰鬥力的，它們自身也都希望依靠普魯士王國的保護。像歌德效忠的威瑪大公爵[36]，他在拿破崙戰爭時期就投效普魯士王國，在普魯士王國的軍隊當中當了一位將軍。這是威瑪傳統的外交政策。所以維也納會議的政治家就認為，過去的普魯士很適合於當新教歐洲的保護者，現在的普魯士又很適合於做歐洲眾小民族和自由主義的保護者。第一，為了防止法蘭西的激進主義將來以拿破崙戰爭的方式復活，第二，為了防止法蘭西的反動派跟哈布斯堡家族和羅馬教皇聯合，把絕對君主制推向整個歐洲，都需要有普魯士的存在，普魯士是非常完美的抵抗者。如果法蘭西再次走上革命的道路、產生下一個拿破崙的話，那麼普魯士的萊茵省就可以在這個交通要道上擋住它；如果法蘭西走回波旁家族的道路——在它干涉西班牙立憲革命以後它很可能走這條反動的道路而不是革命的道路[37]，做為羅馬教皇和天主教歐洲的保護人而干涉歐洲事務，它在西班牙革命期間就自封為天主教歐洲和拉丁歐洲的保護者，那麼就需要有一個開明的新教勢力來抵抗它，普魯士恰好又是新教勢力的代表。它既是革命擴張主義的天然敵人，又是天主教絕對主義的天然敵人，無論法蘭西走哪一條道路，普魯士都是天造地設的、防止法蘭西擴張的最適當國家。

但是這樣一來，實際上也就把普魯士害了、把德國人害了。後來的歷史學家和評論家一般都認為，德國走上第一次世界大戰和擴張主義道路主要是由於俾斯麥統一了德國，使德國走上了軍國主義道路，諸如此類。但實際上，如果按照舊普魯士王國的做事方式的話，它是不會這樣做的，舊普魯士王國只能走向東發展的道路。普魯士如果沒有萊茵省的話，它跟法國就毫無衝突，跟德國西部的政治勢力也沒有任何利益關係。它的利益關係就是到東方去，跟波蘭、俄國、瑞典做交涉。它是波羅的海各小國的天然保護者。這些國家如果害怕俄國的侵略的話，只有依靠普魯士的保護。同時，普魯士的政治比俄國要開明得多。在東歐，普魯士無疑是先進的、開明的自由主義者，芬蘭人、烏克蘭人心目中的理想國家毫無疑問都是普魯士。新普魯士如果一步步向東擴張，經過一百年的發展以後，它將會變成東歐的文明播種者。有普魯士全力向東方發展的話，布爾什維克革命不一定會發生。而且即使發生了，俄國西部的眾小民族必然會在普魯士的統帥之下抵抗布爾什維克主義，後來的史達林根本就不會出現，也不會有第二次世界大戰以及希特勒這類人的產生。

因此可以說，二次世界大戰的產生，源自於德國統一後所底定的歷史路徑。德國統一產生了一個過於強大的國家，促使法國和俄國結成極不自然的聯盟[38]。本來俄國是歐洲最反動的國家，向來是歐洲最革命的法國天敵。但是因為德國統一了，它們才勉強變成一個聯盟來反對德國，最終導致第一次世界大戰。德國跟英國原來是無冤無仇，而且沒有海軍的普魯士非常依賴皇家海軍的保護。雙方等於是天造地設的互補關係：英國沒有陸軍，普魯士的陸軍正好在歐洲大陸為英國服務，可以抵抗過於強大的陸權國家法國、奧地利和俄羅斯；普魯士沒有海軍，它的海上利益需要英國保護。英國和普魯士是最天然的盟友，既是自由主義的盟友，又是新教的盟友，又是國際政治和國內憲法結構高度互補的天然盟友。但是一旦普魯士統一德國以後，德國本身雖然跟英國無冤無仇，但是在德國為了跟法國和俄國作對而把歐洲分成了兩個敵對陣營、而德國的勢力又壓倒了法國的勢力以後，英國為了維持國際政治平衡，又不得不站到法國這一邊。

本來是傳統敵國的英國和法國變成了盟友，本來是傳統敵國英國和俄國也變成了盟友，本來是傳統盟友的英國和普魯士反倒變成了敵國。所以在第一次世界大戰爆發的時候，德國的貝特曼．霍爾維格首相還念念不忘地說：「英國人和德國人不應該彼此為敵。要說是資本主義，我們都是資本主義，法國人是熱衷於貿易保護主義，英國人不跟法國人作對反而跟我們作對，這太不公平了；如果講種族文化，我們和英國人都是撒克遜人，法國人是拉丁人，英國人跟我們的關係也更近；從歷史傳統上講更不用說，英國人和德國人一直是朋友，在海外也跟歐洲大陸都沒有什麼衝突。明明沒有什麼衝突卻變成死對頭，這實在是我國外交的一個重大失敗。」[39]實際情況也就是這樣的，但是歸根結底還是俾斯麥統一德國所造成的結果。

俾斯麥之所以承擔了統一德國的任務，關鍵就在於普魯士獲得了萊茵省。得到了萊茵省，表面上看是普魯士的一個重大利益，但是造成的長遠後果比起戰國時代的趙國從韓國取得上黨郡

㉟ 此為托爾斯泰所著的《戰爭與和平》第一部第二十四章內容。《戰爭與和平》為托爾斯泰的名作，以一八一二年的拿破崙東征俄國為全書主軸，深刻描述從一八〇五到一八二〇年間，俄羅斯社會的諸多面相，以及在面對法國入侵時的種種反應。

㊱ 威瑪大公卡爾．奧古斯特（Karl August, 1757–1828），法國大革命和拿破崙戰爭時期在普魯士陸軍中擔任將領並多次與法軍作戰。其統治期間一貫奉行開明專制政策，於一八一六年通過德意志各邦的首部自由主義憲法，規定了新聞出版自由和言論自由。

㊲ 西班牙立憲革命是一八二〇年在西班牙發生的革命運動，是反對西班牙波旁王朝絕對君主制的自由主義運動，建立的自由體制在一八二三年結束。也稱作「西班牙內戰」、「自由的三年」。一八二三年，有「聖路易之子」之稱的法軍打倒西班牙革命軍，革命政府倒台，革命終結。

㊳ 俾斯麥於一八九〇年下台後，德國政府出於與英國加強關係等考慮，拒絕延長同年到期的德俄再保險條約。法國趁機拉攏俄國，於一八九二年成立法俄軍事同盟。

㊴ 貝特曼．霍爾維格（Theobald von Bethmann-Hollweg，1856–1921），德國政治家，從一九〇九年開始擔任德意志帝國首相，直到一九一七年為止。在一戰前主張停止德國與英國的海軍軍備競賽，並舒緩兩國之間的對立狀態。

還要糟糕。沒有上黨郡，趙國和秦國不會打仗，也就不會有長平之戰，不會使趙國的全部人口在長平之戰犧牲，秦國也就統一不了六國；獲得了上黨，後面的事情就變得不可避免了。原本的普魯士是一個北歐國家，它的方向是朝東方進發，南方是它的敵人，西方是它的盟友；得到萊茵省以後，它就承擔了保衛整個德國西部的責任。德意志邦聯最西部是普魯士的萊茵省，最東部則是東普魯士人，一個小小的普魯士要保護夾在普魯士東部和西部之間的這些支離破碎的德意志小邦，就得一面跟奧地利作對，一面跟法國作對。

同時，萊茵省的加入也改變了普魯士的經濟結構。普魯士原先是一個沒有海軍、沒

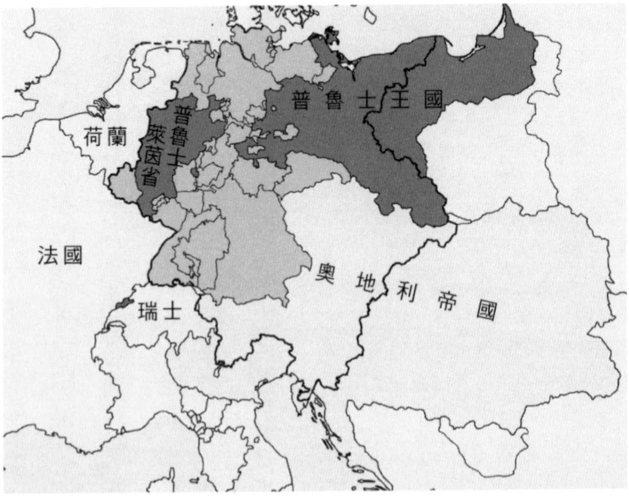

德意志邦聯（1815–1866）疆域圖　1815年，奧地利召開重整中歐秩序的「維也納會議」並成立德意志邦聯，其疆界基本繼承自神聖羅馬帝國的傳統界線與成員國，包含部分的普魯士王國及奧地利帝國。在十九世紀民族主義思潮的衝擊下，德意志邦聯的政治功能薄弱，1866年普奧戰爭後解散。

有海外利益的農業國家，農業國家的天然盟友就是英格蘭。一個工業國家可能為了爭奪海外出口的關係跟英國發生衝突，而農業國家只需要進口工業品、出口農業品。因此，它是英國的天然盟友。在南北戰爭前夕的美國，南方比北方更傾向於英國。南方是純農業區，南方要出口農產品的話，英國是個理想的市場。農產品要賣到海外去，由皇家海軍保護你做自由貿易，對農場主是最有利的。農場主既想把貨賣到英國去，又想在皇家海軍的保護之下，將整個海外世界的關稅盡可能降低。同時，它沒有工業，也不害怕英國工業品的競爭。關稅對它非常有害，自由貿易對它非常有利。所以，南方支持大英帝國的自由貿易政策，而北方主張對外實施關稅。一個沒有萊茵省的普魯士跟美國南方是一樣的，它會毫無保留地支持英國，因為它的利益跟英國的海外自由貿易政策相一致。但是有了萊茵省以後，它就獲得了歐洲大陸最先進的一片工業區。從此以後，它就必須推行關稅政策，必須爭奪海外市場。這意味著，這個新普魯士以及由它所保衛的日耳曼地區，早晚會變成英國的競爭對手。

普魯士的容克貴族，也就是普魯士的農場主和拓荒者，他們想要東方的荒地，並不打算取得西方的霸權，因此他們是俄羅斯的天然敵人，卻不見得是英國人和法國人的天然敵人。但是在德國統一後，對外政策自然地產生東方路線和西方路線的衝突。東方路線要求德國到東方去開拓擴張、打擊俄國；西方路線要求德國到西方去保衛阿爾薩斯和洛林、開拓世界殖民地，對抗法國和英國。因此，統一後的德國外交一開始就是給自己提出了不可能完成的任務，也就是說它永遠不可能建立穩定的外交傳統。日本後來走上第二次世界大戰的道路，也是因為日本國內始終是有親英的國際主義派和泛亞主義派的鬥爭[40]。親英派要把日本變成亞洲的英格蘭，不要亞洲大陸上的領地，堅持英日聯盟；而泛亞主義者要求日本走德國人的道路，做亞洲大陸的天然保護者，開拓滿蒙，在亞洲大陸上打出一片天下來。兩者之間的鬥爭使日本的外交始終不穩定，一會向東倒一會向西倒，不僅損害了日本的外交利益，而且損害了日本的憲法結構。最後，泛亞主義派打敗了國際主義派，日本也走上了戰爭的道路。德國統一後的政治衝突也與日本非常相似。

舊的普魯士王國不可能在任何戰爭中反對英國，而一個統一的德國就引起了英國的猜忌。俾斯麥那種聯合沙皇俄國、穩定奧地利和英國、全力防範法國的路線，暫時掩蓋了東方路線和西方路線的既定矛盾；但俾斯麥下台後，這個矛盾終究要在他那些缺乏相同政治手腕的後繼者任內爆發出來，導致德國與俄國、英國相繼決裂。結果是，德國外交走上了後來昭和日本那種兩頭不是人的道路。德國西部的工業家階級因為海外貿易和海軍協會[41]的關係，堅持要德國開拓海外市場、開拓殖民地，因此德國跟英國難以建立友好關係；但是另一方面，他們又無法犧牲東部容克地主和東方日耳曼人的利益——這些容克地主和日耳曼人在斯拉夫地區擁有大量的土地和經濟利益，當俄羅斯帝國走向泛斯拉夫主義以後，已經注定是這個新俄國的敵人。結果，東方路線把德國變成了俄國的敵人，西方路線把德國變成了英國的敵人。德國既要反對英國又要反對俄國，在兩條路線的夾板之間，等於是處在注定要失敗的位置。

這實際上就是普魯士兼併萊茵省必然的後遺症。普魯士如果沒有萊茵省，普魯士王國就多半只有東方路線沒有西方路線了，那樣一個普魯士就仍然是腓特烈．根茨[42]時代的普魯士，是中歐的蘇格蘭，是英國人的天然盟友，是中歐自由主義者最擁護的對象。德國自由主義者都希望普魯士人出來主持大局，就像克倫威爾時代的英國自由主義者都希望蘇格蘭長老會出兵英格蘭、幫助他們抵抗英格蘭的聖公會和托利黨的勢力一樣。這時候的普魯士在啟蒙派文人心目中的形象是開明和進步的。自從普魯士統一了萊茵省、建立了關稅同盟、建立了統一的德意志帝國以後，它在英語輿論界的形象就越來越差，最後就變成一個反動、專制、軍國主義的德意志了。

這個形象的變化其實很像是李將軍形象的變化。李將軍在他活著的時候毫無疑問是開明人士和紳士：他反對奴隸制，也反對維吉尼亞州退出聯邦。反對奴隸制的人其實都不反對李將軍，即使是在南部聯邦失敗以後。南北雙方重新和解的時候，雙方都能接受的英雄人物為數不多，林肯是南方人絕對不能接受的，而李將軍卻是北方人可以接受的。南北雙方要和解，就需要找一個共同的國家英雄，於是李將軍就變成了南方人和北方人共同崇拜的對象了。結果經過二戰以後的一系列由狗哨政治造成的形象轉變，李將軍的塑像居然會跟納粹旗幟連在一起，變成左派和右派相互爭訟的焦點。

南北戰爭剛剛結束的時候，北方人和南方人同樣熱愛李將軍，因為他反對奴隸制，也同時熱愛維吉尼亞州和聯邦制度。南方人記得，李將軍雖然反對奴隸制和反對退出聯邦，但是他忠心耿耿地為維吉尼亞州戰鬥到底；北方人記得，李將軍雖然率領南軍跟他們打仗，但是他是奴隸制堅定的反對者和聯邦堅定的擁護者。所以，林肯當不了美國統一的象徵，而李將軍卻當了美國統一的象徵。但是今天很多人已經忘記了這段歷史，把李將軍變成一個民權運動的充滿爭議性的符號了。這就叫做「身後是非誰管得，滿村聽說蔡中郎」[43]，蔡中郎在他活著的時候是什麼人並不重要，關鍵是他死後，狗哨政治的符號開發者把他塑造成怎樣的形象。

普魯士王國也是這樣的。普魯士王國曾經是歐洲開明人士崇拜和仰望的對象，是德意志自由主義者最大的希望；結果到了最後，居然會變成軍國主義的符號和反動派的符號，以至於盟軍在戰勝德國以後，第一個措施就是解散普魯士邦[44]。這一點其實也是盟軍不了解德國內部政治的緣故。促使俾斯麥統一德國的力量並不是普魯士的舊貴族。普魯士的舊貴族實際上是反對俾斯麥在法國和俄國之間實行的機會主義外交，堅持主張維持普魯士保守主義，保留奧地利在德意志的地位，反對普魯士通過拿破崙式的外交革命統一德國[45]。按照他們的路線，普魯士是不會吞併薩克森和漢諾威的，他們更是反對跟英國人開戰的。在第一次世界大戰的前夜，促使德國皇帝威廉二世走上反英道路的也不是東部的普魯士貴族和地主，而是西部那些缺乏政治經驗的新興資產階級和海軍協會的人。

德國統一以後，關稅同盟使德國的經濟飛速發展，形成了一個新的資產階級。這個資產階級雖然有了很多財富，也通過報紙和新媒體獲得了一定的輿論影響力，但他們缺乏舊貴族的政治傳統，也不懂得自己的根本利益所在——用通俗的話說，「乞丐吃了三天飽飯，然後就不知道自己算老幾了。」他們忘記了英格蘭是普魯士最古老、最可靠的盟友，英格蘭是普魯士新教徒的天然盟友，而把大英帝國看成普魯士通向新德國、通向霸權道路的主要障礙，一天到晚地鼓吹建立無

㊵ 日本自明治維新以來，一直就有「長州（山口）陸軍，薩摩（鹿兒島）海軍」的派閥區別。陸軍傾向往中國發展並攫取大陸利益，其政治理念為「泛亞主義」；海軍則主張開放妥協並傾向與英美等海軍大國合作，其政治理念為「國際主義」，由於雙方理念不同並頻繁衝突，導致日本政府的對外政策常陷入分裂的狀況。

㊶ 由德國海軍上將阿爾弗雷德·馮·鐵必制（德語：Alfred von Tirpitz，1849–1930）發起的海軍協會，主張德國應擴張其海洋勢力，向海外發展並拓展殖民地。

㊷ 腓特烈·根茨（Friedrich von Gentz，1764—1832），梅特涅的祕書，曾多次參與重要的國際會議，以立場保守、支持君主制度著稱。

㊸ 陸游《小舟遊近村捨舟步歸》；所謂「蔡中郎」，是指東漢文學家蔡邕，在民間傳說中，他被描述成一個忘恩負義之人。

㊹ 一九四七年二月二十五日，占領德國的盟軍管制委員會簽署第四十六號法令，稱「普魯士國家歷來是德國軍國主義和反動作風的支柱，它事實上已經不復存在」，為求「維護各民族的和平與安全」，以及「在民主基礎上進一步重建德國的政治生活」，自即日起解散普魯士邦。

㊺ 普法戰爭勝利後，普魯士國王威廉一世不願登基為德國皇帝，他認為這意味著「向普魯士道別」。在登基典禮前一天迫於俾斯麥壓力而讓步後，國王流淚說：「明天是我一生當中最不快樂的一天。我們會把普魯士的王位抬進墳墓。」

畏艦隊，建立強大的海軍，開發殖民地，不斷得罪英國，把德國變成英國的主要敵人。俾斯麥雖然是機會主義的，但是至少還比較懂得利害關係，他活著的時候極力阻止德國走上這條道路；但是在他死後，新一代不懂歷史的年輕人，終於把德國推上了過去舊普魯士王國根本不可能走上的反英道路。這條道路最終把德國推向第一次世界大戰，然後又在第一次世界大戰以後把德國推向第二次世界大戰。

普魯士只要承擔了統一德國的使命，而新德國只要在憲法結構上是普魯士的擴大版，那麼普魯士人就注定要倒霉的。統一的德國有七千萬人口，其中四千萬人是普魯士人。而且，人口的優勢還不是唯一的問題。就軍官團和陸軍來說，普魯士是承當全部責任的。例如在統一的德意志帝國，德意志帝國沒有陸軍部，只有普魯士的陸軍部；相同的，德意志帝國沒有真正的外交部，只有普魯士的外交部[46]。德意志帝國很像是聯邦，權力很小；要發動戰爭，全得靠普魯士的資本。屬於天主教徒的巴伐利亞人從傳統上講是普魯士王國的天敵，在工業時代以前，巴伐利亞還算是可以跟普魯士平起平坐的競爭對手；但在工業時代以後，它的實力就只有普魯士的一個零頭了，但它的文化結構仍然存在。聯邦制度使它享有很多特殊地位，它有獨立的外交關係、獨立的軍事制度。巴伐利亞軍隊由巴伐利亞國王指揮，不受普魯士陸軍部的指揮，也就是說不受戰時最高統帥部的指揮。實際上，真正打仗的是普魯士的軍官。巴伐利亞的民兵完全可以用保護本邦為藉口，保留自己的特殊利益。

巴伐利亞外交部不受普魯士外交部的節制，結果在一戰結束的時候，幾乎因為擺不平巴伐利亞而沒法講和。巴伐利亞生怕普魯士在德意志帝國的聯邦框架中排斥它，因此堅持要為巴伐利亞的犧牲獲得額外的補償，因此問題遲遲沒有辦法解決。英國人要結束戰爭，首先最不能讓步的基礎條件就是必須重建比利時；法國人要結束戰爭，首先最不能讓步的基礎條件就是收回阿爾薩斯和洛林。然而巴伐利亞人堅持認為，這場戰爭本來也不是巴伐利亞的事情，巴伐利亞既然打了這場戰爭，就必須獲得補償，也就是割一塊土地例如比利時或者阿爾薩斯給巴伐利亞[47]。儘管和議達成有很多方面的因素，但是德國外交路線的不統一、巴伐利亞堅持要求比利時或阿爾薩斯為領土的條件使德國外交官失去了很多迴旋餘地。雖然他們本來就不大可能跟英國和比利時議和，但是有了巴伐利亞提出的這些條件，等於是德國的議和餘地就更少了。德國外交官如果放棄爭取這些土地就無法安撫巴伐利亞人，然而不放棄這些土地就更無法安撫英國人和法國人。這是一個注定要失敗的遊戲，這個遊戲不是任何人——哪怕是像俾斯麥一樣英明的人能夠解決的。

你只要接受了巴伐利亞這個攤子，就會出現這樣的局面：在打仗的時候，巴伐利亞軍隊基本上是不起作用的；但是在議和的時候，巴伐利亞人一定會節外生枝，讓你沒有辦法議和。所以這個問題的唯一解決辦法，只能是巴伐利亞和普魯士不屬於同一個國家。巴伐利亞變成德國的一部分，對普魯士非常有害，但是俾斯麥只要統一德國，巴伐利亞就非得變成普魯士的一部分不可；俾斯麥之所以要統一德國，則是德意志關稅同盟以普魯士為核心的結果；普魯士關稅同盟之所以能夠建立，是維也納和會後所做的一系列安排的結果；而維也納和會之所以做這個安排，是為了在萊茵省為法國設立一道新防線。歷史的邏輯就是這樣一步一步走出來的。在普魯士得到萊茵省的時候，好像還顯得普魯士占了便宜，但是未來的隱患已經埋下；德意志關稅同盟建立的時候，好像普魯士變成了德意志的主人，但是普魯士已經背上了一個自己無法承擔的大包袱；打敗法蘭西、兼併巴伐利亞、建立德意志第二帝國的時候，表面上看起來德意志威震歐洲，普魯士壓倒了法蘭西和俄羅斯，變成了「歐洲的男主人」[48]，但是實際上已經注定了普魯士的毀滅。

結果到二戰結束後，毀滅的不是巴伐利亞而是普魯士；盟軍不害怕巴伐利亞的天主教徒，但他們害怕普魯士的貴族軍官，這些軍官太能打了。儘管他們知道希特勒是出身於巴伐利亞陸軍，納粹黨周圍的狂熱革命家和條約破壞者屬於德國的無產階級，大部分是德國南部和西部的人[49]，並不是普魯士軍官，普魯士軍隊是德國走到最後關頭仍然唯一有可能推翻希特勒、而且是唯一嘗試過推翻希特勒的力量，最後反對希特勒的社會民主黨人和貴族軍官也都是普魯士人，但盟國仍然有必要分解普魯士。因此，在二戰後的聯邦德國沒有普魯士邦，重新統一的德國也沒有普魯士邦。但是巴伐利亞邦卻可以保存下來，因為巴伐利亞沒有戰鬥力。它留在德意志聯邦內部，只會妨礙德意志聯邦成為一個強國。巴伐利亞既沒有能力領導這個聯邦，又不能容忍除巴伐利亞的任何人領導這個聯邦，這就足以使這個聯邦注定淪為一個和平主義的集團，不可能有任何戰鬥力了。

一八一五年到一八六六年的日耳曼邦聯也是這樣的一個聯邦。其實在日耳曼邦聯當中，普魯士的基本實力並不比後來第二帝國時期的普魯士弱，但是這時的普魯士壓不住奧地利和巴伐利亞，所以它的戰鬥力表現不出來。儘管普魯士早在普法戰爭以前就已經獲得了大大強於法國的工業實力和軍事實力，但是這些實力都沒有體現到國際關係上面。在義大利戰爭的時代，在墨西哥

㊻ 按照一八七一年德意志帝國憲法，德意志帝國首相是唯一擁有正式職位的帝國政務官員，並兼任普魯士的外交部長；而帝國的外交部長通常是做為首相的外交政策的協助及執行者，而非實際上的主導者。

㊼ 巴伐利亞邦當時的實質領導者是王儲魯普雷希特（Rupprecht，1869–1955），他同時是一戰時期德軍在亞爾薩斯一洛林方面的總指揮官，在政府與軍隊當中都有很強大的話語權，戰後因反對納粹而流亡至義大利。

㊽ 當時流行的比喻是：「從此歐洲少了一個女管家，來了一個男主人。」女管家指法國，男主人則是指以普魯士為核心的德國。

㊾ 希特勒親信中，戈林和希姆萊出身巴伐利亞，戈培爾和赫斯出身萊茵地區。

戰爭的時代，法蘭西在拿破崙三世的領導下仍然是威震歐洲以及全世界，它提出了拉丁美洲和拉丁民族的觀念，聲稱法蘭西理所當然應該領導整個拉丁語世界，也就是說應該控制整個南歐和大部分美洲；而普魯士好像是連日耳曼世界都吃不下去，它的形象仍然是一個小小的、開明的自由主義小國，只是比巴登和威瑪稍微強一點而已。

俾斯麥微妙的外交手腕，雖然從政治馬基維利主義來看是再厲害不過了，但是毫無疑問是坑害了普魯士。普魯士經過兩次世界大戰以後，一方面在德國內部，它自己是犧牲最多的集團，另一方面在盟國看來，它是最可怕的眼中釘。無論是蘇聯還是西方盟國，都容不得普魯士存在。蘇聯一定要割去普魯士最核心的地方，把占領區的所有普魯士人全部掃地出門，把早在拿破崙戰爭以前就已經開荒種地幾百年的普魯士農場主全部趕出去，後來國民黨和共產黨對待滿洲的日本拓殖團也是這樣。要知道，這些普魯士人在東歐、在波羅的海地區墾荒的歷史，比美國人到加利福尼亞和德克薩斯墾荒的歷史要長三倍。假如有朝一日美國人打了敗仗，勝利者要求白人必須從加利福尼亞和德克薩斯淨身出戶，留下他們兩百年經營的所有財產，叫他們光著屁股、像叫花子一樣返回歐洲，這些人會怎麼想呢？但是這恰好就是東歐日耳曼人在第二次世界大戰以後得到的下場。結果之所以會是這樣，就是因為他們在狗哨政治裡面失敗了。儘管他們並不是希特勒的支持者，反倒是希特勒上台的最後一個障礙物，但他們實際上為希特勒承擔了全部的歷史代價，變成了希特勒的替罪羊。

狗哨政治的一個弔詭之處就在於，你很可能會為不屬於你的祖先、跟你沒有什麼關係、甚至是你祖先的敵人的歷史人物而付出代價。例如，今天提倡「安提法」或者「黑命貴」的這些人[50]，按照他們所遵循的狗哨政治和歷史發明學，他們實際上是要求，一個長期仇恨大英帝國、跑到美國來就是為了逃避大英帝國的愛爾蘭白人，到了美國以後竟然必須為南方奴隸主的罪行負責。未來的美國激進主義者會把他們當成是南方奴隸主的後裔，強迫他們的子孫為南方奴隸主的歷史作為負責。然而他們不但不是南方奴隸主的後裔，恰好是林肯北軍的主力。這些愛爾蘭人之所以能夠跑到美國來，就是因為林肯要大量招兵跟南方人作戰，結果有很多在英國很窮的愛爾蘭人抓住這個機會來到美國，加入了聯邦軍或者北軍，跟李將軍所率領的南部邦聯軍打仗。是他們打敗了李將軍，解放了南方的黑人。而這些南方黑人的後代很可能出於狗哨政治的原因，把這些他們自己的解放者和盟友的後代當成南方奴隸主的後代加以攻擊和迫害，這就是它的弔詭之處。而這個狗哨政治在德國產生的後果是，把德國最自由主義、最開明的普魯士人當成是德國最反動的一批人，讓他們為德國最熱衷於擴張主義的那批人付出代價。

然而普魯士人不得不付這個代價，為什麼呢？就是因為德國統一了。德國如果沒有統一，普魯士還是普魯士，巴伐利亞還是巴伐利亞，德國西部那些人還是德國西部那些人，那麼艾德勒[51]

也好，希特勒也好，根本就不會是普魯士的公民，普魯士首先是一個北歐國家，其次是一個東歐國家，普魯士在今天的形象就毫無疑問是像現代波蘭的形象。今天的開明人士和進步人士，例如柯林頓總統及歐布萊特[52]這些人，對於東歐的開明人士和自由主義者，他們首先想到的是波蘭人。為什麼是波蘭人呢？就是因為普魯士王國被廢除以後，普魯士王國的核心領土，無論是東普魯士還是波美拉尼亞，都變成了波蘭的領土。普魯士人之所以在國際政治中變成了新教勢力、開明勢力和自由主義的代理人，恰好就是因為瑞典失敗了，瑞典在波羅的海南岸的土地由普魯士繼承了。普魯士人繼承了這塊土地，也就繼承了這塊土地所承擔的歷史責任。於是，後來一百多年的普魯士就變成了一個新瑞典。過去瑞典做為開明君主國、新教和自由主義的代理人所扮演的角色，就由後來的普魯士扮演了。普魯士王國滅亡以後，這片波羅的海南岸的土地就由波蘭繼承了。於是，儘管波蘭人是天主教徒，但他們卻接管了過去新教普魯士的歷史使命。

現在波蘭被開明人士公認為是抵抗俄羅斯霸權及擴張主義的民主壁壘。大家談論歐洲衰落的時候，都覺得有波蘭在就沒有問題。只要波蘭在，俄羅斯的歐亞主義政策就是沒有前途的。按照倫斯斐的看法，波蘭是「新歐洲」的主要代表；在法國和德國等「舊歐洲」已經疲軟的情況下，波蘭仍然強硬[53]。波蘭是美國在全世界最忠實的盟友，是歐盟的主力軍，是東歐抵抗共產主義的主力軍，是歐洲抵抗一切專制勢力的主力軍，是保衛西方文明的主力軍。波蘭承擔的任務，其實就是中世紀條頓騎士團（Teutonic Order）和近代瑞典王國留給普魯士的遺產。在普魯士王國不復存在以後，這些遺產和波羅的海南岸的土地一起，傳給了波蘭人。這也就是狗哨政治的一個弔詭之處：歷史形象是可以跳躍繼承的。為林肯打仗的那些愛爾蘭人因為到了美國，就莫名其妙地變成了南方奴隸主的政治繼承人；而波蘭人因為取得了普魯士王國原有的土地，莫名其妙地變成了普魯士王國歷史形象和歷史遺產的繼承人。

而經過兩次世界大戰以後，大多數只看過二手、三手資訊的歷史作家已經完全忘記了馬克思本人還非常清楚的，瑞典、普魯士和波蘭在中北歐地緣政治中此起彼伏、相互消長的相同使命。

⑸ 全稱為「反法西斯運動」的「安提法」（Antifa）與「黑命貴」（Black Lives Matter, BLM）皆為美國自二〇一〇年以來的左翼社會運動，共通點皆在於訴求平等權利及反對種族歧視，在美國社會輿論上引發廣泛爭議。

⑸ 康拉德．艾德勒（Konrad Adenauer，1876—1967），出身萊茵地區，二戰後西德的首任總理。建立了二戰後的基督教民主聯盟的執政基礎，堅決支持以西方為導向的外交政策，引進自由市場制度，恢復了西德的國際地位。

⑸ 馬德琳．歐布萊特（Madeleine Albright），出生於捷克並曾前往波蘭進行長期學術研究，在擔任柯林頓時代的美國國務卿時，力主前蘇聯共產陣營的波蘭、捷克及匈牙利三國於一九九九年加入北約。

⑸ 唐納．倫斯斐（Donald Rumsfeld），美國小布希總統時代的國防部長，以鷹派立場著稱，主導美國在二〇〇一年發動的阿富汗戰爭及二〇〇三年的美伊戰爭。倫斯斐在二〇〇三年一月二十四日在歐洲發表「舊歐洲」與「新歐洲」的演講，他認為前者的代表是法國及德國，後者則是以波蘭為首的前東歐共產陣營國家，引起廣泛爭議。

其實，德意志帝國和希特勒所體現的那個德國，恰好不是普魯士的擴大版。非但不是普魯士的擴大版，而且是德國統一以後，普魯士自由主義舊貴族在新的憲法結構當中所占比例急劇縮小的產物。在舊的普魯士三級會議當中，普魯士的保守派貴族和自由派貴族平分秋色，那時候的普魯士政治很像是英國和瑞典；一旦普魯士控制了一個龐大的德國，人數更多的德國南方人和天主教徒加入了政治共同體，就導致普魯士原來的政治分野不再適用了，天主教中央黨加入了，社會民主黨[54]加入了，最後以希特勒為代表的泛日耳曼民族主義者也加入了，沒有任何黨派能夠獲得英國保守黨和自由黨的那種相對優勢。舊普魯士王國的時代，普魯士的保守主義者和自由主義者能夠兩黨輪流執政，能夠建立一個比較穩定的政治基礎，因為它的人數夠少；而統一以後的大德國，沒有任何一個政黨能夠建立穩定的多數聯盟，南德的天主教徒建立了中央黨和巴伐利亞人民黨[55]，舊的普魯士自由主義者分裂了，變成了德意志民主黨、德意志民族黨和德意志人民黨這三個不同的政黨集團，每一個政黨集團都是少數[56]。威瑪共和國在政治上的不健全，恰好就是普魯士、巴伐利亞和德國的西部與南部不應該合併的一個證明。

二戰後的德國為了避免重犯威瑪共和國在憲法方面的錯誤，不得不大搞政治聯盟，結果就形成了「社會民主黨」和「基督教民主聯盟」這兩個政治黨派。基督教民主聯盟，實際上是就是艾德勒所代表的德國西北部的商業城邦，以及中央黨與巴伐利亞人民黨組成的一個大雜燴。在它們當中，巴伐利亞的特殊性仍然很強。例如，在巴伐利亞這個州，它始終是巴伐利亞人民黨或者天主教黨派的萬年執政的天下。在聯邦這一層，卻是基督教民主聯盟和社會民主黨交替執政。基督教民主聯盟的穩定性其實只有一半是依靠德國內部的黨派，有一半依靠德意志聯邦共和國在歐盟和北約中的憲法地位。沒有這個外部的憲法約束，如果不是因為德國在歐盟和北約中有一個固定的地位、不能允許出現過去俾斯麥在東方路線和西方路線之間不斷投機的做法的話，同時包括巴伐利亞天主教徒和德國西北部新教徒在內的這個基督教民主聯盟，恐怕也是很難穩定的。

德國問題給後人揭示的主要歷史教訓就是：民族發明學是一個非常高技術的工作，即使像俾斯麥這樣雄才大略又非常有教養、非常了解歷史傳統的人，都不一定操作得好。新興資產階級這種暴發戶集團突然獲得了太多的政治權利、經濟權利和發言權，他們在歷史發明學上面所做的工作，絕大部分都是對他們自己以及對全世界有害的，更不要說是對歷史傳統了解甚少的普通民眾甚至是無產階級了。最後就是，一般人不了解狗哨政治的本質，也不清楚世界各國的來龍去脈，而且他們很少按捺得住利用歷史操作和發明為自己的現實政見和黨派政見服務的衝動。李將軍就被後來美國的左派和右派各自按照狗哨政治的原則重新發明了，而任何一方的發明都不符合李將軍原來的歷史角色，也不符合南北戰爭剛剛結束時美國人對李將軍的期望。普魯士的歷史角色也是這個樣子的。

若現在那些在網路上、電視上大談歷史和政治、海耶克稱之為「知識二道販子」[57]的頻道主持人不了解歷史，不增加對現實的責任感，那麼類似波羅的海日耳曼人和舊普魯士人歷史冤案，將來還會繼續出現。這些冤案會造成很大的後遺症，因為懲罰是張冠李戴的，例如對第二次世界大戰負有很大責任的奧地利人，得到了被侵略者的優待；而對第二次世界大戰沒有多少責任的波羅的海日耳曼人和東普魯士人卻被當成是侵略者而受到懲罰，這樣的冤枉事情在歷史上是非常多的。二戰後的東歐問題，波羅的海問題，波蘭和俄國的問題，現在的烏克蘭問題，它們的草蛇灰線都可以追溯到諸如此類的張冠李戴現象。所以，儘管一般的歷史作家和媒

維吉尼亞州夏綠蒂鎮的李將軍像 羅伯特・李（Robert E. Lee, 1807–1870），為南北戰爭期間南方邦聯軍隊總司令，其以寡擊眾、敗少勝多但最終戰敗的生平為他贏得一代名將之譽。戰後他積極推動重建，晚年成為大學校長，其高尚的人格特質也廣受南北雙方民眾尊敬。

體人經常是要強調現實政治的不公正，但是他們自己迄今為止的做法，其實也像政客一樣不公正。如果他們的歷史知識能夠豐富一點，能夠對死去的人和活著的人的態度公正一點，在李將軍塑像爭議或者諸如此類的事件中能夠更加實事求是，考慮李將軍本人的真實歷史，而不是他們現在所要達成的政治意圖的話，那麼他們的子孫、現代美國人以及全世界人民的子孫都可以得到更好的未來。

⑭ 天主教中央黨（德語：Deutsche Zentrumspartei），德國在一戰至二戰間的中間偏右政黨；社會民主黨（德語：Sozialdemokratische Partei Deutschlands），原本是支持馬克思主義的政黨，後來逐漸轉向溫和社會主義，一直維繫到今天。

⑮ 巴伐利亞人民黨（德語：Bayerischen Volkspartei），保守的天主教政黨，主張地方分權制。在威瑪共和時期，它一直是該州的執政黨，直到一九三三年被納粹解散。

⑯ 德意志民主黨屬於自由派政黨，成員以前帝國的知識菁英為主，包括馬克斯·韋伯等人都曾是黨員。德意志民族黨是民主黨改組而成的政黨，但只維持一段時間便被解散。德意志人民黨是威瑪共和時代的小黨，黨員人數雖少，但代表了大企業主的利益，因此實力不容小覷。

⑰ 「知識二道販子」的原文為「The Professional Second Hand Dealers in Ideas」（出自*The intellectuals and socialism*, 1949）海耶克此話並未帶有貶意，他認為「知識分子」最重要的社會職責即在於「傳播」而非生產「知識」，後者是專家、學者或思想家的職責。

烏克蘭

Ukraine

Україна

獨立時間：1991年8月24日

首都：基輔

二、烏克蘭

民族發明與克里米亞問題

我們今天提到的烏克蘭和克里米亞是一對很好的實驗對照組，就像是理科生會用適當的標本來展示人體組織的標準狀況，比如典型的肋骨是什麼樣的，典型的頭蓋骨是什麼樣的，典型的癌細胞又是什麼樣的。文科生也可以用適當的歷史案例來展示某些民族構建的基礎概念，例如作為國際法主體的國家、作為有效統治機構的政權、作為國家和政權背後支持力量的民族構建，作為民族構建背後支持力量的種族、文明和人口。有很多人因為沒有患癌症，所以他的細胞就不適合於在病理實驗室裡面充當醫科生的實驗教材，讓他們明白典型的癌細胞是什麼樣子。同理，烏克蘭和克里米亞便是作為民族國家構建的適當標本。

首先我們要搞清楚剛才提到的那幾個經常被搞混的概念：第一個概念，什麼是政權？能夠有效控制特定地區和人口、沒有被推翻的政治機構就是政權。這樣的政權有沒有外交上的正式承認，那是沒有關係的。今天的克里米亞，我們可以說它就是一個政權。類似的機構還有喬治亞境內的阿布哈茲[1]之類的。因為克里米亞政權、阿布哈茲政權或者頓內次克政權[2]有效地統治了當地的土地和人口，並把企圖否認、鎮壓他們的喬治亞和烏克蘭的軍隊趕了出去，所以它是一個有效的政權。儘管西方列強和國際社會的大多數國家並不給予外交承認，但是它們也動搖不了這些政權對當地的有效統治。第二個概念就是什麼是「民族國家」？就像今天的烏克蘭和喬治亞之所以是國家，不僅是因為它們有效地統治了很大一片區域的土地和人口，並且還獲得了世界上大多數國家的有效承認。

現在作為國際法主體的烏克蘭是一九九一年蘇聯解體的產物。蘇聯解體後，烏克蘭作為原蘇聯的成員國之一，加入獨立國家國協[3]並與俄羅斯相互承認，然後獲得了西方列強、聯合國和國際社會大多數國家的承認，因此烏克蘭按照任何一種定義來看都是國際法的有效行為主體。但是這並不是說烏克蘭的民族構建只是一九九一年以後的事情。相反，烏克蘭的民族構建要追溯到一九九一年以前的許多政權和歷史過程，例如沙皇俄國解體以後、布爾什維克統治烏克蘭以前建立的烏克蘭人民共和國，以及烏克蘭人民共和國為了維護自己的獨立，與布爾什維克和俄羅斯志願軍——也就是鄧尼金

頓巴斯區域圖　頓巴斯（Donbass）位於烏克蘭東部的頓河流域盆地，哥薩克人從十五世紀開始移居此地，被稱為頓河哥薩克人（Don Cossacks），具有深厚的軍事傳統，由他們組成的「頓河哥薩克軍」是19至20世紀初期俄羅斯最大的非正規軍。此地亦為2014年宣布獨立的頓內次克人民共和國的主要領土範圍。

和弗蘭格爾的白軍[4]鬥爭的歷史過程。這些歷史對於新興的烏克蘭共和國來說，就像是作為美國的立國神話的「邦克山的槍聲」[5]或是「五月花號」一樣的重要。

「民族國家」不只是一個純粹的法律概念，不僅僅是受到國際社會承認，或是它在國內能夠實施有效統治，用它的法律來管轄國內的人民，又或是在國際上能夠簽署條約、能夠跟國際社會發生交涉就算的。為了凝聚國民的向心力，它還要有一些屬於文化上的東西，使它不僅是一個枯燥的、法律條文上的共同體；而是一個有機的、有血有肉的，能夠具有一個

左圖為英國約翰牛，右圖為德國日耳曼妮婭形象 約翰牛（John Bull）形象被塑造成愚笨及粗暴的矮胖紳士，最初用作諷刺18世紀的輝格黨；日耳曼妮婭（Germania）形象源自於1848年革命時期的浪漫想像，擬人化為全副武裝的健壯女性，手持著象徵神聖羅馬帝國之劍及象徵「德意志統一」的黑紅金三色旗。

近乎虛擬人格的主體，以吸引國民的感情。這個虛擬人格就像是第一次世界大戰以前的那些漫畫，將國家人格化、虛擬化，變成一個可以想像成為「人」的東西，例如美國是「山姆大叔」，英國是「約翰牛」，德國是「日耳曼妮婭女神」等。

像邱吉爾會說英國的榮譽如何如何，就好像把英國當作是一個具體的人；如果履行不了償還債務的諾言或者是對其他的承諾，那麼英國就會很丟臉。但是英國並不是一個生物學意義上的人，它也沒有生物學意義上的感情。從理論上來講，英國應該像是邱吉爾說的那樣：「只有永恆的利益，無所謂是朋友還是敵人」；但是實際上沒有哪一個國家是真正能夠按照這種方式來辦事

① 阿布哈茲共和國通稱阿布哈茲（Abkhazia），又譯作阿柏克茲亞，位於西亞高加索山附近，是一個備受爭議而事實上獨立的政治實體，但只被俄羅斯等極少數國家所承認。

② 頓內次克人民共和國是烏克蘭東部與俄羅斯接壤的頓內次克州的親俄武裝分子於二〇一四年四月七日攻占頓內次克的地方行政大樓後，宣布成立的國家，但沒有得到國際社會普遍承認。

③ 獨立國家國協（Commonwealth of Independent States），是蘇聯解體後，為了維繫各加盟共和國間關係而成立的鬆散組織。國協的總部雖然設在白俄羅斯的明斯克，但實質主導仍操在俄羅斯手中，而後又因為成員之間的齟齬以及國際勢力的角逐，導致運作效果不佳。

④ 鄧尼金（Anton Ivanovich Denikin, 1872–1947）、弗蘭格爾（Freiherr Peter von Wrangel, 1878–1928），兩人皆為俄羅斯內戰時期的白軍主要領導人；他們得到善戰的哥薩克人支持，占領克里米亞、頓河流域，對紅軍造成很大威脅。

⑤ 一七七五年六月十七日，波士頓英軍進攻北美民兵據守的邦克山（Bunker Hill）高地，企圖解波士頓之圍。最終英軍以傷亡一千餘人的代價奪取了邦克山，北美民兵則傷亡四百餘人。該戰役是美國獨立戰爭當中的第一次大規模戰役，現今在戰場附近建有紀念碑。

的，它多多少少都會被它本國的國民、本國的政治家和外國人想像得像一個人一樣，具備一個虛擬的人格，且不能夠按照純粹的理性來辦事。正是因為這樣，所以英國有它的國家象徵——也就是英國女王，又或者是約翰牛這樣的通俗象徵，在國際上展現它的人格並維持一定的信用。

烏克蘭也是這樣，所以烏克蘭不成立則已，一旦成立，它就要追溯過去，把歷史上在烏克蘭這個地區曾經存在過的各個政權按照親疏程度排列起來，跟現在的烏克蘭政權建立起連帶關係。這個過程就是民族國家的構建，或者叫做民族發明。民族發明是介於真和假之間的，因為雖然目前的烏克蘭政權是實際存在的、有統治能力的，但是以前的政權，例如赫梅爾尼茨基[6]的哥薩克政權，或者是「蓋特曼」[7]的烏克蘭政權，或者是烏克蘭人民共和國，它們跟現在的烏克蘭的先後承繼關係是後人解釋上去的。它們跟現在的烏克蘭共和國的關係，就像是中華民國跟中華人民共和國的關係一樣。中華人民共和國聲稱中華人民共和國在抗日戰爭結束後所取得的所有領土主權都應該歸它繼承，但是這是它自己製造出來的神話學說，其他國際法主體對這些是既不否認也不承認的。

本國境內的人民對這個學說是否願意支持，這要看你的教育、宣傳和政治號召力的強度大小。如果你很得人心或者說是講得很有道理的話，支持的人就會比較多，認同的人就會比較多；反之，認同的人可能就不多，甚至可能有反向認同。烏克蘭的情況也就是這樣的，例如我們以後會講到，東烏克蘭和西烏克蘭對於烏克蘭建國神話的認同是分裂的，這也有一定的依據。比較強的國家，例如像美國和英國這樣，它的建國神話或者說是民族神話事能夠得到國民普遍認同的。也就是說，美國人大體上認同「五月花號」的神話是他們的祖先；英國人則大體上認同「光榮革命」以後的英國歷史建構。但是，即使是美國和英國這樣屬於當今世界上在國內的統治最有效、在國際上得到的承認最多、民族構建也最完善的政權，它也有認同分裂的問題。

例如像是美國的黑人歧視和拆除李將軍塑像所引發的社會爭議，都是一種認同分裂。它涉及到的並不是李將軍這個人物的歷史評價問題。李將軍的歷史評價可以有爭議，這個沒問題，所有的歷史人物的評價都可以有爭議，但是為什麼大家要關心這個爭議呢？比如說，托爾斯泰伯爵夫人[8]的歷史評價為什麼就沒有這麼多人關注呢？因為李將軍涉及到美國黑人對美國的立國神話能不能夠認同和效忠的問題。例如，五月花號的神話跟美國黑人有關係嗎？李將軍作為美國南北統一的國家象徵，是不是應該得到美國黑人的認同？或者是，今後為了更好地維繫認同，我們不要用李將軍這個符號，而要用其他什麼符號才能夠更好地維繫認同？這都是美國共同體的塑造問題。

烏克蘭共同體的塑造當然也有相應的問題，當然克里米亞也有更大的問題。克里米亞跟烏克蘭的主要區別就在於，前者在國際上得到的外交承認要比後者少得多。由於克里米亞的產生過程跟希特勒吞併蘇台德區很相似，結果引起了歐洲各國——特別是以前深受希特勒之苦的德國的痛恨。德國就是因為希特勒的緣故，不僅喪失了很多領土，國民財富和國家形象也都受到了莫大的損失。所以它從第二次世界大戰中得到的深刻教訓就是，今後的歐洲各國都要嚴格遵守條約，不能夠容許像希特勒那樣，僅僅根據歷史上的民族、文化或者歷史聯繫，就不經各方同意，單方面地撕毀條約。

克里米亞從歷史淵源上來講，它跟烏克蘭和俄羅斯的關係確實是非常微妙的，如同歷史上蘇台德區、波希米亞跟德國的關係一樣。如果僅僅憑歷史淵源的問題的話，俄羅斯對克里米亞的領土宣稱並不是沒有依據的；但是俄羅斯不經烏克蘭的同意就把克里米亞從烏克蘭分離出去，又不顧歐盟和國際社會的同意，搞單方面的行動。如果這種行動是可以的話，那麼希特勒吞併奧地利和波希米亞也就可以了，在蘇台德和但澤單方面修改邊界線也是可以的——因為當地有大量的德語人口的，在歷史上也與德國有很多聯繫。如果大家都這麼幹的話，那麼同一個地方就會有很多重的交錯縱橫的歷史淵源和文化淵源。如果國際法上沒有適當的處理機制、容許大家這樣犯規的話，以後的國際關係就沒有辦法處理了。因此，歐洲人不能承認克里米亞的獨立，也不能允許俄羅斯單方面地改變克里米亞邊界。

不是說歐洲人不容許任何邊界的改變，例如科索沃的邊界可以改變，是因為歐洲的大多數主權國家以及曾參加科索沃內戰或是參加前南斯拉夫解體善後過程的國家都參與了這個改變的過程。結果是，只有俄羅斯和白俄羅斯反對，而占壓倒多數的歐洲國家都贊成，因此科索沃就獨立了。克里米亞的獨立沒有得到這些壓倒多數的歐洲國家的承認，而且恰恰相反，只有俄羅斯和白俄羅斯表現出了一定的同情態度。因此，它就不符合習慣法生成過程中間的那種「路走得多了才成為路」的過程。只有一個人、兩個人走的路，那就不叫路；大多數人都走的路才叫路。所以，克里米亞的獨立目前就處在這種不被國際社會大多數主權實體承認的狀態。這並不是說它自己的民族發明沒有搞好。從民族發明的角度來看，克里米亞和烏克蘭其實是有各自的歷史淵源。

我們剛剛講到，烏克蘭的民族發明涉及到兩個層面的問題：一個是政權層面，也就是政治共同體這個層面，它的前體就是烏克蘭人民共和國、哥薩克國等一系列歷史上的國家；還有一個是文明意義上的，就是基礎共同體層面上的前身，就是斯拉夫文明。如果我們倒回到東亞來，例如歷史上的宋元明清諸王朝和中華民國，就相當於現在的中華人民共和國在政治共同體上的前體；所謂的華夏文明，就是以儒家宗族為基礎的這種基礎共同體，遍布整個東亞，包括韓國和越南，但是卻沒有達到新疆、西藏和蒙古等地，而這些相當於是過去的斯拉夫文明的村社，是中華人民共和國在文化和文明意義上的先驅者。

民族發明或者民族構建就是建立在這兩者的基礎上。它包含了兩個層面：一個是政治共同體層面，要在目前這個政權的基礎上，尋找跟目前這個政權有相似性或者一定的歷史繼承關係的政治上的前體；另一個就是跟目前這個政治共同體的居民有一定的文化聯繫的前體。所以，中華人民共和國在文化意義上的前體就是以儒家家族為基礎的華夏文明，烏克蘭相應的前體就是以基輔羅斯[9]為代表的斯拉夫村社共同體；中華人民共和國在歷史上的政治共同體這個層面的前體就是中華民國、在它以前的大清帝國以及大清帝國所繼承的蒙古帝國，烏克蘭人民共和國在歷史上的前體就是烏克蘭人民共和國和歷史上的哥薩克國。但是，這樣的歷史前體，克里米亞其實也是有的。克里米亞歷史上的前體是什麼呢？就是俄羅斯彼得大帝、凱薩琳大帝利用大俄羅斯的力量打敗了土耳其以後進入到克里米亞境內的東正教俄羅斯移民，這些移民構成了克里米亞目前居民在政治上的主要祖先。

我們剛才提到的這兩種形式的政治共同體，其中政治繼承者這一條是最主要的依據，而文化繼承者這一條是比較薄弱的依據。道理很簡單：文化繼承者一方面關係比較模糊，另一方面它的繼承者也有很多個，而不是只有一個。例如像華夏文明、儒家文化和儒家宗族所建立的這個人口繼承，那麼中華人民共和國、大韓民國和越南都完全有資格說自己是這個文明的直系後裔，它們都是孔子和儒家宗族的子孫，按照這種邏輯的話，那麼朝鮮和越南沒有理由不成為同一個國家；同時，蒙古、西藏、新疆這些地方，它們在文化和文明意義上的祖先並不是孔子和家族制度，它們根據這樣的理由，就有理由說它們不是中華人民共和國的土地。同樣的道理，基輔羅斯和斯拉夫村社不僅是烏克蘭人的祖先，而且也是白俄羅斯人和俄羅斯人的祖先，很難說烏克蘭跟它的繼承關係是獨一無二的；同時，烏克蘭的很多地方，例如我們下面要提到的克里米亞，歷史上其實並不是斯拉夫村社的地方。按照這種文化民族主義的邏輯來說的話，克里米亞和烏克蘭南部、東部的許多地方，根據其文化歷史來看，不應該屬於烏克蘭，也不應該屬於俄羅斯，它們屬於歐亞大草原，跟突厥人的關係都要比跟俄羅斯人和烏克蘭人的關係更密切一些。它們跟俄羅斯和烏克蘭的關係，就像是蒙古、新疆、西藏跟中華民國和大韓民國的關係一樣，這個關係不僅是疏遠

⑥ 赫梅爾尼茨基（Bohdan Zenobi Chmielnicki, 1595–1657），十七世紀烏克蘭軍事領袖，被認為是烏克蘭的國父。他在一六四八年發動起義，率領烏克蘭人擺脫波蘭—立陶宛人的統治，但在一六五四年與沙皇訂立《佩列亞斯拉夫條約》，將沙皇勢力引進烏克蘭，最終導致了烏克蘭被俄羅斯吞併。

⑦ 蓋特曼（Hetman），是中世紀時期東歐地區流行的軍事指揮官頭銜，經常被哥薩克人的領袖所使用，其涵義類似於東亞的「大帥」。一戰後期，在德國支持下烏克蘭成立保守的君主制政府，便以「烏克蘭的蓋特曼」作為君主的最高頭銜。

⑧ 索菲婭・托爾斯泰（Sophia Andreyevna Tolstaya），托爾斯泰的妻子，也是他創作靈感的來源之一。

⑨ 基輔羅斯（Kievan Rus'），由北歐人留里克家族（Rurikids）所建立的封建諸侯群體，由於其政治核心位於基輔，因此得名，十三世紀後被拔都的蒙古西征軍毀滅。後世學者認為基輔羅斯是三個東斯拉夫民族國家（俄羅斯、白俄羅斯、烏克蘭）的前身。

的，甚至還是對立的。

在政治共同體這方面的確立，連續性就體現得比較強。例如，中華民國和大清帝國是國際法的主體，跟西方列強簽署了很多條約，畫定了很多邊境，現在的中華人民共和國是根據這些條約來畫定邊境、根據這些條約來繼承中華民國在聯合國的席位或者是其他許多國際法上的相應地位的；目前的烏克蘭共和國，也是根據同樣的邏輯來追溯到以前蘇聯時期的蘇維埃烏克蘭共和國、蘇維埃烏克蘭共和國以前的烏克蘭人民共和國和波蘭立陶宛聯邦[⑩]時期的烏克蘭哥薩克國的。但是這個邏輯也不是絕對的。這個邏輯能夠成立，歸根結底還是要你在現實政治上能夠站得住腳。例如，蘇維埃烏克蘭共和國在消滅了烏克蘭人民共和國以後，就自稱是烏克蘭人民共和國的繼承者了；中國共產黨在消滅了中華民國以後，也就自稱為中華民國的繼承者了。這種繼承的聲明能夠成立的根本原因還是有效統治。你要先建立了有效統治，然後才能自稱繼承了前者的國際法地位，這是必要條件而不是充分條件。中華人民共和國在消滅了中華民國幾十年以後才獲得了聯合國的席位，克里米亞人在驅逐了烏克蘭的軍隊以後，直到現在仍然沒有獲得歐洲各國或者聯合國的認同，就說明了有效統治是一個必要條件但不是充分條件。

現在我們回顧一下，克里米亞和烏克蘭所在的這個地區，從文明基礎共同體和國家政治共同體這兩個層面上來講，它真實的發展過程是怎樣的。真實的歷史總是很少有人知道而且很少受人重視的。大家所宣傳的，無論哪一個政治共同體，英國還是美國，前蘇聯還是現在的俄羅斯，中華民國還是中華人民共和國，或者是西藏流亡政府之類的，它們所宣傳的歷史毫無例外的都是我所謂的歷史發明學和民族發明學。它們是要裁剪歷史，把完整的整個歷史過程中間符合自己民族構建和政治構建的那一部分裁剪出來，連成一條線索，用來支持現有的政治要求。其實，跟它們不同的政治勢力和跟它們站在對立面的其他政治勢力也有自己的歷史發明學和民族發明學，對同樣的歷史也有不同的裁切方式，並發明出完全不同的歷史和民族構建。

我們回顧烏克蘭和克里米亞所在的地方，就會發現在歷史的黎明時期，它們是屬於兩種不同的勢力。克里米亞比較小，它有黑海的重要交通港口，跟君士坦丁堡、拜占庭和希臘一直有著複雜和長期的貿易關係。這裡一開始就有像博斯普魯斯王國[11]這樣的文明國家，它是希臘文明和羅馬文明的一個邊區。它的經濟是依靠把烏克蘭大草原上的物產運送到君士坦丁堡去賣，進入希臘羅馬世界，用賺到的利潤作為立國的基礎。一直到近代的克里米亞汗國[12]，作為奧斯曼帝國的藩屬，把它從烏克蘭草原和俄羅斯掠奪到的奴隸和產品運到君士坦丁堡賣，這都是沿襲了過去博斯普魯斯王國跟希臘羅馬、跟拜占庭的歷史關係。在歷史上的大多數時間，確實，占據克里米亞的政權、占據烏克蘭的政權和占據莫斯科與君士坦丁堡的政權不是同一個政權。可以說，克里米亞政權的歷史作用像是一面是西方世界、一面是東亞內地的上海一樣，在兩者之間充當交易樞紐

（這個地位被後來的香港繼承了），克里米亞人在歷史上占據的也是這個位置。

我們現在講的克里米亞是比較晚近的歷史，是彼得大帝以後的歷史產物。彼得大帝以前的克里米亞，已經被蒙古人的一個分支——奧斯曼土耳其帝國的藩屬克里米亞汗國占據了。克里米亞汗國的任務就是，不斷地進攻莫斯科，進攻波蘭控制的烏克蘭，在那裡大肆掠奪，把奴隸和產品運到土耳其人的首都君士坦丁堡去賣，然後得到土耳其人的保護。當然，這種關係對於邊境不斷被它掠奪的俄羅斯、波蘭和烏克蘭來說是一個很不痛快的現象。最後，彼得大帝和凱薩琳大帝通過長期的戰爭征服了克里米亞，並導致克里米亞的原居民大量地遷往土耳其。特別

哥薩克與克里米亞汗國騎兵交戰　圖為波蘭畫家布蘭特（Józef Brandt）創作於1890年的作品，描繪哥薩克騎兵（左方持長矛者）與克里米亞汗國的韃靼騎兵（右方持角弓者）在草原交戰的場景。17世紀的札伯羅結哥薩克人（Zaporozhian Cossacks）居住於聶伯河流域，從屬於波蘭立陶宛聯邦，為其進攻克里米亞汗國的先鋒。

是在英法聯軍和奧斯曼帝國聯合對抗俄國的克里米亞戰爭以後，克里米亞半島上的土耳其人、韃靼人和穆斯林居民看到，借助奧斯曼帝國復國的希望已經消失，今後的克里米亞是注定要讓俄羅斯的長期統治了，於是他們就決定放棄克里米亞，大量地遷往奧斯曼帝國境內[13]。這次大遷徙改變了克里米亞的人口結構，使克里米亞變成了一個以俄羅斯人和烏克蘭人為主的地方。

這次大遷徙跟韃靼人和土耳其人的精神覺醒是同時的。被迫遷移的克里米亞韃靼人痛感自己的文明落後於歐洲的文明，使自己在國際關係上嚴重地受挫，因此他們認為必須要棄舊從新，產生了類似於五四運動的精神覺醒，從而產生了近代的泛突厥主義運動和突厥文藝復興[14]。這次突

⑩ 以上幾個國家（波蘭立陶宛聯邦、俄羅斯帝國、蘇聯等），都是歷史上烏克蘭的宗主國。

⑪ 博斯普魯斯王國（Bosporan Kingdom）位於黑海北岸，約建於西元前四八〇年，首都潘吉卡裴（Panticapaeum，今烏克蘭刻赤）。由於經營糧食、魚類和奴隸的貿易而繁榮，其文化深受希臘影響，約西元三七〇年為匈人所滅。

⑫ 克里米亞汗國（Crimean Khanate），是金帳汗國分裂之後的眾多殘餘之一。作為奧斯曼帝國的附庸，該國在十六世紀時強盛一時，甚至曾經攻陷莫斯科，但之後隨著奧斯曼帝國的衰退，汗國也跟著走下坡，領土遭到俄羅斯與哥薩克人的不斷侵攻，最後在一七八三年滅亡。

⑬ 克里米亞戰爭期間，克里米亞韃靼人站在英法土聯軍一方對抗俄軍。戰爭結束後，因恐懼俄國報復，在一八五六至一八六三年間，約占克里米亞和俄羅斯南部韃靼人總數三分之二以上的人口，即約十五萬克里米亞韃靼人和八萬諾蓋韃靼人（Nogai Tatars），陸續遷徙到奧斯曼帝國。

⑭ 泛突厥主義創始人伊斯梅爾·加斯普林斯基（Ismail-bey Gasprinsky, 1815–1914）曾留學巴黎，在《俄國的穆斯林》等著作中認為俄羅斯韃靼人落後的主要原因是文盲太多，應通過引入西歐式教育加強自身地位，對抗俄國的同化政策。他鼓吹泛突厥主義的「紮吉德」（意為革新）運動，主張以中世紀的「察合台語」作為泛突厥國家的通用語言。

厥文藝復興，特別是它遷往土耳其帝國和大清帝國的那些移民，在土耳其帝國和大清帝國的穆斯林人口當中喚起了民族發明的熱潮，企圖把過去的中古時期的穆斯林社會重新構建成為歐洲式的近代民族國家。可以說，近代的土耳其帝國和大清帝國的近代化，都是由克里米亞戰爭失敗在俄羅斯帝國的穆斯林臣民中所掀起的文藝復興所導致的一些間接後果。但是這些人在點燃異國火種的同時，自己在自己家園的火種卻熄滅了，因為他們的人口和社區整個被替代了。

但是我們也要注意，也不是克里米亞最早和最初的居民；在他們之前，克里米亞居民還換過幾撥，但這個歷史就無法考察了。今天爭奪克里米亞的俄羅斯人和烏克蘭人相比起早期的韃靼人，都是後來者。而且，在克里米亞韃靼人仍然存在的情況下，他們是在俄羅斯帝國的團結之下，聯合起來對付克里米亞穆斯林的。等到穆斯林的勢力削減到微不足道的時候，才會出現烏克蘭人和俄羅斯人爭奪克里米亞、最後占人口多數的俄羅斯人在現今的時間點暫時占了上風的這種現象。

烏克蘭在基輔羅斯時期的共同體無法追溯，是因為烏克蘭現在的基礎共同體（就是相當於儒家宗族和西方的基督教教區的那種基礎共同體）是蒙古征服和撤退以後重新組織的產物。蒙古征服造成的一個後果就是，基輔羅斯時期的城邦世界受到了很大打擊。它們本來按照西歐標準已經是地廣人稀，在蒙古人征服以後，領土和人口的比例更加懸殊，有大片大片的荒地。在蒙古人撤退以後，莫斯科大公國和立陶宛大公國開始爭奪所謂的羅塞尼亞（Ruthenia）的土地。這時候，「烏克蘭」這個名詞都還沒有產生。立陶宛人是較接近於西歐的勢力。立陶宛的王室已皈依天主教，並以此作為文化上的通行證，把自己變成了西歐國家體系的一部分。立陶宛大公國驅逐韃靼人，控制了被蒙古人征服的基輔羅斯的西半部——也就是今天烏克蘭領土的大部分。

在蒙古人撤退以後，這些地方的基礎共同體主要是修道院保護下的東正教農民，立陶宛人對這些農民做了重新的組合。因為立陶宛自己的人口不足，所以需要跟立陶宛結成君合國的波蘭人的支持。他們跟波蘭人和羅馬天主教會商量以後，最初就實行了「東儀天主教」的政策，就是允許願意皈依天主教的這一部分原來的東正教農民保存原有的東正教的習慣法和禮儀。他們現在變成了天主教徒和立陶宛大公國的臣民，但是他們的生活習慣和禮儀仍然是過去東正教式的[15]。另外一部分就比較麻煩，就是繼續堅持自己東正教原有傳統的人，他們在立陶宛大公國以及在後來的波蘭立陶宛聯邦的政治體系中間就找不到自己適當的位置，因此自然而然就變成了輸家。後來的人把他們稱之為農奴（Serf），其實他們真正的社會地位是「被保護人」；因為他們沒有領到歐洲文明的入場券，在波蘭立陶宛聯邦的政治體系當中也就自然沒有發言權。

農奴既然沒有發言權，他們就需要有人來替他們發言；而替他們發言的首先是立陶宛的貴族，然後就是波蘭貴族，因此波蘭貴族變成了烏克蘭東正教農民的保護人。保護人沒有白當的，自然會得到很多好處，所以就漸漸地有一些烏克蘭農民覺得，這些好處讓波蘭和立陶宛的貴族占了太多的便宜，讓自己這些種地的人吃了太多的虧，他們就不幹了。他們不願意在波蘭和立陶宛貴族的保護之下繼續種地，決心到當時還非常多的荒地上去自己碰運氣，做沒有保護人的自由人。這些人就是哥薩克人的祖先，「哥薩克」最初的意思就是自由人。但是波蘭和立陶宛的貴族就認為，他們背棄了他們的保護人，逃到荒原上去，這種做法就相當於封建主義意義上的背叛，於是就把他們稱之為「逃奴」，就是逃亡的農奴。

這個稱呼其實也是一個政治宣傳上的稱呼，因為他們當時的法律地位不是這樣的。也就是說，波蘭貴族莊園所庇護的烏克蘭農民，在法律意義上跟英法或者西歐其他國家的農奴制意義上的農奴不是同一個意思，它有很多細節上的差別。但現在不需要詳細分析這些細節，只要指出雙方之間的政治宣傳和民族構建是多麼的天差地別。同一個政治實體——也就是哥薩克人這個政治實體，哥薩克人自己就叫做自由人，也就是說他們暗示那些仍然繼續接受波蘭保護的同胞是不自由的人；相反，波蘭貴族把他們叫做「逃奴」，也就是說他們的身分相當於是逃犯，不但不是自由人，而且還是隨時都可以被捉拿的逃犯。雙方既然有了這種關係，自然就變成敵對勢力了。烏克蘭歷史發明學的第一個祖先——歷史上的哥薩克國，就是這樣誕生的。

我們要注意，今天的烏克蘭人大多數並不是這些哥薩克人的後裔，而是波蘭人保護的那些東正教烏克蘭農民和東儀烏克蘭農民的後裔。但是民族發明學有一個特點：第一，你要盡可能找出歷史上獨立性最強的政權，這樣才可以給你現在的獨立增加盡可能大的說服力；第二，你可以選擇的歷史上的祖先，應該根據現在的主要鄰國和獨立的主要威脅者，也就是在關係上最敵對、在歷史發展的過程中有過最多的戰爭、並能夠在這個過程中尋找出最多的浪漫的英雄人物的那個群體。例如，蘇格蘭高地人儘管人口比蘇格蘭低地人要少得多，今天的蘇格蘭的文化其實也是從低地來的，但是蘇格蘭民族發明仍然要以高地為正宗，甚至把蘇格蘭高地人和低地人打仗的那些戰役都說成是蘇格蘭高地人為了捍衛蘇格蘭獨立跟英格蘭打仗的故事。

所以，烏克蘭的民族發明也是這樣的。它把只占烏克蘭人口極少數的哥薩克人發明成烏克蘭人的祖先。這些人實際上跟那些波蘭貴族保護下的烏克蘭農民的關係，比較像是關外的蒙古人、滿洲人和關內的儒家農民之間的關係那樣。哥薩克人是經常搶劫波蘭人保護的莊園，受害者當然主要就是烏克蘭農民。當然，哥薩克國也並不完全像是波蘭人所描繪的那樣純粹以搶劫為生。他們跟波蘭人打仗的時候固然要搶劫波蘭人的領地，但他們自己也不是純粹的非生產者。他們是頓河水運的主持人，實際上也就繼承了過去基輔羅斯時代的那些商隊。他們控制著頓河的水運，以軍事領主制的方式選舉出哥薩克騎士團的團長。相對於受到波蘭貴族保護的烏克蘭農民，他們在政治上享有的主權確實比較大。

哥薩克人的社會生活具有高度軍事化色彩，因為他們不斷地在波蘭人、莫斯科人和土耳其人三方之間周旋；有時要同時跟這三個強大的國家作戰，有時要利用一方來打擊另外兩方，或者是利用兩方打擊另外一方。所以像果戈里這樣親近俄羅斯的人，在《塔拉斯．布林巴》[16]這樣的小說中間就把波蘭人塑造成烏克蘭人的主要敵人。當然，這也是歷史發明學的一個技巧。歷史發明學是有真有假的，真的部分就是，烏克蘭哥薩克人跟波蘭人打仗是歷史上的事實，但是烏克蘭哥薩克人也同時跟俄羅斯人和土耳其人打仗。它曾經跟俄羅斯人結盟打擊波蘭立陶宛聯邦，也曾經跟波蘭立陶宛聯邦結盟打擊俄羅斯，也曾經跟土耳其人結盟打擊俄羅斯和波蘭雙方。作為比較弱小的民族和比較弱小的政治機構來說，這一點應該是很自然的。每個政治實體都是按照自己當時的利害關係行事的，就是尋找一個危險性比較小的鄰國，聯合起來打擊那些危險性更大的鄰國。在不同的歷史發明當中，例如現在俄羅斯是烏克蘭獨立的主要威脅，所以烏克蘭的民族發明學就會比較強調它跟波蘭人結盟反對俄羅斯的那一面；如果有朝一日波蘭人的危險性更大，那麼烏克蘭民族發明學勢必就會更加強調歷史上哥薩克人與波蘭人鬥爭的那一面。

烏克蘭哥薩克國在波蘭、土耳其和俄羅斯的三角鬥爭中間還經常產生分裂，分裂的情況通常是以聶伯河為界。西部的哥薩克騎士團的大團長向波蘭立陶宛聯邦稱臣，而且在波蘭立陶宛聯邦內部做憲法性的工作，希望把波蘭和立陶宛的二元制王國改組成為波蘭—立陶宛—羅斯的三元制君主國，也就是說羅斯大公國變成波蘭王國和立陶宛大公國平起平坐的聯邦成員（這裡所說的「羅斯大公國」是指烏克蘭）；聶伯河東岸的哥薩克騎士的大團長通常是倒向沙皇俄國，依靠沙皇俄國的力量來跟他們西岸的同胞、波蘭和烏克蘭作戰的。

由於在十七世紀以後俄羅斯帝國一步一步地占了波蘭王國的上風，最後波蘭完全失敗並遭到瓜分。烏克蘭在失去保護者後，大部分土地都落入了俄國的統治之下；俄羅斯人把它劃分為沒有自治權、也不承認其民族身分的小俄羅斯各省。事實上，當時也無所謂民族身分。當時，今天的烏克蘭人的祖先也好，今天的莫斯科人的祖先也好，今天的弗拉基米爾人的祖先也好，他們都是只有地方風俗和方言、而沒有正式的民族語言的。方言之間有很大的差別，但是方言和民族語言的差別主要就是缺乏高級知識分子的宣傳。儘管我們都講方言，但是為什麼你的方言就會被稱之為是日語或者韓語，我的方言就只會被稱之為是吳方言、粵語或者西南官話呢？原因就在於有沒有高級知識分子，特別是有沒有得到國際承認的高級知識分子。如果有這樣的高級知識分子、有能夠得到國際承認、莎士比亞等級的文學大師的話，那麼你這種方言多半就會被承認為文學語言和正式的語言了；如果沒有的話，就會有很多人仍然把它貶稱為方言。當時的莫斯科和烏克蘭都處在這種方言狀態，雙方都沒有自己的高級知識分子。

從法律上講，從政治共同體講，只有哥薩克騎士團在俄羅斯帝國內部是有自治權的，因為他們有自己的軍事組織，而俄羅斯皇帝在跟波蘭王國作鬥爭的過程中間需要他們的軍事支援。一般的烏克蘭農民，無論你是俄羅斯帝國統治下的烏克蘭農民，還是波蘭立陶宛聯邦統治下的烏克蘭農民，你在原來的政治體系當中都沒有政治自由，所以在新的政治體系中間你也談不上有什麼政治權利。波蘭王國雖然是一個自由政體的國家，但是它的自由只限於天主教文化這個圈子裡面，也就是說天主教貴族有相當於西歐貴族的政治權利，在國會中有議席。如果烏克蘭人皈依了天主教，那麼他們也就會加入波蘭和立陶宛貴族的行列，忘掉自己原來的祖先，變成波蘭民族的一部分。而莫斯科大公國和沙皇俄國呢，原本就不是西歐式的君主國。也就是說，照通俗的說法，它本身就是沒有政治自由的。那麼你即使是做了莫斯科公國或者沙皇俄國的大臣的話，你也不會像是西歐的貴族那樣有自己的國會。只有烏克蘭哥薩克國，作為沙皇的藩臣，享有一定的自治權，他們仍然享有選舉自己騎士團大團長的權利。

這個大團長繼續沿用波蘭立陶宛聯邦時期的名稱，叫做「蓋特曼」，也就是「大統領」的意思。大統領不是只有烏克蘭哥薩克才有，立陶宛大公國也有很多大統領或者全權統領。立陶宛作為一個歐洲的邊陲國家，基本上所有的邊疆上都會設立具有便宜行事權力的大統領。作為烏克蘭元首的大統領和作為立陶宛貴族的大統領用同一個詞，這就是立陶宛大公國在反抗蒙古統治以後的三百年歷史當中留給烏克蘭民族構建的重大禮物。在烏克蘭的歷史發明學當中，不完全獨立的烏克蘭蓋特曼被發明成了烏克蘭獨立國家的祖先。儘管這個蓋特曼經常是要稱藩於莫斯科或者稱藩於波蘭或立陶宛的，但是這點對民族構建而言沒有什麼妨礙。我們都知道，韓國的歷史發明學都把歷史上的李朝和以前的高麗王朝[17]的各國君主當成是獨立國家的君主，把它跟元朝和明朝之間的戰爭當成民族國家之間的戰爭。但是在事實上，高麗王國毫無疑問是蒙古帝國的藩屬，而李氏朝鮮則是大明和大清的藩屬。它們跟元明清三個王朝之間不是民族國家的關係，而是藩屬國和宗主國之間的關係。但是既然韓國要把自己發明成為一個現代的民族國家，那它就一定要把歷史上的宗藩關係發明成為民族國家之間的關

哥薩克蓋特曼赫梅利尼茨基進入基輔　圖為烏克蘭畫家伊瓦休克（Mykola Ivasyuk）創作於1910年代的作品，描繪建立哥薩克國的首任「蓋特曼」博格丹．赫梅利尼茨基（Bohdan Khmelnytsky, 1595–1657）占領基輔城後的入城儀式場景。哥薩克人原從屬於波蘭，赫梅利尼茨基於1648年聯合哥薩克各部族推翻波蘭統治，史稱「赫梅利尼茨起義」。

係，因此這些衝突就全都變成了蒙古帝國、大明國和大清國對韓國的侵略了。

烏克蘭的歷史發明學也是這樣的。蓋特曼儘管原先跟它的各鄰國之間的關係都是不平等的，烏克蘭人總是處於下風的，但是經過他們重新發明以後，這些歷史也就變成了烏克蘭民族和俄羅斯民族、波蘭民族、立陶宛民族之間的糾紛和戰爭。彼得大帝即使在戰勝瑞典和波蘭以後，仍然不得不承認烏克蘭哥薩克的自治權；他不能夠完全取消蓋特曼制度，只能把親瑞典的馬澤帕[18]換掉，換上一個親俄羅斯的蓋特曼。所以只占了烏克蘭人口極少數的這些哥薩克人卻替占烏克蘭人口大多數的農民保留了政治自由；如果有朝一日「吳越民族」像韓國一樣建立一個獨立國家，它不可避免地要把「工部局」當作自己的祖先。工部局所控制的上海儘管只占吳越人口的一小部分，但是在吳越整個作為行省，被大明帝國、大清帝國、國民黨和共產黨控制之下沒有絲毫自治權的情況下，工部局儘管不是一個完全享有獨立權利的主權實體，但它至少是一個享有高度自治權的政治實體。因此，它不可避免地就會變成吳越民族的祖先了。烏克蘭哥薩克國跟烏克蘭的關係就是這個樣子的。

烏克蘭哥薩克的政治權利一直維持到十月革命。十月革命以後，由於烏克蘭哥薩克在紅軍和白軍之間頑固地堅持自己的自治權，最後在紅軍勝利以後被紅軍徹底消滅了。紅軍在戰爭的過程中間感到烏克蘭哥薩克的戰鬥力不可輕視，為了斬草除根起見，就做出了沙皇俄國和白軍過去都不敢做也不能做的事情：下令對烏克蘭哥薩克實行種族滅絕。這個種族滅絕的命令至今還留在蘇維埃俄羅斯共和國的歷史當中[19]。它是把烏克蘭哥薩克整個作為自己的階級敵人來消滅的，就像他們消滅俄羅斯的舊貴族和舊富農一樣。不是說征服你，讓你繼續做我的臣民；而是看出你已經無法做我的臣民，把你作為剝削階級的一部分，像後來中華人民共和國殺地主那樣，把你趕盡殺絕。

從嚴格的血統上來講，烏克蘭哥薩克倖存的部分主要是從克里米亞隨著弗蘭格爾的部隊逃到君士坦丁堡、逃到西方，還有一部分是遷到阿根廷這些地方的人，這些人才是烏克蘭哥薩克真正

⑮ 東儀天主教會（Eastern Catholic Churches），指的是採取東方拜占庭教會儀式，但遵奉梵蒂岡的羅馬聖教廷諭令的教會，主要分布在東歐、中東、地中海東岸等地。

⑯ 《塔拉斯·布林巴》（*Taras Bulba*），俄國作家果戈里（Nikolai Gogol）所著的歷史體裁小說，描述哥薩克英雄塔拉斯·布林巴率領哥薩克人擊敗侵略者，最終建立哥薩克王國的故事。

⑰ 王氏高麗（918–1392）與李氏朝鮮（1392–1897）都是統治朝鮮半島的王朝。韓國人把這些王朝視為獨立國家看待，但實際上它們仍然是中國強大政權底下的藩屬，在外交與行政上都沒有完全的獨立自由。

⑱ 伊萬·馬澤帕（Ivan Mazepa, 1639–1709），彼得大帝時代的烏克蘭蓋特曼（1687–1709在位），他在位時期，繁榮的烏克蘭的號稱是「歐洲首富」；但他後來和瑞典國王卡爾十二世聯手對抗俄羅斯的彼得大帝，結果戰敗逃亡到奧斯曼帝國，首都也被攻陷。

的繼承者。留在蘇聯的那些哥薩克人，只有極小部分通過隱瞞了自己的身分才僥倖苟活了下來；沒有隱瞞身分的，大多數人是在肉體上被消滅了。後來在蘇聯解體以後自稱是烏克蘭哥薩克繼承者的這些人，包括今天在頓內次克為俄羅斯作戰的那些哥薩克，其實有兩個來源：較少的一部分是最初移民到西方拉美地區、在蘇聯解體以後回來的那些哥薩克，這些哥薩克經常是反俄羅斯的——但也不一定，也有親俄羅斯的，但是數量不多；現在大多數自稱哥薩克的人實際上在蘇聯成立以前並不是哥薩克人，而是在蘇聯解體以後出現的冒牌貨。

但是這個在哥薩克人的法統當中也不算是特別離奇，因為哥薩克人本來就不是按照血統繼承的。什麼是哥薩克人呢？只要逃離了原先波蘭人控制的烏克蘭地區，拿著自己的武器加入哥薩克的戰鬥團體，那麼哥薩克人像法蘭西外籍軍團那樣，是不問你的出身的。只要我們是戰友，我們也可以稱你是哥薩克人。所以，只要哥薩克的法統恢復了，即使你原來是俄羅斯人，甚至是穆斯林，只要你對你自己原來的生活不滿意，你願意加入哥薩克的戰鬥團體，願意維繫哥薩克騎士團的傳統，那麼你仍然可以被稱為哥薩克人；這樣的團體很多都參加了二〇一四年的頓內次克戰爭，於是就變成了一個血統上沒有聯繫、但是法統上有聯繫的重建的「新哥薩克族群」。

現在頓內次克人民共和國，實際上是在這些新哥薩克族群和其他各式各樣的團體——包括車臣團體和其他各種志願軍的卵翼下成立的國家。他們自稱是百年前鄧尼金和弗蘭格爾那些俄羅斯白軍的繼承人，從組織角度來看也是非常像的，因為真正的白軍（就是所謂的俄羅斯志願軍）自己的俄羅斯成分是不太多的，非常仰仗哥薩克人的支持。他們成功的原因和失敗的原因都與此有關。他們成功是因為哥薩克人不願意接受布爾什維克的中央集權，所以在布爾什維克企圖接管烏克蘭哥薩克領土的時候，就像《靜靜的頓河》裡所描繪的那樣，哥薩克人發動大暴動，殺掉了布爾什維克派來的官員，給白軍製造了捲土重來的機會。白軍失敗的原因則是因為，烏克蘭哥薩克真正的目的是要讓所有的外人都滾出去，自己管理自己。他們多半是大頓河軍區的自治組織，離開了頓河流域，他們就喪失了戰鬥欲望。所以，白軍雖想依靠哥薩克的力量打回莫斯科去，然而只要越過烏克蘭邊境，哥薩克就一哄而散了。哥薩克只願意保衛自己的老家，不願意到莫斯科去打仗。

結果，白軍的力量在一瞬間看上去非常強大，迅速地殲滅了紅軍主力，但是一旦打到俄羅斯境內的時候又變得非常脆弱，被托洛茨基的部隊輕而易舉地打敗。其實這也不是因為托洛茨基十分強大，而是因為白軍的支持力量迅速地瓦解了。當然，哥薩克這種在政治上缺乏遠見的做法，實際上為布爾什維克的勝利奠定了基礎。如果他們當時對白軍支持到底、在紅軍最困難的時候從圖拉一路打進莫斯科的話，列寧和托洛茨基也就完蛋了。但是哥薩克一旦解散回家以後，白軍也就垮台了。白軍一垮台，捲土重來的紅軍再次征服烏克蘭，重新在烏克蘭實行中央集權，於是哥薩克人原有的自治權不僅無法維持，連人身安全都遭到毀滅了。

在紅軍與白軍及烏克蘭哥薩克作戰的這段時間內，我們在地圖上可以看到，紅軍控制的是烏克蘭東部哈爾科夫一帶的地方，白軍控制的是今天的克里米亞半島，烏克蘭哥薩克控制的是頓河流域中間的地方。位處交通要道的烏克蘭哥薩克在三方勢力之間是舉足輕重的：它倒向白軍，白軍就要席捲整個烏克蘭；它倒向紅軍，紅軍就要席捲整個烏克蘭；而紅軍消滅哥薩克人以後，便把大頓河軍區的一部分勢力範圍併入了蘇維埃的烏克蘭共和國。另外克里米亞半島始終不是烏克蘭哥薩克的勢力範圍，而是白軍的大本營；紅軍在消滅俄羅斯白軍以後，才將克里米亞併入了蘇維埃的俄羅斯共和國。

在我剛才描繪的這三個地區之外，還有一個地區。今天的烏克蘭最東部哈爾科夫那一片，是屬於布爾什維克建立的蘇維埃共和國，頓河兩岸是哥薩克建立的大頓河軍區，克里米亞是白俄組織的俄羅斯志願軍；但是在頓河以西、聶伯河以西靠近波蘭邊境的地方，還有一個烏克蘭人民共和國，這個烏克蘭人民共和國才是今天我們現在看到的這個烏克蘭共和國在法律意義上的祖先。這個烏克蘭人民共和國是怎麼樣形成的呢？答案是，它來自於奧匈帝國的加利西亞（Galicia）民族主義者。

前面有提到，烏克蘭西部在蒙古人撤退以後歸屬了立陶宛，然後又歸屬了波蘭立陶宛聯邦；

在俄羅斯、普魯士和奧地利三方面瓜分波蘭立陶宛聯邦的時候，大部分歸了俄羅斯，小部分歸了奧匈帝國。奧匈帝國，由於他們自己是歐洲人，同時自己也是個聯邦的結構，它不像是中央集權色彩很強的俄羅斯取消領土上所有地方勢力的自治權。於是奧匈帝國所擁有的這一部分波蘭，便完整地保存了波蘭貴族原先擁有的自由權利，因此便導致西烏克蘭西部形成了複雜的結構。從國際法主體這一個層面上來看，它是奧地利皇帝的領土；在地方政府這個層面，它是波蘭貴族統治的自治共同體；在社會和人口的角度來講，它的大多數人口是信奉東正教的烏克蘭人。

奧地利人把他們稱為「羅塞尼亞人」，波蘭貴族把他們稱為「烏克蘭人」[20]，俄羅斯人則把他們稱為「小俄羅斯人」。同一撥人有三個不同的名字，因為他們是被統治者，他們沒有自己的高級知識分子。他們留在俄羅斯的這一部分，直到十九世紀仍然還較少產生出高級知識分子，我們今天比較熟悉的烏克蘭民族詩人謝甫琴科[21]就是其中的一個；留在奧匈帝國的這一部分，因為奧匈帝國的經濟、社會比俄羅斯要發達得多，同時政治上的壓迫也比俄羅斯少得多，所以烏克蘭文化復興主要是發生在奧匈帝國所占有的這個小部分的烏克蘭的，也就是奧匈帝國所謂的加利西亞，包括今天波蘭的南部、東南部和後來一度曾經歸屬捷克斯洛伐克的喀爾巴阡地區。這塊地區，德語民族所謂的羅塞尼亞人與波蘭語民族所謂的烏克蘭人，在十九世紀末期開始產生了烏克蘭民族文學的復興。

但是我們不要誇大烏克蘭文藝復興的規模，此運動的直接參加者也就只有幾百個高級知識分子，人數上與二十世紀初葉在東京參加同盟會和保皇會的那些大清國的留學生來說是差不多的。我們後來看到的中華民國，實際上就是東京的這幾百個大清國留學生發明的產物。我們今天看到的台灣，實際上也就是同一時期在東京的幾百個台灣留學生的產物。今天我們看到的烏克蘭，其實就是在維也納和柏林經常活動的、在德語世界大學受過高等教育、企圖把自己烏克蘭家鄉的民俗文化重新發揚光大的這一批幾百個烏克蘭詩人和知識分子創造的產物。

只有這幾百個烏克蘭知識分子使用和理解我們今天所謂的烏克蘭文。這些烏克蘭文字一方面是德國人和俄國人所不懂的，另一方面也是大多數構成今天烏克蘭人祖先的烏克蘭東正教的農民所不懂的。烏克蘭東正教的農民所說的是土話，就像是今天的粵語、吳語、西南官話或者四川土話那樣，這些話是只有聲音、沒有高級文學的。雖然講四川話的農民跟講四川話的農民之間是能夠溝通的，但是卻沒有一個高級知識分子像寫《紅樓夢》那樣用四川話創造出好的文學作品。

烏克蘭人之所以能夠存在，就是因為有幾百個這樣的烏克蘭知識分子，把原來所有人都不屑一顧的方言土語拿來創造了傑出的詩歌和高級文學作品。這些高級文學作品最初創造出來的時候，他們創造出來的這種語言——也就是現在的烏克蘭語，是只有幾百個讀者的，也只有幾百個作者，也就是說作者就是讀者。他們利用烏克蘭的方言創造出了烏克蘭文學語言，而這些文學語言是只有在他們自己的小圈子裡面才使用的；後來能夠普及到整個烏克蘭，雖然是依靠後來的政治構建，但是如果沒有他們這些人首先發明創造出烏克蘭的文學語言、然後又圍繞著這個文學語言發明出一套烏克蘭的歷史，現在的烏克蘭也是不可能存在的。

可以說，他們跟現代烏克蘭文學語言和國語之間的關係，就是周作人、胡適這批人跟現在的白話文之間的關係。本來是沒有所謂的白話文的，只有相當於拉丁語文言文這種大清帝國、韓國、越南和日本都可以使用的書面文字，然後在白話文創造出來以後，才有了我們後來所謂的中華民國的「國語」。你可以設想一下，假定當時的胡適不是創造出一種可以通用於十八省的白話

⑲ 一九一九年一月二十四日，布爾什維克黨在祕密決議中要求各地「針對哥薩克富農採取大規模恐怖措施，將其完全滅絕；對以任何形式直接或間接參與反對蘇維埃政權活動的所有哥薩克，均須採取無情的大規模恐怖措施」。二月七日，紅軍南方方面軍簽發了執行該決議的指令，要求「（哥薩克軍區的）鄉和村執行委員會的主要任務是通過無情根除哥薩克精英來消滅哥薩克人。區和鄉的首領必須無條件滅絕，村首領僅在能夠證明其積極支持（白軍）克拉斯諾夫的政策（如組織清鄉、動員、拒絕向革命哥薩克或紅軍戰士提供庇護）時予以處決」。根據此類命令，契卡（全名為全俄肅清反革命及怠工非常委員會，克格勃的前身）僅在一九一九年三月中旬就處決了超過八千名哥薩克人，並將大量哥薩克村鎮被夷為平地，剩餘倖存者則根據布爾什維克黨北高加索負責人奧爾忠尼啟則的命令遭到流放。現代研究者認為，此類措施是「導致哥薩克作為一個民族銷聲匿跡的最主要因素之一」。

⑳ Ukraine本意為「邊區」或「邊境地帶」。

㉑ 謝甫琴科（Taras Shevchenko），烏克蘭詩人、人道主義者，因為主張廢族農奴制，並將烏克蘭從沙皇專制下解放出來，而遭到沙皇政府的逮捕放逐。他被認為是近代烏克蘭文學，甚至是現代烏克蘭語的奠基者。

文，而是創造出一種吳越方言的文學語言的話，那麼他所做的事情就會跟烏克蘭民族發明家所做的事情相等同了。

這些民族發明家和詩人是奧匈帝國的臣民，他們的發明在政治上講是沒有任何作用的，只是被寬容而已。奧匈帝國是一個文明的歐洲國家，它不干涉你的言論自由，也不干涉你在文化創造中的自由。你們這些人可以在奧匈帝國的境內發明烏克蘭的歷史、發明烏克蘭的文學語言和文字，就像是今天香港的獨立分子可以在擁有高度自治權的香港搞你們的民族構建那樣。並不是說香港特區的政府和以前大英帝國的香港政府支持你們或者保護你們，他們只是沒有法律上的權利來禁止你們而已。但是這幾十年的窗口期，也就是從一八八〇到一九一四年這區區幾十年間，烏克蘭語就由只有語言沒有文字、跟今天的四川話毫無區別的一種方言，變成了既有語言又有文字的一種高級文學語言，並且產生了一個知識分子團體，然後在這些團體中間出現了渴望復國的政治家。

從當時的俄羅斯帝國和奧匈帝國的角度來看，「復國」其實是謊言，因為以前的烏克蘭獨立政權，無論是烏克蘭哥薩克國還是任何烏克蘭政權，都是俄羅斯帝國、奧匈帝國和波蘭的藩屬，並不是國際法上完全獨立的主體。他們在國際法上的地位，也就像是遠東的上海工部局和今天的香港特區政府一樣，有部分的高度自治權，但是並沒有派出大使和公使或者是參加聯合國的那種權利。但是對於烏克蘭民族發明家來說，這些機構就足夠構成民族發明的基礎了，列強的鬥爭早晚會給他們造成復國的機會的。果然，俄羅斯和德國同時投入第一次世界大戰，便給了烏克蘭復國的機會。

德國人在戰爭後期的勝利，讓他們占據了烏克蘭的大批土地。而另一方面，布爾什維克在俄國發動革命以後，因為俄羅斯白軍才是它的主要敵人，若是俄羅斯白軍勝利，布爾什維克就等著被鎮壓，一塊土地都得不到。因此布爾什維克若割一片土地給德國人或者烏克蘭人，以換取在俄羅斯東部打敗白軍，到底比一無所有要好一些。若布爾什維克優先考慮民族利益，聯合白軍趕走德國人和烏克蘭人，之後要是再被白軍打敗，就一無所有了。所以，布爾什維克不僅是在革命初期便拿了德國的金馬克，而且在外交政策上也是親德的。德國人在布爾什維克執政以後還用大量的金錢和軍火支持布爾什維克，這是新興的蘇維埃政權能夠打敗俄國白軍那些百戰老兵的主要原因之一。

另一個主要原因則是，布爾什維克占領了聖彼得堡和莫斯科這兩個重要城市，控制當地的軍火工業，並占有了中央俄羅斯主要的糧食產地及大部分鐵路設施；而白軍占有的多半是偏遠的農業地區。但是僅僅這一點是不夠的，在蘇維埃政權剛剛草創的最敏感時期，在它還來不及把這些資源組織起來的時候，它是很可能被白軍消滅的。布爾什維克之所以沒有被消滅，是因為德國人非常害怕白軍一旦重新掌權，又會恢復沙皇俄國時期的領土要求，並在英法的支持下與德國人繼續作戰。因此德國人願意用資金和武器支援同意割地賠款的布爾什維克，幫助他們度過了這個最危險的時刻。因此列寧才果斷地簽署了《布列斯特條約》，接受德國的要求，把今天的波羅的海國家、白俄羅斯和烏克蘭全部割讓出去了。

德國人得到這些土地以後，並不是把它劃分為德國的領土。因為德國在外交上也很忌憚威爾遜總統和美國，也希望能夠爭取美國不太反對它，而美國人主張民族自決，各民族有權選擇自己的命運，因此德國就要把民族自決的口號搶到自己頭上來。它想要說服美國人，不僅是英法支持民族自決、要解放弱小民族，德國也是願意解放那些在沙皇俄國和布爾什維克奴役之下的弱小民族的。所以，今天的波羅的海三國、白俄羅斯和烏克蘭能夠在第一階段最先獨立，主要是因為德國人的保護。

在德國軍隊進行干涉以前，也就是布列斯特談判以前，蘇維埃俄國一度已經打敗了烏克蘭民族發明家建立的拉達政府。「拉達」[22]就是烏克蘭語中的「國會」。「拉達」這個詞其實也是烏克蘭民族發明的產物，目的就是要透過烏克蘭語給國會創造一個新的詞源，以區別俄羅斯慣用的「杜馬」（Duma），並證明同樣是基輔羅斯後裔，小俄羅斯人民與長期統治他們的大俄羅斯自古以來就不是一家，有資格根據威爾遜總統的原則建立自己的民族國家。但是這個民族發明，正如我剛才說的那樣，是手裡沒有槍桿子的幾百個知識分子搞出來的。布爾什維克的槍桿子雖然當時還沒有過去沙皇那麼強，但要收拾他們還是足夠了。

這些烏克蘭知識分子之所以沒有被迅速消滅，是因為德國人及時跳出來保護了他們。蘇俄的談判代表在托洛茨基的主持之下，一度拒絕跟烏克蘭人進行談判。他們揚言說，「烏克蘭拉達」能夠有效統治的範圍也無非就是德國人為他們準備的這一間會議室而已，出了這間會議室他們就什麼都不是。但是布爾什維克打不過德國人，而且他們要打敗白軍就離不開德國人的支援，紅軍和白軍作戰的時候，德國人支持誰誰就能贏，這是鐵一樣的政治現實，所以最後布爾什維克屈服了。儘管烏克蘭民族發明家沒有任何軍事實力，確實是如布爾什維克所說的那樣控制不了布列斯特會議室以外的一切，但是蘇維埃的代表還是違心地承認了烏克蘭的獨立。

烏克蘭在德國軍隊的保護之下與波羅的海三國一起宣布獨立。這個烏克蘭國家仍然是按照德國人設想的一個保守的立憲君主國。以前只是大統領的蓋特曼，現在變成了烏克蘭民族國家的國家元首，他的地位就相當於是德國皇帝和俄國沙皇，擁有有解散議會的權力。議會是由烏克蘭的地主和資產階級選舉產生出來的，不代表烏克蘭無產階級和農民的利益。它實行的是十九世紀那種只有有錢人才能投票的選舉制，占烏克蘭人口絕大多數的烏克蘭農民和在烏克蘭擁有一定勢力的烏克蘭社會主義者完全被排除在蓋特曼的國會之外。這就是第一個真正獲得獨立的烏克蘭國家——「烏克蘭蓋特曼國」[23]產生的過程。

烏克蘭蓋特曼國維持的時間很短，因為他們是地主資產階級的政權，完全沒有農民的勢力在內，所以國內的左派勢力在現在被發明成為烏克蘭民族英雄的彼得留拉[24]的率領之下，組織了民軍來反對他們。一旦德國被英法打敗投降並撤出東歐，蓋特曼國就又被烏克蘭人民共和國取代了。這時俄國內戰已經開始，紅軍和白軍從南北兩翼，紅軍從莫斯科、從哈爾科夫南下，白軍從克里米亞北上，都要打烏克蘭人。烏克蘭人脆弱的武力很難頂得住白軍和紅軍的兩面夾攻，所以烏克蘭大部分土地再度被紅軍和白軍占領。

正在烏克蘭快要再度亡國的時候，波蘭人插手干涉。在彼得留拉和波蘭的畢蘇斯基簽署協定[25]的時候，他自己的手下又再一次被打到只剩下幾百人了。勢力最大的時候，彼得留拉手頭一度有二十萬農民軍隊，但是這二十萬人多半是烏合之眾，在紅軍和白軍的聯合打擊下很快就被打散了，最後只剩下幾百人。這個時候，被他推翻的蓋特曼早已完全拋棄烏克蘭，帶著他的一些親信跑到西方國家去搞流亡團體了，但是彼得留拉沒有跑到西方去。

這裡面涉及一個重要的階級原因。蓋特曼的政權是貴族和資產階級的政權，它跟德國的貴族、日耳曼的貴族有著根深蒂固的關係；而彼得留拉的政權是烏克蘭社會民主黨的政權，它跟波蘭的社會黨——也就是畢蘇斯基的政權有著千絲萬縷的關係。所以在一戰以後歐洲貴族勢力普遍倒台的情況下，蓋特曼所建立起來的這個烏克蘭政權也就找不到外援了，自然一蹶不振；但是彼得留拉所組建的這個烏克蘭人民共和國仍然能夠在波蘭的社會黨那裡找到自己的階級兄弟和援助者。

因此，等到彼得留拉的勢力被紅軍和白軍聯合痛毆、打到只剩下幾百個人的時候，他撤退到加利西亞，跟剛剛獨立的波蘭的畢蘇斯基將軍簽署了條約。條約規定，波蘭人支持烏克蘭的獨立。在波蘭的軍事援助之下，彼得留拉重整旗鼓，重新配合波蘭軍隊向布爾什維克作戰。這次戰役就是蘇聯教科書上所謂的「帝國主義三次干涉蘇聯」的第三次——「波蘭地主的干涉」。所謂

㉒ 一九一七年俄國二月革命爆發後，部分烏克蘭知識份子和活動家於三月十七日成立烏克蘭中央拉達（議會），要求在俄羅斯聯邦框架下實行自治，但遭到俄國臨時政府拒絕。在布爾什維克的十月政變後，中央拉達於十一月二十日宣布成立烏克蘭人民共和國。布爾什維克拒絕承認烏克蘭獨立，於一九一八年二月攻佔基輔，中央拉達逃往烏克蘭西部的日托米爾，向同盟國求援。一九一八年二月九日，烏克蘭人民共和國與德奧簽訂和平條約，以負擔德奧占領軍給養為代價換取德奧支持烏克蘭獨立。四月，根據《布列斯特和約》的規定，布爾什維克軍隊撤離烏克蘭。

㉓ 烏克蘭蓋特曼國（Ukrainian State, also called Hetmanate），烏克蘭人民共和國復辟後，德軍不滿該政權管理混亂、無力兌現向德奧提供給養的承諾，於一九一八年四月支援十八世紀哥薩克蓋特曼家族後代、前沙俄將軍帕夫洛·斯柯洛帕茨基（Pavlo Skoropadskyi, 1873–1945）推翻共和國，成立「烏克蘭國」，自任蓋特曼。任內禁止罷工，努力恢復沙皇時代的行政體制，與蘇俄締結和約，取得多國的外交承認。德國戰敗後，德軍於一九一八年十二月十四日撤離基輔，蓋特曼政權被捲土重來的左派民族主義者推翻。

㉔ 彼得留拉（Symon Vasylyovych Petliura），烏克蘭民族主義者，在德軍撤離後，率領一批民族主義戰士控制了以基輔為中心的烏克蘭地區並建立政權。其政權鼓吹反猶、禁止使用俄語、強力推動使用烏克蘭語，造成烏克蘭內部的親俄派與民族派嚴重對立。此後他趁著波蘭與蘇聯交戰，曾經多次奪回基輔，但最後仍被紅軍徹底逐出。

「波蘭地主的干涉」，實際上是波蘭人在德國崩潰之後接管了德國人在東線的使命，承擔了德國過去承擔的那種保護波羅的海三國、烏克蘭和白俄羅斯的歷史使命。

這次戰爭以華沙戰役和《里加條約》[26]的簽訂為結局。里加條約實際上是布爾什維克再度採取了犧牲烏克蘭民族利益、以便維護布爾什維克階級利益的做法，它等於是像過去收買德國那樣收買了波蘭。本來波蘭人索要的邊境是比較靠西的。波蘭在西部跟德國也有一定的邊境糾紛，而協約國在戰爭結束以後規定用公民投票的方式決定爭議地區的歸屬。然而波蘭的經濟形勢是，西部靠近德國邊境的地方經濟文化比較發達，東部靠近烏克蘭的地方經濟文化不那麼發達。西部地區的波蘭和德國人混居的地方如果看到波蘭人在東部占有了太多荒涼窮困的地方，很可能會像是香港人覺得沒有必要跟河南、山東那些窮困的地方搞在一起那樣，更加不願意加入波蘭。所以，為了爭取西里西亞盡可能多的居民願意加入波蘭，波蘭不希望在東部的窮困地區占領太多的領土。

但是，布爾什維克很願意把盡可能多的烏克蘭領土交給波蘭。一方面，這樣分割烏克蘭，布爾什維克占據的這部分烏克蘭就只是半個烏克蘭，就不大可能背著布爾什維克鬧獨立了；另一方面，多讓波蘭人占有一部分烏克蘭的領土，就可以喚起波蘭人的私心，讓波蘭人想起，「我們波蘭貴族在波蘭立陶宛聯邦那個時代是烏克蘭農民的統治者。我們如果把烏克蘭人犧牲了，那麼烏克蘭豈不是都變成波蘭領土了？與其要一個獨立的烏克蘭夾在波蘭和俄羅斯之間，不如把整個烏克蘭或者是大部分烏克蘭都變成波蘭共和國的屬地，不讓獨立的烏克蘭存在，這難道不是對波蘭人更有利麼？」

於是，等於是波蘭和蘇維埃俄羅斯雙方在犧牲烏克蘭的前提條件下達成了協定。蘇維埃俄羅斯願意割讓更多的烏克蘭領土，以換取波蘭共和國撤銷對烏克蘭獨立的支持。這樣一來，烏克蘭的民族英雄彼得留拉的烏克蘭人民共和國，就像是波蘭人在德國人和俄國人的夾縫中遭到瓜分一樣，在波蘭人和蘇聯人的夾縫中遭到瓜分。他的下場就是，在失去波蘭人支援的情況之下，被迫和他自己在烏克蘭內戰中的死對頭蓋特曼一樣，帶著他的殘餘支持者到巴黎去搞流亡政府去了。

烏克蘭第一個獨立政權和第二個獨立政權是依靠德國、俄國和波蘭的國際糾紛建立起來的，也隨著德國、俄國和波蘭的國際糾紛的解決而被這幾個強國瓜分和消亡了。但是它們留下了歷史傳統，沒有白白消失。儘管這兩個政權在歷史上真正能夠維持的時間都是很短的，但它們留下了兩方面的歷史遺產。第一是歷史神話的遺產，這就是著名的「冬征」[27]。「冬征」就是烏克蘭人民共和國殘存的部隊在被紅軍和白軍聯合打敗以後，在波蘭人的保護之下重新向故土出擊，再次失敗後又向波蘭邊境撤退的過程。「冬征」構成了烏克蘭的立國神話，就像是紅軍二萬五千里長征構成了中華人民共和國的立國神話、五月花號和西部拓荒構成了美國的立國神話、色諾芬從波斯帝國撤退構成了希臘的立國神話一樣。

烏克蘭英雄的祖先在占絕對優勢的敵人的攻擊之下，雖然已經一無所有，但是還是帶著烏克蘭的旗幟，在難忘的一九一九年，在漫長的寒冬之中，赤著腳走在冰天雪地之中，保留了烏克蘭民族的種子。他們在政治上失敗了，但是在文化上成功了，他們把種子留了下去。儘管他們在政治上失敗了，被迫流亡到巴黎，但是從更長遠的歷史角度來看，二十世紀中葉流亡巴黎的這批烏克蘭人數有幾萬個，與在第一次世界大戰以前奧匈帝國時期只有幾百個烏克蘭人是沒法相比的。

在奧匈帝國那個時代，會講烏克蘭語、承認自己是烏克蘭人的總人數也就只有那幾百人。在俄羅斯統治之下的大部分烏克蘭人根本不知道自己是烏克蘭人，就像是今天的四川人不會說自己是「巴蜀利亞民族」、而僅僅會說自己是四川這個地方的四川人是一個道理。奧匈帝國時期的烏克蘭人和羅塞尼亞人[28]，他們不會覺得自己是烏克蘭民族的一員，他們覺得自己是奧地利帝國的羅塞尼亞鄉巴佬和俄羅斯帝國的小俄羅斯鄉巴佬，就像今天的四川人不會覺得自己是巴蜀利亞民族的一部分、而會覺得自己是中華民國和中華人民共和國的外省人是一個道理。

但是經過烏克蘭蓋特曼國和烏克蘭人民共和國的經營，最後逃到巴黎去的這幫流亡者那就不是幾百人了，而是有幾萬人。他們不僅有幾萬人，而且已經有了正式的烏克蘭政治語言。這幾萬個人在西方自由國家的保護之下，這些國家儘管出於外交上的理由，為了討好蘇聯，不能承認烏克蘭獨立，但是出於民主自由的基本原則，必須允許這些流亡者保存自己的言論自由。於是這些流亡者就在國外繼續搞他們的烏克蘭發明工作，把我剛才提到的烏克蘭的整個歷史重新串起來，把烏克蘭過去曾經存在的各個地方政權都變成烏克蘭民族歷史的一部分，把烏克蘭的政治語言和文學語言在國外流傳下去，一直堅持到蘇聯倒台，然後他們成功地回到烏克蘭，創立了現在的烏克蘭共和國。這是他們的第一個遺產。

㉕ 一九二〇年四月，烏克蘭人民共和國領導人彼得留拉與波蘭在華沙簽署同盟協定，以承認波蘭對加利西亞地區（西烏克蘭）的主權為代價，換取波蘭向其提供反對布爾什維克的軍事援助。

㉖ 蘇聯指揮官圖哈切夫斯基率領的紅軍一路打到華沙，卻被波蘭軍事強人畢蘇斯基的軍隊所阻。最後雙方簽訂《里加條約》，蘇聯將西烏克蘭、西白俄羅斯，以及立陶宛的一部分割讓給波蘭。

㉗ 冬征（Winter campaigns），烏克蘭人民共和國軍隊在被紅軍逐出烏克蘭後，於一九一九—二〇年冬季和一九二〇—二一年冬季兩次以波蘭控制區為基地，派出小部隊滲入紅軍後方進行遠端襲擾作戰，然後撤回出發地。其中，一九一九—二〇年的第一次冬季作戰行程兩千五百公里，有三千到六千名士兵參加。

㉘ 羅塞尼亞人（Ruthenians）為中世至近世居住在東歐的東斯拉夫民族，原本是今天烏克蘭人與白俄羅斯人對祖先的稱呼，後來逐漸狹義化，變成單指烏克蘭民族。

第二個遺產是在蘇聯境內。蘇聯儘管征服了烏克蘭，而且實際上在烏克蘭建立了比沙皇俄國更加中央集權的統治，但是就因為在國外有那批流亡者的存在，他們為了跟這些流亡者競爭，必須證明他們自己在烏克蘭並不是一個征服者，而且還要裝逼，假裝自己比沙皇俄國更加開明一些，因此他們就不能夠廢掉蘇維埃烏克蘭共和國的建制。儘管他們可以把烏克蘭哥薩克解釋成為地主資產階級的代理人，作為自己的階級敵人，對他們實行種族屠殺，但是他們沒辦法把多達幾千萬的烏克蘭農民殺光。而且，為了跟海外的烏克蘭流亡者競爭，他們必須承認「烏克蘭人民」在文化上的權利。

因此，從政治上講，實際上還是中央集權體制的烏克蘭以自治共和國的身分加盟蘇聯，就是一個玩笑；但是從文化上講，烏克蘭的語言文字得到了形式上的承認。而且，史達林在二戰結束的時候為了盡可能地在西方盟國面前爭取更多的政治分額，甚至給烏克蘭和白俄羅斯這兩個加盟共和國爭取到了聯合國席位[29]。這樣一來，就使烏克蘭民族認同在蘇聯境內仍然以一種不規範的方式傳了下來。一旦蘇聯解體，原先在蘇聯境內雖然沒有真正的權利、但是已經意識到自己是烏克蘭人而不是俄羅斯人的這批人，馬上就跟國外的流亡者結合，完成了烏克蘭民族發明的大業。在這個過程中，赫魯雪夫為了討好烏克蘭人，把原屬俄羅斯的克里米亞割讓給了烏克蘭[30]——這就是今天克里米亞問題的來源。他之所以這麼做，就是想要證明，烏克蘭人和俄羅斯人是一家，在蘇聯的統治之下，烏克蘭人能夠得到更好的待遇。

以前在俄羅斯帝國和奧匈帝國的時代，烏克蘭人是被一分為二的。在波蘭共和國和蘇維埃俄羅斯的時代，烏克蘭也是被一分為二的。烏克蘭作為弱小民族，在歷史上講一直是被周圍的幾個大國瓜分的。但是在赫魯雪夫領導的蘇聯統治期間，烏克蘭的所有土地都重新合併起來了。不僅在里加條約當中被蘇聯分到的那一半烏克蘭變成了蘇維埃烏克蘭的一部分，第二次世界大戰以後，蘇聯又強迫波蘭把它在里加條約中間分到的那一部分烏克蘭交出來，又強迫捷克斯洛伐克把它從奧匈帝國繼承下來的喀爾巴阡山區交出來，強迫羅馬尼亞把它從奧匈帝國繼承下來的布科維納交出來，把這些從波蘭、從捷克斯洛伐克、從羅馬尼亞交出來的土地都併入了今天的烏克蘭共和國。然後，赫魯雪夫再把蘇維埃俄羅斯共和國的克里米亞交給烏克蘭共和國，這就建立了歷史上第一個完整的烏克蘭。

烏克蘭民族主義者最大的夢想自己實現不了，卻是由赫魯雪夫替他們實現的。於是赫魯雪夫就以此論證：只有蘇聯才是烏克蘭人民真正的祖國，除了蘇聯以外的任何一個政權都會使烏克蘭江山破碎，無法實現真正的統一。這個邏輯，在蘇聯存在的時候可以這麼解釋，但是蘇聯解體以後立刻就引起了烏克蘭和俄羅斯的衝突：俄羅斯人可以說，我們按照民族自決的原則，烏克蘭獨立了我們沒意見，但是克里米亞的俄羅斯人要脫離烏克蘭獨立，那你們也應該承認呀，總不能說你們脫離蘇聯是合理的，克里米亞人脫離你們就不合理呀；但烏克蘭人也可以反過來說，克里米亞人脫離烏克蘭這件事情並不是克里米亞人主動的，而是俄羅斯祕密煽動和軍事占領的結果，俄羅斯人應該先撤出克里米亞，並在美國及歐盟公正的主持之下判斷克里米亞人的真正意圖，這樣才是解決問題的方式。

事實上，第一次世界大戰結束、凡爾賽條約結束的時候，波蘭和德國的邊界問題就是這樣解決的。協約國和巴黎和會的各民主國家為了解決波蘭復國以後的邊界問題，都採取的是公民投票制。也就是說，當地的公民是誰，你願意加入波蘭就是波蘭人，你願意加入德國就是德國人。這種方法比較好地解決了波蘭和德國之間的邊界問題，但是解決不了波蘭和蘇聯的邊界問題，因為威瑪共和國和波蘭共和國都承認西方的民主原則並願意讓當地公民自決，但是否認西方民主的蘇聯不容許當地的公民自由投票。現在的克里米亞問題也就是這樣。烏克蘭人表示說他們願意像是畢蘇斯基時代的波蘭人一樣接受歐盟的原則，但是俄羅斯自己國內的民主卻達不到歐盟的標準，它也不願意在俄羅斯的邊境地區進行公民投票。這樣一來，今天的烏克蘭問題就變成了一九二〇年代的波蘭問題的重演。

一九二〇年代的波蘭問題在西部邊境可以按照民主原則、用公民投票的方式來解決，但是東部邊境卻沒有辦法，因為東部邊境有一個不接受民主原則的蘇聯在。蘇聯可以按照不民主的原則來解決這個問題，也就是說按照在近代以前行之有效的那種辦法——強制驅逐的辦法。你不是說某個地方的居民投票贊成誰就是誰嗎，很好，那我就可以好好整頓一下本地居民的人口結構：如果當地居民贊成波蘭的或德國，就把他們直接驅逐出境，全部趕到波蘭或者德國去。後來史達林解決波蘭和蘇聯的邊界問題就是這樣的，當地居民凡是不擁護我的就把他趕出去[31]。

現在的俄羅斯，可以說在這方面還沒有當時蘇聯人所做的那麼絕，但是只要俄羅斯和烏克蘭雙方中間有一方不接受住民自決的原則，那麼就無法解決今天的克里米亞問題就。克里米亞的獨立依賴俄羅斯軍隊的干預，不符合民主的法定程序，歐洲國家就無法正式承認它。而俄羅斯人不願意接受原住民自決或者其他民主式的解決方式，也就永遠沒有辦法把現在的克里米亞政權扶正。至於烏克蘭人呢，老實說如果真的按照公民投票的方式來講，克里米亞多數居民仍然有可能脫離烏克蘭，但是因為俄羅斯不遵守遊戲規則，烏克蘭人就可以理直氣壯地說，我們要堅持烏克蘭的統一，絕不承認克里米亞的獨立。

實際上，從烏克蘭國家建構的角度來講，擁有克里米亞對烏克蘭沒有好處。克里米亞不僅現在大多數居民不是烏克蘭語的居民，而且從歷史上看，克里米亞不屬於烏克蘭的時期比屬於烏克蘭的時期多。而且，克里米亞地方雖然小，但是依靠土耳其或者莫斯科的支持，它在軍事實力、經濟實力或者國際地位上經常是比烏克蘭高的。留著克里米亞在，對烏克蘭獨立其實是一個巨大的威脅。只是烏克蘭在目前的政治形勢之下拉不下這個臉，不肯放棄這塊危險的土地，就像是一九二〇年代的波蘭不肯放棄烏克蘭那樣。但是實際上，現在的波蘭人在重新建立民主政體以後已經想通了，寧願要一個比較小的波蘭，也不願意要一個比較大的、但是包含著大量白俄羅斯和烏克蘭少數民族的大波蘭，這樣對波蘭國內的民主制度和民族構建的穩定有很大好處；但是目前烏克蘭的國家構建，可以說僅僅相當於是波蘭一九二〇年的那個處境，民族發明和國家構建都還非常脆弱，國內精英的認識也沒有走到完全跟歐洲先進的民主思想接軌的那個程度。

所以從這個角度來看，可以說，烏克蘭和俄羅斯雙方都沒有達到歐洲的民族主義和民主主義所應該達到的水準，這是克里米亞問題得不到解決的關鍵因素。但是兩者之間還有一個重大的不同：烏克蘭儘管沒有達到歐洲水準，但是它願意學習，願意在歐洲的軌道上前進，可以想像，它在三十年以後也就會達到波蘭在今天達到的這個水準；但是俄羅斯不僅現在沒有達到歐洲的水準，而且它不願意按照歐洲的遊戲規則辦事，不願意接受歐洲式的小民族主義的原則，始終想要恢復俄羅斯帝國和蘇維埃俄羅斯那個帝國民族主義、大民族主義的原則，可以想像，它再走幾十年也仍然達不到歐洲的標準。今天的克里米亞問題就在這雙方的夾縫之間艱難地前行。可以想像，在烏克蘭人下定決心接受小烏克蘭、選擇歐洲以前，在俄羅斯經歷類似前俄羅斯帝國和蘇聯的二次解體和新一輪民族發明以前，目前的克里米亞問題是無解的。

㉙ 從一九四五年聯合國成立到一九九一年蘇聯解體，烏克蘭和白俄羅斯都是聯合國的成員國。這兩個國家又都是蘇聯加盟共和國，因此蘇聯在聯合國就有了三個席位，俗稱「一國三票」。

㉚ 一九五四年，為紀念赫梅爾尼茨基的哥薩克蓋特曼政權向沙皇俄國效忠的《佩列亞斯拉夫協議》簽訂三百周年，赫魯雪夫將原屬俄羅斯的克里米亞的管轄權移交給烏克蘭蘇維埃社會主義共和國。

㉛ 一九三九年史達林和希特勒瓜分波蘭，原居東部波蘭與西部烏克蘭的德裔居民被迫西遷；之後一九四五年德軍戰敗，這批西遷居民又跟東普魯士等地的德裔居民一起被迫再度遷徙，為數超過八百萬人以上。

烏克蘭
民族發明大事記（附克里米亞問題）

時間	事件
14世紀前後	**古羅斯部落和蒙古征服** 10世紀前後，東斯拉夫人各部落在今日的烏克蘭地區形成古羅斯部族，並建立了基輔羅斯國家，基輔羅斯被認為是三個現代東斯拉夫人國家（白俄羅斯、俄羅斯及烏克蘭）的前身。然而在民族發明學的意義上，烏克蘭現在的基礎共同體是蒙古征服和撤退後由東正教重新組織的產物。
14至17世紀	**立陶宛控制羅塞尼亞** 蒙古人撤退後，莫斯科大公國和立陶宛大公國開始爭奪所謂的羅塞尼亞(Ruthenia) 的土地。此時烏克蘭一詞還沒有誕生。立陶宛大公國最終控制了基輔羅斯的西半部——也就是今天烏克蘭領土的大部分。立陶宛的統治帶來了東儀天主教徒和東正教徒之間的文化衝突，為後來的東西烏克蘭的拉鋸和認同問題埋下伏筆。
1649至1775年	**烏克蘭哥薩克國時期** 哥薩克國是烏克蘭民族發明學的第一個祖先。它誕生於脫離波蘭和立陶宛貴族之保護的烏克蘭農民，並以軍事領主制的方式選舉出哥薩克騎士團的團長，主持頓河水運和商業，從而在政治上享有更大的主權。1654年《佩列亞斯拉夫條約》的簽署讓烏克蘭哥薩克國失去了自主性，自此東烏克蘭（聶伯河左岸）依附俄羅斯。此條約引發了1654至1667年間的俄波戰爭，其結果是1667年簽署的《安德魯索沃條約》，波蘭立陶宛聯邦和俄羅斯以聶伯河為界瓜分了烏克蘭哥薩克國。
1783年	**俄土戰爭及克里米亞的歸屬** 俄土戰爭後，俄羅斯在1783年打敗奧斯曼土耳其帝國、吞併其藩屬克里米亞汗國，並把大量的東正教俄國人移民到克里米亞半島。這些移民構成了克里米亞目前居民的主要政治祖先，也是2014年克里米亞危機的歷史根源。從博斯普魯斯王國（前438年建立）到克里米亞汗國（1430–1783）時代，克里米亞一直與烏克蘭草原和俄羅斯保持複雜且長期的奴隸及商品貿易關係，並作為其出口至君士坦丁堡的黑海轉運站。

18世紀後期

西烏克蘭的宗教衝突

西烏克蘭的中小貴族大多是東儀天主教徒（雖然大多數農民是東正教徒），以致於西烏克蘭人對正統東正教與俄羅斯的認同薄弱。為了因應東儀天主教徒與東正教徒的衝突與鬥爭，1795年後沙皇開始在烏克蘭全境推行俄羅斯化政策，反而促成浪漫主義在烏克蘭語族群中的蓬勃發展，代表人物是烏克蘭民族詩人謝甫琴科。

1917至1922年

一戰時期的烏克蘭

十月革命爆發後，在蘇俄的扶持下成立的烏克蘭人民共和國（1918年1月15日）是烏克蘭近代史上第一個民族國家。但在德奧聯軍攻入後，烏克蘭一度成為德國附屬國。德國戰敗後，蘇俄收復烏克蘭，於東烏克蘭地區成立烏克蘭蘇維埃社會主義共和國（1921年3月）。根據波蘭和蘇聯簽訂的《里加條約》，西烏克蘭成為波蘭領土。

1939至1945年

二戰時期的烏克蘭

1939年9月，第二次世界大戰全面爆發，波蘭被納粹德國和蘇聯分割占領，西烏克蘭與烏克蘭蘇維埃社會主義共和國合併。1941年蘇德戰爭後，納粹德國一度占領了烏克蘭全境。1945年德國戰敗，烏克蘭蘇維埃社會主義共和國成為蘇聯的加盟共和國，一直到冷戰結束。

1954年

克里米亞被劃入烏克蘭

蘇聯以紀念烏克蘭和俄羅斯簽訂佩列亞斯拉夫爾條約統一300週年紀念日的名義，將克里米亞從俄羅斯移交烏克蘭，成為烏克蘭內的一個自治共和國。

1991/8/24

烏克蘭脫離蘇聯

烏克蘭政府正式宣佈脫離蘇聯獨立，改國名為烏克蘭共和國，標誌著烏克蘭結束了337年受俄羅斯的統治歷史，成為獨立國家。1996年烏克蘭通過新憲法，確定為主權、獨立、民主的法治國家，同時改國名為烏克蘭，實行共和制。1992年5月5日克里米亞半島宣佈獨立，在俄羅斯的調解下成為烏克蘭的一個自治共和國。但俄羅斯租借克里米亞南部軍港作為黑海艦隊的基地。

2014年

烏克蘭革命及克里米亞危機

烏克蘭總統亞努科維奇政府倒台，親西方勢力重新主導烏克蘭政治，從而引發克里米亞危機，2014年3月，克里米亞被併入了俄羅斯聯邦。俄羅斯事實上接管了該領土，建立了克里米亞聯邦管區。

愛沙尼亞

Republic of Estonia

Eesti Vabariik

獨立時間：1991年8月20日

首都：塔林

拉脫維亞

Republic of Lithuania

Lietuvos Respublika

獨立時間：1991年8月21日

首都：里加

立陶宛

Republic of Latvia

Latvijas Republika

獨立時間：1990年3月11日

首都：維爾紐斯

三、波羅的海

民族發明與歐洲的文明邊疆

我們所謂的波羅的海國家，只包括愛沙尼亞和拉脫維亞，不包括立陶宛；從歷史上來看，立陶宛的命運跟波蘭和烏克蘭聯繫在一起，而不是像愛沙尼亞和拉脫維亞那樣跟北歐的關係更多。愛沙尼亞和拉脫維亞的重要性在於，它們能夠使我們釐清經常混淆在一起的三個概念：文化，種族，還有民族。一般人談論民族的時候，經常與種族、文化連在一起，甚至相互借代使用。例如炎黃子孫就是種族的概念。這暗示說，你之所以要構建某一個民族，是因為假定構成這些民族的人群有一個共同的血緣意義上的祖先，他們彼此是親戚關係。另一個概念就是文化，例如儒家文化或者天主教文化，暗示構成這個民族的人群擁有一個共同的文化底色。不論是種族或是文化，這都是尋找共同起源、加強民族神話的手段，但它們都不是絕對客觀的。

民族是一個政治概念，它透過製造民族神話來凝聚向心力、劃清邊界的時候，往往要運用種族和文化的理由來加強自己的說法；直接了當地說，只要有政治上的動機，符合動機的任何理由都可以用，不符合動機的任何理由都可以被排除。也就是說，如果有政治上的必要，要構建一個民族，即使沒有文化上的共同體或者沒有種族意義上的共同體，也是沒有關係的。有的話很好，就把這些理由聚集起來，加強你的理據；如果沒有的話，那你就另外找理由。假定種族上沒有連續性，你就去找文化上的連續性；假如文化上沒有共性的話，那你就找種族上的連續性。反正你只要把有利於你的論據湊起來，把不利於你的論據刪除掉，你總能夠製造出政治共同體應該存在的理由。

如果實在沒有的話，你可以用神話替代真實，神話往往比真實更加有力量。像近代的愛沙尼亞和拉脫維亞這兩個國家，它們的民族神話也是這樣的。一般來說，如果按照神話思維去構建，美國的立國歷史就得從印第安人開始算起；儘管印第安人跟歐巴馬或者川普都談不上什麼血緣關係，但是美國的歷史還是得從那裡寫起。愛沙尼亞和拉脫維亞的歷史，也是從最遠古的時代——據說是居住在這裡的、只有一些考古遺跡的居民開始寫起。「愛沙尼亞」和「拉脫維亞」這兩個名字都可以追溯到遠古的部族居民，但是我們要清楚，跟這兩個名字有聯繫的部族，比如說遠古的拉脫加爾人①，他們根本不是現代愛沙尼亞人和拉脫維亞人在種族意義上的祖先。文化意義上的聯繫，例如愛沙尼亞人跟芬蘭人在文化上的聯繫諸如此類的，其實也是一個跟階級薰陶和同化關係非常密切的概念，形成的時間是非常晚近的。最早也就是十六世紀，晚一點的話也就是十九世紀末至二十世紀初的事情。

我們還是從頭說起。地理上的愛沙尼亞和拉脫維亞所在的這個地區就是波羅的海東岸地區。它真實意義上的歷史（假如以美國作對比的話，就是哥倫布以後的美國史）是源於寶劍騎士團②的拓殖；在這以前的波羅的海地區的原始居民——例如拉脫加爾部族和其他原始居民的歷史，對這兩個國家來說的意義就相當於印第安人對美國的意義：第一，它不是現代這兩個國家種族上的祖先；第二，它也不是現代意義上的這兩個國家在文化上和政治上的祖先。真正意義上的波羅的海歷史始於寶劍騎士團以及後來的立窩尼亞騎士團武裝傳教的過程。這條歷史路徑涉及到近代所謂的基督教文明的問題，而每一個文明的背後都有一個基本組織的問題，基本組織的擴散構建了文明的基礎。大體上來講，我們熟悉的基督教文明實際上是有三種社會組織模式。

第一種模式就是拜占庭模式。這種組織模式雖然可以叫做拜占庭模式，但是它真實起源的時間其實是早於拜占庭的，包括了中東地區的大部分教派，例如亞美尼亞教派、敘利亞教派和伊斯蘭教的許多教派。它真正形成的時間實際上是在拜占庭東正教會產生的時間以前，也在拜占庭帝國的疆土以外，是在敘利亞東方教會跟不信奉基督教的波斯薩珊帝國的互動當中形成的。在這個互動當中，形成了後來拜占庭和奧斯曼帝國以及東方各宗教習慣的那種模式。也就是說，基層組織就是宗教團體，某一個教派的大主教或者長老之類的也就是信奉這個教派的居民的行政官。帝國不統治居民，而是統治教團。教團的長老在帝國皇帝面前代表這個教團，同時在帝國的政治體制中兼任臣民的長官。伊斯蘭教和基督教各教派之間的嬗替並沒有改變這個基本模式。

第二種模式就是羅馬教廷所形成的那種模式，是在西羅馬帝國解體以後、原來作為NGO（非政府組織）的羅馬地方教會不得不承擔了原先屬於公共事務的許多工作以後形成的一種體制。他們雖然實際上已經干涉了公共事務，但是由於羅馬帝國的記憶非常強大的緣故，他們時時刻刻都還想要擁立一個假的羅馬皇帝，像查理曼這樣的神聖羅馬皇帝或者像日耳曼人的神聖羅馬皇帝，盡可能地重新復興過往的帝國機構。

第三種就是北歐的日耳曼人的基督教模式，它是一個武裝傳教的模式，出現在拉丁傳統、羅馬傳統最少的地方，它沒有羅馬帝國的記憶，所以這個地方的社會既不是像拜占庭和東方的社會那樣高度依賴帝國，也不是像拉丁各教會一樣至少是模仿並企圖復辟帝國的。而是在完全沒有帝國記憶的基礎上，由武裝傳教士製造的教區建立起來的社會。可以說，對於他們來說，教會本身建立的教區就是完整的國家組織。日耳曼地區的傳教士，包括寶劍騎士團或條頓騎士團，在波羅的海東岸建立起來的這些教區，在組織形態上講，跟清教徒在北美建立的教區是一樣的，他們沒有真正的國家。雖然這些教區有可能遙奉神聖羅馬帝國的皇帝作為他們的宗主，理論上把波羅的海東岸納入了神聖羅馬帝國的統治體系，但這種關係是虛而不實的，跟北美殖民地居民和英格蘭國王的關係一樣，是一種象徵性的保護人的關係，皇帝和國王並不能夠真正干預他們的政務，他們建立起來的教區就是他們唯一的社會組織。

寶劍騎士團是武裝傳教的組織，它的騎士同時也是教士。它不像是東方各教會的牧師那樣完全不掌握武力，在政治上依賴於帝國，把教團看成是一個從屬於帝國的、帝國之下的附庸組織。也不像是拉丁教會那樣遵循「雙劍論」[3]，認為政教之間大體是平起平坐的。對於波羅的海東岸的殖民社會——其實也是對於原先羅馬帝國統治之外、後來才皈依基督教的這些北歐居民來說的話，就像是北美殖民地的居民一樣，教區就是他們唯一的社會組織，包括軍事事務和政治事務在內的所有事務都是教區負責的範圍，所以他們等於是形成了一個只是名義上從屬於神聖羅馬帝國、但實際上是自己開拓自己領土的殖民組織。

波羅的海社會是由日耳曼殖民者建立起來的，準確地說是由日耳曼武裝傳教士的殖民組織建立起來的。他們首先建立了里加和附近的幾個主教教區。教士同時也是寶劍騎士團的騎士，他們既要打仗來保衛這些教區的安全，又要傳教和充當法官，來維持這些教區的日常事務。這些組織特徵比較相似的

立窩尼亞同盟古地圖　立窩尼亞同盟在中世紀時被稱為「聖母之地」（Terra Mariana），建立於1207年，其領土範圍主要為今天的愛沙尼亞和拉脫維亞，是由13世紀的立窩尼亞十字軍運動中產生的基督徒移民社區，所組成的聯邦共同體。在1561年的立窩尼亞戰爭結束後，此地北部由瑞典成立愛沙尼亞大公國，南部則成立立陶宛大公國。

社區，最後形成了「立窩尼亞同盟」。立窩尼亞同盟在組織上很像是北美十三州形成的美利堅合眾國，這個同盟就是波羅的海東岸最初的政治組織。當地居民在皈依基督教後，無論他們原來是什麼血統的，是不是拉脫加爾人或者其他什麼部族，但是在他們被日耳曼式的教會在文化上征服以後，也就變成日耳曼人了。

與此同時，里加、諾夫哥羅德等地的城市組織也加入了漢薩同盟，於是立窩尼亞同盟和漢薩同盟的城市組織就構成了波羅的海社會結構的基礎。這裡是屬於歐洲的，他們使用的主要語言是低地德語，商業方面的聯繫是跟以呂貝克和漢堡為中心的漢薩同盟聯繫在一起的。本地的主要經

① 拉脫加爾人（Latgalians）從西元五至六世紀開始居住在今拉脫維亞東部的波羅的海民族，十三世紀以後在寶劍騎士團和天主教會影響下改宗天主教。其族名為「拉脫維亞」（Latvia）一詞的來源。

② 寶劍騎士團（Livonian Brothers of the Sword），中世紀活動於波羅的海東岸的武裝傳教團體，由里加主教阿爾伯特（Albert）於一二〇二年創立，總部位於今天愛沙尼亞的維爾揚迪市（Viljandi）。一二三七年成為條頓騎士團的分支，稱立窩尼亞騎士團（Livonian Order）。

③ 一三〇二年，羅馬教皇博尼法斯八世（Boniface VIII, 1230–1303）在敕令「至一至聖」（拉丁語：Unam sanctam）中聲稱，教會控制靈界之劍，國家控制俗界之劍；正如肉體低於靈魂，俗界之劍也低於靈界之劍。該說被稱為「雙劍論」。

濟事務，除了農業以外，就是把東方——遙遠的內亞的各種產品，通過里加這個大港販運到歐洲去。他們的經濟生活和地緣形勢，可以說跟上海在遠東的形勢是差不多的：為數非常少的一批沿海居民依靠歐洲和亞細亞內地的貿易為生，他們習慣歐洲式的文化，習慣歐洲的語言和生活方式；但是他們的城門之外，出了城門不到兩天的距離，就是亞細亞的村社和蠻族，這些蠻族隨時可能進攻他們的城堡，毀滅他們的生活方式。如果說上海的工部局跟寧波的工部局和鼓浪嶼的工部局形成一個聯盟，從上海到廣州形成一個城邦體系，然後再在這個城邦體系之外由傳教士建立起來的一系列教區構成一個聯盟來保護這個城邦體系，那麼這個體系的實際內容就跟漢薩同盟和立窩尼亞同盟非常相似了。

只要來自內地的蠻族——斯拉夫人對他們造成的威脅不是很大的話，那麼這種模式可以永遠繼續下去。他們是歐洲的邊陲，而且自認為是歐洲人。他們沒有必要發明國家。對於他們來說，教區就足夠了，神聖羅馬帝國象徵性的統治對他們來說也就足夠了。但是如果在近在咫尺的內地產生出了強大的帝國征服者，對他們的教區形成了巨大的威脅，那麼僅僅是騎士團和漢薩同盟的力量就不足以保護他們的安全，他們必須尋找新的保護人。因此，在蒙古人和莫斯科人在斯拉夫內地建立了強大的帝國以後，立窩尼亞的海岸居民就必須尋找自己新的保護人。這個新的保護人首先就是波蘭立陶宛聯邦，然後是瑞典王國。在愛沙尼亞人和拉脫維亞人發明的民族神話當中，把瑞典王國當作開明進步的典範，那是因為瑞典國王是新教改革當中新教徒的領袖。他對波羅的海東岸的統治，把原有的天主教改成了路德教，使波羅的海沿岸在文化上跟比較先進的北歐聯繫在一起。他也建立了塔爾圖大學④，為愛沙尼亞和今天的波羅的海東岸地區提供了最早的文化教育機構。

但是我們要注意，像瑞典或者丹麥這樣的王國，我們不能用近代的民族國家的邏輯來看待它。這些國家只是神聖羅馬帝國在播種的過程中間產生出來的一些周邊國家，它內部的商人主要還是漢薩同盟的商人，大學的教學語言仍然是德語或拉丁語。例如，瑞典王國的軍隊是由整個北歐的新教徒組成的，它的商業是由漢薩同盟講低地德語的商人主辦的，它自己的學校教育也是由講拉丁語和德語的路德教傳教士主辦的。這樣一個國家，實際上是不符合近代民族國家的定義。它變成民族國家，實際上是在三十年戰爭失敗、喪失了它的帝國領土、不得不退回本土以後，才重新把自己的本來被德語知識分子視為方言土語的瑞典語發掘出來，跟瑞典王國結合起來，創造出新的民族。如果瑞典繼續承擔整個北歐新教徒的保護者與一個大聯盟的領袖的話，這一切都是不會發生的。

同時，德語使用者跟日耳曼這個種族不是有直接關係的。從種族的角度來講，從英格蘭到北歐這很大一片的居民都或多或少有日耳曼血統，但是日耳曼血統和德語使用者不是一回事。使用德語這件事情是一種文化現象，它說明你的文化教育和階級地位已經達到了一定的層次，實際上你很可能是比如說波羅的海地區的斯拉夫人或者芬蘭人。一種理論認為，芬蘭人從種族的角度來講更接近於阿勒泰人[5]。今天我們把他們視為歐洲人，實際上也就是因為它在新教改革當中接受了路德教派，從此在文化上和政治上跟歐洲聯繫在一起。斯拉夫人則是介於歐亞之間的種族。假如你本來是波羅的海沿岸的一個斯拉夫部族的成員，你的祖先在原先寶劍騎士團傳播天主教的時候信仰了天主教，後來又在宗教改革的時候、在瑞典王國的統治時期改信了路德教，然後你上了學，接受了比較好的教育，因為學校裡面用的是德語，從此以後你就會用上德語，然後你就會把你原來是斯拉夫的或者芬蘭的姓名加以日耳曼化或者拉丁化。你很可能會有兩個名字，一個是拉丁的名字，把你原來的名字後面加一個尾碼，變成什麼什麼烏斯之類的，然後再把你自己原先波羅的海的名字加一個日耳曼式的尾碼，把它變成約翰尼斯、約翰烏斯之類的名字，那麼看上去你就完全像是一個德國學者了，後來的人很可能會把你說成是「波羅的海的德國人」。

但是我們要注意，所謂波羅的海的德國人，並不意味著是移居到這個地區的日耳曼人後代，也不意味著他在種族意義上是日耳曼人的後裔。波羅的海德國人的意義就是會講德語的波羅的海知識分子和資產階級，因為德語是一個階級地位和文化地位的標誌。如果你已經達到了知識分子的水準和資產階級的地位，那麼你就會講德語，而且就會被記錄為波羅的海的德國人。即使你爺爺是個斯拉夫人或者芬蘭人，那也沒有關係的。就好像是，一個朝鮮的士大夫，原先他很可能是女真人或者是其他內亞人，但是他學會了講漢語，學會了讀史記、論語，參加了科舉考試，在朝廷上混到一官半職以後，他就會變成一個寫漢字的儒家知識分子。講德語的波羅的海東岸資產階級的階級地位也是非常類似的。他們在波羅的海人口當中大概占到百分之五到十之間，這恰好就是中產階級在中世紀後期人口中應該占的比例。只不過在波羅的海東岸這個特殊的地區，中產階級是需要一個文化標誌的。你用了德語，就說明你是一個有文化的人；如果你只用土語，就說明你是一個沒文化的人。所謂的德國人和土著人的差別，實際上不是血統上的差別，而是受教育程度和經濟地位的差別。兩者之間的關係是流動性的，而不是封閉性的。

這種關係當然也就構成了後來愛沙尼亞人和拉脫維亞人企圖發明民族時的基礎。但是發明民族是要有現實需求的，只要瑞典王國還能夠保護他們，只要歐洲普遍的意識形態和國家建構方式仍然是封建國家而不是民族國家，發明民族對他們來說是沒有必要的。瑞典人能夠保護他們免遭內地的侵襲，能夠保護強大和富裕的里加市繼續保持跟漢堡差不多的生活水準就足夠了。但是大北方戰爭[6]改變了一切，彼得大帝的勝利迫使瑞典人放棄了波羅的海東岸的領地。俄羅斯帝國把波羅的海東岸畫為三個行省：一個是北方的愛斯特蘭（Estland），就是今天愛沙尼亞的核心部分；一個是比較中部的利夫蘭（Livland），也就是今天愛沙尼亞的南部和拉脫維亞的北部和東部；一個是庫爾蘭（Courland），就是今天拉脫維亞的西部和南部。

俄羅斯在與瑞典簽訂的條約上規定，波羅的海的德國貴族仍然要保留他們原先在瑞典王國時期的自治權，德語仍然是他們的官方語言，省議會的工作語言仍然是德語。沙皇承諾，不改變這些地方的社會制度。這種行為就很像是大英帝國撤出上海和香港以後跟國民黨和共產黨簽署條約：我們願意把上海殖民地和香港殖民地交給統治內地的帝國，但是你們必須承諾，我們原來的臣民原有的生活方式必須得到保留，上海人要繼續使用滬語，香港人要繼續使用粵語，工部局的議會和香港的議會要繼續保留，他們只是在形式上臣服於你們內地的野蠻帝國，但是

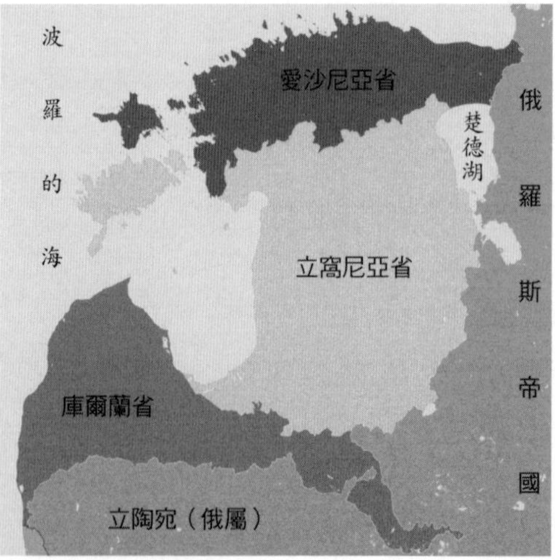

俄羅斯帝國的波羅的海特區行政圖　俄羅斯帝國的「波羅的海特區」源自於1721年《尼斯塔德條約》從瑞典取得的波羅的海東岸土地，以及18世紀末瓜分波蘭時取得的土地。此特區在19世紀被劃分為三個自治行省：北部的愛沙尼亞省、中部的立窩尼亞省與南部的庫爾蘭省。

生活方式上仍然必須是歐洲的，你們要保證他們的生活方式，保證他們原有的較高的生活水準，在這種條件之下我們才能夠跟你簽署條約。這個可以說是，歐洲的君主國以其較高的文明水準，在面對亞細亞專制帝國的情況下，儘管在外交上做了讓步，仍然對自己即將失去的臣民抱有一定的責任感。

而俄羅斯帝國的行省政策，把原先具有歐洲式的自治地位的各城邦和聯盟劃分成為亞細亞式的、吏治國家式的行省。就像我剛才說的那樣，假如上海、寧波、鼓浪嶼各地的工部局已經形成一個類似立窩尼亞聯盟式的聯邦，同時在它周圍已經有了一群基督教傳教士建立起來的社會，然後蔣介石像朱元璋一樣占領了這些地區，為了打破這些歐洲化社會原有的共同體聯繫、打亂他們自己的共同體認同，就給它重新劃分行省，像朱元璋一樣，把吳語區一分為二，南面畫成浙江的西部，北面畫成江蘇的南部。同時，為了盡可能打亂它內部的共同體認同，還要把在文化上並不屬於吳語區的淮語區和中原官話區都劃入江蘇，變成蘇中和蘇北，把屬於閩粵語系的一些地區畫入到浙江內。這樣，吳語區的南部就被迫跟閩語區劃分在一起，而吳語區的北部就必須跟江淮語系畫分在一起。這樣一來，他們的共同體就被摻了沙子，以後再想鬧獨立或者想要回歸西方，這個路就會斷了。沙皇俄國對波羅的海東岸採取的政策就是這樣。

但是它也是像蔣介石和現在的共產黨中國一樣，它對波羅的海東岸的政策是，既要限制，又要利用：一方面，它要通過行省制度來摻沙子，防止這些本來是使用德語、習慣於歐洲生活方式的地區重新產生回歸歐洲的想法；另一方面也要利用它比較先進的文化，為自己的改革事業做準備。波羅的海德語居民本來就是歐洲人，他們非常熟悉歐洲的經濟、社會和文化。沙皇俄國要想維新變法，要想選拔外交官、組織歐洲化的軍隊、選拔軍官，最好的來源莫過於波羅的海地區的德語居民。所以在後來的沙皇俄國當中，為數很少的三個省的波羅的海的德國人占了沙皇政府外交體系的半壁江山，占了沙皇政府軍事體系的四分之一到三分之一。可以說，波羅的海各省是東方和西方的一個交界點。它對於俄羅斯帝國來說，是通向西方的一個視窗及模範省。

但是在變成模範省的過程中間，愛沙尼亞和拉脫維亞也受了很大的損失。他們在西方人的統治下，作為神聖羅馬帝國的一部分、作為波蘭立陶宛聯邦的一部分、作為瑞典王國的一部分的時候，他們享受歐洲式的生活方式。戰爭當然是有的，剝削和壓迫當然是有的，但是這一切都是按照歐洲式的方式，以比較文明溫和的形式進行的。我們都知道，按照歐洲歷史，所謂黑暗和萬惡的中世紀，打一場戰役的話，死幾百人已經是很了不起的事情了，死幾千人就是駭人聽聞的大戰了；領主殺掉幾十個人就是極其嚴重的暴行，上百人就可以稱之為是大屠殺了。像亞細亞式的專制國家視為司空尋常的大屠殺以及大規模的人口損失，在歐洲是聞所未聞。波羅的海人在德國人、波蘭人和瑞典人的統治下，也很少見過這樣的場面；但是東方人，包括承受蒙古統治的斯拉夫人，對這些事情都是司空見慣的。伊凡四世[7]的入侵和彼得大帝的征服，有史以來第一次把東方式的野蠻和人口替換引入了愛沙尼亞和拉脫維亞。單是彼得大帝發動的戰爭，在愛沙尼亞就造成了百分之四十的人口損失，在拉脫維亞則造成了百分之六十的人口損失[8]，歐洲從來沒有出現過這種事情。這種情況就像是，上海人在被蔣介石吞併以後，就開始嘗到內地人在明朝、清朝和以前的所有時代經常領教過的遭遇；香港人被共產黨統治以後，也開始領教到共產黨統治內地各省經常習慣的那種統治方式。

百分之四十或是六十的人口替換，是由內陸的斯拉夫人民和芬蘭人民構成的。俄羅斯北部的

④ 創立於一六三二年的塔爾圖大學（Universität Tartu），起初名稱為古斯塔維亞學院（Academia Gustaviana），一八〇二年重建時改名為多帕特大學（Universität Dorpat）並以德語教學，最後於一九一八年愛沙尼亞獨立時更名為塔爾圖大學，從其名稱的變化便可印證民族發明的歷史軌跡。

⑤ 根據芬蘭語言學家卡斯特倫（Matthias Castrén, 1813–1852）等在十九世紀中期提出的理論，芬蘭人與突厥—韃靼、蒙古以及滿洲—通古斯語系諸民族存在親屬關係，這些民族共同發源於西伯利亞的阿勒泰地區。

⑥ 大北方戰爭（Great Northern War, 1700–1721）指一七〇〇年代，瑞典與俄國為爭奪波羅的海地區霸權而展開的一連串戰爭；這場戰爭中瑞典失敗，而勝利的俄國則取得了波羅的海出海口，一躍成為歐洲強權。

⑦ 伊凡四世（1530–1584）即「伊凡雷帝」，在位期間為爭奪波羅的海出海口發動立窩尼亞戰爭（1558–1583），企圖吞併立窩尼亞騎士團領地，因波蘭和瑞典介入而失敗。

⑧ Kevin O'connor, "The History of Baltic States", Greenwood Publishing Group, 2003.

人口從血統上來講，芬蘭性質比斯拉夫性質還要重。如果芬蘭人也按照我們習慣的那種畫地圖的方式，把歷史上屬於芬蘭語系的地區都畫進來，那麼芬蘭的領土就會從北極圈和大西洋一直延伸到內亞深處，比大清帝國的版圖還要大。但是，種族其實是沒有文化和政治組織來得重要的。同樣是芬蘭人的後裔，在西部和北部接受了路德教、變成歐洲文明一部分的芬蘭人，大家都覺得他們跟日耳曼血統的瑞典人沒有什麼區別；然而更東部在俄羅斯統治下的芬蘭人，大家就會覺得他們跟俄羅斯內陸的居民沒有什麼區別。

這些人移到波羅的海地區，跟比較上層的講德語的居民接觸以後，就迅速地被同化為波羅的海人，同化的原因當然是為了要向上爬。像今天我們所知道的上海的居民和香港的居民，其實他們中間屬於一八六〇年時代上海和香港的居民只占極少數，可能所占的比例比起愛沙尼亞和拉脫維亞還要少一些。真正是漢薩同盟和瑞典王國時期的愛沙尼亞人，只占俄羅斯帝國時期愛沙尼亞各省居民的不到一半，拉脫維亞人所占的比例還要更少一些。同樣地，查理．義律[9]時代的香港人及上海人占今天香港人口中的比例不到百分之十，在今天上海人口中的比例不到百分之三十。上海的大多數人口跟今天愛沙尼亞、拉脫維亞的人口一樣，他們本來是吳越內地人甚至是蘇北人，在太平天國的戰爭中逃難至上海；當他們學會了上海的語言和文化以後，就要堅定不移地聲稱自己也是上海人了。今天排擠安徽人和河南人的上海人，其實絕大部分都是太平天國時期難民的後代。現今愛沙尼亞和拉脫維亞的大多數人口，原本就是斯拉夫人和芬蘭人的後代，那些以純正的本地人自居並排擠俄羅斯人的愛沙尼亞人和拉脫維亞人，其實跟他們排擠對象的親緣關係非常接近，而跟他們冒充的歐洲人的關係是相對遙遠的。

這就是認同政治的奧妙，塑造「認同」便是為了爭取一個特定的社會身分。如果我們要問，為什麼一個揚州人甚至是蘇北人的後代在上海一定要自稱自己是上海人，一定要天天罵「硬碟」[⑩]如何如何，甚至要高呼上海獨立，上海跟你們這些落後地區畫清界限了，答案是不言而喻的。他們既羨慕上海所擁有的那種歐洲式的文化，也羨慕上海較為優越的生活水準，希望自己的子孫後代永遠做上海人，所以盡可能把過往上海人口替代的歷史從記憶中抹去。愛沙尼亞和拉脫維亞的民族發明家也是這樣的，這些民族發明家其實大部分都是彼得大帝時期從俄羅斯內地遷過去的那些人的後代。原有的漢薩同盟到瑞典王國時代的那些講德語的波羅的海東岸人，儘管他們的後裔在今天愛沙尼亞人和拉脫維亞人的人口中是少數，但是從文化和政治上的德性來看，他們毫無疑問是正宗。即使是那些俄羅斯人冒充他們，甚至是殺了他們，他們仍然要自居為歐洲人的後代，把歐洲人的文化撿起來作為自己的護身符。民族神話的發明跟人口所占比例的大小是沒有關係的。上海文化的核心毫無疑問是歐裔上海居民在上海創造的文化，波羅的海東岸文化的核心毫無疑問也是漢薩同盟、立窩尼亞同盟以來的德語居民所創造的文化。

十八至十九世紀，也就是拿破崙戰爭的時代，是法國和法語文化在歐洲最占優勢的時期。歐洲很多知識分子——包括歌德代表的知識分子普遍認為，在宗教的拉丁語衰亡以後，新文化可以以法語為基礎構成。可以說，他們這些人的地位就相當於是胡適和周作人，是新文化運動的那些人。他們希望把東亞變成一個統一國家，把歐洲變成一個統一國家，在拉丁語和文言文結束以後，希望創造一種白話文和國語，用法語充當白話文和國語，正如胡適和周作人想要用滿大人語充當白話文和國語一樣，要維持住拿破崙以來的歐洲文化的大一統格局。他們的對立面就是我們熟悉的浪漫主義者，赫爾德和哥廷根學派[11]，也又是格林兄弟這些民謠和童話

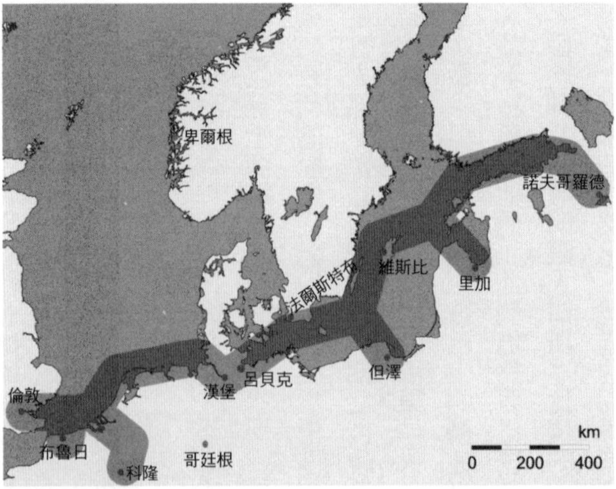

漢薩同盟主要城市圖　漢薩同盟（Hanseatic League），起源於12至13世紀由德國北部沿海城市如呂貝克、漢堡、科隆等結成的商業聯盟，長期主導並壟斷波羅的海地區貿易，在14至15世紀期間加盟成員達到一百六十個城市。這兩組商業共同體雖附庸於英格蘭王國及神聖羅馬帝國，但皆享有高度的自治權利。

的挖掘者。他們編寫童話是有政治目的的，就是因為看到整個歐洲在政治上籠罩在法國人拿破崙的兵鋒之下，在文化上也籠罩在法語文化的優越性之下，這樣一來日耳曼人的方言土語就有完全被消滅的危險。法國人覺得只有拉丁語、文言文和白話文的法語才是文明人的語言，你們講的馬丁·路德的高地德語、漢薩同盟的低地德語和其他方言都是不能登大雅之堂的土語，跟湖南方言或者廣東方言一樣。在我們最終推行法語白話文教育以後，你們都會被消滅的。在偉大的「歐洲民國」和中華民國的統治之下，大家都講國語以後，你們這些鄉下人講的土語就沒有什麼價值了。

他們決定逆轉這種趨勢，把法語的士大夫階級趕過萊茵河、趕回他們的老家去，重新挖掘本地的方言土語，就好像湖南人和廣東人要把滿洲人趕出他們的家鄉，再把自己的方言和土語變成自己的民族語言一樣。拿破崙倒台的時期，一八一三年的日耳曼民族解放戰爭，便類似於湖南人把滿洲人趕出山海關，並推動了浪漫主義者復興民族語言的文化運動，最終導致了中歐各國的語言和民族發明得的產生。當時，日耳曼各語系都處在方言土語的地位，因此德語的學者認為任何方言發掘出來都是好的。他們不僅發掘了德國人在薩克森和普魯士各地的方言，而且也要發掘愛沙尼亞、拉脫維亞、波希米亞各地的方言。發掘這些方言的，請注意，都是當時意義上的德國人，講德語的知識分子。愛沙尼亞語和拉脫維亞語的創造者，是波羅的海東岸的德國路德教教會的牧師。他們建立了「愛沙尼亞文人社」和「里加拉脫維亞協會」[12]，把聖經翻譯成為當地的民俗語言。在他們看來，這些民俗語言是德語的一部分，就像高地德語是德語的一種方言一樣，跟高地德語、低地德語一樣，是方言共同體反對法語普通話大一統的一種武器。因為大家都處在被排擠的地位上，所以他們沒有想到，在未來的某一天，方言和方言之間也會發生分化與衝突。

就在法國人走了，走的比大家設想得還要快，法語已經不可能變成歐洲的統一語言。而德語在德國統一以後，占據了法語原先占有的生態位，變成了新的白話文。這時，浪漫主義者發掘出來的各種語言就產生了分化。高地德語變成了德國的普通話，而愛沙尼亞語和拉脫維亞語仍然是方言。高地德語占據了原先法語占據的地位，於是原有的愛沙尼亞語、波希米亞語、拉脫維亞語又變成了新時代的方言。這一次，方言共同體為自己爭取地位的鬥爭就不再是針對法語，而是針對他們原先的同盟軍——德語了。這個發展是赫爾德時代[13]的那些語言發明家始料未及的。他們原先設計這個工具的目的是為了將法國人驅逐出中歐，結果到頭來卻變成了把德國人驅逐出東歐的武器。

愛沙尼亞人、拉脫維亞人、波希米亞人和摩拉維亞人在十九世紀中後期就發生了這樣的分化：比較上層的分子覺得德語還是更加精煉的語言，堅持使用德語；比較支持民俗的人就堅持Volk（德語：人民或民族）和浪漫主義的原則，他們也像格林兄弟出版德國童話一樣，開始出版愛沙尼亞和拉脫維亞的童話，童話和民歌變成了愛沙尼亞和拉脫維亞民族構建的根本，在文化上從德語各分支當中分離出來，變成了有異於德語的分支。這個過程跟同時期的丹麥和瑞典是非常相似的，這些國家原先也是普遍使用德語的，也是在十九世紀浪漫主義以後發現了把自己的方言升格為國語的好處，漸漸把瑞典王國和丹麥王國變成了瑞典民族和丹麥民族。波羅的海東岸在文化上跟他們走的是同一條道路，但是在政治上有一個重大的不同：瑞典和丹麥有他們自己的君主，民族語言的產生自動導致了民族產生和民族國家的產生；波羅的海東岸則是在俄羅斯帝國統治之下，儘管他們享有的自治權比俄羅斯帝國內地各省要大得多，但是兩者之間的關係仍然是

⑨ 查理·義律（Charles Elliot, 1801–1875）從1836年起擔任英國駐中國的商務總監，直到1841年鴉片戰爭爆發為止。

⑩ 近年興起的上海居民對外地人的蔑稱，起源於線民為避免網路審查而將「外地人」轉寫為「WD人」，又再轉寫為「硬碟」（取硬碟知名廠商Western Digital的縮寫即WD之意）。

⑪ 哥廷根學派（Göttingen School），指十八世紀後期一批提倡以科學方法研究歷史的哥廷根大學學者，包括布盧門巴赫（Johann Friedrich Blumenbach, 1752–1840），他提出「膚色人種劃分法」，以比較解剖學的方法，將人類的種族分為五類（蒙古人種、尼格羅人種、高加索人種、馬來人種、印第安人種）；加塔雷爾（Johann Christoph Gatterer, 1727–1799），他認為歷史事件需要通過描述其因果關係來系統地安排，而不是簡單地提供事件的時間順序。

⑫ 愛沙尼亞文人社（Society of Estonian Literati）和里加拉脫維亞協會（Riga Latvian Association），兩者皆為十九世紀晚期，在波海地區具有影響力的知識分子組織。

⑬ 赫爾德（Johann Gottfried Herder）時代即所謂浪漫主義時代，重視地方特色與古老傳說，強調民族的個別不同特質，為民族主義的先聲。赫爾德是這個時代的代表性人物，他反對理性化的哲學，主張「人是活在歷史之中、受歷史影響」，重視文學的生動自然，對後來的歷史哲學、語言學、解釋人類學、宗教學等都有極大影響。

香港特別行政區和上海自由市跟內地各省之間的那種關係，他們在政治上沒有完全的自由，因此民族發明必然會引起更加複雜的問題。

德國民族發明家掀起的這場浪潮，在十九世紀後期，晚了幾十年以後，也傳入俄羅斯帝國境內。一八四八年革命以後，語言和文化共同體的構想普遍掀起了創建政治共同體的衝動。這對於哈布斯堡帝國和俄羅斯帝國這樣的多族群、多語言的大帝國是非常不利的。哈布斯堡帝國採取歐洲式比較文明的方式，推行聯邦主義的路線，首先把自己改成二元帝國，然後又企圖改成三元帝國，而且即使在二元帝國的內部，各種團體——例如波蘭人的團體和克羅埃西亞人的團體也

歐洲1848年革命　此圖19世紀的彩色版畫，描繪1848年革命時期，維也納的革命分子在街道上築起壁壘的場景。1848年革命又稱為民族之春（Spring of Nations），以法國二月革命為首，歐洲各地包括奧地利、匈牙利、德意志地區皆爆發追求民族獨立的革命運動，雖然大多以失敗告終，但也迫各傳統帝國開始正視民族思潮的興起。

有相當大的自治權，以聯邦主義的方式來解決這個問題。但是充滿歐洲式的自由主義色彩的聯邦主義，很有顛覆沙皇專制統治的危險，因此對俄羅斯帝國的亞洲專制性格是很不舒服的。但是，專制統治過去是以東正教為基礎的，跟民族沒有關係，在歐洲各國普遍發明民族的時候，沒有民族色彩的俄羅斯帝國就陷入被動狀態。解決這個問題的方法就是，俄羅斯帝國的專制主義也要為自己尋找一個民族基礎，也要像奧斯曼帝國發明奧斯曼民族一樣，考慮一下什麼是自己的民族基礎。要以帝國為基礎發明民族，那麼最簡單的方法就是奧斯曼主義，這個在俄羅斯稱之為大俄羅斯主義，就是要把俄羅斯中部的居民發明為大俄羅斯民族。

俄羅斯中部居民的精英和貴族一般來說是講法語的，原有的俄語跟愛沙尼亞語和拉脫維亞語一樣，也是一種方言土語。你可以從《戰爭與和平》這樣的小說中間看到，法國人快要打進莫斯科的時候，俄羅斯貴族才想起來應該學俄語，因為他們以前是只講法語的，而且根本就不會講俄語，但是法國人打過來的時候他們突然感到，再講法語有點政治上不正確了，於是才趕緊請一幫教師出來給他們講俄語。普希金的《葉甫蓋尼・奧涅金》[14]上也有類似的情節：女主角塔姬雅娜想要給她的男朋友寫一首情詩，但是她只懂法語，從來不會寫俄語，所以這首情詩都不好寫。大俄羅斯主義的產生，就是一個企圖以俄羅斯中部專制統治最鞏固的地區為基礎發明民族的過程，然後企圖把俄羅斯帝國的歐洲部分，例如像波羅的海各省這樣深受歐洲文化影響、習慣於比較自由的統治方式的地區，同化成為俄國人。這個做法其實非常相近於現在的「推普」（推廣普通話）。以北方和中部那些長期實行行省制度、政治上奴性比較強、不大習慣於自己統治自己的地區為基礎，用那些比較落後地區習慣的語言發明成為普通話，然後把吳語區和粵語區這些受西方影響比較深厚、比較習慣於自己統治自己的地區同化下來，力圖建立一種帝國民族主義，就是大俄羅斯主義。在斯托雷平統治時期，這種主義變成了俄羅斯帝國的官方思想。

另一種主義則是泛斯拉夫主義，它跟泛日耳曼主義是非常相似的。這種思想認為斯拉夫人並不僅僅是包括俄羅斯帝國境內的斯拉夫人，也包括巴爾幹半島、奧斯曼帝國境內、奧匈帝國境內等所有在血統上跟斯拉夫人有密切關係的族群，因此應該將這些族群也發明成為斯拉夫人的一部分；然後進一步地把沙皇俄國發明成為斯拉夫各民族的解放者，要求俄羅斯帝國境外的所有斯拉夫人也應該服從俄羅斯帝國的統治，將巴爾幹半島的大片土地併入俄羅斯帝國。杜斯妥也夫斯基就是泛斯拉夫主義的積極支持者[15]。這種要求必然會打亂俄羅斯的傳統外交政策，將俄羅斯和奧匈帝國聯合起來維護歐洲正統君主派的保守性外交，變成一種俄羅斯支持塞爾維亞和斯拉夫的革命力量顛覆奧匈帝國和奧斯曼帝國的革命性外交。這個革命性外交政策便是導致俄羅斯帝國滅亡的關鍵因素。

波羅的海地區的居民原先在他們剛剛併入俄羅斯帝國的時候，發展前景還是很寬廣的。雖然他們在政治上被吞併，但是俄羅斯帝國的上層政治機關裡面有許多波羅的海德語居民的用武之地，同時地方的自治權還沒有受到中央太多干涉，壓力還不算大；等到俄羅斯帝國內部開始興起大俄羅斯主義和泛斯拉夫主義的時候，他們面臨的壓力就急劇增加了。按照原先的舊式專制主義，只要忠於沙皇就行了，其他都是多餘的；但是按照新式的大俄羅斯主義，那麼你們這些講德語的人口，不管你主觀上怎麼樣，僅僅是你講德語這件事情，就有不忠於沙皇的嫌疑，因此你們在俄羅斯帝國原先擁有的地位就要受到壓縮。同時，俄語教育在內地實行以後，推廣普通話的運動也要進入波羅的海各省。也就是說，德語和愛沙尼亞方言、拉脫維亞方言同時在俄羅斯普通話的壓力之下都要面臨生存空間受到壓縮的問題；同時無論是上層階級還是下層階級，也都感受到了俄羅斯帝國加給他們的死亡恐懼。

於是他們面臨著兩種選擇：第一種選擇就是作為小民族主義的「方言民族主義」，也就是瑞典人和丹麥人所做的選擇。儘管瑞典人和丹麥人跟波羅的海東岸人一樣，從文化的意義上來講完全是日耳曼系德語文化的範圍，但是他們還是把他們的方言發明為民族語言，從而創造出一個跟德國有很多共同點、但是又跟德國有所區別的民族國家。小民族主義的意思就是，我們將來要發明的這個共同體要以愛沙尼亞語和拉脫維亞語這樣的土語為基礎，本國講德語的上層階級應該反過來學習這些土語，從而構建成為一個新的小民族，像瑞典、丹麥這樣的小民族，這就是未來的愛沙尼亞民族和拉脫維亞民族。

愛沙尼亞民族和拉脫維亞民族這個提法，產生於第一次世界大戰前夕。在以前，大家都以為愛沙尼亞和拉脫維亞要麼就是早已滅亡的古代部族的名稱，跟現代的波羅的海居民已經沒有什麼關係，要麼就是純粹的地理名詞，根本不是什麼民族的名詞。是隨著愛沙尼亞語和拉脫維亞語的活化，這些地方的居民才重新把自己發明成為民族的。而且還要注意：自稱拉脫維亞民族的這些人並不是拉脫加爾人的後代，而是用拉脫維亞語作為他們政治團結工具、遷入拉脫維亞的這批斯拉夫人的後代。這種做法就相當於，一群蘇北人在移居到上海、學會了上海話以後，宣布講英語的上海人是外來的殖民主義者，只有講上海話的蘇北人才是真正的上海人。講上海話的蘇北人作為真正的上海人，一面要推翻講英語的上海人的殖民統治，一面要推翻講普通話和江淮官話的北方人，把他們驅逐出境外，建立一個上海民族國家。我們今天看到的拉脫維亞和愛沙尼亞，其實就是我剛才描繪的這一批居住在上海的蘇北人後代準備幹的事情，兩者在政治意義上是完全相同的。

另一種選擇則是波羅的海東岸的上層階級——貴族、軍官、高級知識分子和大資產階級的選擇，他們的選擇是泛日耳曼主義，因為他們一直是講德語的居民，在文化上跟德國人的關係始終是沒有變，而且德意志帝國在俾斯麥統一以後也變成了一個世界強國。可以說，他們講泛德意志主義，比起土耳其帝國的人講泛突厥主義、俄羅斯帝國的人講泛斯拉夫主義是要便宜得多，因為德國的實力比起俄羅斯帝國和奧斯曼帝國都要強大得多。當然，這三種主義在外交上都是非常危險的。如果要講泛日耳曼主義，那麼德意志帝國就要承擔向俄羅斯帝國宣戰、把波羅的海東岸的德語人口從俄羅斯帝國解放出來的義務；如果要講泛斯拉夫主義，那麼沙皇俄國就要承擔把巴爾幹斯拉夫人從奧匈帝國和奧斯曼帝國當中解放出來的義務；如果土耳其承擔泛突厥主義的義務，那麼土耳其帝國就要有義務打垮俄羅斯帝國和大清帝國，把俄羅斯帝國和大清帝國講突厥語的臣民併入土耳其。類似的做法，如果你在東亞要講泛華夏主義，那麼你可以放棄新疆、西藏、滿洲之類的地方，但是你就要承擔起把東南亞那些華裔居民從東南亞各國、從大英帝國各繼承國當中解放出來的任務，這當然是一個戰爭性質的任務。

相反，如果你搞大俄羅斯主義、大德意志主義、大奧斯曼主義和簡單的中華民族主義，那你就會說，我們按照現有的國界線來判斷，把大清帝國內的新疆、西藏統統發明成為中華民族，但是東南亞的華裔，我們要把他們發明到中華民族之外。而泛華夏主義就會說，新疆和西藏不是我們的，但是韓國和東南亞一定是我們的。這就是這兩種發明方式的不同。但是小民族主義則認為，俄羅斯帝國、德意志帝國、奧斯曼帝國和大清帝國都不應該存在；大德意志民族、大俄羅斯民族、大奧斯曼民族和大中華民族都不應該存在，我們要發明出像維吾爾民族、哈薩克民族、南粵民族、吳越民族這樣的小民族，把它們變成像丹麥、瑞典這樣的小國，用小民族主義的方式使它們進入歐洲文明的範疇。

這就是十九世紀末以來，中世紀時期的帝國轉變為近代民族國家的過程中間，至少是全世界的所有多民族、多文化帝國都要面臨的選擇。選擇也只有這三種：遵循原有帝國邊界的奧斯曼主義；打破原有帝國邊界的泛文化民族主義，像泛斯拉夫主義、泛華夏主義這樣的；或者是純粹的小民族主義。十九世紀的波羅的海居民面臨的就是這樣的選擇：要麼他們學習普通話，對於俄羅斯帝國來說就是學習俄語，跟內地的俄羅斯人同化，就像是上海人學習普通話、把自己變成中華民族的一員那樣；要麼他們堅持泛日耳曼主義的立場，儘管我是住在俄羅斯帝國境內，但是我在文化上講是德國人而不是俄國人，希望下一次爆發戰爭的時候，德國人吞併波羅的海東岸，使我們回到自己的祖國；要麼就把自己發明成為愛沙尼亞人和拉脫維亞人，我們既不是德國人也不是俄羅斯人，而是俄羅斯帝國統治之下深受德國文化影響的新興民族，我們要把這個新興民族變成民族國家，利用德國和俄國的矛盾把自己變成民族國家。

第一次世界大戰後期，德國人果然占領了波羅的海東岸。於是，波羅的海比較上層的階級，大地主大資產階級之類的，就跟德國人合作，建立了庫爾蘭議會、愛沙尼亞議會之類的政治組織並建立愛沙尼亞和拉脫維亞國家。德國人沒有完全接受愛沙尼亞和拉脫維亞的民族發明，還是沿用了中世紀的地區劃分，建立自己的政治組織[16]。所以在《布列斯特和約》簽訂和德國戰敗之間，波羅的海沿岸實際上是有四個國家的：立陶宛、庫爾蘭、愛沙尼亞和拉脫維亞。庫爾蘭後來垮台了，因為組成庫爾蘭議會的主要是講德語的貴族、地主、資產階級和軍官。第一次世界大戰在東線和西線有不同的結果：東線是德國人打敗了俄國人，迫使俄國邊陲上的那些眾小民族解放出來，解放出來以後建立了自己的獨立國家，烏克蘭和波羅的海各國都是這樣的，它們在政治上講都依附於德國；在西線，德國人被英法美的聯軍打敗了，協約國強迫德國人從撤出北歐各國，親德分子所建立起來的政權如庫爾蘭也就跟著倒台了，留下的便是今天的愛沙尼亞、拉脫維亞和立陶宛三國。

這三國的建立可以說是二次革命，代表講方言土語人口的農民和中產階級戰勝了講德語的知識分子和上流社會。對於他們來說，利夫蘭舊德語議會的瓦解，愛沙尼亞共和國和拉脫維亞共和國的建立，本身就是這些民族國家的一次民主革命。民族的實現和民主的革命其實是同一件事。如果想由講德語的上層階級繼續執政的話，那麼他們制定的憲法——也就是在第一次世界大戰末期制定的憲法是十九世紀式的，只有有產階級才有選舉權，建立起來的是一個十九世紀式的立憲君主制的國家。這些國家必然會像是芬蘭引進黑森的卡爾親王[17]一樣，到德國或者奧匈帝國去迎立一個王子出來當他們的立憲君主，然後實行貴族和資產階級的議會政治。而實際上建立起來的愛沙尼亞和拉脫維亞則是實行全民民主的國家，這個新國家的主體是農民黨和中產階級黨派。原先講德語的貴族和知識分子，因為他們的人口只占不到百分之十，被推到了邊緣地帶。這一點也就顯示出了近代民族國家跟中世紀封建國家的不同：歐洲式的中世紀的封建國家實行的是各等級分享權力的共治體制；近代民族國家本身就是跟普選制的產生和人民大眾的參政有著非常密切的聯繫。

這些國家建立沒有多久，國際形勢又發生了變化。史達林和希特勒合作，再一次瓜分了東歐，又一次把愛沙尼亞和拉脫維亞放進了蘇聯的統治下[18]。這兩個國家在遭遇彼得大帝製造的人口替換大洪水以後，又再次經歷了一次大規模的人口損失。首先是國內的中上層的富裕階級在蘇軍入侵時大量逃往瑞典和芬蘭，使這兩個國家損失了幾十萬人口。幾十萬人口對於總人口不過數百萬的波羅的海國家來說是個非常大的損失，等於是它的全部精英階級都跑掉了。假定上海有百分之十的人口跑掉了，而且跑的都是上海最富有、最有文化的人，上海會變成什麼樣子？實際上，一九四九年從上海跑到香港和海外的那批人也差不多就是這種人。留下的那批人，又有幾十萬被蘇聯人強迫遷移到西伯利亞和哈薩克去了。

對於蘇聯人來說的話，這是民族融合的必要組成部分。這跟上海的知青被發配到新疆和青海是一個道理。你們上海人不是願意做中華民族的一部分嗎，那麼你們跟新疆的穆斯林和青海的藏人到底有什麼區別呢？新疆的穆斯林和青海的藏人都是中華民族的一部分，你們上海人也跟駐馬店人或者保定人一樣，也是中華民族的一部分。既然你們都是中華民族的一部分，我們當然要採取促進中華民族融合的必要措施，必要措施之一就是強制移民。你們上海知青不要以為自己會講兩句上海話、還會講幾個字的英語就有什麼了不起。什麼語言不是語言？我們讓你到新疆去插一插隊，讓你好好學一學維語，在穆斯林當中安家落戶，而且男多女少，讓你娶不上上海本地的姑娘，只有跟塔吉克人或者維吾爾人聯姻，然後你們混血的後代就永遠留在新疆回不來了，這難道不是促進中華民族融合最好的手段嗎？根據同樣的邏輯，你們愛沙尼亞人和拉脫維亞人既然是蘇

⑭ 普希金發表於一八三〇年的韻文小說，塔姬雅娜是故事中的女主角，熱愛男主角奧涅金卻苦無回應。

⑮ 杜斯妥也夫斯基在一八六〇年代傾向「根基主義運動」（俄語：Pochvennichestvo）；此運動具有高度的泛斯拉夫主義傾向，訴求俄羅斯人應該回歸本土，拒絕歐化；俄羅斯社會的改革及進步，應該依賴虔誠的俄羅斯東正教徒的信仰力量，而不是由知識分子所主導的自由民主運動。

⑯ 德國人攻占波羅的海沿岸以後，首先讓立陶宛獨立（1917年12月11日），再讓庫爾蘭獨立（1918年3月18日），然後讓拉脫維亞（1918年11月18日）和愛沙尼亞（1918年11月28日）獨立。

⑰ 芬蘭在一戰期間原本想要擁立德國的黑森親王腓特烈・卡爾（Prince Frederick Charles of Hesse, 1868–1940）成立君主立憲國，但因德國在一戰戰敗而中途廢止。

⑱ 一九三九年八月二十三日，納粹德國和蘇聯簽署《德蘇互不侵犯條約》，在其祕密議定書中將愛沙尼亞和拉脫維亞等地劃為蘇聯勢力範圍（後又在九月二十八日將立陶宛轉入蘇聯勢力範圍）。一九四〇年六月，蘇軍進駐三國，展開大規模清洗；七月底，三國新「當選」的議會均宣布「自願」加入蘇聯。

聯多民族國家的一個組成部分，讓你們到哈薩克去墾荒種地，跟中亞的穆斯林生兒育女，或者到西伯利亞去跟蒙古人生兒育女，這難道不是促成蘇聯各民族大團結最有效的手段嗎？移民通婚就是促進民族團結的最有效手段，只不過蘇聯人採取的手段比起以前的統治者來說更野蠻、規模更大、效率更高而已。

當然，這樣的強制流放給現在的愛沙尼亞民族留下了極為沉痛的創傷，使他們進一步感到，沒有自己的祖國就沒有自己的一切。愛沙尼亞雖然離聖彼得堡只有咫尺之遙，離斯拉夫內地只要開汽車開幾個小時就可以越過邊境，但他們在文化上一直是屬於歐洲，而不是屬於內地的。上海人使用抽水馬桶和用上電燈的時間只比倫敦人晚上幾十年，比安徒生的哥本哈根人都還要早幾十年。至於跟內地的駐馬店人或者保定人相比，那是他們從來都不願意考慮的。但是既然他們變成了中華民族的一部分，而且沒有成功地像愛沙尼亞人和拉脫維亞人那樣發明自己的民族，他們自己的生活方式就必須向內地的生活方式靠攏。他們自己作為共和國的長子，必須把創造出來的大部分財富和對共和國的貢獻用在全國身上，而不是用在上海本地。相反，香港人就是因為有一個香港特區在，他們就可以理直氣壯地用粵語，他們自己賺到的錢都可以歸自己，而中央在涉及香港問題的時候就要採取各種各樣的忌憚很多的措施，就不像是向上海人要錢、要人、要資源那樣肆無忌憚。這就是發明民族非常明顯的好處。

蘇聯在把大批愛沙尼亞人和拉脫維亞人強行遷到西伯利亞的同時，又從蘇聯內地遷來了另一批新的斯拉夫人進入愛沙尼亞和拉脫維亞，從而使當地的矛盾進一步緊張。從血統角度來講，這種緊張是沒有道理的，因為在蘇聯統治之下極力反對移民、想要把這些內地移民趕出去的所謂的愛沙尼亞人和拉脫維亞人，說白了，他們大多數都是彼得大帝時代移民到愛沙尼亞和拉脫維亞的老牌移民。他們跟這些新移民之間的關係，也就跟舊上海人和新上海人的關係一樣，其實大家都是移民，而不是原住民。但是從文化和政治意義上來講，他們的區別就非常巨大。

彼得大帝時期的移民經過十九世紀的長期薰陶以後，已經會講德語和愛沙尼亞語了。同時，他們已經習慣於歐洲的生活方式，懂得怎樣按照歐洲人的遊戲規則來建國。因此，他們堅決地要通過民族發明來否定自己的祖先，就像今天的那些過去是江蘇人的上海居民一定要否認自己的祖先、堅持說自己是地地道道的老上海一樣。這個目的主要是政治和經濟上的。在血統上真實不真實，在歷史上真實不真實，那是完全無關緊要的。他們這樣做的同時，形式上看是在維護一部假的家譜，實際上是在維護歐洲文明在波羅的海東岸的邊疆。他們勝利了，並不僅僅是一批冒充德國人和歐洲人的斯拉夫人勝利了，而且是歐洲文明在波羅的海東岸的前哨陣地就穩固了。相反，蘇聯最後移民來的這批人，他們還是講俄語的居民，他們並不會講德語或者愛沙尼亞語，而且他們和他們的祖先都只經歷過俄羅斯帝國和蘇維埃俄羅斯的統治，他們不懂得歐洲文化，也不會按照歐洲人的遊戲規則玩民主政治的遊戲。他們進入到愛沙尼亞和拉脫維亞境內，就純粹起的是摻沙子和破壞共同體的作用。他們會拖住愛沙尼亞和拉脫維亞的後腿，防止愛沙尼亞和拉脫維亞脫離俄羅斯，重返歐洲。這就是為什麼這兩撥人雖然在血統上其實非常相似、但他們之間的鬥爭仍然有著巨大政治意義的緣故。

民族發明是一個動態的進行式，而不是靜態的、按照血統或者各種後天無法改變的生物學因素、一旦發明了就不能再改的。你接受了歐洲文化，你就可以把自己發明成為愛沙尼亞人和拉脫維亞人；反過來，你如果在政治上認同俄羅斯，即使你原先是德國人和瑞典人的後代，你也可以把自己發明成為大俄羅斯人或者蘇聯人，堅決反對愛沙尼亞和拉脫維亞的分離主義運動。現在的愛沙尼亞民族和拉脫維亞民族，實際上就是在這場認同戰爭中展開的。這場認同戰爭在十九世紀末期的奧匈帝國內部塑造了現代的斯洛伐克民族和匈牙利民族，在瑞典王國和丹麥王國內部塑造了近代的瑞典民族和丹麥民族。

它之所以是一場認同戰爭，因為它主要是教育、文化和政治習慣的戰爭，而不是血統的戰爭。同一個家庭，可以為了教育的問題吵得你死我活。例如像是匈牙利作家就經常描寫這樣的場面：一個斯洛伐克的匈牙利人家庭到底是讓自己的女兒學匈牙利語還是斯洛伐克語呢？從政治上講，他們都是哈布斯堡皇帝的臣民，但是如果他讓女兒學了匈牙利語，將來奧匈帝國解體的時候，她就可能會變成匈牙利人；如果學了斯洛伐克語，她就可能會變成斯洛伐克人。如果學匈牙利語的人比較多，那麼她所在的這個地方就可能會併入未來的匈牙利共和國；如果學斯洛伐克語的人比較多，那麼這塊地方就會變成未來的斯洛伐克共和國。語言和認同的戰爭，將會塑造未來的國界線，一切都在未定之中。

你認同哪一方面，這是動態的、可以改變的。上一輩人認同這一方面，下一輩人就可以認同相反的方面。越南僑民的後代可能會講粵語，高度認同香港的獨立；而地地道道的廣東人——在一九二〇年代被國民黨趕到香港的這些廣東人，卻反而可能一天到晚學普通話，非常認同中國大陸。馬來西亞的檳州人可能會講閩南語，而在新加坡跟他血統相同的表兄弟卻可能一天到晚學普通話。這樣的認同鬥爭，就跟我剛才描繪的匈牙利家庭是該學匈牙利語還是該學斯洛伐克語、十九世紀末期的愛沙尼亞家庭是該學德語還是學愛沙尼亞語、蘇聯時期的愛沙尼亞人是該學愛沙尼亞語還是學俄語的問題一樣，語言的選擇就是一場政治鬥爭。

歷史神話的構建是服務於我剛才描繪的這種政治鬥爭的。在戈巴契夫時代，愛沙尼亞人和拉脫維亞人的獨立實際上是海內外愛沙尼亞人和拉脫維亞人共同合作的一場公關戰。以愛沙尼亞和拉脫維亞的人口之少，他們如果硬著頭皮跟俄羅斯人拚刀子的話，是拚不過他們的。他們那種人鏈遊行（波羅的海之路）[19]、和平請願、在海內外做廣泛宣傳的做法，就是首先要把一九二〇年代獨立的、加入過國聯（League of Nations）的愛沙尼亞和拉脫維亞的法統樹立起來，把當時居住在愛沙尼亞境內、使用各種語言的各種族群發明成為一個共同的歷史神話，把愛沙尼亞人和蘇聯人之間的鬥爭塑造成弱小民族向專制帝國爭取自由民主的鬥爭。人的思維方式總是這樣，不是按照理性來進行的，而是按照故事來進行的，一個好故事比一千把刺刀更有用。愛沙尼亞人和拉脫維亞人的勝利，關鍵就在於他們成功地編出了一個好故事。這個好故事，把大多數本來是斯拉夫人和芬蘭人、只是居住在愛沙尼亞

左圖為諷刺《德蘇互不侵犯條約》的宣傳海報，右圖則為「波羅的海之路」記錄照片　1989年，正值粹德國與蘇聯簽訂的《德蘇互不侵犯條約》五十周年，蘇聯占領下的波羅的海三小國人民發動的「波羅的海之路」大規模和平示威，譴責此條約的非法性，並宣示波羅的海三國的獨立自主性，迫使蘇聯於1991年正式承認三國獨立。

境內、曾經是講德語的居民發明成了新的愛沙尼亞民族，用這個民族神話打敗了蘇聯人和俄羅斯人發明出來的那種比較粗糙而且充滿了亞細亞專制色彩的大俄羅斯民族主義和蘇聯民族主義，創造了現在的愛沙尼亞和拉脫維亞。

愛沙尼亞和拉脫維亞再次獨立以後，首先公布的法律就是鼓勵使用民族語言[20]，因為他們的民族生命不是在於種族，而是在於語言；語言在，民族就在。假如上海和香港也像跟他們政治生態位相同的愛沙尼亞人和拉脫維亞人一樣，把自己圍繞著漢薩同盟和立窩尼亞同盟建立起來的小國家建立起來了，那麼他們維持自己獨立的手段必然也就是粵語和滬語，這是他們確立自己自身的認同、使自己既不是中國人也不是英國人的重要手段。愛沙尼亞人之所以能夠確定自己既不是德國人也不是俄國人的身分，也就靠的是愛沙尼亞語言和拉脫維亞語言。

從歷史上來看，實際上他們從血統上講大多數是俄國的移民，從文化上講全都是德國人。如果按照儒家士大夫在朝鮮和越南所搞的那種教育方式的話，他們本來是應該把德語從富人普及到窮人身上，然後把他們全部變成德語人口。實際上，湖南人和浙江人發生的情況就是這樣的。來自北方的士大夫是為數極少的，但是大多數窮人和鄉下人過了一段時間以後，如果產生出了有學問的知識分子，他們就會學北方士大夫的語言，然後給自己發明一套假的家譜，把自己說成是北方某個流放官員的後代，盡可能把自己變成儒生。這種方式就跟德語文化同化波羅的海土著的方式相同。而近代民族國家的構建方式則恰好是反過來的，是格林兄弟和赫爾德提倡的那種方法，到人民當中去，把方言土語、把民歌和童話採集出來，用人民的語言升格為文學語言，用文學語言升格為政治語言，用地方方言來發明出無數的小民族，用人民的力量去同化少數上層階級和知識分子。

我們可以看到，在整個歐洲和全世界的絕大部分地區，現代的民族都是按照赫爾德和格林兄弟、哥廷根學派創造的這種方式展開的。愛沙尼亞和拉脫維亞民族是這種民族構建方式的最經典標準。這種方式如果普及到東亞，那就會意味著上海、香港、湖南和江西都可以據此發明自己的民族。湖南人不應該去學國語和複雜的文言文，把自己打扮成為北方的士大夫階級，而是應該盡可能地上山去收集山地裡面的歌謠，把自己發明成為湖湘尼亞的蠻族。江西人就不應該去學習普通話，而是應該去尋找過去薩珊波斯的商人留下來的痕跡，把薩珊波斯的商人發明成為漢薩同盟的德國人，到吉安、修水這些地方的山地去發掘純粹的方言，用這些方言創造自己的民族語言，用自己的民族語言發明自己的民族國家。這樣的語言才是你們真正的白話文，這樣的國家才是你們真正的民族國家。如果繼續走國語主義和方塊字士大夫主義的道路，那麼你們無論怎麼樣發明，發明出來的還是一個改頭換面的大帝國。你如果環顧世界，從愛沙尼亞和拉脫維亞建國的經驗就可以看出，近代世界，從十九世紀到二十世紀這段時間，也就是歐洲式民族國家向全世界擴張的過程。在這個擴張的過程中間，舊有的大帝國不斷解體，不斷產生像愛沙尼亞和拉脫維亞這樣的民族國家。

愛沙尼亞和拉脫維亞的特殊之處和有利之處在於，它們像上海和香港一樣，不僅有自己的民族語言和發明民族的機會，而且它們自己都是站在東方和西方的邊界上。它們的民族一旦發明出來，就意味著一度被東方專制國家吞併的地方可以借此重新回到西方文明的土地上來。對於當地居民來說，是享受了更加寬鬆的政治統治和更高的經濟水準。因此，這樣的動員方式和發明方式一方面能夠凝聚本地的人民，一方面又能夠引起西方和國際社會的普遍同情。所以如果要在東亞做一個對比的話，那它們的對照物就是上海和香港，而不是湖南或者雲南，湖南或雲南的情況較相似於烏克蘭和白俄羅斯。

愛沙尼亞和拉脫維亞發明民族以後能夠迅速加入歐洲和北約，在於他們過去曾經是講德語的居民，他們本來就是歐洲的一部分，而烏克蘭和白俄羅斯則不具備這樣的條件。也正是因為這個原因，愛沙尼亞和拉脫維亞的民族發明儘管從種族和歷史的角度來講，不見得會比特維爾、諾夫哥羅德或者梁贊更加合理，更不見得比烏克蘭和白俄羅斯更鞏固一些；但是它們現在所處的地位，比起還沒獲得自己的民族身分的諾夫哥羅德和特維爾這些基輔羅斯時期的諸羅斯地區相比，或是比起已經恢復民族身分、但是文化上和經濟上還不是歐洲一員的烏克蘭和白俄羅斯，愛沙尼亞和拉脫維亞都處在非常有利的地位。

相反，如果我們假定它們拒絕發明民族，像今天的上海和香港一樣，堅持要留在以莫斯科為中心、以歐亞內地為中心的大一統帝國的話，那麼它們未來的發展勢必會拖延幾十年。在波蘭和芬蘭已經是歐洲當之無愧的一員的情況下，它們仍然會像是上海或者廣州一樣，要拿出大量的錢去支邊，它們自己的青年一代也隨時可能被帝國強行徵召，到內亞去從事打不完的戰爭，或是強迫移民到其他地方去，無法維持原有的生活方式。它們搶先獨立，實際上就是建立穩固的政治陣地，使它們的命運跟歐洲人捆綁在一起，而跟歐亞大陸內地隔離開來。這實際上就是今天的上海人和香港人想要得到而實際上卻不可能得到的東西。民族發明最根本的政治意義也就在這裡。

可以說，民族發明對於西方文明邊緣上的各個小群體來說是至關重要的。對於他們來說，發明民族就意味著「脫亞入歐」的成功，發明民族的失敗就意味著沉淪到跟他們本來就只不過是咫尺之遙的落後的亞細亞內地中去。他們的命運是處在刀鋒的邊緣上，像是一九六〇年代柏林圍牆周遭的居民一樣，翻過去你就變成西方人，翻不過去你就只有跟蘇聯過日子了。所以正是在這些邊界地帶上，民族發明的意義和民族發明的技術表現得最為清楚。但是在比較接近於歐洲內地的情況下，例如像是德國的薩爾地區[21]，就算建立一個獨立的「薩爾共和國」也是歐洲人，但留在德國也是歐洲人，因此民族發明就不是這麼重要了。只有在文明與野蠻的邊界上或是西方和東方的邊界上，能否發明民族才是至關緊要的問題。

我們從熱愛全人類的抽象角度來考慮的話，這是人類向野蠻退一步還是向文明進一步的關鍵問題：走向西方，就意味著文明的邊界進了一步，野蠻的邊界退了一步；如果被俄羅斯吞併、發明民族失敗，就意味著野蠻的邊界進了一步，文明的邊界退了一步，這就是民族發明的現實後果。將來，在世界上還沒有完成民族國家構建的極少數地區，這樣的故事還會一而再、再而三地重演。這就是愛沙尼亞和拉脫維亞的經驗之所以值得我們參考的主要原因。

⑲ 一九八九年，波海的兩百萬人民手牽手組成了一個超過六百七十五公里的人鏈，希望世界共同關心三國的歷史遭遇。此事後來產生深遠影響，包括二〇〇四年台灣的「二二八百萬人牽手護台灣」等皆是仿效此運動。

⑳ 愛沙尼亞和拉脫維亞在蘇聯解體後均將公民身份限定為蘇聯占領前的共和國公民及其後裔，蘇聯時代的俄語移民只有在滿足語言學習等條件後才可獲得公民權。

㉑ 薩爾（Saarland）是德國西南部的一個工業地區。根據一九一九年的凡爾賽和約，薩爾區由法國占領，未來由公民投票決定歸屬。一九三五年一月，該地區公民投票以超過百分之九十的比例決定回歸德國。二戰後，薩爾區又被法國占領。德法兩國於一九五四年達成允許薩爾獨立的協議（Saarstatut），但在一九五五年十月二十三日在薩爾舉行的全民投票中遭到否決。根據兩國後續安排，薩爾於一九五七年一月一日再次併入德國，成為獨立的聯邦州。

愛沙尼亞與拉脫維亞民族發明大事記

時間	事件
13至16世紀	**立窩尼亞同盟** 愛沙尼亞和拉脫維亞雖然在民族發明學的意義上可以追溯到遠古的拉脫加爾人等部族，但其真實的歷史源自德語武裝傳教士（寶劍騎士團）建立的殖民社團。這些殖民社團最後形成了立窩尼亞同盟。立窩尼亞是中世紀後期的波羅的海東岸地區舊稱。
1558至1583年	**立窩尼亞戰爭** 1558至1583年間為爭奪古立窩尼亞（今愛沙尼亞和拉脫維亞）的控制權而引發的戰爭，參戰方為立窩尼亞同盟、俄國、波蘭立陶宛聯邦、丹麥挪威聯合王國和瑞典等。其結果是瑞典大致控制了立窩尼亞地區。
16至18世紀	**瑞典統治時期** 立窩尼亞海岸居民在立窩尼亞戰爭後，依次接受了波蘭立陶宛聯邦和瑞典的政治保護。在愛沙尼亞和拉脫維亞發明的民族神話裡，瑞典王國以其新教徒領袖的角色而被視為開明和進步的典範，使得波羅的海沿岸在文化上和比較先進的北歐聯繫在一起。
1700至1721年	**大北方戰爭** 沙俄與瑞典於1700年爆發戰爭，主因是為了奪取波羅的海出海口。戰爭的結果是俄國全面擊潰瑞典，將波羅的海東岸納入統治。1721年，兩國簽訂《尼斯塔德條約》，俄羅斯把波羅的海東岸劃分為三個行省：愛斯特蘭、利夫蘭和庫爾蘭。
19世紀	**浪漫主義的民族語言復興運動** 在拿破崙帝國和法蘭西理性主義的壓力下，德語知識分子企圖用浪漫主義加以反擊，文化上出現了用方言土語復興民族語言的運動。德國路德教會的牧師把聖經翻譯成當地的民俗方言，因此創造出愛沙尼亞語和拉脫維亞語。然而在俄羅斯帝國內部興起大俄羅斯主義和泛斯拉夫主義的同化壓力下，愛沙尼亞和拉脫維亞進一步把自己的方言變成國族語言，從而形成未來的愛沙尼亞和拉脫維亞民族。

1917至1918年

愛沙尼亞和拉脫維亞獨立

第一次世界大戰後期，德國占領了波羅的海東岸，分別建立了立陶宛、愛沙尼亞、拉脫維亞和庫爾蘭（今天的拉脫維亞西部）這四個政治上依附德國、由德語上層階級主導的波羅的海國家。德國戰敗而退出後，立陶宛、愛沙尼亞和拉脫維亞轉變成以農民黨和中產階級黨派為主體的民主國家。

1940至1990年

蘇聯占領愛沙尼亞和拉脫維亞

在第二次世界大戰期間，蘇聯再次兼併愛沙尼亞和拉脫維亞，將兩國納為社會主義加盟共和國。大戰中，愛沙尼亞損失了22萬人，相當於戰前人口的1/5。有8萬人流亡到西方。1949年蘇聯開始把愛沙尼亞人流放到西伯利亞，並遷入俄羅斯人。至1952年，愛沙尼亞人的比例已從1941年的90%下降至48%。

1989/8/23

發動起「波羅的海之路」

愛沙尼亞、拉脫維亞和立陶宛發起人鏈遊行的「波羅的海之路」及其他的和平請願活動，紀念三國在二戰中被蘇聯占領，追求恢復獨立。三小國把他們和蘇聯之間的抗爭形塑為弱小民族反抗專制帝國、爭取自由民主的鬥爭。

1991年

愛沙尼亞和拉脫維亞再次獨立

1991年3月，愛沙尼亞舉行獨立公投，8月20日正式宣告獨立。次日拉脫維亞也再次宣佈獨立。他們將公民權限定為蘇聯1940年占領前的共和國公民及其後裔，而蘇聯時代的俄語移民，必須在學習愛沙尼亞和拉脫維亞語、並通過考試之後才獲得公民權。兩國的歷史和經驗證明了在民族發明學中，語言比種族更為重要。此外兩國的特殊之處在於，他們的民族一旦得以發明，就意味著處於西方文明邊緣的、被東方專制國家吞併的土地可以藉此重新擁抱西方文明。他們之所以能夠迅速加入歐盟和北約，也是因為他們本來就是歐洲的一部分。

芬蘭

Republic of Finland

Suomen tasavalta

獨立時間：1917年12月6日

首都：赫爾辛基

四、芬蘭

歷史語言與民族發明

「芬蘭」從一個地理名詞轉變為一個近代的民族國家，也就是最近兩百年的事。由於名詞相近同而造成的誤解，經常會讓民族發明家提出一些把自身民族的歷史追溯到遠古時代的說法。如果我們認真研究，就會發現歷史上最早出現的「芬人」（Finn）[①]這個名詞，不是作為地理或民族，而是一個模糊的文化和種族概念。從地理上講，「芬人」最早出現在俄羅斯的腹地，也就是接近亞洲的地區，而不是今天的芬蘭或者北歐斯堪的納維亞一帶。當基輔羅斯人向北遷移的時候，他們跟一些信奉多神教的原始部落民有接觸，這些部落民就被稱為「芬人」。按照這些零零星星的材料，可以說，最古老的芬蘭存在的中心是在今天的俄羅斯中部及北部，一直延伸到更遙遠的亞洲內陸。有沒有延伸到拉普蘭[②]或整個斯堪的納維亞半島，反倒是很難說的。

將近代的芬蘭人跟歷史上這些「一半亞洲、一半俄羅斯」的芬人聯繫起來，實際上是十九世紀民族發明家的傑作；它到底有多少依據還是沒有什麼依據，是不好說的。歷史上的依據其實是非常薄弱的，除了幾個發音的相似以外，並沒有任何真正的、實質性的聯繫，也沒有什麼可靠的文獻證據。但是由於芬蘭民族在政治上的地位不是很敏感，因此也沒有多少人去反駁他們這種發明。總之，這種東西就像是泰國人提出的遠古時代的泰語諸民族[③]或者遠古時代的百越諸民族一樣。遠古時代的百越諸民族跟現在的廣東人、越南人或者馬來人有多大的關係，他們到底是不是一家，這是可以存而不論的。但如果是越南人決定把這方面的材料作為自己民族發明的素材的話，他們也能以此為依據，把自己的歷史一直延伸到五千年前。

芬蘭人之所以會在十九世紀提出這個邏輯，認為自己跟遠古時期的那些芬蘭部落有一定的關係，主要是出於一種恐懼孤獨的感覺。因為當時的芬蘭還不是一個民族，他們也沒有把握能夠把芬蘭變成一個民族，所以他們希望通過德國浪漫主義的語言發明學混淆芬蘭語和芬蘭種族，並在歷史上尋找一些跟芬蘭有遠親的其他部族，例如匈牙利人和亞洲人。這樣就可以改變他們自己在歐洲非常孤立的處境，改變自己被瑞典人拋棄以後產生的那種「斯堪的納維亞孤兒」的強烈感覺。於是就產生了所謂的「芬蘭—烏戈爾語族」的假說。

① 據東羅馬史學家約達尼斯（Jordanis，約西元六世紀）和十二世紀羅斯編年史書《往年紀事》等的記載，在當時的伏爾加河上游一帶居住著麥良人（Merya）、穆羅馬人（Muroma）、莫爾達瓦人（Mordvins）等族群。這些族群在現代研究中被認為屬於芬蘭—烏戈爾人，又稱「伏爾加芬人」（Volga Finns）或「東方芬人」（Eastern Finns）。

② 拉普蘭（Lapland），指挪威、瑞典、芬蘭北部及俄羅斯西北角北極圈以內的地區。

③ 一九三九年五月二十五日，暹羅鑾披汶政府藝術廳廳長、泛泰主義主要宣導者鑾威集．瓦他幹發表演說，聲稱大泰族的分布超越了暹羅國境，在中國廣東有七十萬，貴州四百萬，雲南六百萬，四川五十萬，海南三十萬，越南與老撾兩百萬，緬甸兩百萬；而且「滇、黔、桂、粵至越、緬各地的泰族，聞暹羅亦有泰族而喜，故須喚起泰族，團結合作，領導泰族，進於繁榮。」同年六月二十四日，暹羅正式改名為泰國。

我們要注意所謂「芬蘭—烏戈爾語族」的假說，並不能確定芬蘭人、匈牙利人和其他亞洲民族真的就是他們所想像的，具有一個共同的語言祖先。這個說法相當於，人類和猴子在達爾文進化論的意義上有一個共同的祖先；或者英語、波斯語和梵語在雅利安語言學的意義上有一個共同的祖先——即「原始印歐語」④。這幾種假說在科學上的價值是基本相似的，就是說，沒有任何直接證據。我們說它們是古代共同祖先的產物，但是任何直接證據都沒有。有的證據只是現存這幾種語言在構詞法和各種方面上有相似之處，於是我們假定，這種相似之處是怎麼來的呢？要麼它們是互相借用來的，要麼就是因為它

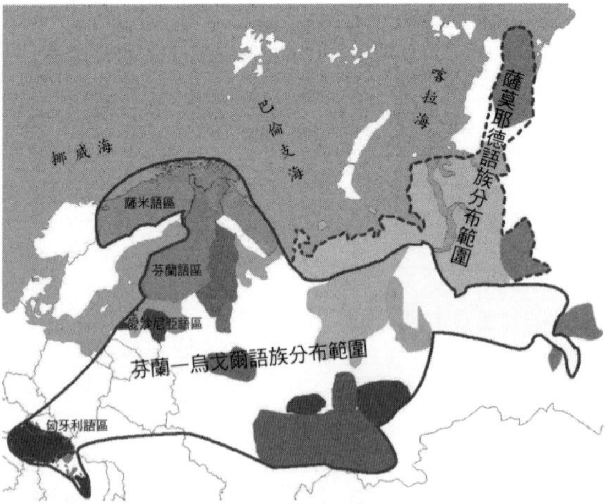

烏拉爾語系分布圖 芬蘭—烏戈爾語族（Finn-Ugric languages）屬於烏拉爾語系（Uralic languages），分布在歐亞大陸的西北部地區，芬蘭語、愛沙尼亞語、匈牙利語等皆包含在該語族中。烏拉爾語系的起源及內部關聯性至今仍缺乏確切的證據，其理論至今仍被稱為「原始烏拉爾起源假說」(Proto-Uralic homeland hypotheses)。烏拉爾語系的另一語族為薩莫耶德語族。

們是有共同祖先。然後我們現在假定它們是有一個共同祖先。這個共同祖先存在不存在，是一個方便的假設。如果我們假設存在一個共同祖先，人和猴子有一個共同祖先，那麼演化論上的很多缺環就可以得以填補。假設英語和波斯語有一個共同祖先，那麼語言學的一些難解之謎就可以得到解決。芬蘭語、匈牙利語和亞洲語言構成同一個語系的說法，也是諸如此類的說法。

它是真是假無所謂，只要它好用就行了，科學理論都是只要好用就行了。什麼時候用牛頓或是愛因斯坦的理論，不是要看誰是絕對正確，而是要看你需要解決哪方面的問題。如果是一般日常生活範圍的問題，那麼牛頓的理論就比較簡便，那你就用牛頓的理論就行了，而如果是在大尺度上計算的話，很可能是愛因斯坦的理論就會比較簡便，那時候你就要用愛因斯坦的相對論來計算了，但是這不是說愛因斯坦推翻了牛頓或者牛頓就不正確了。任何理論都是工具性的，只是一般來說的話，科普作家和外行不像真正的科學家那樣瞭解得這麼清楚，往往把真正的科學家當作工具使用的科學理論看成是不容懷疑的絕對真理。

語言學本來就是浪漫主義的產物，從事語言學研究的這些民族發明家在一開始就懷有強烈的政治動機。說得直接一點，芬蘭語和匈牙利語有共同親緣關係，漢語和藏語有共同親緣關係⑤，閩南語、越南語、馬來語有共同親緣關係，各種諸如此類的說法，它們在科學上的價值跟希特勒所贊同的那種雅利安語言學和種族學的價值是相同的。主要的不同就是，它們沒有像希特勒這麼大的實力，也沒有造成什麼歷史災難，所以既沒有得到同樣多的支持者，也沒有得到同樣多的反對者。但是它們跟希特勒曾經贊同過的那些理論是有共同起源的，這個起源就是德國浪漫主義。歐洲三分之二的民族和全世界四分之三的民族都是德國浪漫主義的產物，產生的方式都是差不多的。

十八世紀以前的芬蘭只有兩個來源：一個就是剛才講過的那些零零星星的、可能與「芬蘭」這個詞有關係的各種種族；另一個就是地理名詞，就是波斯尼亞灣[6]以東和以北的瑞典領土。在十八世紀以前，這些土地上的居民始終認為自己是瑞典人，並不覺得自己是芬蘭人，「芬蘭」對於他們來說是一個地理名詞。當時許多作家如尤斯德勒曾寫過一些讚美芬蘭或土庫的作品[7]；在這些作品中「芬蘭」和「土庫」這兩個詞是可以相互交換的[8]，就像是「四川」和「巴蜀」這兩個詞是可以相互交換的一樣，都是地理名詞，沒有什麼政治涵義。

芬蘭各省的政治結構和瑞典各省是一模一樣的，它們跟斯德哥爾摩的瑞典王國的政治聯繫比瑞典北部和西部各省實際上要更加密切一些。每一次瑞典國王選舉或者議會選舉的時候，芬蘭各省選舉議員或者代表的程式也跟瑞典各省是一樣的，也就是從當地的神職人員和俗人當中選十來個代表，到斯德哥爾摩去選舉國王。它們跟斯莫蘭或者其他各省的區別也就是省與省之間的區別。

它們當然也有自己的方言土語，但與斯莫蘭土語或者斯科訥土語[9]一樣，都是地方性的，而且也是不止一種的。例如芬蘭的核心地區，人口最稠密、歷史最悠久的土庫，跟東部的維普里地區[10]的方言就不一樣。可以說，瑞典有很多方言，有斯莫蘭方言，有斯科訥方言，有維普里方言，也有土庫方言。維普里方言和土庫方言沒覺得自己是一個共同的芬蘭語言，而是覺得自己跟斯莫蘭方言和斯科訥方言一樣，是瑞典的不同省分的不同方言。他們當中比較上層的人士需要處理政治問題的時候，同樣都會用瑞典語；需要處理學術問題的時候，同樣都會用德語和拉丁語。

④ 英國學者威廉．瓊斯（William Jones, 1746–1794）於一七八六年發表《梵語》，提出「原始印歐語」（Proto-Indo-European language）的概念，以作為梵語、波斯語、希臘語、拉丁語、斯拉夫語、日耳曼語和凱爾特語等古代語言的共同起源，但此概念直至現今仍為無法證實的假說。

⑤ 即所謂「漢藏語系」。德國學者朱利斯．海因裡希．克拉普羅特（Heinrich Julius Klaproth）在一八二三年提出漢語、藏語和緬甸語具有相似的基礎詞彙，「漢藏語系」概念即後人由此推演而來。

⑥ 位於波羅的海北部的海灣，東西岸分別為瑞典和芬蘭領土。

⑦ 土庫（Turku），芬蘭西南部港口，一八一二年之前為芬蘭大公國首都。

⑧ 丹尼爾．尤斯德勒（Daniel Juslenius, 1687–1752），芬蘭語言學者、波爾沃主教，著有《土庫今昔》（拉丁語：Aboa Vetus et Nova）一書，書中除描述土庫事蹟外，還混雜了芬蘭人之偉大、芬蘭族群起源於猶太部落、希臘羅馬文明均源於芬蘭之類內容。

⑨ 斯莫蘭（Småland）和斯科訥（Skåne）皆為現今瑞典的南方省分。

⑩ 維普里（Viipuri），位於芬蘭東南部與接鄰俄羅斯的商業繁榮地區，當地最大城市為維堡（Vyborg）；此地原為芬蘭的於一九一二年成立的「維普里省」，一九四五年割讓給蘇聯包括維堡在內的大部分地區，剩餘的部分現為芬蘭的「南芬蘭省」一部分；當地自石器時代以來的原住民為卡累利阿人（Karelians），其使用的語言被學者視為是芬蘭方言的一種。

它們之間如果有什麼共同意識的話，那也是省級性質的共同意識。邊界是省與省的邊界，不是瑞典和芬蘭的邊界，瑞典和芬蘭沒有邊界。當瑞典人提到「芬蘭」的時候，他說這個詞的意思就像是明朝或者清朝的官員提到「江南」一樣，指的是一個不確定的邊界。江南的大致方位是有的，比如說浙江省大概就是江南的一部分，但是安徽省的北部算不算江南的一部分，一般就認為是不算了。江南可能是長江以南的一部分，也可能只是鎮江以南的一部分，邊界並不明確，但是大家都模模糊糊地知道它在哪裡。當瑞典人提到芬蘭的時候，指的大體上就是波斯尼亞灣以東的部分，但是它的邊界在哪裡，說不清楚。照有些人的看法，它的邊界在今天

1809年波爾沃議會與芬蘭大公國的建立　俄羅斯帝國於1809年吞併瑞典的芬蘭領地，在赫爾辛基附近的波爾沃（Porvoo）召開會議，宣布建立「一國兩制」的芬蘭大公國，並由俄羅斯沙皇兼任芬蘭大公，此為芬蘭民族發明的真正起源。

芬蘭的中部，北部和東部並不屬於芬蘭；而今天的愛沙尼亞北部和聖彼得堡以東的很多地區，包括維堡這些地方，反倒是屬於芬蘭的。但是他們也沒有統一的意見。總之是，有模糊的區別，沒有確定的邊界。確定的邊界只有瑞典的行省邊界，比如說是維普里省或者土庫省這樣的邊界。

直到俄羅斯於一八〇九年建立芬蘭大公國後，近代的芬蘭的邊界才得以確定。一方面是為了條約簽訂的方便，另一方面也是俄羅斯要由一個東歐強國轉型成一個世界強國的需要。原本被認為是「一半歐洲、一半亞洲」的俄羅斯帝國，要得到歐洲國家的承認，便得學會使用歐洲文明人的遊戲規則。亞歷山大一世建立芬蘭大公國的時候，把以前彼得大帝和其他俄國沙皇早已征服的講芬蘭語的地區放進了這個芬蘭大公國。因此，芬蘭大公國的領土比現在的芬蘭共和國要大一些，一直延伸到拉多加湖以東，東西卡累利阿這些土地，都屬於當時的芬蘭大公國。

芬蘭大公國用現在的話說，就是一國兩制特別行政區的典範。儘管俄羅斯帝國在核心地區實行亞洲式的專制統治，但在芬蘭大公國實行的是歐洲式的憲政統治。瑞典語仍然是芬蘭大公國的國語，議會政治仍然是芬蘭大公國的憲法體制。唯一的區別就是，芬蘭大公將不再由瑞典國王擔任，而是由俄國沙皇擔任。這樣做的目的當然是為了在歐洲人面前表示，我們俄羅斯人不是什麼亞洲的野蠻人，我們只要高興的話，也是完全能夠按照歐洲文明人的遊戲規則來辦事的。俄羅斯政府在聖彼得堡設立了芬蘭國務祕書，專門負責芬蘭事務。任命一個俄國人作為沙皇的私人代表，擔任芬蘭總督。但是這個總督是不管事的，芬蘭的實際事務由芬蘭國務會議的副主席擔任，芬蘭國務會議的副主席和芬蘭的各部部長都必須是瑞典人。所謂瑞典人，其實跟現在所謂的是芬蘭人是一個意思，因為當時沒有今天民族意義上的芬蘭人，所謂的芬蘭大公國不過是瑞典的東部省分而已。俄羅斯割去了瑞典的東部省分，但是本著一國兩制的原則，允許被稱為芬蘭大公國的瑞典東部省分繼續保留自己的文化和制度。所以，相當於內閣總理的國務會議副主席以及各部部長都繼續以瑞典語為官方語言，各大學、教會和地方機構也繼續使用瑞典原有的政治體制。

芬蘭原本就像香港那樣是一個地理名詞，它不是一個國家名詞或者民族名詞；但芬蘭大公國是俄羅斯帝國的一個芬蘭特區，相當於是香港特別行政區。當時瑞典王國和俄羅斯帝國都沒有想到，芬蘭這樣一個像香港一樣的地理名詞會變成一個民族名詞。他們認為，芬蘭大公國的大部分居民當然都是瑞典人，只不過是臣服於俄羅斯沙皇的瑞典人。但是他們這個外交上的安排確實構成了近代芬蘭民族不得不產生的原因。芬蘭人當時對這件事的說法是，現在我們已經做不了瑞典人，但是我們又不願做俄羅斯人，因此我們除了做芬蘭人以外已經別無選擇了[11]。也就是說，他們要把作為地理名詞的芬蘭變成一個作為政治民族的芬蘭。

芬蘭人之所以這樣做，是因為俄羅斯與瑞典的安排使他們處在歐洲和亞洲文明的夾縫之中，使他們感到了嚴重的身分認同危機。他們感到，如果不通過語言和文化把芬蘭民族發明起來的話，他們就很可能在瑞典人和歐洲其他人的眼中變得跟俄羅斯帝國的其他人沒有什麼區別了。他們對這種前途表示極大的恐懼。例如像卡斯特倫[12]和其他的語言學家就說，如果目前的形勢繼續發展下去，我們的子孫後代也許會變得跟摩爾達維亞和其他的亞洲人一樣，變得沒有資格做歐洲人了。但是政治上的安排是他們無法抗拒的，他們沒有辦法對瑞典國王和俄羅斯沙皇施加足夠的影響。他們唯一能夠做的就是對自己和自己周圍的人、對自己的子孫後代發揮影響，給自己尋找一個更加明確的認同標記。於是，芬蘭語言和芬蘭民族的復興運動就在一八一〇年前後開始產生。

這裡面有一系列重要人物，第一個最重要的人物就是阿維德森。阿維德森是芬蘭民族發明家的一個典型，我們可以把他稱之為是「跑路黨」他出身於芬蘭的上流社會的家庭，從小到大講的是瑞典語；對當時的人來說，今天的芬蘭語無非就是土庫方言而已，是瑞典各種方言當中的一種。但是俄羅斯對芬蘭的兼併使他意識到了，照我們現在的套話來說就是，芬蘭民族的獨特性正面臨被俄羅斯帝國消滅的危險。於是他第一個提出，我們應該恢復芬蘭語。同時建議，芬蘭的愛國者團結起來，採取實際行動，促使芬蘭脫離俄羅斯帝國。他在芬蘭搞了一系列民族發明活動，但在一八二三年左右碰了釘子後逃到瑞典，也就是當了跑路黨。以後他死在瑞典，他的朋友和子孫都在瑞典歷史上消失了。

對於他來說，這是非常正常的。他跑路到瑞典，就跟李嘉誠跑路到英國是完全相同的事情。李嘉誠出生的時候是作為大英帝國的臣民出生的，生在大英帝國的香港領地，正如阿維德森是生在瑞典王國的芬蘭領地一樣。他們都是瑞典王國和大英帝國的臣民，在一國兩制的前提之下也曾經在芬蘭和香港割給俄羅斯和中國以後為俄羅斯和中國效力，因此得到了相當大的報酬，但是他們始終對俄羅斯和中國不放心。他做了些小動作，但是既得不到瑞典的支持，又鬥不過俄國人。他對芬蘭絕望了，於是就逃到瑞典去。他逃到瑞典以後，就放棄了芬蘭民族發明的事業，但是他播下的種子在他離開芬蘭以後仍然在繼續生長。他退出了這場戰鬥，但是留在芬蘭的其他人卻撿起了他當時曾經用過的武器，繼續推動芬蘭民族發明的事業。

芬蘭民族發明的事業當然不是學術上的，它使用了德國浪漫主義的武器。德國浪漫主義者之所以要發明語言，說白了也就是因為他們在政治上鬥不過拿破崙。既然我們在政治上講老是鬥不過拿破崙，法國人統治歐洲看來已經是不可避免了，那麼我們這些知識分子有什麼辦法呢？知識分子當然不能拿著槍去跟拿破崙的革命軍去硬拚，但是我們有辦法用暗地裡的手段把拿破崙已經到手的勝利從他手中奪走——我們可以搞方言。你們法國人不是以為我們德語只不過是一種方言嗎？好吧，我們就發掘一下馬丁．路德的聖經，把高地德語的方言發掘出來，把愛沙尼亞語或者諸如此類的低地德語的方言發掘出來，把瑞典語、丹麥語、波希米亞語都發掘出來，多多益善，總之越多越好。基本目的就是，讓中歐各民族都習慣於以自己的方言為驕傲。在那以前，他們一直認為法語才是高雅的語言和普通話，自己的方言土語是上不了檯面、見不得人的；以後我們這些知識分子雖然硬著鬥不過法國人，但是我們可以扭轉社會上的輿論風氣。

我們可以教育那些普普通通的鄉民：「你們不要以為說法語才是高尚的，讓你們的子孫後代學法語、學普通話才是高尚的。我們告訴你們，你們學自己的方言土語、唱自己的民歌才是真正高尚的，才是真正有逼格的。讓你們學愛沙尼亞語吧，學波希米亞語吧，學薩克森方言吧，學巴伐利亞方言吧，這些才是你們應該做的。這樣，等你們的孫子、曾孫一代一代長大以後，他們講著各種各樣的德語方言，不會講法語，那麼法國人的勝利自然就會化為烏有。難道法國人還能派出士兵來進駐一家一戶，逼著你們非要講法語不可嗎？當然這種事情是不會發生的。」所以，照他們這種計畫，這一招是用來對付法國人的。但是後來法國人垮台的時間比他們設想得還要早，結果他們發明出來的大多數方言，像是瑞典語、芬蘭語、愛沙尼亞語、波希米亞語，非但沒有變成反對法國人的工具，反而變成了反對德國統一的工具。不僅把拿破崙的法國解體了，而且把俾斯麥的德國也解體了。但是這就不是德國浪漫主義者預料所及的事情了。

芬蘭的民族發明家，像卡斯特倫、斯內爾曼[13]諸如此類的人，他們就撿起了德國發明家——哥廷根大學和格林兄弟、拉斯克[14]這些人曾經使用過的武器，只不過這一次他們是要為芬蘭民族的利益來使用這些武器。他們開始到各式各樣的歷史材料和民歌中去尋找各種各樣的理由，證明芬蘭不是一個地理名詞，芬蘭人有特殊的種族，跟瑞典人和俄國人都不一樣。在體質人類學[15]這方面他們搞的東西，第一是偽科學；第二，作為偽科學來說，它們比希特勒的種族學還要更偽一點。就從現在我們看到的材料來講，芬蘭人和瑞典人的個頭、面貌特徵、骨骼特徵這些都差不多。如果說瑞典人是雅利安人或者是歐洲人當中的北歐系——也就是諾迪克人[16]的話，那麼芬蘭要麼也是諾迪克人，要麼至少也是諾迪克血統很重的混血人種。你不可能說瑞典人是日耳曼人、而芬蘭人偏偏是亞洲人。

但是當時的芬蘭民族發明家真是這麼說的。他們的理由是，芬蘭語不是德語或者瑞典語的一種分支。瑞典語和丹麥語都是德語的分支，這個出身是沒有問題的。如果作為芬蘭語發明材料的土庫方言和維普里方言也是瑞典語的一種方言，那麼它就是德語的方言的方言，跟德語的差別就不明顯了。所以我們一定要說，芬蘭語並不是瑞典語的方言，而是跟匈牙利語同源的一種亞洲語言——也就是我剛才說過的「芬蘭—烏戈爾語族」。「芬蘭—烏戈爾語族」純粹是芬蘭浪漫主義者用德國浪漫主義的方式人為發明出來的東西。現在我們大家之所以承認「芬蘭—烏戈爾語族」的存在，主要就是為了尊重芬蘭民族發明家。大家之所以不承認雅利安人，主要就是痛恨希特勒的緣故。其實兩者說是科學的話都是科學，說是偽科學的話也都是偽科學，而且科學的程度和偽科學的程度是完全一模一樣的。

本著德國浪漫主義者發明民族的方式，首先就是要到民歌當中去尋找自己的民族魂。這當然也是出於知識分子和中產階級出身的緣故。如果他們比如說是貴族和軍官，像施泰因男爵[17]那種人，那麼他們要反對拿破崙的話，當然就可以搞軍事改革，以普魯士王國為工具或者像義大利那樣以撒丁王國為工具來這麼做。但是知識分子是沒有槍桿子的，他們唯一能動的是筆桿子。筆桿子當中最有效的辦法就是搜集民歌，到民歌、古代的材料中去尋找民族發明的原料。德國浪漫主義者有一部現成的馬丁．路德的聖經，然後還有很多異教時代流傳下來的各種民歌，丹麥人則發

⑪ 語出阿道夫．阿維德森（Adolf Arvidsson, 1791–1858），芬蘭歷史學家、記者，以批評沙皇統治的時政著稱；他於一八一四年在土庫皇家科學院獲得博士學院後，成為該學院的講師。此後他開始從事芬蘭民族發明活動，雖然他能說流利的芬蘭語，但他的所有作品都是以瑞典語創作，他於一八二二年被取消講師職位，隔年便流亡瑞典。

⑫ 馬蒂亞斯．卡斯特倫（Matthias Castrén, 1813–1852），芬蘭赫爾辛基大學教授、語言學家，前述芬蘭—烏戈爾語系的主要提倡者。

⑬ 約翰．維爾赫爾姆．斯內爾曼（Johan Vilhelm Snellman, 1806–1881），芬蘭哲學家、作家、記者與政治家，是芬蘭話運動中最具影響力的人物之一。

⑭ 格林兄弟，德國民間文學編著者；拉斯克（Rasmus Rask, 1787–1832），丹麥語言學家。

⑮ 體質人類學（Biological anthropology），指從生物演化角度，研究人類體質差異與種族概念、靈長目與人類的演化關聯、人類物種的起源與擴散過程。因為早期的體質人類學往往與種族論述有關，所以飽受批評。

⑯ 諾迪克人（Nordic race），又稱北歐人種，特徵是金髮、藍眼、白皮膚，其形象在納粹德國時期被視為是「亞利安人」的標準。

⑰ 施泰因男爵（Baron vom und zum Stein），普魯士王國民族主義者兼政治家；他在普魯士推行廢除農奴制等開明改革，同時也主張建立一個完整的大德意志國家，因此被拿破崙和梅特涅視為政敵。

明了《安徒生童話》。我們現在以為《安徒生童話》只是一部給小孩子看的書，以為他是一個童話作家，但是其實不是。安徒生跟格林兄弟一樣，他是丹麥的民族主義者和浪漫主義者。他寫《安徒生童話》跟格林兄弟寫《格林童話》一樣，是有政治動機的[18]。

格林兄弟寫《格林童話》，就是害怕德國人在法語優勢文化的壓力之下喪失自己的民族個性。既然我們搞現代化、搞世俗化搞不過法國人，那麼我們就反其道而行之，到世俗化和現代化的那些高雅的知識分子管不到的地方去，到一般人認為是很土很俗的那些童話和民歌那裡去，從側翼來反擊法國人。丹麥的民族主義者也是

左圖為〈小紅帽〉插圖，右圖為〈青蛙王子〉插圖　兩者皆為《格林童話》所收錄的代表故事。格林兄弟採擷流傳於德國民間的各種傳說或童話，並以通俗德語白話重新寫作，於1812年出版《格林童話》第一卷，直至1857年最後一版，共收錄二百多則童話故事。

這樣的，既然我們在學術上搞不過德國人，那麼我們到民歌民俗這些我們獨占、擅長的地方去，在這些地方你們總是鬥不過我們的。誰能夠比我自己更懂我自己的母語呢？我的母語是我的媽媽和我的保姆教給我的，你德國學者再聰明再能幹，學術成就再高，我在正規的學術界鬥不過你，但是我唱我自己的民歌，你看我的民歌就是跟你們德國人的不一樣，這一點你是沒法鬥贏我的。安徒生就根據這個邏輯去搜集丹麥各地的童話和民間故事，寫成了著名的《安徒生童話》。其實，丹麥民族能夠得以延續下來，沒有像是薩克森人或者威斯特法倫人一樣變成德國人的一個分支，丹麥語沒有變成德語的一種方言，我們首先就要感謝像安徒生這樣的丹麥浪漫主義者，當然還有像拉斯克這樣的丹麥語言發明家。

芬蘭人學的就是他們。芬蘭民族發明家隆洛特搜集的《卡勒瓦拉》[19]就是浪漫主義在北歐的一個傑作。現在一般的人都認為《卡勒瓦拉》是芬蘭古老時代的民歌總集，但是我們要老老實實地說，按照一般的創作規律來說的話，《卡勒瓦拉》實際上是隆洛特這個人在參考了他搜集的民歌的基礎上自己創造出來的。他自己的回憶錄已經清楚地證明了這一點。他不是忠實地記錄民歌的，他是按照他自己認為合適的方法，以民歌為材料，自己重新寫了一遍，然後以民歌的名義拿來出版。他搞出這本民歌以後，芬蘭文學社[20]的知識分子對此極其歡迎，於是想方設法地出版了這本民歌，形成了流行的風氣，以至於一個芬蘭中等家庭——有點錢、受過點教育的家庭家裡面不擺上一套《卡勒瓦拉》的話，就好像很沒有文化、很沒面子那樣。

但是，這部書放在自己家裡面的案頭，其實是很少有人讀的。主要原因就是因為，它跟芬蘭當時使用的日常語言已經有很大的距離，跟芬蘭古人真正使用的語言其實也很不相同。它可以說像是麥克迪爾米德的拉蘭斯語一樣，是一種人工合成的語言㉑。大多數芬蘭人拿到這本書以後是為芬蘭民族感到驕傲，覺得我們芬蘭人總算也有自己的史詩了，拿著這部史詩作為自己的象徵，但是拿到了他們並不看，也並不真正按照這部史詩裡面所規範的芬蘭語讀。麥克迪爾米德的拉蘭斯語也是這樣的，他也是想

英雄維納莫寧與女巫婁希　為芬蘭畫家加倫－卡勒拉（Gallen-Kallela）創作於1896的作品，為《卡勒瓦拉》系列畫作之一，描繪《卡勒瓦拉》的主角，年老而充滿智慧的英雄維納莫寧（芬蘭語：Väinämöinen）與北方王國的女王，法力高強的女巫婁希（芬蘭語：Louhi）大戰的場景。

搞民族發明，只不過是想搞蘇格蘭民族發明，想讓蘇格蘭人都用他發明出來的拉蘭斯語，而不要用英語，以這種方式把蘇格蘭從大英帝國中分離出來。他的讀者也差不多是這個樣子，拿到這本書以後並不真正讀，並不真正按照他所設想的方式復興凱爾特語，而是把這個東西作為一種政治符號和政治象徵來用。

它對現代芬蘭語的真正用途，並不是說這部民歌變成了現代芬蘭語的起源，而是第一，這部民歌發掘出了一些本來已經死去的詞彙，使它復活，像以色列人復活希伯來語一樣，為現代芬蘭語提供了一些詞彙；第二則是更重要的，就是喚醒了現代芬蘭人的民族意識，使芬蘭各省的居民

⑱ 安徒生的童話中大量強調北歐元素，跟格林兄弟強調德意志元素基本上是類似的狀況。

⑲ 隆洛特（Elias Lönnrot, 1802–1884），芬蘭醫生兼語言學家，熱心蒐集芬蘭的民間口傳詩歌，並在此基礎上編纂《卡勒瓦拉》（*Kalevala*）史詩；此為描述芬蘭創世到神話時代的英雄冒險故事。

⑳ 芬蘭文學社（Finnish Literature Society），成立一八三一年，是一個提倡芬蘭文學的組織，《卡勒瓦拉》是他們出版的第一批作品。

㉑ 拉蘭斯語（Lallans），又稱低地蘇格蘭語，通行於蘇格蘭低地及北愛爾蘭地區，是英國文學家麥克迪爾米德（Hugh MacDiarmid, 1892–1978）於一九三〇年代在英語基礎上建構的語言，因此又被視為是一種「合成英語」（synthetic English）。

感同身受地覺得，現在我們有了一個共同體，我們有了一個共同的語言，我們以後不要用瑞典語了，更不要用俄羅斯語了，我們要用芬蘭語，通過芬蘭語這種方式凸顯我們的政治身分。在它以後，就出現了卡斯特倫和斯內爾曼這樣的語言學家和歷史學家。民族發明本質上就是兩件事情：第一要發明出自己的國語，第二要發明出自己的國史。赫爾辛基大學的芬蘭史教席是一八五六年設立的[22]，跟《卡勒瓦拉》的時期（一八三五年初版，一八四九年出版最後定本）差不多。

在芬蘭剛剛割讓給俄羅斯帝國的時候，大多數芬蘭人還是在講瑞典語的，只有百分之十幾的文化程度比較低的人才除了芬蘭語以外什麼都不會講。中產階級和貴族——反正是經濟水準、政治地位比較高的人都是，即使在正式場合是懂瑞典語的，多半還懂德語和法語，在家裡面也講一講方言土語，但是他們不會覺得他們自己講的方言土語是芬蘭語，只會覺得是土庫語。只是在芬蘭的政治地位使他們感到自己的存在可能受到威脅的情況下，他們才用人為的、表演性十足的手段把自己發明為芬蘭人。例如，有些人就帶了很大一批人去公開宣誓，像美國的清教徒宣誓自己從此以後不再喝酒一樣，他們也宣誓，從此以後我們是芬蘭人，以後我們要用芬蘭語。儘管他們在這以前都是用瑞典語，但是宣了誓以後，就要硬著頭皮把以前還是方言土語的芬蘭語拿出來用，以免芬蘭語在優勢語言的壓制下死去，以免芬蘭民族的政治地位因此而消失。

卡斯特倫給斯內爾曼寫過一封信，這封信充分地表明瞭所謂的芬蘭語言復興和芬蘭歷史民俗的發掘從本質上講是一個政治活動，而不是什麼學術活動。他是這麼寫的：「向前邁進並喚起對俄國的反抗。但是如果這種反抗要走得夠遠而取得我們所指望的結果，那就必須是政治性的，必須是武裝反抗。如果這樣的反抗現在就發動起來，其結果將不可避免地使芬蘭毀滅……我把所有我們從事的活動都看作是起義的準備。我們不能指望單獨地策動這樣的事業，但我們可以等待時機。俄國遲早會同土耳其人衝突……而波蘭正在等待機會拿起武器來反抗。當騷動開始時，我們也要喊出口號……『打倒莫斯科人』。但我覺得目前我們務必默不作聲……在我們力量太弱、不足以進攻敵人時，我們要在防禦中前進。戰爭是我們的目標，但目前我們只能積蓄力量。我們將生兒育女；我們將著書立說；我們將培養愛國主義和對國家的熱愛；我們都將竭盡全力艱苦奮鬥，而上帝將保佑我們。俄國人永遠不能用強權統治我們，更不能用精神力量和智力統治我們，這是我所知道的，因為我曾經目睹過俄國的駭人的暴行。」（寫於一八四四年十月）

他說這話的時候，芬蘭本身的自治權還沒有面臨著嚴重威脅，但是他對俄羅斯人的擔心被後來的歷史發展證明是有道理的。可以說，俄羅斯在亞歷山大搞改革、急於加入維也納會議、急於加入歐洲先進國家大家庭的時候，是願意裝逼的。而芬蘭像香港一樣，是俄羅斯帝國裝逼的一個櫥窗。如果芬蘭被搞壞了，那就是俄羅斯人沒有面子。在這種情況下，俄羅斯人願意尊重芬蘭大公國的基本法。這個基本法是沙皇亞歷山大親自向波爾沃的芬蘭議會[23]下詔通過的。芬蘭的上層人物，例如像曼納海姆伯爵[24]這樣的芬蘭建制派，是主張用效忠沙皇來換取芬蘭的自治權長期保存的。曼納海姆伯爵就是後來的芬蘭總統和芬蘭獨立戰爭的英雄曼納海姆元帥[25]的曾祖父。如果說我們剛才提到的斯內爾曼、隆洛特這些人代表了芬蘭的中間階級和知識分子的話，那麼曼納海姆伯爵就代表了芬蘭的貴族和上層階級，或者準確地說，是芬蘭各省的瑞典貴族和上層階級。他們當然是講瑞典語的瑞典人，只不過，根據封建歐洲的規範，他們原先忠於瑞典國王，而在瑞典國王要求他們忠於莫斯科沙皇以後，他們也可以忠於莫斯科沙皇，只要莫斯科沙皇繼續尊重芬蘭貴族的傳統特權。他們的地位也就相當於是董建華和香港的建制派。只要俄羅斯帝國繼續尊重沙皇自己頒布的芬蘭基本法，他們對沙皇的忠心是不會出現問題的。

香港的基本法說是管五十年，而俄國沙皇頒布的芬蘭基本法按原則上講是無限期的。沙皇亞歷山大一世在位的十九世紀初期，俄羅斯人是急於做歐洲的一員，能夠變成歐洲的一員對他來說是很有面子的事情。他甚至多次去挽救普魯士和奧地利，勞師傷財去爭取一個歐洲人的身分。有些人認為，亞歷山大沙皇出力去打拿破崙是犯不著的，因為這主要是替普魯士人和奧地利人出力，而跟俄羅斯人的國家利益沒有什麼相干。但是亞歷山大寧可犧牲俄羅斯人也要這麼去犧牲，原因是，他原先不是歐洲人，獲得一個歐洲人的身分對他來說是件很有面子的事情，他值得為這個面子去犧牲俄羅斯的國力。這就很像是江澤民或者其他什麼人願意出很多錢去支援希臘或者其他什麼外國，目的就是為了到西方主持的國際會議去露一個臉，讓人們忘記他是一個出身共產黨的落後亞洲國家的領導人，讓他自己產生一種幻覺——我也是列強俱樂部的一員了。為了做到這一點，他寧可犧牲駐馬店[26]或莫斯科農民的利益，用大筆的錢去收買歐洲小邦的領袖，給自己贏得裝逼的機會。但是時間久了以後，俄羅斯人過了將近一百年，到十九世紀末葉，漸漸地就覺得，自己作為歐洲列強之一的身分已經鞏固，他們自己就不用再這麼委屈自己了，就可以露出自己原先的本相，覺得維也納會議確定的波蘭王國（Congress Poland）都差不多被我們廢除了，芬蘭大公國有什麼了不起的，我們也可以干涉一下。這是一方面原因。

㉒ 一八五六年的赫爾辛基大學首位芬蘭歷史教授為文學家及歷史學家薩克里斯・托佩柳斯（Zachris Topelius, 1818–1898），他以母語瑞典語從事以芬蘭民族文化為主題的文學創作。今天的芬蘭人一般認為，芬蘭國旗為托佩柳斯在一八六〇年代所設計。

㉓ 波爾沃的芬蘭議會（Diet of Porvoo），指一八〇九年三到七月在芬蘭南部的波爾沃召集的四等級（貴族、教士、市民、農民）議會，各等級代表宣誓效忠俄國沙皇亞歷山大一世，後者則承諾保障芬蘭的自治地位。

㉔ 曼納海姆伯爵（Count Carl Erik Mannerheim, 1759–1837），瑞典貴族，曾於一八〇八年率芬蘭四等級代表團出使俄國宮廷，並在波爾沃議會中參與制定俄屬芬蘭大公國各項制度，後又在大公國參議院（相當於政府）中擔任經濟部副主席（相當於總理）。

㉕ 曼納海姆元帥（Carl Gustaf Emil Mannerheim, 1867–1951），領導芬蘭在「冬季戰爭」與「繼續戰爭」中抗擊蘇聯紅軍的英雄，被今天的芬蘭人視為「最偉大的芬蘭人」及芬蘭國父。

㉖ 作者術語，駐馬店為中國河南省中部一個地方城市，位於中國古代歷史的「中原」地帶。作者以此名稱比喻「在一個文明中最落後、處於秩序的最低階的地方」。

另一方面原因則是因為，俄羅斯帝國自己也面臨著民族國家發明向全世界普及的過程中自身的國家構建的問題。古老的俄羅斯建立在尼古拉一世所謂的那種東正教專制主義[27]的基礎上。東正教專制主義是不講領土的，東正教是國際主義的。沙皇像一個大家長一樣保護所有的東正教農民，而東正教農民絕對信任慈父沙皇。所以在俄羅斯作家的詞彙當中，經常把沙皇叫做「小爸爸」（Little Father）。「小」是一個親昵的詞，就像你把你自己的孩子叫做「小寶貝」。不一定是說他體積很小，只是說在你心目中他很親密，所以管他叫做「小寶貝」。俄國農民管沙皇叫做「小爸爸」，當然也不是說沙皇個頭小或者年紀小。而是說，我們農民跟沙皇親如一家，我們東正教農民跟沙皇的關係是孩子和父親的關係，所以我們管沙皇叫「小爸爸」。

我們之間的關係不是西方資產階級的君主立憲國的那種契約關係。英國國王或者普魯士國王跟他的國民的各階層簽署了契約，英國資產階級、英國貴族和英國國王簽署契約，各自分享權利，就像簽署一個合同一樣。在東正教專制主義的角度來看，這就是我們都不親了。你想想，一個當爸爸的能夠跟兒子簽署條約嗎？他規定，每月給兒子二百塊錢零花錢，如果兒子哪一天錢不夠花了，需要花二百五十塊錢的時候，他就說，我們合同上簽了，我只能給你二百塊錢，對不起，這五十塊錢你自己去打工解決。在俄羅斯人看來，這種做法就是冷酷無情，說明英國國王不是一個仁慈的父親，而只是資產階級合同的一方。

相反，俄羅斯沙皇就是一個仁慈的父親，俄羅斯農民是他的次子。不會說是上個月花了二百塊錢，這個月需要二百五十塊錢，向沙皇要錢，沙皇就不給了。不是的，沙皇給錢不會說是像簽合同那樣，每個月都是二百塊錢。而是說，這個月你只需要花一百塊錢，我就把多餘的那一百塊錢扣起來，拿給更需要的人；下一個月你需要花二百五十塊錢的時候，我也給你二百五十塊錢，因為是你現在需要了。你就像我的孩子一樣，我愛你就像愛我自己一樣，你就是我，我也就是你，我們是不分的，根本沒有必要定什麼冷酷無情的契約。西方人要定這些冷酷無情的契約，因為他們是自私自利的市儈，我們東正教徒則是基督的真正門徒，真正講國際主義、講博愛的人。沙皇愛所有的正教徒，所有的正教徒也愛沙皇，我們不分彼此，你的就是我的，我的就是你的，我們不分的，所以我們沒有必要訂合同。沒有必要訂合同，在政治上講就是專制主義，專制主義在西方人看來是沙皇殘暴的體現，但是在東正教農民看起來恰好是沙皇仁慈的體現。這就是俄羅斯的立國之本，俄羅斯的根本憲制。

但是到了十九世紀末，歐洲大多數國家都已經開始發明民族，尤其是德國人開始發明民族，使俄羅斯帝國感到孤立。開始的時候，只有法國人發明民族的時候，沙皇還覺得，我們東正教的沙皇和天主教的神聖羅馬皇帝基本上是一家，好歹都是正統君主，歐洲大多數君主國都是不講民族只講宗教的，所以我們並不孤獨；但是等到俾斯麥統一了德國以後，特別是等到巴爾幹半島普遍建立了民族國家以後，沙皇就感到，歐洲大多數地方都已經建立了民族國家，只有我們俄羅斯帝國是個四不像。你說我們仍然是一個東正教的、建立在父愛主義基礎上的專制國家吧，可是我們的領土上又有很多波蘭人、愛沙尼亞人、穆斯林這些人，他們根本不是東正教徒。沙皇是東正教徒，莫斯科人是東正教徒，沙皇愛東正教徒，東正教徒愛沙皇，但是沙皇愛穆斯林嗎？沙皇愛路德教徒嗎？沙皇愛天主教徒嗎？這從理論上是說不通的，那麼我們就要重新想一下建構的問題。

那麼建構的方式就是我在前幾次演講中曾經說過的：要麼按歐洲式的小民族主義，那不得了，芬蘭人獨立，波蘭人獨立，莫斯科人獨立，烏克蘭人獨立，我們帝國不存在，我們以後再也不是一個大國了，這好像不行；那麼另一種辦法就是發明大俄羅斯主義，以後無論你是東正教徒也好，穆斯林也好，路德教徒也好，天主教徒也好，只要是俄羅斯沙皇的臣民，我們都是大俄羅斯人，像梁啟超發明中華民族[28]，認為新疆的回民、西藏的佛教徒、廣東的儒教徒、江蘇的儒教徒——只要是大清帝國版圖之內的都是中華民族，是一個道理；另一種做法就是杜斯妥也夫斯基那些人主張的，不對呀，我們東正教徒有很多在俄國沙皇的統治範圍以外啊，巴爾幹半島在奧匈帝國和土耳其帝國統治下有很多跟我們親如一家的東正教徒，像捷克人、希臘人和塞爾維亞人，他們在奧地利皇帝和土耳其人的壓迫之下一天到晚高呼「俄國沙皇快來拯救我們吧」，我們東正教徒能夠對他們棄而不顧嗎？同時，我們境內那些日耳曼人也好，芬蘭人也好，穆斯林也好，跟我們不是一家啊，我們為什麼要跟他們在一起呢？我們不應該發明大俄羅斯主義，我們應該發明泛斯拉夫主義。

泛斯拉夫主義告訴我們，信仰東正教的白俄羅斯人也好，莫斯科人也好，烏克蘭人也好，保加利亞人也好，塞爾維亞人也好，希臘人也好，都是一家。即使有些人像保加利亞人、希臘人和捷克人那樣暫時還不處在我們沙皇的統治之下，但是只要他們在文化上像捷克人那樣是斯拉夫人，或者是在宗教上講像希臘人一樣是東正教徒，總之只要在文化上和種族上講跟我們是一家，我們都要把他們解放出來。但是，從文化上和種族上講不是我們一家、但在領土上講是在我們境內的，我們可以把他們趕出去。這就是所謂的泛斯拉夫主義。泛斯拉夫主義在東亞就相當於是泛亞主義或者泛華夏主義，也就是說像汪精衛他們曾經主張的那樣，日本人、韓國人和新加坡馬來的華人是一家，我們應該團結起來，把英帝國主義、俄帝國主義趕出去，建立一個大東亞共榮圈或者泛華夏的共榮圈出來；同時，大清帝國境內的什麼蒙古人、滿洲人、穆斯林、藏人，這些人跟我們日本人、韓國人、江蘇人、廣東人、新加坡人明顯不是一家，我們應該把他們趕出去。這就是汪精衛和日本泛亞主義者所主張的泛華夏主義，也就是杜斯妥也夫斯基他們所主張的泛斯拉夫主義，也就是加斯普林斯基他們所主張的泛突厥主義。

俄羅斯帝國在十九世紀末期就面臨著這樣的民族發明的困境：小民族主義將會導致俄羅斯帝國的解體；大俄羅斯主義的麻煩在於，它要強制同化比如說芬蘭人和波蘭人，這個問題很困難；泛斯拉夫主義的毛病在於，它一方面要放棄芬蘭、波蘭這些領土，另一方面又要去把巴爾幹半島那些土地解放出來，會引起國際交涉上的麻煩。圍繞著第一次世界大戰的交涉也就是因此而展開的。如果俄國仍然實行亞歷山大沙皇那種外交政策的話，那麼它必然會幫著奧匈帝國去鎮壓塞爾維亞人，根本不會有第一次世界大戰。但它就是因為接受了泛斯拉夫主義的觀點，認為它應該幫著塞爾維亞人反抗奧匈帝國，結果才把原來的神聖同盟的外交聯盟原則給打爛了，使俄羅斯帝國變成了德國、奧匈帝國和土耳其帝國的敵人。同時，也正是因為實行了大俄羅斯主義，才激起了芬蘭、愛沙尼亞這些國家的民族意識和反抗。

推行大俄羅斯主義，不可避免地要侵犯波羅的海各國和芬蘭原有的自治權。沙皇亞歷山大一世頒布的基本法明確規定了這些國家仍然要使用瑞典語，仍然要實施瑞典的地方自治和議會政治。但是這樣搞下去，那麼芬蘭人就永遠是芬蘭人，瑞典人永遠是瑞典人，愛沙尼亞人永遠是愛沙尼亞人，他們不可能變成俄羅斯人了。而大俄羅斯主義者則是像梁啟超的中華民族一樣認為，回人、藏人都是中華民族的一部分，那麼你就必須推行同化政策了。例如像現在的新疆，你要強迫他們講漢語，不能讓他們講突厥語。根據同樣的邏輯，等到尼古拉二世（一八九四至一九一七在位）的時代，沙皇也就開始覺得有必要在芬蘭推行俄語教育，不能讓他們講瑞典語和芬蘭語了，否則的話，他們永遠沒有辦法融入到俄羅斯帝國境內[29]。但是這種強制推行俄羅斯化的政策毫無疑問就是違反了沙皇亞歷山大一世的基本法的。這樣一來的結果就是，原先在芬蘭本來跟俄羅斯帝國站在一起的芬蘭建制派，像曼納海姆元帥他們那些人，漸漸地跟芬蘭的獨派合流，變成了反對俄羅斯帝國的力量。就好像說是，你現在如果是在香港徹底廢除粵語、強行推行普通話的話，那麼在董建華時代是共產黨主要合作者的那些香港上層人物也很可能會改變立場，支持香港獨立分子。

在第一次世界大戰前夜，雙方的矛盾日益緊張。快要接近於爆發的時候，雙方就各行其是了。一方面，俄羅斯帝國在徵兵的時候很難徵到芬蘭的士兵，芬蘭人集體地逃避兵役。而俄羅斯帝國在這方面沒有認真，因為他們擔心，如果徵了大批講芬蘭語、不大會講俄語的人到俄羅斯帝國的軍隊裡面來，不但不會增強俄羅斯帝國軍隊的力量，反而因為溝通的困難而會降低軍隊的效率。在芬蘭的同化完成以前，在芬蘭徵兵的工作要暫緩。另一方面則是，芬蘭中產階級子弟普遍地組織志願軍，把自己的軍隊送到德國軍隊去受訓，因為德國在這個時候變成了俄羅斯帝國的主要敵人，敵人的敵人就是朋友。芬蘭的子弟在德國軍隊受訓以後，最後組成了著名的芬蘭志願軍團或稱「芬蘭獵兵團」[30]。芬蘭的獨立主要是芬蘭獵兵團經營的結果，就像捷克的獨立主要是捷克斯洛伐克軍團經營的結果一樣。

俄羅斯帝國當然也不是傻瓜。他們意識到，不但芬蘭中產階級的發明民族工作已經搞了幾十年了，即使是原先忠於俄羅斯帝國的芬蘭建制派上層階級，目前也開始出現了不穩的跡象。於是，就開始由文明自治轉向暴力鎮壓，使俄羅斯帝國的國際形象受到了很大的損害。芬蘭本來是俄羅斯帝國境內唯一一個沒有政治犯的地方，在第一次世界大戰以前的最後十年開始有了政治犯。這個情況跟現在的香港是非常相似的。香港過去是東亞大陸唯一一個沒有政治犯的地方，但是自從港獨運動開始以後，有了黃之鋒他們這批人，香港也開始有政治犯了。同樣，芬蘭大公國在亞歷山大沙皇那個時代是沒有政治犯而且也不可能有政治犯的，但是到了尼古拉的時代就有了政治犯，而且越來越多。芬蘭後來的第三任總統斯溫胡武德[31]就是在這個時候被俄羅斯帝國逮捕、流放到西伯利亞的。

對於俄羅斯人來說，像十二月黨人、俄羅斯的自由派知識分子或者十九世紀晚期的俄羅斯社會主義者那樣被沙皇流放到西伯利亞，那真是稀鬆平常、自古以來的事情，莫斯科人自古以來就是專制國家的一部分，受這種待遇是理所當然的；但是芬蘭自古以來是屬於瑞典和歐洲的，即使是屬於俄羅斯，也像是香港屬於中國那樣，是一國兩制的，它從來不執行俄羅斯國內的法律，它在第一次世界大戰以前的最後十年才開始受到這種待遇，引起的震動就像黃之鋒被捕在香港社會引起的震動一樣。大多數芬蘭人在當時不一定贊成芬蘭獨立。事實上有很多人，特別是芬蘭的上層人物和建制派，實際上是主張芬蘭自治而不獨立的。只要俄羅斯帝國尊重芬蘭的自治權，他們是很願意壓制那些激進派和獨立派的勢力的。但是俄羅斯帝國讓他們一再失望，不僅要鎮壓那些中產階級的獨派知識分子，而且連本來是願意在自治的前提之下效忠俄羅斯帝國的那些上層人物也被它一個一個抓起來流放到西伯利亞去了。這樣一來，就等於是發揮了「為淵驅魚」的作用，把自己原來在芬蘭的政治基礎給破壞了，把芬蘭的上層階級趕到了獨派一邊去。如果沒有這方面的工作的話，像曼納海姆元帥這樣的人是不可能支持芬蘭獨立的。

㉗ 即尼古拉政權教育部長烏瓦羅夫所提出的「官方民族理論」，以「專制、東正教、民族特性」為三大核心，排拒西方理性主義與自由思想，為後來俄羅斯斯拉夫主義的起源。

㉘ 參見劉仲敬，《近代史的墮落．晚清北洋卷》：二四、〈「中國之父」和歷史發明家——梁啟超〉

㉙ 一九〇〇年，尼古拉二世頒發詔書，企圖將芬蘭官方語言改為俄語，後因一九〇五年革命而中止。

㉚ 芬蘭獵兵團（Guard Jaeger Regiment），從一九一五年一月開始，芬蘭獨立運動組織開始派出志願人員參加德國軍隊。一九一六年五月，受訓的芬蘭志願人員組成了第二十七皇家普魯士獵兵營，在德軍的東線北翼作戰。該營最後擴大到約兩千人。

㉛ 溫胡武德（Pehr Evind Svinhufvud, 1861–1944），芬蘭右翼政治家，鎮壓了共產黨的革命，立場上處於親德派。

在這個緊要關頭，如果俄國和德國僅僅是保持冷戰狀態而不打仗的話，芬蘭獵兵團可能就永遠變成德國陸軍的一部分了。或者像是波蘭流亡政府和流亡軍團那樣，至少要在海外流浪幾十年，到自己的兒子一輩都還找不到政治上的用武之地。但是冷戰迅速轉變為熱戰，而熱戰迅速導致了俄羅斯帝國本身的解體。我國的二月革命[32]一爆發，芬蘭就得到了自己的機會，芬蘭議會立刻就宣布芬蘭恢復自治權。這時候的芬蘭議會是要求芬蘭恢復亞歷山大一世時期的基本法和自治權。對於芬蘭未來的前途，芬蘭願意在亞歷山大基本法的基礎上跟新成立的臨時政府談判。它並不要求單方面獨立，它願意在基本法的管道之下跟俄羅斯的臨時政府談判。這時的芬蘭議會主要是芬蘭社會民主黨[33]控制的。

俄國臨時政府在推翻了沙皇專制政權以後下令舉行大赦，赦免了所有的政治犯，包括那些被流放到西伯利亞的布爾什維克、孟什維克、自由主義者、波蘭人、高加索人、芬蘭人、所有的少數民族。斯溫胡武德這些人也就是在這個時期從西伯利亞返回到芬蘭的。然後，芬蘭人鑒於流亡者的返回以及舊的議會已經執政了一段時間了，決定舉行新的選舉。新選舉的結果是，社會民主黨在這次選舉中遭到了失敗，保守派選出了斯溫胡武德作為自己的政府（一九一七年十一月二十六日）。他的政府中間有很多人都是原來的芬蘭流亡者，因此它比原來的社會民主黨政府更加激烈地主張芬蘭獨立。在這個時候，布爾什維克已經發動了政變，解散了立憲會議，使得通過談判解決問題變得不可能了。

芬蘭國會在布爾什維克政府剛剛開始執政的時候，一度打算跟布爾什維克談判，但是列寧採取了兩面的做法：列寧一方面在場面上講採取了比臨時政府更寬大的態度，臨時政府要求芬蘭在談判以後爭取獨立，簽署一個獨立條約，列寧則表示願意無條件地允許芬蘭獨立；但是與此同時，他又鼓動「赤衛隊」[34]起事。因為芬蘭原來是俄羅斯的一部分，所以就像解放軍進駐香港一樣，俄羅斯帝國有五萬人的俄國軍隊駐紮在芬蘭，在芬蘭還有海軍基地，這些基地在布爾什維克革命以後也落入赤衛隊之手。然後這些赤衛隊和正規軍向赫爾辛基發動進攻。由於這是芬蘭在獨立初期的唯一一支正規軍，而芬蘭國會所擁有的只是一幫沒有多少武器、也缺乏正規訓練的民團，所以它在很短的時間內就攻占了包括赫爾辛基在內的芬蘭南部，把芬蘭國會趕到了芬蘭北部，然後在赫爾辛基宣布成立芬蘭社會主義工人共和國。

這是芬蘭歷史上最危險的關頭，芬蘭差一點就被俄國軍隊和赤衛隊吞併了。但是這時候，德國人進行干涉了。芬蘭國會撤退到西海岸前後，看到自己的前途岌岌可危，就向德國政府求援，希望把參加德國軍隊作戰的芬蘭志願軍團——也就是所謂的芬蘭獵兵團還給他們。德國人同意把芬蘭獵兵團還給他們。芬蘭獵兵團在西海岸登陸以後，迅速地扭轉了戰局。這時，雙方都有正規軍了。在戰爭的最初階段，俄國人的所謂的赤衛隊這方面掌管了沙皇留下的全部正規軍，芬蘭人這一方面只有一些民兵和民團；但是芬蘭獵兵團一回來，他們是受過德國軍隊訓練、參加過第一次世界大戰的老兵，他們跟俄國人是勢均力敵的。再加上德軍最後直接登陸援助芬蘭政府（一九一八年四月三日至七日），雙方的聯軍迅速地收復了赫爾辛基和其他各地。同時，芬蘭白衛軍[35]配合他們作戰，把赤衛隊和俄國軍隊基本上都消滅掉了。在這個過程當中，大概有八萬多名共產黨或者親共分子被芬蘭白衛軍抓進了集中營，有很多都是不經審判、在自己的家門口槍斃的，被抓進集中營的那一批也有很多是由於衛生條件的緣故死在集中營裡面

圖左為芬蘭社會民主黨主席曼納（Kullervo Manner） 他原為議會議員，在蘇聯支持下創建赤衛隊並發動政變，於內戰戰敗後，逃至蘇聯成立芬蘭共產黨，但在1935年被流放到西伯利亞。**圖右為內戰時期的政府軍及白衛隊總司令曼納海姆（Carl Mannerheim）** 在他領導下白軍獲得最後勝利。如同西班牙、俄羅斯內戰，於1918年爆發的芬蘭內戰，是芬蘭民族發明史上最重要關鍵時刻。

的。

芬蘭王國得以維持獨立，主要是由於德國人在關鍵時刻幫了它的忙的結果，所以芬蘭人就選舉德國的黑森親王卡爾做芬蘭王國的國王。但是第一次世界大戰在芬蘭取得獨立以後不到一年時間就結束了。黑森親王表示，他作為君主，要儘量為他的臣民服務，他原先願意當芬蘭國王，是以為德國會贏得第一次世界大戰，所以可以給芬蘭人在外交上幫忙，但是現在德國已經輸掉了，霍亨索倫家族都已經在柏林退位了，如果芬蘭有一位德國的親王當國王的話，那麼芬蘭參加巴黎和會不但不會得到好處，反而會被協約國歧視，因此他主動要求退位。這時他實際上已經被芬蘭

㉜ 一九一七年五月（儒略曆二月），聖彼得堡發生政變，尼古拉二世退位，由自由派與資本家組成的臨時政府與立憲會議接掌政權。

㉝ 芬蘭社會民主黨（Social Democratic Party of Finland），原名芬蘭工人黨，這時期掌握了百分之四十左右的支持者，後來和共產黨分道揚鑣。

㉞ 一九一八年一月四日，布爾什維克政府在全世界第一個承認芬蘭獨立；但在二十九日，受到布爾什維克援助的芬蘭赤衛隊（Red Guards）宣布成立「紅色芬蘭」並占領芬蘭南部。

㉟ 芬蘭白衛軍（White Guard），在曼納海姆率領下的白軍總稱，以獵兵為首，其他則是大量的志願軍。

國會批准一個多月了，但是在德國失敗以後他立刻主動要求退位。於是，芬蘭國會決定把芬蘭改為共和國。芬蘭共和國的成立就形成了後來芬蘭的基本政治體制：左派以社會民主黨為主，右派以資產階級政黨——例如農民聯盟與國民聯盟黨[36]為主。

芬蘭的民主政體維持了二十年，在國聯的保護之下相安無事。但是隨著國聯權威的衰落，希特勒和史達林企圖瓜分東歐，那麼芬蘭就陷入孤立無助的狀態。蘇聯首先通過冬季戰爭[37]割取了芬蘭文化中心之一的維普里和卡累利阿，使芬蘭損失了十分之一的領土和經濟上最發達的地區。因

曼納海姆就職芬蘭總統　1944年德軍開始遭到蘇聯反攻，曾向納粹德國保證芬蘭將「不單獨與敵人媾和」的芬蘭總統里斯托·呂蒂（Risto Heikki Ryti）自行解職，讓其政治諾言失效，其總統職務則交由曼納海姆接任，直到10月芬蘭停戰並達成與蘇聯的和平協議，維持國家的獨立地位。1946年，功成身退的曼納海姆便辭去總統職務。

為芬蘭是一個北歐國家，所以不是說領土最大的地方就最重要，最靠近南邊的那一頭才是最重要的。維普里所在的那個省，在芬蘭是跟土庫同樣重要的地區。如果芬蘭相當於是中國的話，那麼維普里這個地方就相當於是廣東，土庫這個地方就相當於是江蘇。可以說，俄羅斯通過兼併維普里和卡累利阿，等於是把芬蘭財政上的半壁江山給割走了。芬蘭民族發明也是以土庫和維普里兩者為基礎的。失去維普里，只剩下土庫，從地理上講，芬蘭只損失了十分之一，但是從經濟上和文化上講，等於是芬蘭就被腰斬了，芬蘭整整失去了一半。

這還不算完，在第二次世界大戰結束以後，蘇聯通過盟國管制委員會對芬蘭內政實施干涉，強迫芬蘭聯合政府讓共產黨人接管內務部。這是一個非常危險的事情。捷克斯洛伐克發動政變就是因為，共產黨儘管在議會中是絕對少數，但是它控制了內務部，控制了內務部就能控制員警，控制員警就能抓人，能抓人就能發動政變。結果它就可以發動政變，製造一些假案或者是製造一些被自殺。例如把捷克國父的兒子——外交部長馬薩里克從窗戶扔出去，然後說他是自殺的[38]。用這種手段把資產階級各黨派搞掉，強行實行共產黨一黨專政的政權。從一九四五年到一九四八年的政局看，芬蘭跟捷克斯洛伐克是一樣的。儘管總統是掌握在資產階級人士的手裡面，議會的絕大多數是民主派各黨派，內閣的絕大多數也是民主派各黨派，但是共產黨人掌握了至關緊要的內務部，跟蘇聯占領軍和蘇聯控制的盟國管制委員會裡應外合，是完全可能像是在捷克斯洛伐克那樣在芬蘭發動政變的。這時候，在美國實行馬歇爾計畫的時候，捷克斯洛伐克政府是一度派代表去跟美國人接洽的，但是被蘇聯人拉回來了，而芬蘭政府是根本不敢派代表去跟美國人接洽的。從這一點就可以看出，芬蘭當時的處境比起捷克還要糟糕。這一點也可以理解，因為芬蘭一度跟德國結盟來反對蘇聯，企圖收復失地；而捷克是一開始就被德國占領，因此一開始就是站在盟國一邊的。從法律上來講，捷克作為戰勝國的地位比起芬蘭作為戰敗國還要更優越一些。這時候的芬蘭是差一點點就倒下去的。

但是，一九四八年的政變引起了相反的結果。在政變發生的當時，史達林選擇支持捷克斯洛伐克，卻沒有選擇支持芬蘭。貝奈斯[39]政府不敢接受內閣解散、重新選舉的要求，反而讓共產黨控制的內務部跟蘇聯控制的國防部一起把資產階級部長從內閣中趕走了；而芬蘭總統接受了共產黨各部長的辭職，以後共產黨再也沒有能夠掌握內務部，在第二年的大選中共產黨遭到慘敗，以後再也沒有能夠入閣[40]。同樣，捷克斯洛伐克的政變是歐洲冷戰開始的關鍵。開始的時候，東歐和西歐建立的都是包括共產黨人在內的聯合政府。按照美國人和蘇聯人達成的協議，本來蘇美雙方都應該撤退，整個歐洲都應該由參加二戰的聯合政府去處理，但是捷克斯洛伐克一發生政變的話，東歐和西歐就同時採取了行動。東歐採取的行動是，共產黨員把非共產黨員統統趕了出去，然後推行了共產黨人的一黨專政；而西歐則是，在戴高樂將軍的率領之下，把所有共產黨員都趕了出去，實行非共產黨員的聯合政府，以後的共產黨員再也沒辦法入閣[41]。最關鍵的因素就是馬薩里克跳樓這件事情。馬薩里克跳樓這件事情就說明，民主派各黨和共產黨各黨再也沒有辦法在統一戰線的框架下繼續共處下去了。要麼你把共產黨員趕出去，非共產黨員的各黨派才有安全保障；要麼把共產黨員留下來，那麼非共產黨員的各部長就是死路一條。在這個關鍵時刻，芬蘭的各黨派成功地把共產黨員趕了出去，而捷克人則失敗了，因此芬蘭從此就歸入了西歐的範圍。

史達林在這個關鍵時刻願意干涉捷克而不願意干涉芬蘭，很大的因素就是因為他在芬蘭的冬

㊱ 農民聯盟（（Agrarian League）以鄉間和小城鎮為基地，屬於中間偏保守政黨；國民聯盟黨（National Coalition Party），屬於中間偏右保守政黨，政治立場親歐。

㊲ 冬季戰爭（Winter War, 1939–1940）蘇聯在一九三九年冬天進攻芬蘭，但因為不擅冬季作戰以及裝備、將領等諸多問題，導致損失慘重。然而芬蘭最後仍然寡不敵眾，於是割讓了維堡地區給蘇聯。

㊳ 揚·馬薩里克（Jan Masaryk，1886–1948），捷克斯洛伐克外交部長，支持本國參與馬歇爾計畫，被召入莫斯科遭到史達林的痛罵。一九四八年三月十日，人們在布拉格外交部一扇開著的窗戶下面發現了他的屍體。

㊴ 貝奈斯（Edvard Beneš, 1884–1948），捷克政治人物，慕尼黑會議時的捷克總統。二戰後他重返捷克擔任總統，但在共產黨脅迫下批准捷克共產黨的政府名單，從此捷克徹底赤化。

㊵ 一九四六年三月二十六日，芬蘭人民民主聯盟（共產黨統戰組織）政府任命共產黨創始人庫西寧（Otto Wille Kuusinen）的女婿、共產黨人萊諾（Yrjö Leino,1897–1961）為內務部長。一九四八年春，萊諾赴莫斯科談判《蘇芬友好合作互助條約》之前與國防部長西沃（Aarne Sihvo）會面，聲稱芬蘭「極右派」有發動政變的危險，指示軍隊在條約談判期間「保障芬蘭秩序」。消息傳出後，總統巴錫基維於五月二十二日解除萊諾的內政部長職務。在當年七月一日舉行的議會選舉中，芬蘭人民民主聯盟的議會席位從四十九席降為三十八席，直至一九六六年之前一直被排斥在政府之外。

季戰爭和繼續戰爭[42]中留下了深刻的印象。首先是在冬季戰爭當中，俄羅斯人損失了大量兵力，使德國人小瞧俄國人。如果沒有冬季戰爭的巨大傷亡，希特勒不一定敢進攻蘇聯。所以，蘇聯不僅在芬蘭戰爭中受到了直接損失，間接損失也很大。在二戰將要結束的時候，蘇聯第二次企圖全部占領芬蘭的時候，又遇到了堅決的抵抗。當時負責北方戰線的鐵木辛哥[43]要求史達林說，再給他六個月時間、再給他幾十萬軍隊就可以打進芬蘭。史達林憤怒地說：「如果我能再等得起幾個月的時間，我就不會找你了。如果我有這幾十萬軍隊的話，我為什麼不拿這幾十萬軍隊去把華沙和柏林一下子都打下來呢？既然你打不下來，那麼我們乾脆議和就算了。」芬蘭的獨立就在這個危急關頭得到了保障。

芬蘭儘管失敗了，但一方面它是雖敗猶榮，另一方面它是兩次使史達林本人得到了深刻的教訓。史達林在政治上第一次遭到慘敗就是他主持冬季戰爭的失敗，第二次失敗就是在第二次世界大戰末期企圖占領芬蘭本土的失敗。經過了這兩次失敗以後，他在一九四八年就不敢冒險。萬一芬蘭人反抗，反抗到需要使用武力的時候，蘇聯軍隊能不能夠打得下芬蘭是很成問題的，因為以前幾次蘇聯軍隊打芬蘭都是失敗的。或者說，他如果無限期地使用武力，是能夠打下來的，但是在當時的形勢下他不可能無限期地使用武力。如果有一個星期發動政變能把捷克斯洛伐克拿下，那就發動政變吧；但是柏林危機[44]維持了超過一個星期，美國人就干涉了，於是他就拿不下柏林了。根據他在芬蘭打仗的經驗來說的話，芬蘭人雖然最終會失敗的，但是把戰爭拖到六個月以上是沒有問題的。無論是一九一八年的白衛軍和布爾什維克的戰爭，還是二戰前的冬季戰爭，還是一九四四年的繼續戰爭，蘇聯軍隊都是以絕對優勢，出動了幾十萬甚至上百萬的軍隊來對付兵力少得多的芬蘭軍隊，結果連續打了好幾個月都打不下來。史達林沒有幾個月的時間。如果兩、三個星期之內能夠搞定的話，他就搞了；如果兩、三個星期還搞不定的話，他就只有讓步了，只有聽任芬蘭獨立了。就是因為這個原因，作為戰敗國的芬蘭反而得到了比戰勝國的捷克更好的待遇。

這裡面的關鍵就是，捷克沒有像芬蘭那樣強大的海外軍團，沒有像芬蘭那樣堅定的戰爭意志。捷克人無論是對德國還是俄國都是不戰而降的。不戰而降雖然可以免遭損失，不像芬蘭人那樣把全國一半的女人都變成了寡婦，但是也正是因為這樣，德國人和俄國人都不怕它。等到真正需要攤牌的時候，蘇聯人很有把握地說，我能夠在一個星期之內搞定捷克軍隊，因此捷克就只有滅亡了。而芬蘭人可以說是，我雖然打不贏你，但是我可以拚六個月，六個月時間就足可以讓美國人來支援了，所以蘇聯就只有讓步了（而美國人也確實支援了）。蘇聯本來雖然不敢一定打的，但還是可以通過二戰結束時期的條約向芬蘭勒索一筆鉅款[45]，以此為藉口來拖垮芬蘭的經濟。但是美國人可以提供經濟和技術上的援助，所以只要蘇聯不敢直接動武的話，芬蘭就贏了。

結果就是，蘇聯不得不在一九四八年以後撤出芬蘭，芬蘭的獨立地位得到了保障。

當然，從芬蘭整個歷史上來看，只要芬蘭民族發明家在語言和歷史這方面取得了成功，在十九世紀末的最後十年擊敗了俄羅斯化的努力，確定了芬蘭的認同，把原先自認為是瑞典人的芬蘭居民都變成了講芬蘭語、自認為是芬蘭民族的芬蘭人，那麼從長遠看來，俄羅斯人是肯定要輸的。政治上的輸是表層的，文化上的輸才是根本的。史達林即使是征服了芬蘭，把芬蘭變成了第二個捷克，但他也沒有辦法消滅掉芬蘭語言。就算是蘇聯多了一個芬蘭加盟國，那麼一九九一年蘇聯解體的時候，芬蘭還是會照樣像捷克一樣宣布獨立

德國獵兵，此圖為德國畫家克諾特爾（Richard Knötel）作品。德國獵兵（德語：Jäger）起源於18世紀的普魯士陸軍，不同於一般步兵，重視散兵和狙擊訓練，如同現代的特種部隊。芬蘭當地的民族發明家於一戰期間開始將本土民兵送至德國接受獵兵訓練，史稱獵兵計畫（Jäger Movement），是今天芬蘭國防軍的起源，也是芬蘭民族發明得以成功的關鍵因素。

的，蘇聯人還是贏不了。可以說，語言、歷史和認同方面的勝利是最根本的勝利，政治上的勝利是次要的（雖然不是不重要的）。芬蘭人在政治上和軍事上的強悍，使他們免遭蘇聯的直接奴役，少受了很多苦，經濟上占了很多便宜。芬蘭在經濟上一直是西歐國家，而捷克則被蘇聯人變成了東歐國家，在經濟上就要落後很多。這是芬蘭人占便宜的地方。只要芬蘭人在語言、文化和歷史方面站住了腳跟，那麼俄國人無論如何做，歸根結底都是芬蘭人贏。

芬蘭歷史發明給我們提出的教訓就是：第一，認同首先是一個政治問題，有了政治上的決斷，語言和歷史方面的東西都是服從政治決斷的；第二，語言和歷史方面的認同培養起來以後，你就注定勝利了，以後任何人都沒有辦法征服你；第三，即使在語言發明和歷史發明取得勝利以後，你能不能夠組織一支海外軍團，這支海外軍團能不能夠在關鍵時刻打六個月的仗，仍然是至關緊要的。比如說，香港人如果有一支像台灣人那樣的軍隊，能夠抵抗六個月或者是哪怕幾個星期，那就非常不一樣了。現在香港和台灣的不同就是，香港人沒有海外軍團。台灣有軍隊，無論這支軍隊像許多人說的那樣多麼不可靠、充滿了大中華主義什麼什麼的，但它至少可以拖時間。只要能夠拖上幾個月、能讓美國人參戰的話，結局就會非常不一樣。一支能夠拖幾個月的台灣軍隊就足以使中國人不敢進行直接干涉，足以保證台灣人在關鍵時刻的命運會比香港人更好。

如果香港人能夠像芬蘭的資產階級一樣，派自己的子弟到海外去受訓，建立一支海外的志願軍，那麼他們的命運立刻就會升一級，他們可以少受好幾十年的苦，在未來的政治博弈中，地位就要好得多。同樣的道理，南粵人、吳越人或者滿洲人只要能夠在敘利亞戰場像維吾爾人那樣維持一支幾千人或幾萬人的軍團，在未來的博弈中，他們的地位就會升一級。現在維吾爾人在敘利亞戰場，無論他們是站在哪一方的，但他們至少產生了幾千人的有效戰鬥部隊，這個有效戰鬥部隊在將來是注定會發揮至關緊要的作用的。可以說，在他們沒有這幾千人的部隊以前，他們的地位遠不如西藏人，甚至可能不一定能比得上滿洲人，肯定比不上蒙古人；但是有了這支部隊以後，他們的地位就急劇上升了。凡是組織不起海外軍團的人，在將來都會落在他們的後面。香港人現在的地位雖然比他們高，但那是靠吃英國人留下來的老本。如果香港人自己只搞語言文化方面的工作、只搞政治認同方面的工作、而沒有組織起一支海外志願軍團的話，他們在將來的博弈之中是很可能會落到下風的。這就是過去的歷史留給我們的教訓。

芬蘭民族發明的歷史絕不僅僅是一個北歐邊緣國家發明的歷史。我們要知道，歐洲大多數國家和全世界大多數國家都是民族發明的產物。在民族發明以前就已經站住腳跟的國家，算起來是屈指可數的，只有英國、美國、荷蘭確定無疑地是屬於這個模式的。歐洲半數以上的國家和全世界四分之三以上的國家都是民族發明的產物，不經過民族發明是不可能鞏固的。而論民族發明的成績來說，芬蘭可以說是最文明、最成功的典範。所以，它不僅對芬蘭本身有重大意義，而且對未來的東亞和全世界都有著不可估量的意義。

㊶ 法國共產黨於一九四七年五月被排除出政府。

㊷ 繼續戰爭（Continuation War, 1941–1944），芬軍在一九四一年德軍進攻蘇聯之際，趁勢收復了冬季戰爭失去的土地，但沒有跟隨德軍進攻蘇聯本土。

㊸ 謝苗·鐵木辛哥（Semyon Timoshenko, 1895–1970），蘇聯紅軍將領，以善守著稱，但才能被認為不及朱可夫，因此後期多半擔任次要戰線的指揮。

㊹ 一九四八年，英美法三國在占領下的德國地區實施貨幣改革，並成立聯邦德國（西德），此舉激怒了史達林，對西德所屬的西柏林進行封鎖，但因美國的強力空運介入而失敗。

㊺ 蘇聯要求六億美金的賠款，後來在英美壓力下減至三億美金。

芬蘭
民族發明大事記

時間	事件
1150至 1809年	**瑞典統治時期** 瑞典統治之前的歷史和芬蘭的民族發明無關。自1150年開始，芬蘭被納入瑞典統治長達六個世紀之久，瑞典語一直是其行政、教育機構的第一語言。在十八世紀以前，芬蘭土地上的居民雖然講自己的方言，也就是19世紀才確定的「芬蘭－烏戈爾語」，但始終認為自己是瑞典人，「芬蘭」對他們來說是地理名詞。
1700至 1721年	**北方大戰** 北方大戰是沙俄與瑞典之間為奪取波羅的海出海口而在1700年爆發的戰爭，戰爭的結果是，芬蘭的東南部和維堡在《尼斯塔德條約》中割讓給俄國。俄國從此稱霸波羅的海，瑞典由歐洲列強的名單上消失。
1808年	**芬蘭戰爭** 瑞典與俄羅斯之間的芬蘭戰爭以瑞典失敗而告終。1809年9月17日《弗雷德里克斯姆條約》簽訂後，芬蘭被正式割讓給俄國，成為俄羅斯帝國內的自治大公國，由沙皇兼任大公直到1917年。芬蘭大公國擁有較大的自治權，芬蘭議會擁有立法權，可決定芬蘭地區的部分事務。
1863年	**芬蘭語成為官方語言** 芬蘭語言和芬蘭民族的復興運動大約在1810年前後開始產生，而「芬蘭－烏戈爾語族」的語言發明是德國浪漫主義的產物。隨著要求芬蘭語作為官方語言的呼聲愈發高漲，芬蘭議會在1863年通過一項語言法案，將芬蘭語指定為與瑞典語具有相同地位的官方語言。
1849年	**芬蘭民族史詩《卡勒瓦拉》出版** 《卡勒瓦拉》是芬蘭語文學中意義最重大的著作。這部民族史詩表面上是由芬蘭醫師隆洛特收集大量的民歌輯本，但實則為作者在民歌的基礎上進行的文人創作。《卡勒瓦拉》喚醒了現代芬蘭人的民族意識，並最終於1917年從俄羅斯的統治之下獨立。

1890年代以後

俄羅斯在芬蘭大公國推行同化政策

來自歐洲的壓力使得俄國在芬蘭推行俄化政策。1894年後，芬蘭大公國的部分政府部門開始使用俄語。1899年，俄國對芬蘭大公國議會的立法權進行了限制，並加強新聞及出版審查，從而引發芬蘭人抗議行動。1904年，俄國在芬蘭的總督尼古拉・博布里科夫被被芬蘭民族主義者刺殺。

1917/12/6

芬蘭獨立

俄國布爾什維克革命後，芬蘭宣佈獨立，俄屬芬蘭大公國的歷史宣告終結。蘇俄表面上承認了芬蘭獨立，但同時支持芬蘭內部的左派勢力，並引發芬蘭內戰。

1918年

芬蘭內戰

發生於1918年1月27至1918年5月15日之間的芬蘭內戰，在蘇俄支持的赤衛隊與德國支持的芬蘭政府軍之間展開。赤衛隊一度獲勝，在赫爾辛基宣佈成立芬蘭社會主義工人共和國（紅色芬蘭）。但在德軍的支持下，芬蘭海外兵團回國參戰，最終以政府軍勝利告終，芬蘭國會因此選舉德國的黑森親王擔任芬蘭王國的國王。然而隨著德國於一戰失敗，黑森親王主動要求退位。於是芬蘭國會決定把芬蘭改為共和國。

二戰期間

波蘭與蘇蘭和納粹德國的戰爭

蘇聯對芬蘭發起冬季戰爭（1939–1940），最終迫使芬蘭以割讓本國十分之一的領土為代價停戰。德蘇戰爭開始後，芬蘭和德國結盟而對蘇聯發動了以收復失地為目的的繼續戰爭（1941–1944）。當軸心國轉入劣勢，芬蘭同蘇聯停戰，並攻擊駐紮在芬蘭國內的德軍，即拉普蘭戰爭（1944–1945）。芬蘭在二戰中的角色是非常特別的，它雖然曾與納粹德國結盟，但並非軸心國成員，也拒絕追隨德軍進攻蘇聯本土，並在戰爭期間一直維持議會民主制度。

1948年

簽訂蘇芬友好合作互助條約

戰後，芬蘭因其戰敗國的身份，加之地理位置遠離西方世界，故在1948年同蘇聯簽訂了互助條約，後者承諾保障及不侵犯芬蘭的主權。故芬蘭是與蘇聯毗鄰的歐洲國家中唯一在戰後保持獨立地位的國家。冷戰期間，芬蘭保持中立國的外交路線，遊走於西方和蘇聯兩大集團間的灰色地帶。

捷克

Czech Republic

Česká republika

獨立時間：1993年1月1日

首都：布拉格

五、捷克

奧匈帝國「勤王黨人」的萬里長征

我們今天講捷克。捷克的民族發明雖然以斯拉夫為號召，但它實際上是我在《叛逆的巴爾幹》講斯洛維尼亞時，提到過的赫爾德式的民族發明典範，是浪漫主義民族發明播下的龍牙武士（Dragon's teeth）。而且，比起克羅埃西亞、斯洛維尼亞、愛沙尼亞和拉脫維亞來說，它的德意志性質、日耳曼性質實際上反而是最強的，浪漫主義性和反動性也是最強的。我們上次提到，赫爾德和他手下的青年浪漫主義者之所以要提倡浪漫主義，之所以要提倡語言學和民俗學，主要就是為了打擊法語普通話的一統江山。他的基本動機是，沒有槍桿子的知識分子想要顛覆有槍桿子的政治家所做的政治安排。法語在當時的歐洲發揮的作用相當於普通話，而拉丁語發揮的作用相當於文言文。拿破崙和他手下的文化大臣認為自己已經是十足開明了，不僅十足開明，他們認為法蘭西的革命軍已經把原先中歐和東歐各國享受不到的開明帶給了他們。他們這些地方的貴族原先統統都是講拉丁文的，與中世紀的法國人和英國人的貴族是一樣的；現在，世俗的法語、科學的法語取代了封建貴族和天主教會的拉丁語，這對他們來說就是啟蒙和解放，相當於白話文取代了文言文，因此是法蘭西革命軍給你們帶去了開明和進步。他們想像不出，除了用法語取代拉丁語以外，世界上還可以有更開明、更進步的東西。而赫爾德和他的手下門徒想要搞方言，想要搞民俗，想要搞那些開明的資產階級和啟蒙主義者瞧不上眼的愚夫愚婦、阿公阿婆的高度地方性的語言，主要的目的就是破壞拿破崙的一統江山。

拿破崙及當時的開明人士心目中的想法是，法語可以取代拉丁語，作為全歐洲統一的語言。拉丁語過去是全歐洲各地統一的，所以體面人都是懂拉丁語或者說拉丁語的。現在法語作為所有開明人士、啟蒙人士和資產階級共同的語言，也可以發揮同樣的作用。這樣，即使是在拉丁語已經不復存在以後，開明的法語、啟蒙運動的法語、拿破崙的行政官的法語仍然能夠繼承拉丁語的地位，統一歐洲的一統江山。按照拿破崙和他手下的文化大臣的歷史發明學，這個一統江山是由羅馬人凱撒開創、法蘭西人查理曼繼承、由拿破崙光復和更新的。也就是說，你如果按照他們那一套歷史發明學去寫歷史，假定拿破崙去世以後，拿破崙的帝國在拿破崙和瑪麗・路易莎（Marie Louise）的兒子羅馬王拿破崙二世的統治之下千秋萬代，二世、三世直至萬世不絕，歐洲也像東方的某些地方一樣變成帝國代代相傳的地方，那麼他們的歷史發明學也就是會是這樣的：秦朝過來是漢朝，漢朝過來是唐朝，唐朝過來是宋朝，宋朝過來是清朝，始終是一個朝接著一個朝，你始終是大一統的。按照拿破崙的歷史發明學，那就是：歐洲自古以來也是大一統的，羅馬人凱撒統一了歐洲，建立了第一個大一統王朝，然後君士坦丁繼承了他，然後查理曼又繼承了君士坦丁，然後拿破崙又繼承了查理曼，然後拿破崙的子子孫孫一路繼承下來，大一統王朝一個接著一個。不是說中間沒有分裂，分裂只是改朝換代性質的分裂。

從拿破崙的歷史發明學講，中世紀的反動、黑暗和落後具體而微地就體現在封建的哈布斯堡家族。哈布斯堡家族是查理曼不稱職的繼承人。講法語的查理曼的繼承人本來應該更稱職一些，但是由於帝系不光彩地轉入了講德語這種黑暗野蠻方言的哈布斯堡家族手裡面，所以歐洲陷入了分裂和混亂之中。哈布斯堡家族就是分裂的、封建的、混亂的歐洲的一個具體而微的體現。幸虧拿破崙奉天承運，終於收拾了哈布斯堡家族的神聖羅馬帝國統治下的一片混亂，重新把羅馬人的權力交給了拿破崙和瑪麗·路易莎的兒子。拿破崙是曹公魏武帝，而他的兒子是羅馬王，將要繼承凱撒的寶座，復興查理曼的偉業，把哈布斯堡和講德語的各君主搞亂了的封建歐洲重新拖回到羅馬的、拉丁系的、大一統的、開明進步的軌道上來。如果他這種邏輯得逞的話，那麼歐洲歷史也會被寫成大一統王朝前後相繼的歷史，王朝和王朝之間的動亂會被一筆帶過。也就是說，我們今天所學到的歐洲史的百分之九十五以上的篇幅，在按照拿破崙及其文化部長們編輯的那種歷史版本中，就會像是我們今天學到的中國歷史一樣，只是像李自成、張獻忠、杜伏威、王仙芝那些「三十六路反王，七十二路煙塵」[1]肆虐的朝代更迭期一樣可以忽略不計，稍稍用百分之五的篇幅一筆提過就行了；百分之九十五的篇幅當然是秦始皇、漢武帝、唐太宗、明太祖、康熙皇帝，聖君賢相，一脈相傳，帝國滅亡，然後新的帝國興起，始終是帝國到帝國再到帝國。拿破崙所設想的歐洲就是這個樣子的。

當然，這種邏輯如果實現的話，歐洲就不是歐洲，歐洲就會跟東方的各帝國沒有什麼明顯區別了。而我們今天看到的歐洲之所以不是大一統帝國，是因為浪漫主義的歐洲對理性主義的歐洲進行了反擊。封建的歐洲是一個支離破碎的歐洲，這是自由主義者和封建主義者認為很不錯、啟蒙主義者覺得很遺憾、帝國主義者覺得十分萬惡不能容忍的現象。啟蒙主義者的勝利通過路易十四，在拿破崙手中達到了登峰造極的地步，以至於像黑格爾這樣的名士都說，拿破崙代表世界精神，世界精神是在拿破崙的戰馬上，在耶拿取得勝利，凱旋進入柏林。這就是說，德國的開明人士，包括歌德和黑格爾這樣的知識界領袖，已經認為黑暗、分裂、混亂的中世紀的封建歐洲即將一去不復返，拿破崙領導之下的統一、開明、理性的歐洲將會構成未來的潮流。但是這樣的歐洲並沒有出現，我們今天看到的仍然是一個支離破碎的歐洲。它跟封建的歐洲只有一個不同：封建的歐洲是各路公爵、伯爵、領主形成的多層次的歐洲，現在的歐洲則是民族民主國家形成的同樣支離破碎的歐洲，歐洲仍然沒有統一。

啟蒙主義者剛剛贏得的勝利轉瞬即逝，就被浪漫主義者奪走了。浪漫主義者通過我們今天最熟悉的方式，第一，通過民族國家割裂任何大帝國，無論是古老的神聖羅馬帝國，還是理性的、新興的拿破崙帝國，把封建主義者失去的勝利從啟蒙主義者手中奪回來。一個又一個的民族國家，透過數次民族發明，越分越小。第一次民族發明誕生像希臘民國這樣的大國家，第二次民族發明產生像保加利亞這樣的中型國家，第三次民族發明產生像馬其頓這樣的微型國家。搞到最後，經過三次、四次的民族發明以後的歐洲，跟封建歐洲一樣是支離破碎的。同時，它的內部也要實行多元主義和民主制度，也就是說它在內部也要保留各種中間層次和次級團體。這就把拿破崙和理性主義者的整個考慮給打亂了，使得今天我們看到的這個以民族民主國家為主流的世界，從面貌上講更接近於封建的歐洲，而不是接近於啟蒙主義的理想。

可以說，啟蒙主義者把歷史的天平向左撥了三步，浪漫主義者又把它改頭換面地向右撥了三步，以至於今天的歷史變得又重新回到跟封建歐洲差不多的坐標系位置上。這個拿破崙戰爭時期的人還難以想像的奇跡，就是赫爾德和德國浪漫主義者的傑作[②]。萊茵河以東的大半個歐洲，以及歐洲之外的大半個世界，形成當今世界四分之三以上國家的浪漫主義語言民族主義的發明，就是從赫爾德他們那裡開始的。赫爾德的這一大批實驗品包括波羅的海國家、克羅埃西亞和斯洛維尼亞，但是最經典的發明莫過於波希米亞[③]。波希米亞之所以能夠被發明為一個民族，主要是講德語的資產階級和啟蒙主義者派生的赫爾德門徒——新浪漫主義者的傑作。它跟北方的波羅的海和南方的亞得里亞海諸國不同，它自古以來就是德國日耳曼神聖羅馬帝國的核心地區。這就是為什麼布拉格的德語資產階級在接受了赫爾德思想以後比誰都積極地發明捷克民族、而且比誰都成功的原因。他們之所以這麼做也是有原因的，因為民族發明的第一個直接目的就是要分割拿破崙和瑪麗·路易莎的帝國。

可以說，假如你是拿破崙的顧問和國師，盡可能地想替拿破崙打下萬古不易的鐵桶江山，那麼你給他設計的方案跟拿破崙後來實際採取的方案相比是不可能有太大差別的。也就是說，拿破崙實際上採取的政策已經是形勢和條件允許的前提之下能夠採取的最佳策略了。拿破崙本人的革命軍，來自法蘭西大革命、國民公會和雅各賓黨的軍隊[④]，是一支革命軍，因此它就得不到法蘭西君主國和舊歐洲封建勢力的支持，它的政權就缺乏正統性。它和最正統的君主——哈布斯堡家族的瑪麗·路易莎結婚以後，他生下的這個兒子就同時接受了兩方面的權利，一方面是拿破崙本人代表的法蘭西共和國的共和民族主義的傳統，另一方面接管了哈布斯堡家族代表的歐洲正統君主主義的傳統。拿破崙由於沒有效仿蒙克將軍[⑤]、讓波旁王朝復辟，而是當了法蘭西的皇帝，所以即使他得到了羅馬教廷的加冕，在波旁王朝的支持者眼中，他的正統性永遠是有問題的。但是如果他把他自己的位置更升一級，升為不僅是法蘭西王國的繼承者，而且是凱撒的羅馬帝國和查理曼的神聖羅馬帝國的繼承者的話，那麼他就可以機智地規避他在法蘭西的王位不合法這個根本問題了。

這個動機，你只要想一想，假如共產黨想要把它在中國的王位合法化，那麼它是很難做到這一點的，因為它在歷史上的地位，鐵證如山，它不是中華民族的構建者，而是中華民族最積極的破壞者。在中華民族的主要構建者在袁世凱和蔣介石的領導之下拚命、流著血構建中華民族的時候，共產黨在毛澤東的領導下竭力破壞中華民族的構建，千方百計地否認民族主義的原則，把民族主義說成是地主資產階級的原則（當然事實上也確實是這樣），告誡大家不要去愛蔣介石的國，要愛蘇聯的國，跟日本人做交易，推翻蔣介石的國。然後等到它打下江山以後，它無論怎樣歪曲歷史，都沒有辦法把自己變成中國的合法主人。但是它可以把自己的擴張線帶到中國邊境之外去，實現一個世界性的中華民族復興，略過中華民國和中華人民共和國這個相當於拿破崙法國和波旁法國之間的這樣一個極不合法、怎麼樣也說不圓的勢態，把共產黨的中華人民共和國說成中華民族復興唯一可能的載體，因為蔣介石和袁世凱是實現不了這樣的任務的，因此中華民族的復興一旦變成一個世界帝國而不是一個東亞的地方性國家，那麼它就可以回避當年它怎樣破壞中華民族、怎樣依靠顛覆中華民族而奪取政權的這段不光彩的歷史了。

拿破崙也就是這樣的，拿破崙如果作為法國的主子、一定要建立正統性和合法性的話，那是怎麼也說不圓的，但是他如果把法蘭西變成羅馬的繼承人，不再是法蘭西的君主，而是羅馬的繼承人，是全歐洲的羅馬帝國的話，那麼法蘭西這個問題就可以繞過去了。法蘭西人看在他為法蘭西爭得了羅馬帝國復興者這個榮譽地位的分上，也許會原諒他弒君的罪行，而法蘭西以外的整個歐洲則會把他當成是哈布斯堡家族和神聖羅馬皇帝的繼承人，於是革命一方的合法性和反動一方的合法性都會集中在拿破崙和瑪麗·路易莎的兒子羅馬王的身上。照他的想法，正如莎士比亞的劇本《亨利五世》當中亨利四世在臨終前對亨利五世說的那樣：「我兒，我的王位是篡奪所得的，所以我一生沒有安全感，但是你不一樣，你的王位是繼承所得的，你就不用像我這麼樣擔心了。」亨利七世作為蘭開斯特家族的繼承者，在娶了約克家族的繼承者伊莉莎白公主以後，生下了太子亨利八世，他對亨利八世所說的話實際上就是莎士比亞的這句話。莎士比亞在他的劇本中間安在亨利四世頭上的這句話其實是沒有根據的，但是如果安在歷史上真實的亨利七世頭上，這就是頗有根據的。在亨利七世身上，仍然沾著玫瑰戰爭的血。他作為蘭開斯特黨人的一員大將，在戰爭中曾經殺了約克黨人的無數大將和貴族。當然，約克黨的伊莉莎白公主和她周圍的近臣手

① 語出《説唐》，原文為「十八路反王，三十六路煙塵」，形容隋末群雄並起的局勢。

② 請參見《叛逆的巴爾幹》第十講〈斯洛維尼亞：赫爾德的民俗學與「龍牙武士」遺產〉。

③ 波希米亞（Bohemia），從中世紀以來作為封建王國或者地區的名稱，但並沒有自立為一個民族，主要還是被認為日耳曼民族的居住地。

④ 拿破崙的法軍是經過國民公會改革軍制而來的新軍，特徵為將領平民化、徵兵普遍化，以及採取了更有效率的師級戰術等。

⑤ 喬治．蒙克（George Monck, 1608–1670），保守派貴族，十七世紀英軍精鋭部隊冷溪衛隊的創立者，於一六六〇年支持斯圖亞特王朝的查理二世復辟。

上也是沾滿了蘭開斯特黨人的鮮血。無論是亨利．都鐸還是伊莉莎白公主，他們任何一方單獨當政，都不可避免地要受到對方黨羽不可妥協的仇視。但是他們兩人結婚以後，他們共同的兒子亨利八世卻可以得到蘭開斯特黨人和約克黨人共同的擁戴。

通過這種方式，敵對兩黨通過聯姻，就像是羅密歐和茱麗葉結了婚生出了孩子，可以合理地指望，他能夠結束蒙太古家族和卡帕萊特家族的世仇。如果你想要結束這兩個家族的世仇，似乎你能夠想到的最佳的統戰手段也只有這樣了。拿破崙的顧問不是等閒之輩，拿破崙也不是等閒之輩，他想到的最高明的招數也就是這樣了。如果他的家族真能夠千秋萬代的話，那麼統一歐洲最好的希望也確實就是拿破崙和瑪麗．路易莎生下的這位羅馬王了。革命的一方和反革命的一方雖然彼此之間結成血海深仇，但是羅馬王身上都有他們自己的一半心血。所以如果他們還能和解的話，就只能是指望羅馬王了。如果連羅馬王都不能使他們和解的話，那麼我們只能說，歐洲注定是要分裂的，是注定不能和解的。後來發生的情況也確實是這樣，羅馬王沒能發揮號召作用，瑪麗．路易莎直接回了娘家，沒有跟拿破崙一起去聖赫勒拿島，法蘭西一黨和奧地利一黨繼續他們的血海深仇。而且，拿破崙的顧問沒有料到、革命共和主義者和反動封建主義者也沒有料到的事情發生了：赫爾德名下的浪漫主義者和民俗學家以知識分子的力量，用他們播種的龍牙武士，不僅解構了拿破崙及其顧問設計的萬世江山，而且也破壞了封建主義者和維也納和會各政治家原先的設想。

浪漫主義者結出了很多果實，萊茵河以東的歐洲大部分都是他們結出的果實，但他們最精心培植的果實是他們通過布拉格德語資產階級培養出來的波希米亞民族或者捷克民族。捷克民族，我們要注意，不是由講捷克語的農夫、漁夫和阿公阿婆發明的，而是由講德語的布拉格資產階級發明出來的。他們的邏輯很簡單，就是因為布拉格是哈布斯堡帝國的核心地帶。《資治通鑒》在講到三家分晉的時候曾經講過，智伯和韓家與魏家聯合起來、突然襲擊趙家的時候，趙家的繼承人（趙襄子）狼狽逃走，在討論逃到哪裡去的時候，有人對他說，「邯鄲兵多將廣錢又多，我們可以逃到那裡去」，趙家的爵爺說：「不能這樣。什麼叫兵多將廣？就說明我們從人民那裡徵了很多兵。什麼叫錢糧眾多？就說明我們從人民那裡徵了很多稅。我們拿走了人民的子弟，又拿走了人民的錢財，人民一定恨我們，怎麼還肯為我們死戰？我們應該去我們的老根據地晉陽。晉陽是我們的老封建領地，跟邯鄲這樣的新興城市不一樣。在那裡，我們只是按照封建主義的老規矩，只徵了很輕的稅，只徵了很少的兵，民力充實，所以我們回到那裡去，老百姓感激我們保存他們的民力，感激他們受到了比邯鄲、大梁更好的待遇，一定會為我們死守。」於是他們就逃到了老根據地晉陽。趙家是在晉陽起家的，繁榮發達以後才建立了邯鄲這個大城市，所以在逃命的時候、走投無路的時候，他們不能去新興的城市邯鄲，只能夠去老根據地晉陽⑥。

布拉格和維也納的區別就是這樣。維也納是哈布斯堡家族發跡當上皇帝以後，作為神聖羅馬帝國首都的城市，而布拉格是舊封建時代的老城。如果在拿破崙的打擊之下維也納淪陷了，那麼哈布斯堡帝國能夠逃亡的地方也就是布拉格、布達佩斯和札格拉布這幾個地方。如果說維也納像是哈布斯堡帝國的邯鄲，那麼布拉格、札格拉布和布達佩斯就比較像是哈布斯堡家族的晉陽了，是封建性更強、更能夠充當老根據地的地方，當然也就是中世紀性和神聖羅馬帝國性更強的地方。講德語的市民階級在赫爾德那個時代不可能料到，未來的波希米亞人變成的捷克人居然在二十世紀會變成德國人的敵人。他們一定會認為，即使是柏林和維也納的市民階級都被拿破崙和他的文化大臣洗腦了、變成講法語的開明進步知識分子了，布拉格、布達佩斯和波茲南這些比較落後的地方也仍然會堅持浪漫主義的事業。就是因為它更加邊遠一些，所以根據禮失求諸野的邏輯，是民俗學和浪漫主義更容易站得住腳的地方，是小紅帽和狼外婆更容易站得住腳的地方。

從神聖羅馬帝國的角度來講，如果說普魯士都算是德國人，那麼波希米亞人更算是德國人了。如果波希米亞人算德國人，普魯士人仍然有可能不算德國人。就像是歐洲一樣，歐洲可以有兩種解釋方法：你可以說英國人、法國人、德國人都是歐洲人，這是沒有問題的；你也可以說法國人、德國人是歐洲人，但是英國人不是，這也是沒有問題的，歐洲大陸從加萊⑦開始，英國自古以來是另外一個體系。但是你無論如何也不能說英國是歐洲的一部分、而法國和德國反而不是歐洲的一部分。這句話的荒謬程度就等於說是，日本是中國的一部分，而河南反而不是中國的一部分。中國可以有各種不同的解釋方法，比如說，你可以說河南、山東是中國的一部分，但日本、朝鮮不是；你也可以說河南、山東、日本、朝鮮都是中國的一部分，但是滿洲、西藏不是。但是你無論如何也不可能說，山東、韓國、日本是中國的一部分，而唯獨河南不是中國的一部分。這樣說太荒謬了，因為最中國的中國就是河南。比較周邊一點的中國可以把韓國、日本算上，如果周邊的韓國、日本都可以算是中國，而內圍的河南、山東反而不算是中國的話，這就太荒謬了。

德國的情況也就是這樣的。普魯士人是斯拉夫血統很重的地方。最早的「普魯士」這個名詞，是條頓騎士團在征服異教普魯士人的時候給他們起的名字。「普魯士人」這個詞的意思就是指的斯拉夫異教徒。勃蘭登堡王朝建立了路德教的、德語的普魯士王國[8]，那已經是在中世紀的晚期了。勃蘭登堡選帝侯在神聖羅馬帝國當中贏得選帝侯的地位是最晚的，他是神聖羅馬帝國諸選帝侯當中資格最晚的一個；而波希米亞的公爵或國王不僅一開始在中世紀早期就是神聖羅馬帝國的選帝侯，而且它還產生了盧森堡王朝，它出了皇帝，神聖羅馬帝國的皇帝都是由波希米亞的國王擔任的，你說波希米亞是神聖羅馬帝國的一部分還是不是神聖羅馬帝國的一部分？如果你說漢堡人、普魯士人或者波茲南人說自己不是德國人，因為從來沒有漢堡人、普魯士人或者波茲南人當過日耳曼神聖羅馬帝國的皇帝，這還是有情可原，但是地球上有兩個地方絕對不能說它不是德國人的，一個地方就是奧地利，一個地方就是波希米亞，因為奧地利的哈布斯堡家族和波希米亞的盧森堡家族就是神聖羅馬帝國最正統的代表。統治神聖羅馬帝國的君主當中，存在感最強的就是盧森堡家族和哈布斯堡家族。神聖羅馬帝國的大事，絕大部分都是這兩個家族做的。波希米亞王朝是神聖羅馬帝國的最核心的兩大王朝之一。

所以在拿破崙戰爭以及先前的時代，任何人都萬萬想像不到波希米亞人居然會變成不是德國人。這個可能性就像是，比如說廣東獨立了、滿洲獨立了、上海獨立了，大家還覺得情有可原，但是如果有朝一日山東都獨立了，山東都不再是中國了，孔子的故鄉山東都說它是一個有異於中國的其他獨立王國，簡直是一件不可思議的事情。但是浪漫主義者居然把這件事情做到了。當然，其中也有很多的陰差陽錯。他們首先做這一點的時候不是針對德國人的，而是針對拿破崙的。布拉格是他們準備的後路，正如晉陽是趙家的後路，春申君黃歇的蘇州領地是楚國的後路⑨。布拉格是德國人在鬥不過拿破崙的時候準備在維也納混不下去以後可以退到布拉格的一個退路。因為他們在槍桿子這一方面已經被拿破崙打癱了，所以他們只能夠用筆桿子了，用民俗學的方法為未來準備龍牙武士。我們這一代是鬥不過拿破崙了，但是將來在我們子孫這一代，通過文化的力量，我們能夠鬥敗拿破崙的子孫。

所以，波希米亞的德語資產階級，就好像說你的錢在上海很不安全、你就趕緊取出來送到美國或者瑞士一樣，我們講德語的資產階級手頭的這個可憐巴巴的德語在拿破崙和啟蒙主義者強大的法語面前已經潰不成軍，我們的兒子一代可能就不會再講作為法語方言的德語了，那麼我們怎麼辦呢？我們要麼就投降了，我們乾脆就學法語算了，像歌德和廣大啟蒙主義者一樣，承認法語比我們德語先進，我們就認輸去學法語普通話好了；要麼守不住我們德語這個方言，那麼我們怎麼辦呢？就跑到法語目前還追不上的更遠的窮鄉僻壤去，學德語的一些次級方言。就好像說是，普通話如果說是征服了吳語，我就要去學粵語，指望在吳語頂不住的時候，將來粵語還能夠頂住

⑥《資治通鑒．周紀》：襄子將出，曰：「吾何走乎？」從者曰：「長子近，且城厚完。」襄子曰：「民罷力以完之，又斃死以守之，其誰與我！」從者曰：「邯鄲之倉庫實。」襄子曰：「浚民之膏澤以實之，又因而殺之，其誰與我！其晉陽乎，先主之所屬也，尹鐸之所寬也，民必和矣。」乃走晉陽。

⑦加萊（Calais）是英國在百年戰爭（1337–1453）結束後，在歐陸上的最後一塊領土，直到一五五八年才被法軍攻陷。

⑧一四一五年，霍亨索倫家族受神聖羅馬皇帝賜封為「布蘭登堡選帝侯」（Margraviate of Brandenburg）；並在十六世紀初宗教改革爆發後，改宗新教路德宗進而取得普魯士公國的封地；最後於一七〇一年的西班牙王位繼承戰後取得東普魯士的土地，普魯士公國升格為普魯士王國，成為中歐的新興強權。

⑨春申君的封地在蘇州、上海一帶，後來項羽所仰賴的「江東子弟」，多半是這一帶出身。

普通話。在資產階級的德語頂不住的時候，我們希望阿公阿婆的波希米亞方言還能夠逃脫拿破崙及其普通話學校的魔掌。有朝一日法語普通話的學校在維也納、甚至在布拉格遍地開花的時候，我們希望在布拉格周圍的那些鄉下學校裡面還能夠有不講普通話、而是講波希米亞方言的阿公阿婆，這樣使我們到底還能夠保留下一點種子。

比如說，今天的維族人就會說，假定在烏魯木齊和伊犁的學校只能夠講漢語了，我們希望在喀什和和田的鄉下由地下的阿訇和穆夫提[10]舉辦的那些非法經文學校還能夠替我們保存維吾爾語的種子，不要使我們高貴的、創造了蒙古語和滿洲語、是內亞各民族語言文化之母的維吾爾語在萬惡的漢語普通話的壓迫之下滅亡。如果說烏魯木齊和喀什這樣的大城市的學校已經守不住了，那麼我們至少還希望和田鄉下的地下學校能替我們守住這個陣地。赫爾德和他的徒子徒孫、布拉格的德語資產階級想的就是這個主意：讓波希米亞鄉下的阿公阿婆、漁夫和樵夫替我們守住德語方言的陣地吧。如果說官方的、最高級的、成吉思汗和皇太極崇拜的維吾爾語已經注定滅亡，那麼和田方言雖然不是最高雅的維吾爾語，但是至少也是維吾爾語的一種方言，讓他們替我們守住民族傳承的血脈吧。這就是布拉格資產階級心裡面想的話。在他們心目中，他們拚命發掘和守住的捷克語是德語的一種方言。在德語即將被拿破崙和法語消滅之際，好歹我們能夠保留德語的一個分支——像和田方言一樣的捷克語，也就算是我們這些知識分子沒有白活這一輩子了。

所以，一八二〇年代成了捷克文化和波希米亞民族文化遍地開花的時代，帕拉茨基的《波希米亞史》[11]和東布羅夫斯基的《波希米亞詞典》[12]都是在一八二〇年前後誕生的。我們要注意這個時間差，雖然我們知道拿破崙是在一八一二年和一八一五年之間倒台的，但是知識分子著書立說是需要時間的。赫爾德的門徒，帕拉茨基和東布羅夫斯基這些人，他們在為德語準備一個波希米亞語的後路的時候，是在拿破崙如日中天的一八一〇年代，在奧斯特里茨的太陽高高照耀、拿破崙無往不勝的一八一〇年代。這時，知識分子已經不指望耶拿和奧斯特里茨的手下敗將還有任何希望能夠打敗拿破崙了。他們只能夠埋頭苦幹，在自己的書齋裡面收集德語的各個方言資料，希望在大城市的資產階級最後不得不學習法語以後，地方上的愚夫愚婦、阿公阿婆還能夠通過狼外婆和小紅帽的童話，通過民歌民謠，保住德語的各種方言。這些方言當中，當然他們認為離德語最親的莫過於神聖羅馬帝國帝王家的傳統發源地——布拉格的波希米亞人。當然，他們的工作是需要時間的，以至於他們的書編出來的時候，拿破崙已經倒了，但這些事情是出乎他們意料之外的。

我們都知道，夏多布里昂那部反對拿破崙的小冊子[13]其實是在一八一四年才在巴黎出版的，但是我們不要忘記，夏多布里昂寫這本書的時候是拿破崙一路凱歌前進的時代。夏多布里昂是打不過他，只好逃到鄉下去了，逃到鄉下去他又不肯甘心認輸，不肯像那些趨炎附勢的人一樣趕到巴黎去投降拿破崙，他就只有以筆為劍，在拿破崙正在打勝仗的時候寫下一本聲討拿破崙罪狀的書，希望這本書能夠發揮宣傳上的作用，能夠打擊拿破崙的氣焰。結果他這本書剛剛寫好複印的時候，拿破崙已經敗了。實際上他在寫這本書的時候拿破崙還是在勝利當中，所以他寫的時候是想要拿這本書當作武器而不當作書的。帕拉茨基和他的同僚們搞出的波希米亞史和波希米亞語言也是這樣的。雖然他們晚了一步，是在拿破崙倒台以後才把它們搞出來的，但他們搞出這些東西實際上在政治上是有利於保守反動的哈布斯堡家族、不利於開明進步的拿破崙追隨者的。同時，即使在拿破崙倒了以後他們的書才出版，也不算是白寫，他們的同僚也是在一八二〇年代才搞出那些波希米亞的語言民俗博物館和各式各樣諸如此類的民族發明載體的。這些載體在一八二〇年代形成，在一八四〇年代教出了波希米亞的新一代，這就是赫爾德寄予無限希望、能夠打敗拿破崙和法語啟蒙運動的龍牙武士。他們是在一八二〇年代才受到赫爾德徒子徒孫的教育，在一八四〇年代才登上政治舞台的。

這時，拿破崙雖然垮台了，但是拿破崙在精神上的繼承人仍然存在，他們後來就體現為一八四八年的法蘭克福國民議會[14]。這時，法語已經倒台，德語的生存沒有問題了，於是法蘭克福國民議會的自由主義律師和資產階級就認為，現在是輪到馬丁．路德的德語繼承拿破崙的法語，作為如果不是全歐洲、至少是全德意志的普通話來推行的地步了，以前搞出來的那些方言都可以擱下來了。他們對未來的德意志共和國的設想，跟法蘭西革命時期的國民公會對法蘭西共和國和歐洲聯邦的設想是一樣的，就是一個普通話的、中央集權的共和國。我們要掃清封建主義的殘餘，給你們充分的自由民主，但是這個自由民主以前要由巴黎的國民公會統一行使，現在要由法蘭克福的國民議會統一行使。法蘭克福的國民議會要執行馬克思最讚賞的反封建的任務，要剷除落後的、地方性的各個封建邦國，建立像法蘭西一樣統一的開明進步的德意志民族國家。德意志民族國家和法蘭西共和國只有一點不同，就是它要用標準德語取代啟蒙運動的法語，但是這個標準德語也將像過去的法語一樣發揮啟蒙運動的作用。未來的德意志共和國將會像法蘭西共和國一樣，有一個標準化的教育部，這個德意志共和國的教育部長也會像法蘭西共和國的教育部長一樣，興高采烈、充滿自豪感地掏出懷錶，說出這樣的話：「此時此刻，全法蘭西的小學生，從布列塔尼到勃艮第，從里爾到南特，都以同一種語言學習同一段課文。」

這樣的前途在赫爾德的龍牙武士、在他培養出來的波希米亞語言發明家和民族發明家、在帕拉茨基和他的同道眼裡面，簡直像拿破崙一樣可怕。這簡直不像是德國人打敗了拿破崙，倒像是拿破崙的徒子徒孫穿上了德國語言的外衣，實現了拿破崙當年的未竟之業。如果你們法蘭克福國民議會設想的這個德國跟拿破崙設想下的歐洲帝國一模一樣，當年我們和施泰因男爵這些人到底是怎樣千辛萬苦打敗拿破崙的，我們當初的工作難道要全部白做嗎？這樣一個前途跟拿破崙一樣糟糕，是我們不能接受的，我們拒絕接受法蘭克福國民議會設計的這個跟法蘭西共和國沒有什麼兩樣的開明統一的德意志國家。但是現實政治就是現實政治，法蘭克福國民議會已經向柏林的普魯士國王暗送秋波，而柏林一八四八年的開明內閣（就是俾斯麥後來詛咒了一輩子的所謂的德國的格萊斯頓內閣）已經宣布，普魯士國王跟人民站在一起，已經很有意思想要接受法蘭克福國民議會的勸進了。

按照一八四八年以前的邏輯，按照根茨和梅特涅[15]那個時代的邏輯來看，普魯士就是德國自由主義勢力和開明勢力的代表，它在德國要發揮的作用就像蘇格蘭長老會在英國發揮的作用一樣；而維也納的哈布斯堡家

1848年法蘭克福國民會議　為德國畫家艾略特（Leo von Elliot）於19世紀製作的版畫，描繪1848年在聖保羅教堂召開法蘭克福國民的會議場景；該議會由德意志聯邦各成員選出八百餘位代表，計畫以民主的方式建立一個統一的德意志民族國家，並由普魯士國王擔任國家元首。此圖中懸掛於會場的三色旗，即為今天的德國國旗。

族就相當於是英國的斯圖亞特王朝，在德國代表了反動和封建的勢力，正如斯圖亞特王朝在英國代表了反動和封建的勢力。英國的革命主要就是以蘇格蘭長老派為極端的一派和以斯圖亞特王朝為極端的一派之間的鬥爭，而德國的鬥爭就要體現在柏林和維也納之間。柏林像蘇格蘭長老會一樣，是開明和自由派人士的核心。所以法蘭克福國民議會才很想把王冠送給普魯士國王，而普魯士國王和他的開明內閣也躍躍欲試，心裡面蠢動，想利用這個機會改變普魯士在日耳曼邦聯中長期地位低於正統的哈布斯堡奧地利的情況。後來是因為俄國沙皇的干涉，俄國沙皇陳兵普魯士邊境，揚言普魯士國王如果接受了法蘭克福國民議會的勸進，俄國沙皇就要對他不客氣。俄國沙皇

⑩ 負責解釋伊斯蘭教法的學者。

⑪ 帕拉茨基（František Palacký, 1798–1876），捷克歷史學家和政治家，著有《波希米亞與摩拉維亞的捷克民族史》；一八四八年後開始從事政治活動，被今天的捷克人譽為「捷克民族之父」。

⑫ 東布羅夫斯基（Josef Dobrovský, 1753–1829），捷克民族復興的最重要推手，力主捷克語的使用；他的《波希米亞語辭典》（*Deutsch-böhmisches Wörterbuch*），對捷克語的推廣有很大的影響。

⑬ 夏多布里昂（François-René de Chateaubriand, 1768–1848），法國浪漫派作家、民俗文學家，他的《論波拿巴與波旁》（*On Buonaparte and the Bourbons*），將拿破崙比喻為暴君尼祿，結果遭到拿破崙逐出巴黎。

⑭ 法蘭克福國民議會希望跨越國界，建立一個大日耳曼民族的德意志國度；議會眾人屬意由普魯士國王來擔任未來德意志的領導者，但普王腓特烈威廉在奧地利的壓力下拒絕接受，結果徹底失敗。

⑮ 梅特涅（Klemens von Metternich），奧地利外交家、首相，以保守著稱，在維也納會議後成為歐洲秩序的實質領導者，但在一八四八年的革命風潮中被趕下台而失勢。

這樣做實際上是支持了奧地利，把奧地利家族在日耳曼邦聯岌岌可危的統治地位給挽救起來了。所以沙皇後來在後來克里米亞戰爭的時候才會說奧地利忘恩負義，居然在這個節骨眼上支持英法。

在一八四八年，普魯士已經動搖，準備倒向開明進步人士那一邊去，而布拉格的反動分子們也是預見不到俄國沙皇會突然跳出來支持哈布斯堡帝國的。在他們看來，在這個節骨眼上如果他們不趕緊跳出來支持一下哈布斯堡帝國，哈布斯堡帝國就輸了，那麼布拉格和他們的民族發明、語言發明就輸了，以後就不會有波希米亞語言和捷克民族，只會有統一的德意志君主立憲國或者德意志共和國的波希米亞行省，在這個波希米亞行省當中，波希米亞的傳統和各種方言就會像是布列塔尼方言在法蘭西共和國銷聲匿跡一樣，迅速地銷聲匿跡。後來西班牙維護巴斯克語和巴斯克封建傳統的巴斯克人（Basques）之所以要組織卡洛斯黨（西班牙的勤王黨），反對英法兩個自由主義大國支持的伊莎貝拉女王，也是出於同樣的邏輯⑯。進步人士支持雅各賓式的「集權就是自由」的邏輯，認為只要中央一層建立了統一的國民議會，而且這個國民議會掌握在進步黨人的手中，那麼他們就要無條件地支持中央集權，支持中央集權削平地方上的各種特色，削平地方上的語言自治和文化自治。結果，方言的支持者和地方自治的支持者走投無路，只有到封建諸侯和封建君主那裡去尋找支持，只有跟反動的力量結合在一起，才能夠抵抗革命和進步的中央集權勢力的力量。這就是維也納和會以後勤王主義在歐洲的起源。勤王主義在法蘭西體現於巴爾扎克《舒昂黨人》那部小說描寫的舒昂黨[17]，在西班牙體現於卡洛斯黨，在德國就體現為帕拉茨基的斯拉夫黨。

「斯拉夫黨」這個詞不是帕拉茨基他們自己發明出來的，而是他們的敵人——法蘭克福的開明知識分子詛咒他們的話。說這話的意思就差不多是罵他們是哈布斯堡家族的「五毛」了。法蘭克福國民議會向全德意志各地的開明資產階級發出了邀請信，請求他們參加法蘭克福國民議會，把封建的、四分五裂的德國統一起來，建立一個像法蘭西共和國那樣的統一國家。他們萬萬沒有想到，布拉格的帕拉茨基在回信中拒絕接受他們的邀請[18]。這封回信可以說是一八四八年以後歐洲民族發明的《獨立宣言》，它對世界的影響一點都不比法蘭西共和國的《人權宣言》和美利堅合眾國的《獨立宣言》要少。雖然《人權宣言》和《獨立宣言》是近代自由民主政治理念的起源，但是我們不要忘記，近代的政治輿論除了自由民主以外，還有一個跟自由民主同樣重要甚至更加重要的起源，那就是民族國家。並非所有的國家都是自由民主國家，甚至可能世界上有一半甚至更多的國家並不是真正意義上的自由民主國家，但是全世界四分之三以上的國家，除了像恐龍一樣繼承了奧斯曼主義原則和大清帝國版圖的中華人民共和國再加上伊朗和俄羅斯這樣的兩、三個實體以外，全世界四分之三以上的國家都是一八四八年原則產生出來的民族國家。從政治繼承者的數目多少來講，我們可以合理地說，帕拉茨基所代表的赫爾德播種的龍牙武士——民族國家在當今世界上所占的位置，實際上是比法蘭西國民公會和美利堅合眾國的邦聯會議留下的政治繼承人更多、更加強大的。

帕拉茨基這部拒絕參加法蘭克福國民議會的宣言說了些什麼呢？他說：「我們哈布斯堡的君主國自古以來就是中歐帝國。即使它不是拿破崙所設想的那種繼承羅馬的全歐帝國，那個帝國是一種法律上的虛擬和理想，但是哈布斯堡帝國實實在在地統治了奧地利、波希米亞、匈牙利、克羅埃西亞和中歐的大部分土地，這是事實。如果說神聖羅馬帝國統治整個基督教世界是一個法律上和道義上的虛擬，那麼哈布斯堡家族事實上統治了多瑙河流域的整個中歐就不僅是一個法律上的理論，而且是一個政治上的事實。哈布斯

捷克民族復興運動　此紀錄照片為1868年位於布拉格的「國家大劇院」（National Theatre）的奠基場景。19世紀是捷克民族復興運動的興盛時期，捷克民族發明家積極挖掘捷克自古以來的語言與文化傳統，通過文藝創作以展現「捷克民族」的精神。1868年興建的國家大劇院即為捷克民族精神與藝術的具體象徵。

堡家族統治中歐，而不是統治德意志。所以，你們要把哈布斯堡家族說成是德意志的一部分，這是不合理的，就像是我們現在一定要把西藏和蒙古說成中華民族的一部分一樣的不合理，這不符合最嚴格、最實證意義上的事實。不僅是違背了我們的政治理想和政治虛擬，而且也違背了現實主義的政治事實。」

「哈布斯堡家族在中歐的存在有其理由，因為中歐並不僅僅是講德語的資產階級的中歐。你們講德語的資產階級像全世界的自由民主人士一樣，以為你們就代表了全世界。當年在拿破崙威震天下的時候，講法語的資產階級也認為他們代表了全世界。他們忘記了，講法語的資產階級雖然比講拉丁語的貴族多，但是也不是人口的大多數。法蘭西王國假定有百分之五的人是講拉丁語的貴族，有百分之二十五的人是講法語的資產階級和小資產階級，那麼還有一半以上的人講的是普羅旺斯方言、洛林方言、布列塔尼方言、諾曼第方言和諸如此類的方言。這些方言，論豐富程度，一點也不比愛德華三世時代撒克遜人的英語[19]差勁，只是被你們萬惡的法語資產階級壓住了，所以才未能發展成為民族語言。在中歐，你們法蘭西人推廣你們的民族語言，本來會把德語也搞成一個布列塔尼語的，幸好我們驅逐了拿破崙，把這種危險排除了。現在你們又要來學拿破崙，只是用德語替代了法語，想要把我們的波希米亞語給搞成布列塔尼語，我們告訴你們，這事沒門兒。」

「哈布斯堡家族是我們波希米亞人天生的保護者，哈布斯堡君主國不是德國的君主國，而是奧地利人、斯拉夫人、匈牙利人和中歐所有文化族群的君主國。只要哈布斯堡家族保全文化多樣性的使命尚未結束，那麼哈布斯堡君主國就有其存在的正當理由，你們不能用進步、自由、共和、中央集權的理由來反對哈布斯堡帝國。我們波希米亞人很清楚，哈布斯堡帝國今天倒台，我們波希米亞人明天就不復存在了。在你們德國人不那麼自以為是、想起自己只是占人口百分之十五到二十五的這個資產階級、在你們周圍還有占人口百分之五十到七十五的廣大小市民、農民、漁夫以前，你們沒有權利代表德意志。如果說在德意志有百分之一的貴族講拉丁語，還有百分之二到三像歌德和黑格爾那樣的開明知識分子願意接受法語，你們認為你們這個擁有百分之十五人口的德語資產階級驅逐了他們就代表了全德意志，那麼我們告訴你們，你們錯了，你們不代表全德意志，全德意志的百分之五十、甚至百分之七十五的人是像我們波希米亞人這樣的講各種方言的真正的人民。你們以為你們是人民，但你們其實只是資產階級和知識分子，我們才是人民。我們真正的人民不是激進分子和啟蒙主義者，而是天主教徒和保守主義者。人民是保守主義者，人民支持正統君主。我們才是人民，你們無權代表人民去廢除我們的正統君主，不要以為你們可以篡奪人民這個稱號。」

法蘭克福國民議會的資產階級和知識分子接到這樣的聲明以後，自然是怒不可遏，於是就抓起一頂「斯拉夫派」的大帽子扣在帕拉茨基身上。我們要注意，帕拉茨基和第一代捷克民族發明家，他們全都是講德語長大的。雖然他們確實是把波希米亞語發明出來了，沒有他們，波希米亞語或者捷克語很可能會不再存在，但他們全是講德語的。他們並沒有把自己叫斯拉夫派，更沒有把自己稱之為斯拉夫人。這句話是罵人的話，意思就是說，你是落後分子，你是反動派，你跟東方的斯拉夫人是一夥的，簡直沒有資格做我們高貴的日耳曼人。在這些罵將（今天的網路上叫做「噴子」）當中，我們都熟悉的恩格斯一馬當先，他到處高呼，要對包括波希米亞人在內的斯拉夫人和反動派實施種族滅絕。在他的定義體系中，斯拉夫人和反動派基本上是一個意思的。[20]

⑯ 西班牙女王伊莎貝拉二世（Isabella II of Spain, 1830–1904）於一八三三年即位，她的叔父卡洛斯王子（Don Carlos）援引《薩利克繼承法》（Salic law）宣稱其繼承權利為非法，並主張自己才是正統的王位繼承者。卡洛斯王子的擁護者主要為西班牙貴族與教會的保守分子，他們組成「卡洛斯黨」並在一八三三年至一八七六年發動多次叛亂，史稱「卡洛斯戰爭」。

⑰ 這部小説的背景是一七九九年的布列塔尼，舒昂黨人指當地的保皇運動人士。

⑱ 《給法蘭克福會議的聲明》（*A Letter to Frankfurt*），帕拉茨基主張波希米亞的主權、以及民族權利之獨特性，並對法蘭克福會議的「大德意志國家」主張表示反對。

⑲ 愛德華三世時代，英國的宮廷還是使用法語為主，所以帕拉茨基才會出此言。事實上英國上層階級直到百年戰爭喪失大部分歐陸領土後，才開始普遍使用英語。

⑳ 出自恩格斯的《德國的革命和反革命》：「最近四百年歷史上的一切事實都證明，捷克民族是個垂死的民族，一八四八年它曾做最後一次努力來恢復它從前的生命力，而這次努力的失敗足以證明（撇開一切革命方面的考慮不談）波希米亞此後只能作為德國的一個組成部分而存在……從幾個斯拉夫族的歷史科學的癖好者的書齋裡發起了這樣一個荒唐的、反歷史的運動，公然想使文明的西方從屬於野蠻的東方，城市從屬於鄉村，商業、工業和文化從屬於斯拉夫農奴的原始農業。」

我們德國的革命形勢一片大好，眼看就可以成立德意志共和國。在他的心目中，柏林的君主立憲國即使是接受了法蘭克福國民議會的勸進，普魯士國王像路易十六一樣當上了立憲君主，日子也做不長久，馬克思和激進派必然可以像雅各賓黨和公共安全委員會驅逐斐揚派[21]和法國君主立憲派那樣，把接受立憲君主制的路易十六和普魯士國王在革命的第二階段趕出去，最終把德意志變成一個公共安全委員會的革命共和國。現在你們倒好，你們萬惡的捷克人居然在這個節骨眼上跳出來維護像斯圖亞特王朝一樣反動的哈布斯堡君主國，破壞了我們革命的大好形勢。革命從高潮轉向低潮，由勝利在望轉向徹底失敗，最關鍵的就是你們萬惡的帕拉茨基和你們萬惡的捷克人。你們是革命的敵人，你們就算是死一百次也不足以贖回你們的罪狀。革命有兩個敵人，一個就是俄國沙皇和他萬惡的哥薩克，一個就是你們反動透頂的斯拉夫人。馬克思通過這些謾罵立下他的政治遺囑：革命一旦成功以後，有兩種人是非消滅不可的，一種是反動的斯拉夫人，一種是反動的哥薩克。

布爾什維克在革命成功以後，將馬克思的遺囑執行了一半，像馬克思在一八四八年希望的那樣，對俄國的哥薩克民族實施了不分老幼的種族滅絕。對於其他人，比如說對於烏克蘭人，布爾什維克只是把地主資產階級給殺光了，貧下中農還是沒有殺的，貧下中農是自己餓死的，不是布爾什維克直接殺的，但是對於烏克蘭的哥薩克，布爾什維克就執行了馬克思在一八四八年的詛咒。哥薩克人，無論是老人、兒童還是婦女，都要由契卡[22]的行刑隊趕盡殺絕，不能給反動的哥薩克留下種子，讓他們以後再有機會來反對革命。哥薩克的文化、語言，甚至「哥薩克」這個名字，都要跟哥薩克人一樣肉體消滅、資訊消滅，從歷史上整個抹去。布爾什維克專門頒布了一個消滅哥薩克法令來執行這個任務。所以現在普京時代的哥薩克，今天在烏克蘭內戰時期打仗的那些哥薩克，要麼就是在蘇聯共產黨倒台以後由各地的俄羅斯人和烏克蘭人假冒的，要麼就是流亡國外——比如說流亡到阿根廷或者英國其他地方的海外哥薩克人繁衍的後代返回俄羅斯和烏克蘭。布爾什維克之所以這樣做，就是執行了馬克思在一八四八年的詛咒。但是這個詛咒的另外一半，針對波希米亞人、克羅埃西亞人和中歐斯拉夫反動派的詛咒就永遠沒能夠執行了。

無論如何，奧地利帝國哈布斯堡家族是感謝帕拉茨基和波希米亞反動派在關鍵時刻雪中送炭的勤王義軍的，於是維也納的皇帝就封帕拉茨基為大臣，波希米亞的波希米亞王冠領地獲得了建立自己地方議會的權利——與其說是獲得，不如說是重生，因為這個領地以前與波希米亞和摩拉維亞分享的方式其實也是有各自的地方議會的，就像克羅埃西亞有自己的地主階級議會是一樣的。只不過哈布斯堡王室這次論功行賞的結果是，把原先分立的波希米亞和摩拉維亞這幾個不同的省區分散的封建議會合併成為一個波希米亞王冠領地的議會。這個領地議會統轄的地方，就是後來的捷克國家的前身。通過這次反革命行動，波希米亞人作為一個政治實體算是站住了腳跟。

接下來在一八六七年的奧匈協議當中，波希米亞人遇到了一個難纏的對手，就是電影《茜茜公主》裡面作為正面形象出現的那位安德拉希伯爵[23]。安德拉希伯爵跟奧地利達成奧匈協定，有一個匈牙利人一般不怎麼願意提的附帶目的，就是壓制波希米亞人、克羅埃西亞人和帝國的各種斯拉夫人。本來以前的哈布斯堡皇帝經常是兼任波希米亞國王的頭銜的，自從他通過奧匈協議變成奧地利皇帝兼匈牙利國王以後，匈牙利人就禁止維也納的皇帝再去兼任波希米亞的國王了。約瑟夫二世[24]和他以前的哈布斯堡皇帝通常在維也納加冕為神聖羅馬皇帝以後，是要到布拉格再加冕一下，再加一個波希米亞國王的頭銜的。這就像是英國國王除了在蘇格蘭由坎特伯雷大主教加冕為英格蘭國王以外，還要跑到蘇格蘭，到斯特靈城堡去，在安德魯斯大主教的支持之下再重新加冕為蘇格蘭國王一樣，表示他不僅是英格蘭的國王，而且也是蘇格蘭的國王，雖然人是同一個人，但王國還是兩個王國。這樣就等於是，波希米亞和奧地利其實是平等的。但是匈牙利人這麼一攪，維也納的皇帝就不能去波希米亞加冕了。

匈牙利人反對奧地利的程度很少，但是反對波希米亞人和反對斯拉夫人的程度卻很多，這跟匈牙利王國國內的種族形勢、文化鬥爭有非常密切的關係。匈牙利王國境內的斯拉夫系居民，包括克羅埃西亞在內，跟馬札爾人[25]的關係都是非常緊繃的；而奧地利帝國這一邊的斯洛維尼亞人和波希米亞人跟德語居民的關係相對來說就非常友好。實際上就波希米亞和斯洛維尼亞的情況來講，他們到底是德國人還是斯拉夫人，其實純粹是一個上哪個學校的問題。如果你上了鄉下的波希米亞語學校，那你就算是捷克人了；如果你上了布拉格的德語學校，那你就算是德國人了。一般來說，城裡面占人口百分之十五到二十五的資產階級和知識分子是講德語的，於是後來就會被說成德國人；鄉下人呢，那就會被說成是斯洛維尼亞人和波希米亞人。但其實他們之間的關係，也就像是首爾的那些會寫方塊字的士大夫階級和仁川鄉下那些不會寫方塊字、只會講韓國方言的韓國人之間的關係。你要說是韓國李朝那些會寫方塊字的士大夫階級構成一個單獨的民族、而鄉下那些阿公阿婆構成另外一個不同於他們的民族，不知道韓國的民族發明家會不會滿意，但是波

㉑ 斐揚派（Feuillant）是法國大革命期間的一個政治派系，主張穩健行事，之後被更激進的雅各賓派所消滅。

㉒ 蘇聯的特務機構，全名為「全俄肅清反革命及怠工委員會」，由列寧的親信費利克斯·捷爾任斯基（Felix Dzerzhinsky）掌控，以消滅所有「反革命階級」為目標，是後來蘇聯祕密警察「克格勃」（KGB.）的前身。

㉓ 安德拉希伯爵（Gyula Andrássy, 1823–1890），奧地利後期的重要政治家、首相，主張聯合英德和土耳其，反對俄羅斯與大斯拉夫主義，為維持奧匈帝國的完整而盡心竭力。

㉔ 約瑟夫二世（Joseph II），奧皇瑪麗亞·德蕾莎之子，仿效普魯士腓特烈二世的開明專制政策，推動宗教寬容、放鬆出版限制，對奧地利的改革頗有建樹。

㉕ 馬札爾人（magyarok），匈牙利的主要構成民族，先祖是來自草原的遊牧民族，大約在八九五年左右入侵中歐；後來他們在國王聖斯提芬的率領下改信天主教，並且在匈牙利地區定居下來，形成今日匈牙利的基礎。

希米亞和斯洛維尼亞的民族發明實際上就是這麼搞出來的。民族和階級是重合的，波希米亞和斯洛維尼亞的民族發明實際上就等於是，鄉下的阿公阿婆把他們的階級發明成了民族。

無論如何，在奧地利這一邊，儘管奧地利皇帝恪於匈牙利貴族的反對，沒有像以前那樣保持波希米亞王國的國王的地位，使波希米亞的議員很不滿意，為了這件事情，在奧匈二元帝國時期，波希米亞選出的議員曾經一連好幾次從維也納的國會中間退出以示抗議，但是無論退出不退出，實際上波希米亞還是奧地利君主國的一部分，而且也分享了奧地利君主國在第一次世界大戰以前那幾十年的飛速經濟發展。甚至波希米亞跟維也納周圍的農業區相比，反倒是波希米亞的工業更發達一些。講波希米亞語的農村和講德語的布拉格城市之間也沒有什麼真正的衝突。直到第一次世界大戰前夜，隨著普選權的推行，原來講方言土語的那些沒有選舉權的農民和工人無產階級現在有了選舉權，而且可以選出議會的大多數議員了，然後自然而然就出現了為他們爭取權利的議會代表，這就是馬薩里克和他的青年捷克黨[26]。

他們之所以自稱為青年捷克黨，就是企圖把帕拉茨基和里格爾[27]以及他們學生輩的波希米亞政治家都打成「老年捷克黨」。我們要注意，「斯拉夫黨」和「老年捷克黨」這兩個名詞都是敵人起的名詞，不是他們自己起的。老年捷克黨沒有把自己叫「老年捷克黨」，斯拉夫黨也沒有把自己叫「斯拉夫黨」，是法蘭克福國民議會的自由派把這些反動派勤王黨人說成是「斯拉夫黨」

的，是青年捷克黨的激進派把這些溫和派說成是「老年捷克黨」的。老年捷克黨包括很多黨派，例如基督教社會黨[28]。基督教社會黨在第一次世界大戰以前是波希米亞議會中的第一大黨，而且即使在捷克斯洛伐克共和國建立起來以後，也是捷克斯洛伐克共和國的第一大黨。一直到共產黨一九四八年政變的前夜，基督教社會黨仍然是反共陣營中間所有黨中的最大黨。這個黨派就是由布拉格的德語資產階級組成的。他們就是《好兵帥克》諷刺過的那些「在法律許可範圍內的微小進步黨」。他們是不主張退出哈布斯堡帝國的，恰恰相反，他們正確地指出，在哈布斯堡的二元帝國當中，捷克人的敵人不是德國人，而是匈牙利人，捷克人自古以來一直是跟德國人混在一起反對匈牙利人的。他們雖然很想擴大他們的文化自治權，但是他們並不想退出哈布斯堡帝國。而青年捷克黨則走得更遠一些，提出，波希米亞人完全可以像英國人和法國人一樣建立自己的民族國家，但是青年捷克黨在第一次世界大戰以前的所有議會選舉中得票都不如以基督教社會黨為首的老年捷克黨。

第一次世界大戰的爆發，使捷克社會一分為二。一分為二這句話其實是偏袒青年捷克黨的。嚴格說來，絕大多數捷克人，無論是布拉格的德語資產階級還是鄉下人，絕大多數都繼續忠於他們的合法君主和哈布斯堡皇帝。他們參加了哈布斯堡帝國的軍隊，跟俄國人、法國人和英國人打仗。捷克議會當中的絕大部分議員當然也就跟基督教社會黨一起，繼續忠於哈布斯堡帝國，一直到哈布斯堡皇帝卡爾一世[29]自行退位為止。只有極少數的（在議會中也是占少數的）青年捷克黨人抓住這個機會，跑到英國、法國和美國去搞院外活動了。他們知道，如果政治沒有發生巨大振盪的話，那麼在波希米亞的議會中仍然是親德派占上風，波希米亞獨立的目的是不可能達到的，他們只有到英法美去搞院外活動遊說，在政治僑民當中建立自己的組織，才能實現他們建立獨立捷克國家的目的。於是，他們在倫敦、巴黎和美國建立了流亡者的捷克委員會[30]。這些捷克委員會，我們可以負責任地說，他們其實不代表布拉格的大多數選民，他們只是代表了波希米亞的獨派勢力，而獨派勢力無論是在議會層面還是在民間層面，相對於統派來說都是少數。這些少數在戰爭爆發以後，德國和奧匈帝國跟英法美這些西方民主國家為敵以後，就發生了站隊學上的考驗。我們如果希望捷克真正獨立而不僅僅是自治的話，那麼我們的希望必然就是在英法美和西方民主國家這一邊，因此我們在奧匈帝國境內就要混不下去，我們只有背井離鄉，跑到海外去，在海外借助跟我們政治觀點相同的海外社區的支援，組織海外軍團，希望跟英法聯軍一起打回捷克，實現我們的誓言。但是，既然獨派是少數，他們的捷克委員會組織的海外軍團也是少數。直到一九一七年的布爾什維克革命改變了他們的命運。

當時參加奧匈帝國軍隊的捷克人，有很多被沙皇俄國俘虜了，沙皇俄國就自然而然把他們送到塔什干、薩拉托夫和全俄各地的戰俘營[31]裡面去了。只要沙皇俄國沒有倒台，他們當然是出不了這些戰俘營的。但是沙皇俄國倒台了，二月革命以後，臨時政府站不住陣腳，被布爾什維克推翻了。布爾什維克的主要支持者是不想打仗的逃兵，因此全國一片混亂，捷克籍的戰俘也就從戰俘營裡面逃了出來。列寧的政策是，成立共產國際，把戰俘營變成向中歐各國普及和播撒共產主義革命的工具。於是，共產國際就派了像庫恩·貝拉[32]這樣的匈牙利人在內的各國政委代表團，希望德國和奧匈帝國的戰俘經過他們洗腦以後變成共產主義革命的戰士，把革命帶回自己的祖國去。例如，德國的戰俘在接受洗腦以後就可以回德國去鬧革命，奧地利的戰俘在洗腦以後回奧地利鬧革命。像《好兵帥克》的作者哈謝克，就是在被俄國洗腦以後準備回捷克去建立蘇維埃政權

㉖ 托瑪斯·馬薩里克（Tomáš Garrigue Masaryk, 1850–1937）出生於南摩拉維亞地區，父親是馬車夫。早年曾為鎖匠、家庭教師，通過個人努力成為查理大學哲學教授。一八九一年以青年捷克黨（Young Czech Party）的候選人身份當選為國會議員。一九〇〇年創建捷克人民黨，一九〇五年改名為捷克進步黨。一九一四年十二月去國外活動。一九一六年在巴黎建立捷克斯洛伐克民族委員會。一九一八年在華盛頓發表《獨立宣言》，宣布成立捷克斯洛伐克共和國臨時政府並當選為首任總統。

㉗ 弗蘭提舍克·里格爾（František Rieger, 1818–1903）捷克政治家，早期捷克民族主義運動的領導者。

㉘ 基督教社會黨（Christian-Social Party），一八九四年成立於捷克的基督教政黨，後來改組成「捷克斯洛伐克人民黨」。

㉙ 卡爾一世（Karl I）奧匈皇帝法蘭茲·約瑟夫的姪孫，奧匈帝國最後一任皇帝；他在前任皇儲斐迪南大公遇刺後繼任王儲，並在一九一六年就任皇帝，一九一八年被迫退位，結束了哈布斯堡王朝對奧地利的長期統治。

㉚ 捷克委員會（Czechoslovak National Council），第一次世界大戰期間捷克和斯洛伐克流亡者成立的一個組織，目的是從奧匈帝國解放祖國，一次大戰末尾時期升格為捷克臨時政府。

㉛ 塔什干，中亞城市；薩拉托夫，伏爾加河下游城市，都是遠離歐俄的城鎮。

㉜ 庫恩·貝拉（Béla Kun,1886–1938）匈牙利蘇維埃共和國的創建者，但在捷克和羅馬尼亞軍隊的圍剿下宣告失敗；之後投奔蘇聯，企圖重建紅色匈牙利未果，一九三九年被史達林處決。

的，但是沒有成功。庫恩・貝拉就是回匈牙利去建立匈牙利蘇維埃政權的。

當然，捷克人和斯洛伐克人並沒有例外，共產國際的特派員也準備把他們武裝起來，送回國去鬧革命。但是這時的捷克人經過十九世紀最後這幾十年的經濟發展和捷克語學校的長期文化教育，可以說，它已經產生了自己的資產階級和知識分子，而且這些資產階級和知識分子在本國的社區中威望很高。按照我的話語體系來說就是捷克民族的凝結核，像波蘭貴族地主一樣，凝結能力很強。他們不像大俄羅斯的凝結核和烏克蘭的凝結核那樣脆弱，被布爾什維克一洗腦就輕易摧毀了。當他們從戰俘營裡面出來、剛剛獲得自由、開始組織自己的社區的時候，看見布爾什維克的特派員在他們自己社區內部的無產階級下級士兵當中搞煽動、號召他們推翻上等人的統治的時候，這些資產階級和知識分子就感到不妙了，因為他們已經親眼看到俄羅斯的波羅的海艦隊在經過布爾什維克煽動以後，紅色的水兵就把原先騎在他們頭上的軍官都吊死了。而他們作為資產階級的代表，一直以為他們是本民族無產階級的天然領袖，十二分地不高興讓布爾什維克煽動以後，他們手下的列兵會站起來把軍官絞死。上校當然不會高興像俄羅斯帝國軍隊的上校一樣被自己手下的列兵和軍士關起來絞死，士官生也不高興被無產階級和農民的士兵關起來絞死。於是他們就決定，在布爾什維克的煽動獲得進一步的成果以前，趕緊組織自己的武裝力量，組織自己的捷克斯洛伐克軍團[33]。然後他們就把布爾什維克的政委給趕出去了。布爾什維克把這件事情稱之為「捷克軍團的叛亂」，因為捷克軍團一旦成立以後，就意味著捷克人再也不會服從布爾什維克共產國際的指令、到中歐去鬧革命了。

捷克軍團在資產階級領導人的指揮之下向英法和協約國發出呼籲，願意在英法和協約國的指揮之下作戰。由於奧匈帝國隨著布爾什維克奪取政權、沙皇俄國和二月革命的俄羅斯共和國相繼倒台以後，中歐也發生了革命，霍亨索倫王朝和哈布斯堡王朝都退位了，中歐現在面臨著資產階級共和國和無產階級共產國際這兩條路線的鬥爭，捷克斯洛伐克在俄國境內組織起來的海外軍團就感到，無論以前獨派和統派之間的分歧有多麼大，現在都應該團結一致了。在俄羅斯的這批海外軍團跟在法國和美國的海外軍團不一樣，馬薩里克博士在英法美三國領導的海外人士是捷克獨派，而在塔什干、奔薩和薩拉托夫這些地方建立起來的捷克斯洛伐克的戰俘軍團則是統派。獨派在戰爭一開始就投靠了英法美，而統派的軍隊加入了奧地利哈布斯堡帝國的軍隊，在被俄國人俘虜、拒絕布爾什維克的洗腦以後才建立了俄國的捷克斯洛伐克軍團。但是在奧匈帝國退位以後，統派已經沒有效忠的物件了，他們唯一的選擇就是，是支持獨派已經在英法美建立起來的捷克斯洛伐克臨時政府，還是接受布爾什維克建立起來的捷克蘇維埃政權？於是他們就決定，與其要蘇維埃政權，不如要獨立的捷克斯洛伐克共和國。於是他們就向美國的捷克委員會發去電文，願意接受馬薩里克博士的領導。

這樣當然也是因為馬薩里克博士在美國的院外活動工作做得很好。馬薩里克博士抱上了威爾遜總統本人的大腿，對威爾遜總統發揮了李碩經常聲稱他對美國保守派發揮的那種影響力。威爾遜總統跟大多數美國的自由民主派一樣，對歐洲的歷史是不怎麼瞭解的，只是想當然地以為凡是自由民主派都是好事，所以他實際上並不知道，馬薩里克博士領導的青年捷克黨人其實是捷克民眾選舉出來的國會當中的少數派。他相信了馬薩里克博士的故事，就是說：「捷克人自古以來跟英國人和法國人一樣，是熱愛自由民主的民族，只是在哈布斯堡帝國的壓迫之下，像一八四八年革命的科蘇特㉞一樣，被哈布斯堡帝國的反動派鎮壓了，沒有能夠建立自己獨立的民族國家。現在我們希望，全世界自由民主國家的天然盟友威爾遜總統來保護我們，使我們實現一八四八年革命的未竟之業。」當然，這個故事是很成問題的。雖然美國的開明人士，包括威爾遜總統，一般來說都同情一八四八年革命的波蘭人和匈牙利人，但是我們要記住，捷克人在一八四八年的時候實際上是跟克羅埃西亞人一起、幫著哈布斯堡帝國鎮壓波蘭人和匈牙利人的。但是這個沒有關係，馬薩里克博士和李承晚博士㉟一樣，是一位優秀的歷史發明家、優秀的民族發明家和優秀的院外活動家，他懂得怎樣搞外交，怎樣利用天真的美國人，怎樣對威爾遜總統做工作。

而威爾遜總統在一九一九年是全世界最強大的人，無論是英國人、法國人還是義大利人，都欠了威爾遜總統很多債，而且他們自己的軍隊在大戰前幾年都快要打光了，全國的青年一代都已經快要死完了，而美國潘興將軍[36]率領的雙倍兵員的美國師就像是給快要失血而死的病人的血管裡面輸血一樣，湧進了巴黎的大街小巷，娶了法國的少女和英國的少女，把協約國搖搖欲墜的前線重新補起來，勢如破竹地打破了魯登道夫的最後一次攻勢[37]，收復了德國人在一九一四年八月炮火[38]的前幾個月裡面占領的所有高地，一直打到萊茵河畔。在這個時候，無論是德國人、奧地利人、匈牙利人，還是英國人、法國人、義大利人，都非常清楚，全世界有一個他們無論如何得罪不起的人，就是威爾遜總統。威爾遜總統說是什麼，那就是什麼。威爾遜總統說波蘭民族是好樣的，我們應該在《十四點和平原則》中間特別提一條「波蘭民族應該復國」[39]，那麼誰也不

㉝ 捷克斯洛伐克軍團（Czechoslovak Legion），一九一四年時，由俄國的捷克人所組成的俄羅斯陸軍部隊；一九一七年在俄羅斯臨時政府底下，這支部隊已經有七千人的規模，之後更大幅擴張，到了一九一八年已達四萬人之譜。

㉞ 科蘇特（Lajos Kossuth, 1802–1894），匈牙利革命鬥士，主張廢止封建特權、推行社會改革，並從維也納獨立。他的主張雖然獲得馬札爾人的支持，卻被俄羅斯與奧地利聯軍鎮壓逃亡海外，遭判處缺席死刑；之後他便浪跡各國，於一八九四年客死在義大利的杜林。

㉟ 李承晚在美國組成「歐美委員會」，遊說美國支持他那個並無本土根基的「臨時政府」。

㊱ 約翰．潘興將軍（John J. Pershing），美國陸軍將領，曾參與干預墨西哥的戰爭，一次大戰時率領美國遠征軍登陸歐洲作戰。

㊲ 魯登道夫攻勢（Ludendorff Offensive, 1918），又稱「皇帝會戰」，德軍將東線調回的部隊投入西線，展開大規模攻擊，但最後只占領了一大塊突出部，沒能達成戰略目標。

㊳ 《八月炮火》（The Guns of August）是現代美國歷史學家芭芭拉．塔奇曼（Barbara W. Tuchman）在一九六三年出版的非虛構寫作，獲得普立茲獎。此處是借用本書名稱。

㊴ 美國總統威爾遜的《十四點和平原則》（*Fourteen Points*）的第十三點原文為：「應建立一個獨立的波蘭國，它的領域包括所有無可置疑的波蘭人所居住的領土，並應保證她獲得自由安全的出海通道，而她的政治及經濟獨立和領土完整，則應由國際公約予以保證。」

敢說二話。哪怕是德國軍官團丟掉了他們最心愛的波茲南，他們敢對英國人發怒，敢對俄國人發怒，敢對法國人發怒，但就是不敢對威爾遜總統發怒。

既然馬薩里克博士親自跑到華盛頓了，在威爾遜總統出發到歐洲以前就抱上了威爾遜總統的大腿，用個人對個人面談的方式親自跟威爾遜總統密談了，對威爾遜總統本人洗了腦，使威爾遜總統全盤接受了捷克委員會設計的民族發明學版本，那麼事情就沒有二話好說，捷克斯洛伐克共和國一定可以建立起來，英國人和法國人對威爾遜總統贊同的事情是不敢反對的。在這種情況下，儘管馬薩里克本人在美國統帥的捷克軍團實際上只有幾百人，但是就憑他能夠說得動威爾遜總統，他手下就等於是有了幾百萬大軍一樣。威爾遜總統派出了一百多萬美國軍隊，比英法兩國疲憊不堪的軍隊要強大得多。整個協約國，可以說是誰也得罪不起威爾遜總統。馬薩里克自己親自率領的幾百個捷克海外軍團無足輕重，但是威爾遜總統相信他，他就等於擁有幾百萬大軍一樣。

在俄羅斯境內組織起來的捷克斯洛伐克軍團這幾萬人馬就明智地看到，馬薩里克博士就等於威爾遜，在這個時候支持馬薩里克博士，可以為我們找到出路。雖然我們的軍隊比馬薩里克博士的軍隊要強大好幾倍，但是在政治上，我們已經被困在西伯利亞和烏拉爾（Ural）的內地，被困在中亞細亞的內地，我們沒有辦法跟巴黎和會的政治家說上話，而世界秩序歸根結底是由巴黎和會的那些政治家說了算的，無論我們在中亞細亞和西伯利亞打了多少次勝仗，都不如威爾遜總統在巴黎說一句話來得分量重。在這種情況下，我們只能求大同存小異，跟馬薩里克博士聯合。馬薩里克博士就在華盛頓，能夠就近對威爾遜總統施加影響，所以我們只能接受馬薩里克博士的領導。只要馬薩里克跟威爾遜總統設計的這個捷克斯洛伐克願意實行自由民主的議會選舉，這就沒關係了，只要實行議會選舉，我們還是能夠回來的。

於是，在奔薩、塔什干和薩拉托夫的捷克斯洛伐克軍團通電效忠馬薩里克，接受了馬薩里克的領導。馬薩里克命令他們一路打到海參崴，然後從海路，經過上海，到法國去，加入英法聯軍對中歐的軍事行動。他們就這樣做了。他們從布爾什維克的紅軍和高爾察克的白軍[40]當中殺開一條血路，其壯烈的程度不亞於色諾芬講述的那一支希臘人的萬人遠征軍，從波斯帝國內地一路殺到黑海海邊[41]，當他們重新見到大海、可以返回希臘本土的時候，便發出了勝利的歡呼聲。捷克軍團也是這樣的，他們首先在烏拉爾打敗了托洛茨基的紅軍，然後在西伯利亞打敗了高爾察克的白軍，所有的俄羅斯的軍隊都打不過這支紀律嚴明的資產階級軍隊。

因為經過布爾什維克一折騰以後，無論是托洛茨基重組的依靠政委和紅色恐怖維持的紅軍，還是高爾察克和鄧尼金重組的志願軍，軍紀在短時間內都是得不到恢復的；而捷克人在哈布斯堡最後這幾十年訓練出來的這支文化水準很高，人人都受過教育，讀過書，知道怎樣使用武器，知道怎樣守紀律的資產階級民主軍隊，就像是一個流動的共和國一樣，無論是打紀律渙散的紅軍還是打紀律渙散的白軍都不成問題。他們如果像布爾什維克的歷史書說的那樣真想推翻共產國際的話，其實他們的戰鬥力比高爾察克和鄧尼金更強。他們如果在喀山打敗了布爾什維克的軍隊以後直接向莫斯科進攻的話，那會比高爾察克和鄧尼金的部隊都打得更好。但他們的目的並不是為了爭奪俄羅斯，而是回到捷克去，他們跟色諾芬領導的希臘武士一樣，目的不是為了爭奪波斯帝國的王位，而是為了回到希臘去，他們要回到中歐去。他們殺出一條血路不是為了占俄羅斯的領土，也不是為了支持或反對紅軍或白軍，而是為了打開通向海參崴的這條血路。

他們一路打到了海參崴，在此上了船，經過上海自由市，在勒阿弗爾（Le Havre）登陸，加入了

捷克斯洛伐克軍團撤退路線圖　捷克斯洛伐克軍團於1918年5月起義反抗新建立的布爾什維克政權，並利用西伯利亞鐵路往東方撤退，並協助高爾察克率領的俄羅斯白軍進行內戰，控制西伯利亞鐵路沿線的所有城市。1919年11月，蘇俄紅軍占領高爾察克根據地鄂木斯克，捷克軍團便全軍撤往海參崴，並在西方列強的斡旋下，最終於1920年通過海路陸續返回歐洲。

德斯佩雷將軍[42]率領的法軍，在德斯佩雷將軍的領導之下去處理德國和奧地利戰敗以後的中歐善後問題，在多瑙河口登陸，一路進入了布拉格，建立了我們今天的捷克斯洛伐克共和國。這就是捷克斯洛伐克共和國的起源。當然，馬薩里克博士遵守了諾言。舉行議會選舉的時候，其實原先的統派——基督教社會黨仍然是議會的第一大黨，比馬薩里克本人的獨派勢力更大，但是這時候，獨統之爭不再有意義。馬薩里克博士當了總統，而議會的第一大黨基督教社會黨仍然是內閣中的主要黨派。近代的捷克斯洛伐克共和國就是這樣建立起來的。

⑩ 高爾察克，俄羅斯海軍將領，一九一八年在西伯利亞鄂木斯克，自稱「俄羅斯臨時政府最高領袖」，統率烏拉爾山以東的所有白軍，但獲得西方的支援遠遠不如鄧尼金。一九一九年他的軍隊失敗，他本人也在一九二〇年被紅軍處決。紅軍文獻中稱他為「匪幫」，但一般對他的評價，則多半認為他是一位熱誠的愛國將領。

㊶ 色諾芬（Xenophon of Athens, 430BC–354BC），古希臘雅典人，蘇格拉底的弟子，在伯羅奔尼撒戰爭結束後參加由一萬餘希臘人所組成的「傭兵軍團」，受雇於波斯王子居魯士，並前往小亞細亞（今土耳其）進行王位爭奪戰。在戰爭開始初期居魯士戰死後，身陷敵境希臘軍團遵循希臘習慣法，召開公民大會，以民主方式公投決定絕不投降波斯並擬定撤退計畫，先往西深入兩河窪地再北上至黑海沿岸，最後還有六千餘人乘船返回希臘。在這批臨時打造的希臘共同體中，包括了母國交戰多年的雅典人、斯巴達人，還有來自其他大大小小城邦的士兵，他們如何透過民主協商，平等地討論作戰計畫、行進路線、以及補給分配的各種組織細節，都被色諾芬一一記錄下來並整理成《遠征記》發表，在後世成為古典自由精神具體實踐於軍事組織的經典文獻之一。

㊷ 路易・德斯佩雷（Louis F. d'Espèrey, 1856–1942）法國陸軍將領，曾參與東亞的八國聯軍、一戰的馬恩河戰役。

捷克
民族發明大事記

時間	事件
9至15世紀	**波希米亞王國** 波希米亞之前的歷史和捷克的民族發明關係不大。波希米亞的疆域位於今天捷克的西部，包含波希米亞和摩拉維亞兩地。原為封建公國，1198年成為王國。波希米亞王國於1002年被正式承認為神聖羅馬帝國的一部分，其國王有資格選舉神聖羅馬帝國皇帝，首都布拉格於14世紀末期曾成為神聖羅馬帝國的中心。
1526至1918年	**奧地利哈布斯堡統治** 15世紀，信奉天主教的哈布斯堡家族透過繼承關係而入主波希米亞。在三十年戰爭後，波希米亞開始「德意志化」。德語成為奧地利唯一的官方語言，捷克語則是方言。
1820至40年代	**波希米亞民族文化的形塑** 歷史學家帕拉茨基的《波希米亞史》和語言學家東布羅夫斯基的《波希米亞詞典》均在這段時間內出版。為了抵制德意志的擴張和1848年法蘭克福國民議會，帕拉茨基提出了哈布斯堡王朝實行聯邦制的政治構想。
1867年	**奧匈協議的簽訂** 奧匈二元帝國成立後，出自匈牙利貴族的要求，奧地利皇帝不再兼任波希米亞國王。托瑪斯・馬薩里克（1850–1937）和他代表的青年捷克黨，在奧匈帝國內作為和基督教社會黨抗衡的政治勢力崛起，並推動建立一個獨立的捷克民族國家。
1918年	**捷克斯洛伐克共和國成立** 一戰結束，奧匈帝國瓦解。流亡的捷克青年黨人在海外建立了捷克斯洛伐克民族委員會。1918年，由馬薩里克和其他來自捷克、斯洛伐克的代表在美國簽訂了《匹茲堡協議》，決定成立由捷克和斯洛伐克兩個民族國家組成的邦聯，並獲得了美國威爾遜總統的支持。捷克斯洛伐克共和國成立（1939年）。此後的歷史已經和捷克的民族發明無關，而與國家憲制的改變相關。

1939年

波希米亞和摩拉維亞保護國

1939年3月，捷克斯洛伐克被納粹德國占領，希特勒分別成立了波希米亞和摩拉維亞保護國和斯洛伐克共和國。二戰德國戰敗，蘇聯在1945年占領了波希米亞和摩拉維亞保護國（捷克）及斯洛伐克共和國全境並再次整合二者，建立了捷克斯洛伐克社會主義共和國（1945年）。

1948年

二月事件

戰後的捷克斯洛伐克社會主義共和國是由多黨聯合執政，其中共產黨控制了國家安全部門和員警部門。1948年2月下旬，參與政府組閣的12名非共產黨部長集體提出辭職，由此共產黨完全控制了捷克斯洛伐克的政權，開始一黨執政。

1968年

布拉格之春

共產黨第一書記亞歷山大・杜布切克提出了「富有人性的社會主義」，開始了政治民主化的改革。該運動以當年8月21日蘇聯與其他華沙公約成員國武裝入侵捷克斯洛伐克而初步告終。引起的憲制結果之一是：1969年1月1日，捷克斯洛伐克社會主義共和國開始實行聯邦制。

1989年

天鵝絨革命

隨著冷戰終結，捷克斯洛伐克發生天鵝絨革命，捷共失去執政黨地位。1990年4月，國名改為「捷克和斯洛伐克聯邦共和國」，捷克和斯洛伐克兩個共和國也取消了國名中的「社會主義」字樣。1992年11月23日，捷克斯洛伐克議會通過了聯邦解體法案。12月31日，捷克斯洛伐克聯邦和平解體。1993年1月1日，捷克共和國和斯洛伐克兩國誕生，並相互建交。

斯洛伐克

Slovak Republic

Slovenská republika

獨立時間：1993年1月1日

首都：布拉提斯拉瓦

六、斯洛伐克

匈牙利「舒昂黨人」的寄居蟹

「舒昂黨人」（又譯「朱安黨人」）是法國大革命時期的一個措辭，它在一八四八年之後，變成一種國際主義性質、反革命力量的浪漫主義的前身。浪漫主義不是憑空創造的意識形態，它必須有歷史情感上的依據。舒昂黨人是什麼呢？他們是一撥反對法國大革命及拿破崙的布列塔尼人。你可以設想一下，在一七八九年革命以後、拿破崙稱帝以前的某一個時點，一群巴黎人左手拿著《人權宣言》，右手拿著《拿破崙法典》，來到了布列塔尼。他們在教堂的祭壇上豎起了理性女神的畫像，把原先掛在那裡的聖母像扔進了泥潭。然後他們離開教堂時，在門口碰上了一隊布列塔尼人，這些人由當地的本堂神父代表，問這些巴黎人：「你們是來幹什麼的？」巴黎人回答說：「我們給你們帶來了自由平等博愛的福音。聖經上賦予你們的一切平等權利，以前都被萬惡的封建領主侵奪了，現在我們要恢復事物的正常狀態，把自然權利回歸給你們。從此以後，全人類都將像兄弟姐妹一樣，生活在博愛的陽光之下了。」

布列塔尼人問巴黎人：「那你為什麼要毀壞我們的聖母像呢？你們手裡面拿的這些紙是什麼意思？」巴黎人回答說：「這些紙就代表了我們為人類準備的新原則，《人權宣言》適用於全人類，《拿破崙法典》更是適用於所有社會。政治方面的問題，我們用《人權宣言》來解決；社會方面的問題，我們用《拿破崙法典》來解決。你們可以看看《人權宣言》和《拿破崙法典》的內容。」布列塔尼人看過內容，然後說：「這些文字跟我們自古以來的習慣完全不同。我們的男人和女人都可以繼承遺產，姑娘十四歲的時候就可以結婚；而你卻告訴我們，任何人跟十八歲以下的姑娘結婚都要犯誘拐罪甚至是犯強暴罪。你們的法典告訴我們，只有男人才能繼承遺產，妻子應該服從丈夫，這跟我們的習慣完全不同。我們布列塔尼人是從英國來的，我們的習慣是普通法的分支，跟你們法國人大不相同。你們拿這樣的文件來統治我們，有沒有搞錯？當年我們布列塔尼的公主安妮和你們法蘭西的國王結婚[1]的時候，雙方都同意布列塔尼人繼續使用自己的習慣法。現在你們巴黎人是不是又要動什麼歪腦筋，來破壞我們的習慣法呢？」

巴黎人回答說：「你們說的那些都是封建時代的老把戲了，當時布列塔尼人和法蘭西人都處於封建主義的奴役之下；現在我們已經解放了巴黎，馬上就要解放布列塔尼和全歐洲，封建時代的老一套要不得了。我們已經砍掉了國王路易的頭，通過砍掉他的頭，也就橫掃了過去曾經統治全歐洲黑暗時代的各種封建法律。難道你沒有聽伏爾泰說過嗎，正義的標準怎麼可能會因為渡過了一條河或者越過了一座山就會有所不同呢？為什麼在法蘭西是正義的，在西班牙就不是正義的？難道上帝賦予人類的理性會因為渡過一條河或者越過一座山就有所不同嗎？顯然這是錯誤的，理性對全人類都是一樣的。《人權宣言》和《拿破崙法典》就是理性的傑作。你們布列塔尼人和我們巴黎人是沒有任何區別的，你們都有權利得到同樣的人權和解放。如果你們對這一點還有所懷疑的話，那麼你就去看看我們巴黎人吧，我們巴黎人把教堂裡面那些代表著封建時代殘餘的聖母像統統清除了，還聘請最著名的女演員在舞台上為我們扮演理性女神。在理性女神的保佑之下，全人類都將如同兄弟般進入博愛的新時代。」

布列塔尼人回答說：「現在我們明白你們要幹些什麼了。我們要提醒你們巴黎人注意，你們背信棄義地企圖侵略我們。我們把我們的公主嫁給你們的國王以後，她生下的後裔就同時是布列塔尼的公爵和法蘭西的國王。你們不要以為我們服從了法蘭西國王就是要聽從你們巴黎人的命令，那完全是兩碼事。你們巴黎人服從法蘭西國王，我們布列塔尼人仍然服從布列塔尼公爵。我們之所以看上去服從了法蘭西國王，僅僅是因

法國大革命時期的「至上崇拜」節慶　為法國畫家德瑪奇（Pierre-Antoine Demachy）創作於1794年的作品，描繪「至上崇拜日」的歡慶儀式場景。法國大革命時期，雅各賓黨領導人羅伯斯庇爾（Maximilien Robespierre）建立以自然神論為基礎的「至上崇拜」（Cult of the Supreme Being），以取代天主教成為法蘭西共和國的國教，因此他將傳統七天休息一日的「禮拜日」改為十天休息一日的「至上崇拜日」。

為現在的法蘭西國王是我們布列塔尼公主的後裔。我們再次提醒你們，不管你們的《拿破崙法典》上是怎麼說的，我們布列塔尼人是承認女性有繼承權的。只要是我們公主的後裔，就是我們的君主。你們以為你們殺掉了你們的國王路易，你們卻忘了，你們殺掉的是我們的安妮公主的合法繼承人，他是布列塔尼的公爵路易。你們殺你們的國王，跟我們沒有關係，但是你們竟敢殺我們正統的公爵，我們要跟你們沒完。更何況，我們布列塔尼人都是虔誠的天主教徒，我們的公主是不會嫁給什麼理性主義者或者啟蒙主義者、跟他一起拜什麼亂七八糟的理性女神的，我們的公主只能嫁給法蘭西虔信基督的國王。你們現在竟然不僅殺掉了我們公主的後裔，連天主教教堂裡面供奉的聖母像也給我們撤掉了，我們布列塔尼人是絕不會接受你們這種單方面的暴行。現在我要號召我們的人民，以上帝、聖母和國王的名義討伐你們這些巴黎人。你們統統給我滾回去。」

於是雙方就開始用火槍和大炮說話了，直到一八〇六年的耶拿會戰之後，拿破崙已經橫掃整個歐洲，普魯士的貴族和資產階級把鑰匙和麵包奉獻在他們的面前，而布列塔尼的鄉民仍然沒有屈服，布列塔尼懷孕的婦女和小孩向法國軍隊吐口水。拿破崙從美因茨和烏爾姆戰場上得勝歸來的百戰精兵，在布列塔尼的沼澤地上卻施展不開。一直等到一八一五年的滑鐵盧戰役結束，布列塔尼仍然是法國身上的一個永遠難以癒合的瘡口。巴黎的開明人士談論到布列塔尼的反動派，也就是通常所謂的舒昂黨人，感覺就像是今天的美國人談論阿富汗的山地一樣；這裡是法國的墳場，是最難征服的地方。然而與此同時，法國革命的理性原則已經傳遍了整個歐洲。對於法蘭西人來說，拿破崙喚起了他們相互矛盾的感情：一方面，他是法國共和主義的繼承者，法國革命的遺產都體現在《拿破崙法典》身上；另一方面他又帝制自為②，私人品德也不好，啟用大量的機會主義者和只要有才能、無論品德如何都可以用的人，像富歇、塔列朗之流的人上位，把真正品德高尚、像羅馬人一樣嚴正的共和主義者，像卡諾③這些老人都排擠到一邊去了。但是在歐洲範圍，這個區別就消失了。雖然法國人並不是全都認為拿破崙是革命的繼承者，有些人認為他即使稱帝，仍然是革命的繼承者，有些人認為他通過稱帝，已經背叛了革命，但是對於萊茵河以外的整個歐洲來說，拿破崙始終是法國革命的象徵。對於大多數歐洲人來說的話，法蘭西在共和時代還沒有來到他們的國土上，是拿破崙把《拿破崙法典》和《人權宣言》帶到了他們的國土上來，拿破崙在他們眼裡面就代表了法蘭西共和國的一切原則。

因此，就產生了像維克多．雨果④所描繪的那種矛盾現象，那些崇拜拿破崙的老兵，他們原諒和遺忘了那個稱帝的暴君，記住了那個革命的英雄。但是對於萊茵河以外的歐洲來說的話，拿破崙只有一種形象，只有屬於反動陣營的歐洲人才認為拿破崙是暴君，屬於共和陣營或者說是進步陣營的歐洲人在拿破崙身上只看到了英雄。他們本來就在君主的統治之下，拿破崙當不當皇帝或國王跟他們沒關係的。拿破崙當了皇帝以後，仍然拿著《人權宣言》和《拿破崙法典》，像傳播福音一樣向他們傳播新的共和主義原則和新的民族發明原則，這才是他們認為最重要的。

但是當然，有正面就有反面。舒昂黨人開闢的先例，首先在西班牙、接著在整個中歐傳播開來。當西班牙的保守派被馬德里的自由派資產階級推翻、伊莎貝拉女王在英法兩個自由主義大國的支持下坐上了馬德里的寶座的時候，巴斯克人的保守派就開始擁立唐·卡洛斯親王，拒絕承認馬德里的自由主義新政府，於是他們就組成了卡洛斯黨。卡洛斯黨人對西班牙的意義，也就是舒昂黨人對法國的意義，也就是後來浪漫主義反動派對整個歐洲的意義。他們從過去的封建主義當中看到了自己的傳統權利和語言，也看到了在新興的法蘭西模式——中央集權的共和主義模式當中，這一切都要被一個中央集權的議會消磨殆盡。布列塔尼人看到，在過去法蘭西王國的時代，他們仍然是布列塔尼人，而巴黎的國民議會卻要把他們變成跟巴黎人一樣的法蘭西人。巴斯克人也看到，他們那些比卡斯提爾人更古老的語言和習俗在哈布斯堡王朝和波旁王朝的統治之下仍然能夠得到保存，但是在馬德里那些信奉「集權就是自由」的西班牙自由黨人的手中很快就會不復存在。

舒昂黨人抗拒中央集權的巴黎國民議會派來的特派員，但是他們還沒有發明自己的政治語言。他們真正的訴求其實就是近代一八四八年以後民族主義的訴求，也就是威爾遜總統在一九一九年巴黎和會上提出的民族自決原則和今天《聯合國憲章》的原則。但是，當時還沒有任何思想家把這些原則總結下來，因此這些原則看上去像是不合法似的。所以，他們為了維護這些原則，必須支援封建和反動的勢力。因此，他們在歷史上得到了封建主義者和反動派的名譽，很少有人——特別是屬於進步派的思想家願意承認他們是為布列塔尼人的語言文化的權利而鬥爭。更多的人，無論是進步派還是反動派的人，都覺得應該把他們發明或者塑造成為國王路易的孤臣孽子。有些人把他們看成是違背時代潮流、注定要失敗、而且對人類的進步和自由構成重大威脅的敵人；有些人則欽佩他們孤臣孽子的勇氣，覺得他們無論如何都要勇敢地維護自己的原則、忠於死難的國王和王后，畢竟是一件高尚偉大的事情。但是在一八四八年

特里斯坦尼將軍與卡洛斯黨人　為西班牙畫家費雷爾—達爾默（Augusto Ferrer Dalmau）創作於2013年的作品，圖中央的騎馬軍人為策畫三次內戰的卡洛斯黨領袖，出身於加泰隆尼亞的拉特里斯坦尼將軍（Rafael Tristany, 1814–1899），他在1876年最後一次戰敗後便流亡法國。圖右方為常見於卡洛斯黨軍隊的天主教隨軍教士。

以前，很少有人從他們身上總結出反動的、浪漫的民族發明原則。

這樣的故事其實在任何地方都有的。同樣的事情，在不同的發明家手裡面就會顯示出不同的意義。例如，大理國有一位段王爺，就是金庸在《天龍八部》裡面描寫的段正淳、段譽他們的家族。段譽在歷史上的人物原型是大理國的憲宗皇帝段和譽，他和《天龍八部》裡面的高升泰[5]的高家的關係，就是日本天皇和鎌倉幕府[6]之間的關係。實權掌握在高家手裡面，但是段氏的仍然是大理國法統不可缺少的象徵性君主。在蒙古人進軍大理國的時候，高家為段家死戰而犧牲；如果蒙古軍隊沒有被神風摧毀、而是一直打到京都的話，那麼鎌倉幕府勢必也要為了被他們剝奪實

① 布列塔尼最後的女公爵安妮在一四九一年下嫁給法王查理八世，此後法王的子嗣便享有布列塔尼公爵的頭銜；一五四七年布列塔尼公爵亨利即位為法王，兩國事實上合併。

② 孫中山《同盟會宣言》：「敢有帝制自為者，天下共擊之。」

③ 拉札爾·卡諾（Lazare Carnot, 1753–1823），法國數學家、工程師及政治家，在法國大革命前為軍事工程師，大革命後開始涉入政治，一七九三年成為法蘭西共和國的軍事部長，其組織規畫才能為法蘭西革命軍的建立貢獻良多。一八〇〇年開始擔任戰爭部長，深受拿破崙重用。卡諾是個堅定的共和主義者，反對君主制度和世襲制，因此當拿破崙在一八〇四年稱帝後，卡諾旋即辭職抗議，但還是多方參與政府事務，最終在一八一五年拿破崙戰敗後流亡國外。

④ 維克多·雨果（Victor Hugo, 1802–1885）法國文學家，著有《悲慘世界》，堅定的共和派，他在拿破崙三世發動政變稱帝後流亡境外，直到拿破崙三世倒台才返回法國。

⑤ 高昇泰在《天龍八部》中是段家的親近臣子，但史實上則是掌握廢立的權臣，還曾經一度自任皇帝。

⑥ 鎌倉幕府以北條氏的「執權」掌政，將軍和天皇都沒有實權，只是裝飾。

際權力的天皇而死戰。儘管貴族在歷史上會把不聽話的天皇剃度為僧，強迫他們出家，然後換一個王子做天皇；但是對於天皇的君統和法統，他們仍然是必須堅決維護的。如果面臨蒙古人或其他人的威脅的話，他們也會像是高家保衛段家一樣，為天皇而死戰。

經過了蒙古人和朱元璋的征服，經過了鄂爾泰[7]的改土歸流，段氏的封建權利已經受到了嚴重的削弱。朱元璋的破壞是最嚴重的，他把段氏的嫡系都給發配到雁門和武昌一帶當軍戶去了。但是段氏是一個封建家族，不會說是因為正宗嫡系沒有了，其他的旁系就都沒有了。段氏的旁系在終明一世以及終滿洲帝國的整個時代，仍然在雲南做各式各樣大大小小的土官，只是經過的幾次改土歸流，他們的領地已經受到了嚴重的削弱。一直到國民黨開始跟日本人打仗、遠征軍向緬甸進發的時候，他們還發現段家在當地還有很大影響力，必須在國民政府裡面給他一個榮譽頭銜，才能夠得到當地人的擁護。然後過了不久，國民黨潰敗了，共產黨的軍隊向滇西進軍。這時恐懼共產主義的人民就想到了他們當中聲望最高的人，就是大理段氏的後裔段希文，於是擁戴他並武裝起來，建立了一支雲南反共救國軍[8]，跟共產黨打仗。後來他打了敗仗，就跑到緬甸去了，那是後話。

那麼這段歷史在國民黨和共產黨的歷史書裡面應該怎麼發明呢？國民黨，毫無疑問，他們不會說大理段氏的後代能夠代表「大不列滇民族」對抗中華民族。他們會說：「段王爺是中華民族的好兒女，也是我們黨國的忠臣。他在共匪顛覆我們國家的時候，勇敢地站出來擁護了中華民族。共匪是什麼呢？不過是共產國際的一個分支，他們根本不是真正的中國人，他們是黃俄，是俄國人的部下，是俄國人入侵我們中國、毀滅我們中華民族的一個白手套而已。」因為在這一方面他們說的話大致是屬實的，所以他們的理由看起來就像是很有道理了。他們可以根據這個理由，把段王爺發明成為中華民族的民族英雄。因此，段王爺跟共產黨打的那一仗，在他們看來就不是比如說白族或者大理各族群抵抗漢族，或是「大不列滇民族」抵抗中華民族的戰爭；而是國民黨所代表的中華民族抵制共產主義黑手、國際主義外國侵略者的一場保衛中華民族的正義戰爭。

當然，若是共產黨人的立場，他們就會理直氣壯地說：「段王爺是封建勢力的代表，他反抗的就是我們的人民革命戰爭，因此被人民革命戰爭摧毀了。」反過來，如果你是一個白族的民族主義者，那麼你也可以說：「段王爺是國民黨還是共產黨這無關緊要，關鍵是在於他代表了我們白族和邊民的利益，反對你們漢族的侵略。」同樣，一位大不列滇愛國者想把雲南獨立出來，建立成為一個跟韓國一樣的民族國家，他們就可以理直氣壯地說：「大理段氏自古以來就是我們的合法君主。無論是跟蒙古人還是大明國的戰爭，或是國民黨和共產黨的戰爭，歸根結底都是大不列滇民族反抗外來侵略者——包括中國侵略者的正義鬥爭，他是我們的民族英雄。他如果跟國民黨聯盟反對共產黨，那並不說明他自以為自己是中華民族的一部分，他只是在我們的民族國家受到危險的情況下跟中國的一派勢力結成一個外交上的聯盟、利用它去反對共產國際侵略者而已。」

這所有的幾種說法，從考據學的意義上講全都是真實的，因為它們沒有捏造任何事實，時間地點都沒有搞錯，人物是同樣的人物，故事情節是同樣的故事情節，這些所有涉及事實層面的東西他們都沒有搞錯。但是，評價體系和解釋體系完全不一樣了，就看你認同哪一方了。你如果認同中華民族和中華民國，那麼段王爺當然就變成中華民族的民族英雄了；如果你認同共產主義的話，那麼段王爺當然是封建反動勢力；如果你認同「大不列滇民族」的話，那麼段王爺當然是反對中國侵略者的大不列滇民族英雄了。同樣的事情可以解釋成不同的東西。布列塔尼人作為舒昂黨人採取的行動，雨果、大仲馬那個時代就被革命的一方解釋成為反動派，但又被反動派看作是忠誠的保王黨人；但是現在的布列塔尼人呢？就把這些過去的歷史解釋成為布列塔尼人反對法蘭西文化霸權的民族鬥爭。

反革命這一方面總結自己的理論，比革命這一方面稍微慢一點。上一講提到的帕拉茨基，在一八四八年的時候，到帕拉茨基的時代，這方面的總結才告一段落。這就是捷克民族發明的故事。帕拉茨基並不自認為自己是捷克人，但是他也不是像革命的一方所汙蔑的那樣是一位斯拉夫主義者。他自己的說法是，他是奧地利主義者。他寫了一本書叫做《奧地利國家的構想》⑨，其核心內容就是說，奧地利國家是中歐一道牢固的、不可缺少的防波堤，它在東面抵抗了野蠻的亞洲主義。「亞洲主義」就是他對斯拉夫主義的稱呼，就從這一點你也可以看出，他根本不是什麼斯拉夫主義者，他也不想把波希米亞人發明成為斯拉夫人。說他想把波希米亞人發明成為斯拉夫人，那是德國的進步分子扣在他頭上的一頂帽子。他說，奧地利王室有兩個任務，一是抵抗泛日耳曼主義，二是抵抗他稱之為亞細亞主義的泛斯拉夫主義。泛日耳曼主義和泛斯拉夫主義其實都是後來非常流行的通過文化主義發明民族的路線。拿破崙三世的拉丁民族、泛突厥主義、十九世紀後期的希臘主義、二十世紀的阿拉伯主義，都是把所有具有共同文化背景的各個族裔建立成廣大的民族國家的路線。在他看來，奧地利家族的重要性就是要反對泛斯拉夫和泛日耳曼這兩種文化民族主義的發明。他並不是像他的敵人所攻擊的那樣，是想為斯拉夫人服務、壓制日耳曼人。

這時，「斯洛伐克」還是一個不存在的概念。這時我們必須先談談切換到東歐的波蘭和匈牙利。如果帕拉茨基所在的波希米亞是反革命的民族發明的理論代表的話，那麼波蘭和匈牙利就是法國大革命和拿破崙的所代表的那種共和主義的民族發明的主要實驗地。波蘭貴族和匈牙利貴族是法蘭西共和國模式的忠實崇拜者，他們一有機會就要在自己的祖國重演法國大革命的歷史劇。梅特涅曾經說過：「只要巴黎打個噴嚏，東歐就要感冒」，就是看出了巴黎知識分子及啟蒙貴族對東歐同類型人物的廣泛影響力。但是對於波蘭和匈牙利來說，它們面臨的政治局面雖與法國有相似之處，但是也有重大的不同。法蘭西毫無疑問是把巴黎及其周圍地區的標準法語推廣到像布列塔尼那樣的邊區，但是波蘭和匈牙利的法蘭西共和國模仿者面臨著的階級形勢卻是有所不同的。直接了當地說，他們缺乏法國啟蒙主義者作為基礎的那個相當強大的巴黎市民階級、中產階級或資產階級。

在波蘭和匈牙利，階級和語言的分布有著高度的一致性。如果你說某一個人是波蘭人，那你就等於說他是貴族地主；如果說他是商人的話，其實你就是說他是猶太人；如果說他是工匠的話，其實你就是說他是日耳曼人；如果你說他是農民的話，其實你就說他是羅塞尼亞人。絕不是說近代波蘭境內、國界線上畫在維斯杜拉河一帶屬於波蘭的領土的農民就是中世紀意義上的波蘭人。中世紀意義上的波蘭是一個封建體系，它是按照階級來劃分的。羅塞尼亞人就是農民，講著最粗魯的語言；波蘭人是貴族，講的著高貴優雅的語言；日耳曼工匠講日耳曼語言，猶太商人講意第緒語[10]。如果你說他是波蘭人，就是說他是貴族地主。匈牙利的情況也是一樣。匈牙利和波蘭一樣，也是一個邊區國家。所以，你說誰是匈牙利人，就是說他是匈牙利的貴族地主。那麼匈牙利的種地人是什麼呢？他們就是後來的斯拉夫人，儘管他們當時還沒有被發明成為斯拉夫人。匈牙利跟波蘭都有相同的情況，如果說誰是生意人或是資產階級，一般來說指的就是猶太人；如果說誰是讀書人、知識分子或者說誰是工匠的話，一般來說他就是日耳曼人。

匈牙利有兩座王都，一座是普雷斯堡，就是今天斯洛伐克的首都布拉提斯拉瓦。在歷史上它曾有三種名字，對應於三種不同的階級：匈牙利人管它叫做波若尼（Pozsony），講德語的市民階級管它叫做普雷斯堡（Pressburg），後來變成斯洛伐克民族、在當時還談不上是民族的普通人民管它叫做布拉提斯拉瓦（Bratislava）。對於普通的人民、最下層的居民和勞動者來說，他們唯一的知識分子就是他們的神父。我們在剛才講舒昂黨人的時候提到過，舒昂黨人的領袖是誰呢？就是布列塔尼的神職人員，天主教的教士。他們是布列塔尼語言文化的彙聚者，他們忠於法蘭西的路易十六，反對法蘭西的國民公會。後來在斯洛伐克登上歷史舞台時，情況也是這樣的。但在一八四八年，最基層的天主教教士和他們手下的大批教民還根本就沒有想到他們有資格發明民族，或者更正確地說，他們還根本不知道「民族」或「國民」這個概念是什麼意思。「國民」這個概念在一八四八年以前是法國革命軍帶來的，充滿了共和主義的味道，充滿了弒君者的味道，充滿了反對正統君主制和天主教會的味道。所以，一個真正虔誠的天主教士，無論你是法蘭西的天主教士還是哈布斯堡的天主教士或者天主教徒，聽到「國民」這個詞立刻就會聯想到斷頭台，這種感覺對他們來說絕不是很美妙的。所以很難說有任何真正的天主教徒或保守派願意說「我們是什麼什麼民族」或者說「我們是什麼什麼國民」，那就等於說我們跟法蘭西革命黨是差不多的。

匈牙利的貴族和波蘭的貴族準備效仿法蘭西共和國，發明波蘭民族和匈牙利民族，於是他們就像歷史上的法國革命家一樣，準備用巴黎人講的法語教育布列塔尼人，取代他們原本講的布列塔尼方言，再用《拿破崙法典》取代當地的習慣法。在一八四八年匈牙利通過《三月法令》後[11]，匈牙利國民議會在自由派領袖科蘇特的領導之下（他當時是匈牙利的財政部長），想要做到的也就是這些事情。匈牙利自由派一旦掌權，想要做的第一件事情就是效仿法蘭西共和國政府，把匈牙利語推廣到匈牙利的各個封建領地去。照當時的說法就是兩個匈牙利，一個匈牙利是布

潛藏在森林中進行伏擊的舒昂黨人　為西班牙畫家卡爾龐捷（Évariste Carpentier）創作於1883年的作品，描繪舒昂黨人潛藏在森林中進行埋伏的場景。舒昂黨人並非具備完整組織的正規軍隊，而是由農民及少部分貴族所組織的非正規軍，通常採取游擊戰的方式對抗法國革命軍。

達佩斯這個匈牙利，另一個匈牙利是德布勒森的特蘭西瓦尼亞⑫。至於今天的斯洛伐克在哪裡？沒有斯洛伐克，斯洛伐克是布達佩斯所在的匈牙利的一部分。

普雷斯堡和布達佩斯是匈牙利的兩座王都，它們在匈牙利王國內部的地位，跟布拉格和維也納兩座王都在哈布斯堡的神聖羅馬帝國的地位是一模一樣的。它們的歷史起源是：匈牙利王國和土耳其人打仗的時候，國王在戰場上戰死了，然後根據封建權利的繼承，匈牙利的王位歸了維也納的哈布斯堡家族，從此以後，維也納的日耳曼神聖羅馬帝國皇帝就兼任了匈牙利的國王。在這場戰役以後，土耳其人把布達佩斯也占領了，於是匈牙利的首都就遷到了普雷斯堡，因此普雷斯

⑦ 雍正皇帝的親信，在雲貴推動「改土歸流」，削弱土司封建權力，強化中央控制。

⑧ 段希文（1911–1980），中華民國陸軍少將，原為滇軍將領，在國共內戰結束後，於一九五〇年代前往泰緬邊境擔任雲南反共救國軍第四軍政區指揮官，對抗共軍，其部隊曾一度控制緬甸北部地區。

⑨ 帕拉茨基在《奧地利國家的構想》（*Idea státu rakouského*）中指出，鑒於數百年來奧國境內民族林立的現象，因此一個「大奧地利國」應該實施聯邦制；在他的構想中，奧國應該分為八個自治政府，其中之一就是捷克王國。

⑩ 意第緒語（Yiddish）為日耳曼地區猶太人所使用的語言，大約有三百萬人使用；在以色列，意第緒語和希伯來語究竟該以何者為尊，一直是個爭執不下的問題。

⑪ 《三月法令」（*March Laws*），一八四八年三月十五日匈牙利通過的法令，規定匈牙利議會的議員必須是馬扎爾人，且要對大地主徵稅。匈牙利將在軍事經濟和外交上擁有獨立權，同時仍舊承認並繼續擁戴哈布斯堡王室。

⑫ 德布勒森是匈牙利第二大城市，也是特蘭西瓦尼亞地區的核心都市。

堡就可以說是匈牙利的第二首都了。後來，在哈布斯堡王朝領導下，奧地利－匈牙利聯軍最後終於趕走土耳其人，不僅收復了布達佩斯，也收復克羅埃西亞和部分塞爾維亞並歸併到匈牙利王國的，因此匈牙利王國的領地就更大了。這是的匈牙利王國領土可以分為核心本土、准本土和邊區。克羅埃西亞就是邊區，它的匈牙利性質是很少的。特蘭西瓦尼亞是第二個匈牙利，比克羅埃西亞跟匈牙利的關係要近一點，但是也不是很徹底的匈牙利。但是斯洛伐克便是絕對徹底的匈牙利，普雷斯堡作為匈牙利首都的時間跟布達佩斯作為匈牙利首都的時間可以說是一樣多的，如果說普雷斯堡也不是匈牙利的話，那就真不知道真正的匈牙利在哪兒了。

但是歷史發明學的世界是極其奇妙的。如果你坐著時間機器回到十七世紀，跑到布拉格去對當地的市民說，將來二十世紀的布拉格人會這麼說：「我們是斯拉夫人而不是日耳曼人」，十七世紀的布拉格市民會覺得你瘋了。不僅盧森堡家族的皇帝自始至終是以布拉格為神聖羅馬帝國的王都，就連哈布斯堡的皇帝最初也是以布拉格為帝都、後來才遷到維也納去的。如果要說具有斯拉夫血統的普魯士人，其實都是斯拉夫人而不是日耳曼人的後代，那還是情有可原的事情；但要說布拉格人其實都是斯拉夫人，這個就純粹是科幻小說般的幻想了。如果你一定要對他們說，將來的布拉格人和維也納人都會說我不是德國人，而將來的斯拉夫普魯士人卻要代表德國人打兩次世界大戰，使得歐洲以外的全世界大多數人以為普魯士才是正宗的德國，那他會怎麼想呢？

這種感受就像是你又跑到二十一世紀的河南的洛陽去，告訴當地人說：「在四百年以後的二十五世紀，洛陽人會說，我不是中國人，我是『泛羌聯盟』的一部分，洛陽人自古以來都屬於『羌族』而不是漢族；而馬來半島的閩越人後代卻會宣布，他們才是真正的中國人和洛陽人，那些跟他們血統非常相近的馬來穆斯林，其實跟他們不是同一族。」如果你覺得這實在太荒謬了，但這就是二十世紀的民族發明事實，可能會給予十七世紀的中歐人和布拉格人的感受了。

普雷斯堡就是匈牙利的布拉格，布達佩斯就是匈牙利的維也納。一八四八年的匈牙利民族發明家，當他們企圖像法國的革命家普及法語一樣，把匈牙利語普及到匈牙利王國各地去的時候，他們對於塞爾維亞人、特蘭西瓦尼亞人、羅馬尼亞人和克羅埃西亞人可能還有點猶豫，覺得他們的這些地方像閩越一樣，如果你說閩越自古以來不算中國的話，這還有情可原；他們對於將匈牙利語推廣到普雷斯堡去，那是一點內疚感都沒有的；對於他們來說，就像是你把普通話普及到洛陽去一樣，覺得這是理所當然的。如果閩越人說，「漢人和唐人都不認為我們是中國人，我們自古以來都跟你們華夏打架」，那還有情可原；「中國」這個詞最早就指的是洛陽，我教你們洛陽人說普通話總該沒有任何問題吧，但是問題居然出現了。

但這個問題的出現並不是像今天的斯洛伐克民族發明家說的那樣，是斯洛伐克民族第一次爭取獨立的呼聲。恰好相反，這是匈牙利的反動派反抗革命派的鬥爭。雖然自由派控制了布達佩斯的匈牙利國民議會，頒布了革命的《三月法令》，要仿照一七八九年的法蘭西國民議會，建立一個類似法蘭西共和國的匈牙利國家，但是匈牙利國內也是有天主教保守派的。在一八四八年的歐洲，距離一七八九年法蘭西大革命的震盪為時還不算很遠，法國大革命的邏輯仍然是普遍適用的。最虔誠的天主教徒普遍是反對共和主義的。誰擁護共和主義，他們必然就會站出來反對誰。因此，法蘭西的革命者控制了巴黎國民議會以後，就要面臨著布列塔尼天主教士的反對。布列塔尼天主教士的反對就同時具有兩層意思，一方面是虔誠的天

馬里夫斯基與1848年斯洛伐克起義　為斯洛伐克畫家波胡（Peter MichalBohú ）創作於1850年的作品，描繪1848年斯洛伐克起義的領導人物馬里夫斯基（Ján Francisci-Rimavský, 1822–1905），他是典型的19世紀民族發明家，知識分子出身，青年時期參與斯洛伐克起義，中年投身出版事業，以斯洛伐克語翻譯莎士比亞等經典作品，並致力於鄉間民謠的蒐集，積極推動斯洛伐克的民族發明。

主教保守派反對啟蒙主義者的革命，另一方面是布列塔尼的地方民族主義反對巴黎的法蘭西大民族主義，這兩層意義雖然不同，但卻緊密地結合在一起。

在一八四八年的普雷斯堡，因為匈牙利的國民議會其實最初是在今天作為斯洛伐克首都的普雷斯堡召開的，他們絲毫也沒有想到，普雷斯堡人在未來的某一天居然會認為自己不是匈牙利人，而是「斯洛伐克人」。當時還沒有人知道這東西算是什麼玩意兒，不知道這個名詞算是什麼意思，就算是查字典好不容易找出來，也會認為它就像「拉脫維亞」般是一個史前部落的名字，是一個地方性的名詞，根本上講就跟任何意義上的國民和民族沒有任何關係。搞事的這批人也不是國民議會的正式議員，他們只是普雷斯堡之外、米亞瓦和各地山地裡面窮鄉僻壤的農民和神父。普雷斯堡的國民議會沒有想到，這些農民和鄉下人居然在米亞瓦的群山之中召開了自己的國民議會[13]，在這個自己的國民議會上面發出了一份宣言，說普雷斯堡的匈牙利國民議會不能代表我們的意見，我們將會繼續忠於哈布斯堡家族。當然這不是說匈牙利的革命家沒有預測到革命的同時必然會出現反動，他們預測到了，而且正確地預測到克羅埃西亞人將會是反動的獨立。克羅埃西亞在他們的議會領袖耶拉契奇[14]的率領之下，不僅從維也納的皇帝那裡為自己爭取到了民族身分，而且率領一支大軍殺向布達佩斯，與布達佩斯的革命軍打了起來。從匈牙利國民議會的角度來看，他們會認為布達佩斯的前線遭到克羅埃西亞反動派的襲擊是正常的，但他們認為普雷斯堡是大後方，怎麼也沒想到大後方附近的山地也會鬧出出現這麼一批反革命勢力。

從匈牙利國民議會的選舉來看，就產生了一個非常矛盾的現象：匈牙利國民議會儘管已經決定像法蘭西國民議會那樣儘量擴大選舉權資格，但是最初選舉的時候仍然是按照封建歐洲各等級會議選舉的普遍規則，也就是說只有貴族和有產階級才能參加選舉。就匈牙利和波蘭當時的社會形勢來說的話，實際上，選舉出來的國會主要就是貴族地主的代表。貴族和地主自以為自己代表了全民族。當他們決定把匈牙利語普及到所有地方的時候，在他們的心中絕對沒有說是想到我這是以大民族主義來壓迫各小民族。在他們心裡面，這種行動是把我們上層階級的語言和文化普及給下層階級，讓普普通通的莊稼人和農民也能受到跟我們貴族地主一樣好的教育。從他們的角度來看，這簡直是人道和博愛的化身。

法蘭西的革命家會認為，你們布列塔尼原來的農民子弟能上什麼學呢？你們也只能夠上天主教本堂神父給你們辦的主日學，那些學校的師資力量是很差勁的。偏遠農村，往往神父本人就是唯一可以用的小學教師了，各方面條件都很差。現在我們要幫一幫你們這些老少邊窮地區[15]，由巴黎的財政部給你們撥款，從巴黎送來師範大學培養出來的正規教師，給你們蓋漂漂亮亮的學校，讓你們布列塔尼最邊遠農村的小學都能跟巴黎富裕資產階級子弟一樣，受同樣好的法語教育。為什麼你們會認為我們是在坑害你們？我們難道是來毀壞你們布列塔尼的語言文化？我們倒賠錢，讓我們自己的有志青年放著巴黎的富裕生活不過，到老少邊窮地區來做這些事情，難道我們這些支邊支教的活動居然還是在害你們不成？但是在布列塔尼人眼中，情況確實就是這樣的。

匈牙利的貴族地主也是這麼想的。我們來普及匈牙利語教育，我們這是博愛主義的體現啊，我們是支邊扶窮來的。結果，第一件事情我是預見到了，就是你們這些反動的天主教教士看我們這些開明的共和主義者肯定是不順眼的，我們幹什麼你們都要說我們不對。我們要反對哈布斯堡家族建立匈牙利自由主義者的共和國，你們當然要擁護封建反動的哈布斯堡家族跟我們作對。但是，我們沒有想到你們居然會說自己是一個民族，你們不過就是鄉下人而已呀？我們跟你們的差

⑬ 米亞瓦（Myjava）是斯洛伐克西北部的一個小城鎮，也是「斯洛伐克國民議會」（Slovak National Council）最初成立的所在地。

⑭ 約瑟・耶拉契奇（Josip Jelačić, 1801–1859），出生於斯洛維尼亞的克羅埃西亞貴族，於一八四八年被奧地利帝國任命為陸軍元帥並負責統領克羅埃西亞地區的奧地利軍隊，於一八四九年率軍攻入布達佩斯以鎮壓匈牙利革命，一八五五年返回克羅埃西亞鎮壓當地叛亂，於一八五九年過世，後來的克羅埃西亞人視其為民族英雄。

⑮ 此處是借用中國的說法，「老少邊窮」是老解放區、少數民族地區、邊疆地區和窮困地區的合稱。

別不是匈牙利民族跟斯洛伐克民族之間的差別，而是匈牙利貴族地主跟農民之間的差別；這是階級而不是民族的差別。我們之所以要發明匈牙利民族，跟法蘭西人發明法蘭西民族一樣，就包含著要抹平階級差異的這個動機。我們要把我們文明人的匈牙利語送到窮鄉僻壤，讓你們過去只能上主日學的這些窮苦農民的子弟也能上得起學，這不是為了你們好嗎？結果沒想到你們竟然鬧起來了。

何況，你們是合法的國民議會嗎？合法的國民議會已經選出來了，合法的國民議會的代表都已經來到了普雷斯堡，包括普雷斯堡的代表和普雷斯堡周圍各地的代表，他們都認為出錢辦學校、讓所有人都學匈牙利語是一件很好的好事，是為了我們家鄉好。你們是什麼人？你們說你們是國民議會，你們是誰選出來的國民議會？你們根本不是合法選民選出來的國民議會。匈牙利憲法規定的合法選民是有一定財產的人，說白了就是，你必須首先富裕到夠資格當地主，然後你才能夠選舉國會議員；如果你根本連做地主這點錢都沒有、根本就是一個貧下中農的話，你是永遠也別想進到普雷斯堡和布達佩斯國的。但是我沒有想到，你們這些窮苦的農民居然會把自己的本堂神父弄出來作為自己的代表。你們這個國民議會是什麼呢？不就是一幫反動的天主教士組成的一個非法集會嗎？你們把只不過是把附近各教區的教權主義者和教士湊集起來開了一次非法集會，然後你們就說這個會議就是斯洛伐克的國民議會了，這不是太奇怪了嗎？

當然，雙方的前途並不是取決於上述的嘴仗。從法統的意義上來講，當然普雷斯堡和布達佩斯的國民議會說的是對的，有產階級選舉出來的國民議會當然是匈牙利的國民議會，但是這個匈牙利的國民議會代表的其實只是匈牙利地主的意見。普雷斯堡和米亞瓦這兩個國民議會之間的衝突，照一八四八年的原則，你說他們是民族衝突也行，說他們是階級衝突也行。匈牙利人咬死說，這只是階級衝突；而斯洛伐克人則同樣咬死說，這是民族衝突。最後解決問題的當然是俄羅斯軍隊的大炮了。其他人，包括克羅埃西亞人的反動武裝，在戰場上都沒有起到決定性的作用。是我們的詩人裴多菲所描繪的那場俄羅斯哥薩克人的戰役，最後打垮了匈牙利的革命軍，把匈牙利重新送回到了哈布斯堡家族的手裡面。當然，匈牙利的革命的國民議會通過的《三月法令》也就此銷聲匿跡了，普雷斯堡議會所提出的那些要求也沒有得到哈布斯堡家族的承認。

這個跟克羅埃西亞不一樣，克羅埃西亞的反動議會和反動武裝得到了維也納哈布斯堡家族的承認，因此克羅埃西亞作為一個政治民族，在一八四八年就產生了；而對於匈牙利，奧地利人雖然借助俄羅斯人的力量鎮壓了匈牙利的革命，但是由於奧地利的皇帝同時也是匈牙利的國王，同時也由於奧地利人在反對普魯士人和義大利人的鬥爭當中離不開匈牙利貴族的支持，所以奧地利人並沒有承認斯洛伐克，儘管斯洛伐克人在革命和反革命的鬥爭當中站在了奧地利人一邊，奧地利人仍然沒有承認斯洛伐克人是一個民族。同時這也有階級方面的理由：克羅埃西亞巴昂領地的議會也是一個地主的議會，一個有產階級選舉出來的議會，它在程式上是合法的，它跟布達佩斯和普雷斯堡的匈牙利國民議會一樣，是有產階級選舉出來的；而斯洛伐克這一個自稱國民議會的組織，它確確實實是由普通農民和天主教士組成的聯盟；從當時的選舉程序上來看，它確實是代表窮人而在程序上不合法的。因此根據階級法統、歷史傳統和現實政治的各種理由，斯洛伐克又被還給了匈牙利，但是從此以後，雙方就結下了芥蒂。在一八四八年以前，沒有任何嚴肅認真的匈牙利人會懷疑普雷斯堡和它周圍的領地不是我們匈牙利的一部分，就像是沒有一個嚴肅認真的波蘭人會認為立陶宛不是波蘭的一部分，沒想到現在居然出現這個問題了，所以匈牙利貴族心裡面就等於說是已經產生了一定的警惕心理。

直到一八六七年奧匈二元帝國成立[16]的時候，普雷斯堡和周圍的地方仍然是被劃進了匈牙利王國的領地，因此在這些地方就開始了各種文化鬥爭。正如我們以前所說，在塔菲伯爵的「鐵環內閣」的領導之下，奧地利帝國那一部分是嚴打泛日耳曼民族主義的（就是青年希特勒相當支持的那場運動）。他們的代表卡爾．魯格博士[17]幾次當選維也納市長，都被弗蘭茨．約瑟夫皇帝[18]拒絕任命；就算是社會民主黨人當選維也納市長，皇帝都沒有拒絕任命。皇帝認為，泛日耳曼主義是嚴重違反帝國利益的，哪怕是捷克人的要求民族獨立、社會民主黨要求擴大普選權和實行經濟社會主義，對奧匈帝國的威脅帝國都沒有泛日耳曼主義那麼大。所以，儘管泛日耳曼主義者經常地說捷克、波希米亞和摩拉維亞是泛日耳曼的北部邊區，斯洛維尼亞是泛日耳曼的南部邊區，也就是說他們也很想把奧地利那一部分發明成為一個整體的泛日耳曼民族，而不是讓他們北方人發明出什麼波希米亞、摩拉維亞和捷克，南方人又發明出什麼斯洛維尼亞，看似有助於帝國的完整性，但是維也納的皇帝和內閣都是極度排斥他們的。

匈牙利這方面就不是這樣了，匈牙利人自從領教了克羅埃西亞反動派和斯洛伐克反動派，就感到自己勢單力孤。他們感到，在發明民族的道路上，他們的前途不會像法蘭西人那麼好。巴黎人在發明法蘭西民族的時候，儘管沒有預料到布列塔尼保王黨人會激烈反抗，但是他們的力量比起布列塔尼人來說是具有壓倒優勢的，不必擔心；但是匈牙利人的力量在克羅埃西亞和斯洛伐克這兩組反動派的面前，看上去就不是具有壓倒優勢了。因此，他們特別懷有猜忌之心，生怕通過語言文化方面的戰爭，你們真的發明出什麼斯洛伐克文化或者斯洛伐克語言來，以後你們就不再是匈牙利人了。

在奧匈二元帝國成立以後，蒂薩伯爵領導的匈牙利自由黨長期執政[19]。匈牙利自由黨就是裴多菲曾經支持的、搞出一八四八年匈牙利革命的那位科蘇特所在政黨的政治繼承人。他們的自由主義跟西班牙自由黨的自由主義是一樣的，就是法蘭西共和國代表的那種「集權就是自由」。他們的自由不是英國意義上的那種自由，而是反封建的自由。反封建包括一種意義，就是剷除封建主義保護下來的地方民俗。有地方民俗和方言這方面，指不定哪一天你們就會發明出什麼特殊的民族，說布列塔尼民族不再是法蘭西民族的一部分，斯洛伐克民族不再是匈牙利民族的一部分。我們要把國語普及到你們那裡去，讓大家都講匈牙利語。蒂薩伯爵的匈牙利自由黨政府雷厲風行地推動匈牙利化的主要地區，就是斯洛伐克。因為克羅埃西亞已經贏得了反革命民族的地位，他們得到了維也納的支持，所以同化克羅埃西亞難度很大，但同化斯洛伐克就沒有這麼困難了。

這樣一來，捷克人也就被殃及池魚。維也納的皇帝和內閣本來不反對波希米亞人建立一個新王國，並讓奧地利皇帝兼任捷克國王或波希米亞國王，但是匈牙利人卻非常害怕。維也納的日耳曼資產階級不用害怕的事情，力量薄弱的匈牙利人卻非常害怕。一八四八年以後的歷史已經證明，我們匈牙利人的階級基礎和社會基礎是很薄弱的，我們不像法蘭西民族發明家和德意志民族發明家那麼強大，所以我們要管得更緊一些。如果你們奧地利人讓捷克民族發明家得逞了，那麼就等於是斯洛伐克民族發明家在奧地利這一邊得到了一個海外基地，然後他們憑藉捷克的經濟優勢，只要他們從捷克那一邊不斷地向斯洛伐克這一邊派來一些小學教師，我們匈牙利人就招架不住。我們一定要讓使用匈牙利語的小學教師去把斯洛伐克人都教育成匈牙利人。如果你們捷克人變成一個獨立的波希米亞王國，那他們就可以實行相對獨立的政策，那誰也都攔不住他們這麼做了。所以，為了不讓斯洛伐克人發明民族成功，我們就必須連帶著讓捷克人的發明民族也不能成功。結果就是，主要是在匈牙利人、而不是在奧地利人的反對之下，捷克人始終沒有能夠把奧匈帝國的「二元帝國」體制變成「三元帝國」。但是即使如此，捷克議會當中其實還是統派占優勢。捷克斯洛伐克共和國成立以後，第一任總理克拉瑪日[20]就是統派的；後來的馬薩里克總統儘管憑著他對威爾遜總統的影響力做上了共和國的總統，但是議會當中占據了議會大多數議席的黨派其實還是戰前的統派。結果就出現了「扁唐體制」[21]的那種內閣，總統是獨派，而總理是統派。但是由於哈布斯堡皇帝已經退位，統派也沒辦法再把它統起來，結果捷克斯洛伐克共和國就變成一個小哈布斯堡帝國。當然這是後話了。

⑯ 奧地利在一八六七年改組為二元君主國，奧匈兩國共擁皇帝弗朗茨·約瑟夫為帝，對內則各有其政府組織。

⑰ 卡爾·魯格（Karl Lueger, 1844–1910）奧地利政治家，建立基督教社會黨，以反猶言論聞名，不過一般認為他的反猶主義，其實是一種迎合當時奧地利社會風潮的投機言論，因為他當上市長之後，實際的反猶舉動並不多。

⑱ 弗蘭茨·約瑟夫皇帝（Franz Joseph I of Austria, 1830–1916）奧匈帝國皇帝，帶領國家從一八四八年革命風暴走到一次大戰，是奧匈近代史上的關鍵人物。

⑲ 伊斯特萬·蒂薩（István Tisza ,1830–1918），奧匈帝國律師、經濟學家及政治家，匈牙利自由黨（Liberal Party）的領導人物，出身於匈牙利的清教徒貴族家庭，青年時期前往德國與英國等地留學，崇尚英國經濟體制，主張英格蘭的社會、政治發展是「理想的發展模式」，於一九〇三及一九一三年二度擔任奧匈帝國首相，最終在一九一八年匈牙利革命中遇刺身亡。

⑳ 卡雷爾·克拉瑪日（Karel Kramář, 1860–1937）捷克斯洛伐克共和國首任總理，領導臨時政府並起草臨時憲法。

㉑ 指陳水扁總統第一任期時，任命國民黨籍並曾擔任過參謀總長及國防部長的唐飛擔任行政院長一職，這是為了因應當時國民黨在國會占多數而做的措施，但效果不彰。

當時奧匈帝國還沒有解體的時候，斯洛伐克人最大的問題就是做匈牙利人還是做斯洛伐克人的問題，而兩者之間的鬥爭又變成了階級和政治的鬥爭。結果是，比較窮的人站在反動派一邊，在天主教士的領導之下維護斯洛伐克人的民族傳統。或者說，不是維護斯洛伐克人的民族傳統，而是把原有的僅僅具有地方性意義、僅僅具有方言和民俗意義的各個傳統升級和發明成為民族傳統。因為天主教教士是斯洛伐克人唯一的知識分子，城市裡面的資產階級或者農村裡面的地主——總之是有錢選舉國會議員的那些人本來就是匈牙利的貴族和地主，本來就是匈牙利人，斯洛伐克人只能從那些被貴族、地主和資產階級統治的窮人中間發明出來，所以他們在政治上是反動派，在文化上是

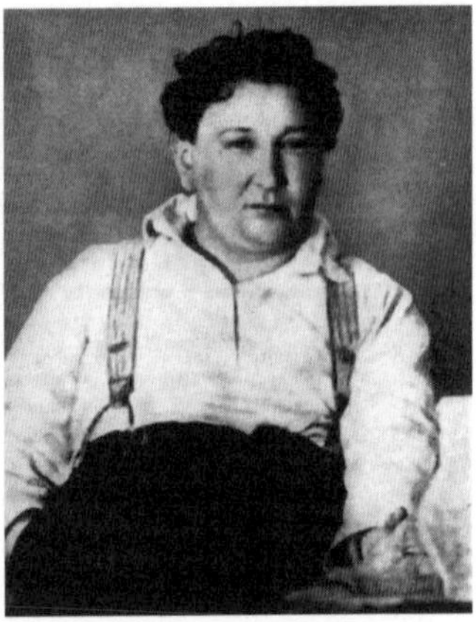

圖左為《好兵帥克》小說主角「帥克」的漫畫形象；圖右為作者哈謝克（捷克語：Jaroslav Hašek，1883–1923） 哈謝克於一戰時被奧匈帝國徵召入伍後，1915年被俄國俘虜，1916年參加捷克軍團，1918年他加入左派的社會民主工人黨並離開捷克軍團，前往莫斯科參與共產黨活動，1921年回到捷克，因家鄉的左派與右派皆視他為叛徒，因而退出政治，最終在1923年病死。

保守派。從匈牙利的自由主義者的角度來看，根本沒有什麼斯洛伐克民族，那只不過是天主教反動派反對匈牙利自由派和進步派的一次陰謀而已，他們狡猾地利用了歐洲的民族主義運動復興，把自己本質上是反動的要求包裝成為更容易引起國際社會同情的民族要求，這種卑鄙的動機我們必須是要堅決鎮壓的。所以蒂薩伯爵在民間人士企圖建立斯洛伐克語學校的時候，他堅決不給批准，留下了一句名垂青史的名言：「根本沒有什麼斯洛伐克民族」（There is no Slovak nation）。當然他說這句話的意思就是，自稱斯洛伐克民族的人其實只不過是匈牙利民族內部的反動分子而已。

接著在一次大戰結束以後，「威克斯最後通牒」[22]讓匈牙利君主國和奧地利帝國的政府相繼倒台，中歐陷入混亂局面。現在，捷克斯洛伐克的命運並不取決於本地人的意見，無論是本地的天主教保守派還是匈牙利自由派的意見，而是取決於遙遠的遠方——巴黎的捷克斯洛伐克委員會和捷克斯洛伐克軍團。我們在上一講提過，捷克斯洛伐克軍團是俄國二月革命以後釋放出來的奧匈帝國戰俘組成的。當時人在美國的馬薩里克博士，他想在威爾遜總統的支持之下，讓捷克人和斯洛伐克人脫離匈牙利王國並組成一個獨立的民族。馬薩里克博士曾經在二月革命以後跑到基輔，對剛剛從戰俘營裡面解放出來的那些捷克斯洛伐克籍的戰俘發表演說，鼓動他們建立捷克斯洛伐克軍團。與此同時，布爾什維克的演說家也在同一時期活動，希望同一批捷克人和斯洛伐克人組織起無產階級的大聯合，將革命的種子帶回中歐去。

最後的發展就是，大概在俄羅斯帝國境內有七、八萬捷克籍和斯洛伐克籍的戰俘，其中有五、六萬人在馬薩里克博士的遊說之下組成了資產階級的捷克斯洛伐克軍團，一路打到海參崴，回到了法國，加入了協約國的軍隊；而大概有一、兩萬人聽從了布爾什維克的煽動，加入了紅軍，包括《好兵帥克》的作者哈謝克，以及後來建立匈牙利蘇維埃共和國和斯洛伐克蘇維埃共和國的庫恩·貝拉。這一、兩萬人首先是加入了紅軍，跟白軍和捷克軍團作戰，後來在庫恩·貝拉的率領之下，奉列寧的命令，從陸路入侵中歐，建立了斯洛伐克蘇維埃共和國和匈牙利蘇維埃共和國；而與此同時，屬於資產階級、願意服從馬薩里克博士的捷克斯洛伐克軍團通過海路已經到了法國，然後在負責接管東歐善後事宜的法國將軍德斯佩雷的率領之下開進了一片混亂的中歐。在哈布斯堡皇帝退位以後，中歐的命運就要由這一支資產階級軍隊和那一支無產階級軍隊來決定了。

從協約國的角度來看，儘管這支軍隊名義上的統帥是法國人，但是法國人在大戰流了四年血以後，青壯年都已經傷亡殆盡，所以他們實際上只是派出了將軍和高級軍官，主力軍其實是捷克人。戰後在奧匈帝國境內收拾殘局的就是這支捷克斯洛伐克軍團。他們打敗了庫恩·貝拉率領的紅色斯洛伐克人和匈牙利人，建立了近代的捷克斯洛伐克。照馬薩里克博士對威爾遜總統所做的承諾，未來的捷克斯洛伐克應該是一個小瑞士。他制定的憲法也確實是按照瑞士憲法來編列的，把全國畫成二十幾個州，並像瑞士各州那樣，每州都有權利像瑞士各決定自己內部的政務。這個捷克斯洛伐克應該是具有聯邦性質的，它繼承了哈布斯堡帝國的複雜民族結構，因為捷克斯洛伐克從奧地利這邊繼承了波希米亞、摩拉維亞和德語的蘇台德區[23]，又從匈牙利這邊繼承了斯洛伐克和喀爾巴阡烏克蘭[24]，它等於是一下子就有了許多民族；而重新建立起來的小匈牙利和小奧地利反倒經過解體以後變成了單一民族國家。一戰以後的小奧地利現在只剩下講德語的居民，一戰以後的小匈牙利現在也只剩下講匈牙利語的居民；反倒是這個新的捷克斯洛伐克有了九個民族，民族結構跟戰前的哈布斯堡帝國、奧匈帝國一樣的複雜。

但是，現實政治不是你制定憲法就能改的。三族共和的塞爾維亞—克羅埃西亞—斯洛維尼亞聯合王國，它的《聖維特憲法》[25]從字面上看也是極其民主的，而且跟馬薩里克博士的捷克憲法一樣，它們都專門請了美國憲法學家寫的，按照美國的政治經驗編列的，準備要搞一個漂漂亮亮的聯邦，結果實行到最後還是只能搞軍事獨裁。捷克斯洛伐克的情況稍微好一點，雖然美國式的聯邦制度在實際上運轉不靈，但是最後還是搞成了一個小哈布斯堡式的「仁慈的帝國主義」（Benevolent imperialism）。什麼是「仁慈的帝國主義」？就是捷克各州組成的的聯邦體制，在運轉不靈的情況下，戰後的捷克斯洛伐克共和國實際上變成了一個捷克人和德國人的不穩定的聯盟，由捷克人和日耳曼人領導，對比較落後的斯洛伐克人和喀爾巴阡烏克蘭人實行仁慈的殖民主義。也就是說，他們實際上剝奪了斯洛伐克天主教徒自我管理的權利，由開明專制的捷克官員和日耳曼官員到落後的東部地方去，通過經濟發展和社會改良的方式進行統治。這個統治事實上是行得通的，跟戰前奧地利帝國對塞拉耶佛的統治差不多。從經濟和物質方面來看，對落後的斯洛伐克和喀爾巴阡烏克蘭來說是改善了當地的物質福利，但是從政治角度來講，也是剝奪了在當地占主導地位的天主教徒本來可以通過民主選舉獲得的權力。但是另一方面來講，如果斯洛伐克人在當時就已經掌握了權力並實現獨立的話，那麼之後當地的經濟建設，多半是不如這種仁慈的殖民主義所帶來的成果。

結果，第一捷克斯洛伐克共和國推行的殖民主義，讓這個國家在變得越來越像戰前的哈布斯堡帝國，真正能夠

捷克斯洛伐克共和國政治區域圖　一戰結束後，奧匈帝國解體，帝國原有的三個區域，捷克（波希米亞）、摩拉維亞及斯洛伐克於1918年共同組成捷克斯洛伐克共和國，持續至1838年《慕尼黑協定》後解散。

發揮政治主動性的就是蘇台德的日耳曼人和布拉格的波希米亞人。這兩種人都認為自己是先進的歐洲人和文明人，誰也不肯讓誰的。他們之間的衝突，最後導致了一九三八年的慕尼克會議和希特勒入侵捷克[26]。其實呢，蘇台德的日耳曼人和布拉格的捷克人之間的關係，就跟李氏朝鮮時代的韓國首爾會寫漢字的儒家士大夫與周圍鄉下不會寫漢字的韓國農民之間的關係是一樣的。士大夫和農民其實是同一種人，只是受了兩種不同的教育而已。但是由於民族國家本身就只能簡單粗暴處理問題的結果，他們之間的衝突最後就被希特勒解釋成為日耳曼人和捷克人兩個民族之間的衝突。最後被希特勒說成是，根據凡爾賽會議和民族自決原則，講德語的這一部分應該畫給大德

㉒ 一九一九年三月二十日，法國代表斐迪南．威克斯（Ferdinand Vix）向匈牙利傳達了最後通牒，要他們放棄巴黎和會規定割讓的領土（特別是特蘭斯瓦尼亞）；此舉導致了匈牙利剛萌芽的民主政府倒台。

㉓ 蘇台德區位於捷克的最西部，居民大多是說日耳曼語的人口。

㉔ 位在捷克斯洛伐克的東境，為羅塞尼亞人居住的區域。

㉕ 塞爾維亞—克羅埃西亞—斯洛維尼亞聯合王國（Kingdom of Serbs, Croats and Slovenes, 1918–1929）成立於一九一八年十二月一日，由塞爾維亞國王統合塞爾維亞、克羅埃西亞、斯洛維尼亞形成的王國，並在一九二一年通過了君主立憲制的《聖維特憲法》（*Vidovdan Constitution*），但之後政權卻屢屢產生衝突，特別是集權與分權的衝突更為激烈，政治結構混亂而不穩定。

㉖ 慕尼黑會議中規定，將有五百萬說日爾曼語居民的蘇台德區割讓給德國；但希特勒並沒有就此停歇，一九三九年他合併了捷克，之後更吞併了斯洛伐克，將捷克斯洛伐克整個納入掌中。

意志，以至於英法兩國和大多數民主國家出於對民族自決原則的尊重，居然會提不出反對意見。無論如何，在希特勒產生以前，蘇台德講德語的那撥人和布拉格講捷克語的那撥人之間所建立的其實是事實上的小哈布斯堡帝國、名義上的捷克斯洛伐克共和國，並通過殖民主義的名義統治落後的東部地區。但是無論如何，希特勒一來，捷克斯洛伐克就解體了，斯洛伐克終於獲得了他們以前在匈牙利人的統治下和捷克人的統治下都沒有得到的獨立。但就像是克羅埃西亞的烏斯塔沙所建立的克羅埃西亞獨立國，它在外交上只能依靠希特勒的保護[27]。因此希特勒一倒，儘管這兩個政權在本國都具有相當的民意支持，都被蘇聯紅軍迅速地推翻了。

然後在柏林圍牆倒塌、冷戰結束後，中歐諸國紛紛爭取獨立的浪潮當中，布拉格的捷克人沒有興趣再負擔東部這個比較落後的小兄弟的財政包袱，於是雙方就實現了和平解體。按照二比一的原則，也就是所有國家財產中捷克人拿兩份、斯洛伐克人拿一份的原則，雙方實現了和平分手。因為捷克人的文明程度比巴爾幹半島那些人要高一些，所以沒有鬧出南斯拉夫解體時期發生的那種流血衝突，捷克和斯洛伐克就算是以相對文明的方式分手了。但是對於匈牙利人來說，他們心中的隱痛至今沒有消滅，「特里亞農綜合症」[28]今天仍然是匈牙利右翼民粹主義的主要驅動力；這種驅動力就是當年驅使霍爾蒂海軍上將在匈牙利建立威權統治的主要力量，現在這種力量在民主化以後的匈牙利產生出了青年民主聯盟[29]的長期統治。我們現在所看到的斯洛伐克民族，就是通過這樣的途徑發明出來的。如果說匈牙利人和波蘭人是巴黎的共和主義者在東歐的精神兄弟的話，那麼捷克人和斯洛伐克人就是布列塔尼和天主教反動派在東歐的階級兄弟。他們在今天看來好像都是憑空出現的新興民族國家，但其實在一八四八年的時候分屬於不同意識形態和社會階級的敵對雙方。

㉗ 二戰期間，軸心國占領南斯拉夫後，指派克羅埃西亞的「烏斯塔沙」（Ustaše）組織建立傀儡政權「克羅埃西亞獨立國」（Independent State of Croatia），這是克羅埃西亞歷史上的首次獨立，領土涵蓋了今天克羅埃西亞的大部分區域及波士尼亞、斯洛維尼亞。

㉘ 一次大戰結束後，匈牙利作為戰敗國之一，跟協約國簽訂了《特里亞農條約》（*Treaty of Trianon*）讓匈牙利喪失了斯洛伐克、特蘭西瓦尼亞、克羅埃西亞等領土，領土大幅縮水將近百分之七十二；此條約引發了匈牙利人及大的不平不滿，也成為二戰期間匈牙利倒向納粹的主因之一。

㉙ 青年民主聯盟（Fidesz），匈牙利右翼民粹保守政黨，自二〇一〇年起成為該國第一大黨，執政至今。

斯洛伐克
民族發明大事記

時間	事件
10世紀前	**斯洛伐克古代歷史** 最初在今天的斯洛伐克生活的族群有凱爾特人、日爾曼部落和斯拉夫人。7世紀以後出現一些公國。10至11世紀斯洛伐克地區逐漸成為匈牙利王國的一部分。
10世紀至1918年	**屬於奧匈帝國時期** 斯洛伐克地區是匈牙利及奧匈帝國的一部分。直到一戰爆發，奧匈帝國解體。
1526年	**匈牙利遷都普雷斯堡** 奧斯曼土耳其和匈牙利王國的戰爭，導致匈牙利把首都從布達佩斯遷移到今天斯洛伐克的首都布拉提斯拉瓦（即普雷斯堡）。這是匈牙利一直以斯洛伐克為其文化核心區域的歷史原因之一。
1848/9/19	**斯洛伐克國民會議** 1848年匈牙利革命期間，斯洛伐克地區的天主教徒也在米亞瓦召開了自己的國民會議，呼籲發動起義，與匈牙利分離，但效忠哈布斯堡王朝，但最後被匈牙利鎮壓。這是斯洛伐克民族發明的政治起點。然而從匈牙利自由主義者的角度來看，所謂的斯洛伐克民族只不過是天主教反動派反對匈牙利自由派和進步派的一次陰謀。
1918年	**成立捷克斯洛伐克共和國** 一戰期間，隨著奧匈帝國的逐漸解體，馬薩里克及捷克青年黨人於1916年在巴黎建立「捷克斯洛伐克民族委員會」。1918年10月，該民族委員會在華盛頓發表《獨立宣言》，宣佈成立捷克斯洛伐克臨時政府。新成立的捷克斯洛伐克從奧地利一邊繼承了波希米亞、摩拉維亞和說德語的蘇台德，從匈牙利這一邊繼承了斯洛伐克和喀爾巴阡烏克蘭。新的捷克斯洛伐克，其民族結構跟戰前的哈布斯堡帝國、奧匈帝國一樣複雜。

1939至1945年

斯洛伐克共和國成立

由於經濟和政治上的糾紛，從1920年代起，一些斯洛伐克精英要求從捷克斯洛伐克中分離出去。1939年，納粹德國占領捷克斯洛伐克全境，並建立斯洛伐克共和國。二戰期間，斯洛伐克共和國成為德國盟友；二戰結束後被盟國認定為非法政權。

1945/4/4

蘇聯軍隊攻占斯洛伐克

二戰德國戰敗，蘇聯占領了斯洛伐克，將之交由捷克共產黨控制，並將斯洛伐克共和國總理約瑟夫・蒂索處以死刑，大批共和國的支持者流亡海外成為難民。

1948年

二月事件

戰後的捷克斯洛伐克社會主義共和國是由多黨聯合執政，其中共產黨控制了國家安全部門和員警部門。1948年2月下旬，參與政府組閣的12名非共產黨部長集體提出辭職，由此共產黨完全控制了捷克斯洛伐克的政權，開始一黨執政。

1968年

布拉格之春

共產黨第一書記亞歷山大・杜布切克提出了「富有人性的社會主義」，開始了政治民主化的改革。該運動以當年8月21日蘇聯與其他華沙公約成員國武裝入侵捷克斯洛伐克而初步告終。引起的憲制結果之一是：1969年1月1日，捷克斯洛伐克社會主義共和國開始實行聯邦制。

1989年

天鵝絨革命

隨著冷戰終結，捷克斯洛伐克發生天鵝絨革命，實行多黨議會民主制。1992年斯洛伐克通過全民公投，於1993年1月1日脫離捷克斯洛伐克共和國，而成為一個獨立的國家，史稱「天鵝絨分離」。因為捷克的文明程度相對高，雙方以沒有流血衝突的方式實現了和平分手，並相互建交。

匈牙利

Hungary

Magyarország

獨立時間：1989年10月23日

首都：布達佩斯

七、匈牙利

從「拉法葉」到「佛朗哥」

東歐有兩個大國，波蘭和匈牙利，它們發明民族的方式是經典的法蘭西式的國民民族主義或稱國民共和主義。這是民族發明的最原始版本，以後的所有版本都是在這個版本的基礎上加油添醋搞出來的。像一八四八年原則和浪漫主義的語言民族主義、文化民族主義，本身最終的合法性也是要來自於國民民族主義或者國民共和主義。

我們以前提到過，浪漫主義的民族發明本質上是德國先驗主義的結果，而德國先驗主義在哲學上的意義就是要對抗英國經驗主義和法國理性主義。這個還說得過於平面化了，正確的說法就是：最初，最正宗的哲學解釋是理性主義的；然後英國經驗主義的出世解構了理性主義的世界圖景，導致世界的可認知性——自希臘以來、自古以來哲學家認為是構成認識論基礎的那些原理，經過休謨[1]的折騰以後變得不復存在了，因此哲學的整個基礎瓦解了；為了回應經驗主義，康德才提出了先驗主義的原則；德國古典哲學是從康德的這條路線上伸展出來的，浪漫主義是德國古典哲學的一個文化分支，以語言和文化為基礎的民族主義則是德國浪漫主義的又一個分支。但是即使是德國浪漫主義的民族發明——就是赫爾德他們開創的那個以語言和地方文化為基礎的民族發明模式，它在涉及政治學基本原則的情況下仍然不能夠一味地先驗，最終還是要付諸認同政治的基本原則，就是住民自決、個人根據理性選擇政治原則這個基本出發點。

什麼叫做先驗呢？先驗是理性不及的東西。最初的哲學講的就是理性，而休謨破壞了理性的基礎以後，理性不及的問題就變得無法回避了。以前理性不及的問題是一個宗教問題，但是在啟蒙時代以後，已經變成了哲學必須關注而不能回避的問題。蘇格蘭學派②對付理性不及的解釋就是經驗，他們的解釋方法照我們現在的話說就是達爾文式的。他們的看法就是，理性不是探索世界的解剖刀，而是傳統自然形成的一個工具。理性是傳統的產物，所以傳統大而理性小。你有什麼樣的傳統，就有什麼樣的理性。所以廢棄傳統的理性本身就是站不住腳的。

這樣一個經過他重新解釋以後的理性就是一個非常有限的「小理性」。這個「小理性」就不再像是亞里斯多德以來的無數哲學家那樣，可以讓你懷著萬丈雄心，懷著笛卡

森林中的騎士城堡　圖為德國畫家萊辛（Karl Friedrich Lessing）創作於1828年的作品，描繪深藏於森林中的中世紀城堡，其歷史性的主題及沉鬱的配色，是典型的德意志浪漫主義代表作。

兒（René Descartes）式的巨大野心，覺得理性在手，天下我有，地球上沒有我解決不了的問題。我拿出笛卡兒式的那種像棋盤格一樣的非常嚴密的推論，像金字塔一樣嚴密的推論，我可以從一個基點出發，倒著樹一個金字塔，這個金字塔只有一個點立在地上，越往上長得越大，一直聳向天際。但是這沒有關係，只要我的演繹一步都沒有出錯，那麼這個倒金字塔是完全可以站得住的。笛卡兒的哲學體系就是這樣一個倒金字塔，整個理性啟蒙主義就是按照笛卡兒這種方式徐徐展開的。而在休謨的體系用經驗把理性和認識論本身的基礎破壞了以後，笛卡兒這個體系就轟然倒塌了，一個支點再也支持不住整個倒金字塔，倒金字塔留下的無數碎片嘩啦啦地散落了滿地。

休謨和他的繼承人蘇格蘭學派，包括達爾文和近代的演化論者，包括海耶克學派，這些人解決問題的方式就是演化論性質的。他認為，沒有必要把這些碎片連綴起來。他心目中的世界確實是像笛卡兒體系瓦解以後的碎片一樣的充滿混亂，但是這個混亂是一個有機的混亂。它像一個熱帶叢林，外表上看來充滿了各種毒蟲猛獸，也充滿了各種香花美草，但是這些東西背後都是有隱祕的聯繫的。你用亞當・史密斯（Adam Swith）論證市場經濟的那些邏輯和達爾文論述物種起源、生態演化的那些邏輯就可以解釋，「市場經濟是什麼？」就是無數經濟實體構成的一個巨大的生態系統。

生態系統像一個螞蟻窩一樣，它本身沒有智慧。螞蟻窩不是一個有智慧、有意志、有理性的生物，但是它的行為看上去好像真的是有智慧、有理性似的，因為它在演化過程中產生出了無數非常合理的結構。連最聰明的建築師都設計不出來的合理材料結構，由蜜蜂完成了。蜜蜂蜂巢設計出來的非常經典、非常優美、非常省材料的六角形建築結構，是近代數學家和建築學家在最近四、五百年之內才通過理論演繹發現的。但是這些不識字、不懂數學的蜜蜂居然自古以來就知道怎樣用古代建築師都學不來的高妙手段建立蜂巢，這是怎麼回事呢？答案是，演化。

蜂巢和蜜蜂所在的生態環境，它們是自然而然有演化的。儘管每一個具體的蜜蜂都沒有智慧，甚至每一群蜜蜂也談不上有什麼智慧，但是它們可以通過嘗試和試錯的方式，接受大自然的淘汰。在非常接近的生態位當中，例如在原始蜜蜂當中，假定有很多種蜜蜂製造出了很多種不同的蜂巢，那麼只要經過充分的磨合、嘗試和試錯的話，最終形成的蜂巢經過足夠長的時間以後，它會向最合理的這個方向演化的，就像是有無比聰明的建築師來設計它一樣。儘管每一個角色自己都沒有完整的和無限的理性，它們都只能夠對短期行為做出反應，只能夠對短期的利益和傷害做出反應，只能在極短期限內追求極短期限的利益，避免極短期限的傷害，模仿它們的鄰居或者反對它們的鄰居，但是無數個這樣的鄰居在無數個無限複雜的生態位中的演化，最終會形成無數合理的結構。

在經濟學當中，那就是自由市場的起源；在政治學當中，那就是弗格森[3]和蘇格蘭學派講的文明的起源。現代海耶克講的那些默會知識[4]和演化，其實說白了就是這樣一回事。海耶克其實不是純粹的演化論者，因為奧地利學派在它起源的時候是康德哲學的另一個分支，奧派在米塞斯[5]那一代仍然是先驗論的體系，但是海耶克把它變成了先驗論和經驗論的雜合體，這是他在英國以後受到了史密斯和休謨影響的結果（蘇格蘭學派主要就是史密斯和休謨這兩個人）。

這種解釋方法用演化論的方式填補了理性不及、摧毀笛卡兒哲學大廈所造成的空缺，但是這種解釋方法並不能讓康德滿意。康德不希望用經驗的方式去填補，而是希望用先驗的方式填補，於是他就發明了物自體[6]這個概念。物自體這個概念從某種意義上來講，是基督教上帝這個概念在哲學界的一個投影。物自體和現象界一分為二，物自體是人類不可能認知的，但是物自體產生了現象界，人類所能夠認知的就是現象界，現象背後有超越你認知所能達到的部分。康德認為，這些部分不是能夠用經驗可以解釋的。

例如，現代物理學家——像史蒂芬．霍金（Stephen Hawking）這些人談的先在的時空結構、宇宙大爆炸的奇點這些東西，你就很難想像，時間和空間這些東西是能夠用休謨、史密斯、達爾文的方式，通過長期演進、磨合、嘗試錯誤的方式產生出來的。你當然不可能用笛卡兒理性的方式、用柏拉圖和亞里斯多德習慣的那種方式證明休謨是錯誤的，但是你不禁會產生一種直覺，覺得像時空結構這樣原始而基本的東西，要說它像是具體的物種、具體的公司企業、具體的文明結構、民族國家、政體、法律之類的東西，像愛德華．柯克爵士⑦說的普通法那樣，是通過無數判例的積累和細節的修正、用保守演化的方式形成的，似乎有點不大對勁。

你知道，休謨的思想不是憑空產生的，經驗主義在英國產生不是偶然的。普通法從封建習慣法的方式一步一步演化成現代英美法系的基礎，這個過程恰好就是跟達爾文描繪的自然演化的方式是一模一樣的，跟史密斯描繪的自由企業競爭——無數自私自利的個體最終產生了最有效、最有利於公益的文明的這個體系的演化方式是一模一樣。任何人只要看了普通法幾百年演化的過程，他不用學也知道達爾文的進化論是怎麼回事，不用學也知道史密斯的自由主義經濟學是怎麼

① 大衛．休謨（David Hume, 1711–1776），蘇格蘭的哲學家、歷史學家。其代表作《人性論》駁斥了因果關係理論，認為因果關係只是人類習於思考的型態，但並不能說明兩者間的關聯；反對純粹理性，主張感情（或說「同情」）亦是道德判斷的重要依據，《英國史》則是其史學上的代表作品。

② 以休謨為代表人物的蘇格蘭思想體系，強調經驗主義、懷疑主義與歸納思考，對後世有重大影響。

③ 弗格森（Niall Ferguson, 1964–），英國歷史學家，擅長帝國興衰問題的相關研究。

④ 默會知識（Tacit knowledge），又稱「內隱知識」，是哲學家卡爾．波蘭尼（Michael Polanyi）於一九五八年提出的哲學理論，指那些我們在日常行動中不斷使用，卻難以用言語表達的知識。

⑤ 米塞斯（Ludwig Heinrich Edler von Mises, 1981–1973），奧地利經濟學家、史家、哲學家、作家，現代自由意志主義的主要領導人，也是古典自由主義的第一把交椅。

⑥ 物自體，又稱「物自身」（Thing-in-Itself），指不繫於認識，即不僅「對我們」而存在的事物，而是其自身真正存在而與表象對立的存有物。

⑦ 愛德華．柯克（Edward Coke, 1552–1634），英國法學家，將習慣法加以理論化，確立了法治原則，對英國法律的發展有重大貢獻。

回事。休謨提倡經驗主義，而經驗主義及其哲學上的後裔分析哲學主要在英美盛行，這都是有其歷史基礎的。

但正如我剛才說的那樣，涉及到時空結構、物自體這種最基本的東西，你不禁通過直覺感受到，這可能有點不對。時空結構這種先在的東西可能不是像具體的法條、具體的企業、各種子系統、組織結構那樣，是能夠通過自然演化產生出來的。子系統通過演化和磨合產生，這個看上去是非常自然的事情，你在日常生活當中就可以看到無數這樣的例子；但是一切系統存在之前的那個時空結構是不是能夠這樣解釋，你不能證明它是，也不能證明它否。但是即使是經驗主義者，即使是理性主義者，都忍不住習慣性地要運用時空結構或者非常接近於物自體之類的概念，儘管他們不用物自體這個詞。

這使得康德不禁要說：「理性主義的哲學體系和經驗主義的哲學體系本質上都是有缺陷和不完整的。經驗主義者成功地駁倒了理性主義者，他們自以為已經填補了他們駁倒理性主義者以後留下來的那個巨大的空間，但是在這方面他們其實也是錯了的。他們只是填補了他們打倒理性主義者以後留出來的這個巨大空間的一部分，甚至不是最重要的一部分。它那一部分只能解決子系統的問題，不能解決先在結構的問題。先在結構的問題，我們除非引進物自體的概念，否則怎麼樣都沒辦法把話說圓的。」

要麼就像柏克萊主教（George Berkeley）那樣，我們直接了當退回去，經驗既然是個人的和主觀的，那麼世界為什麼能夠存在？為什麼還能夠存在共同知識？答案就只有一個：因為上帝的存在。上帝無所不在，上帝看到了一切，上帝是一個無限的、永在的觀察者。由於永在的觀察者的存在，所以世界不會潰塌。總有一個觀察者存在，這個觀察者就是上帝，因此上帝必須存在。但他這個路數就等於是退回基督教的傳統上去了。這樣就等於說是，哲學其實並不必要，最終還是要回到宗教上去。

康德認為，作為哲學家，我們不能把什麼事情都推到宗教上去。儘管我並不否認基督教的道德觀和其他價值觀，但是我認為，哲學家還是應該在哲學本身的範圍內、在思辨的範圍內把自己搞出來的問題自己解決，於是他發明了物自體。然後從物自體，又像是母雞生小雞一樣，大母雞生小母雞，小母雞又生孫輩的母雞，一路帶出了費希特的哲學，帶出了赫爾德的民俗學，帶出了浪漫主義，帶出了安徒生童話，帶出了小紅帽和狼外婆的世界，最後帶出了席捲整個中歐的民族主義大發明。因此，浪漫主義模式的民族主義本質上是先驗主義的，它首先就體現在日耳曼民族的發明。

法蘭西國民的發明是一個政治概念。什麼是法蘭西國民？它不是簡單地說法蘭西王國的前臣民自動在共和國成立以後就變成法蘭西的國民了。有很多人仍然認為自己是法蘭西國王的臣民和虔誠的天主教徒，要跟你們這些萬惡的理性主義者決一死戰。例如，安茹的舒昂黨人，布列塔尼的舒昂黨人，遍布在西部封建各省分的舒昂黨人，他們都是這麼看待問題的。那麼你來告訴我，為什麼阿維利翁的義大利人、薩瓦的義大利人、洛林與阿爾薩斯的德語人口、布列塔尼講英國式語言（跟威爾斯語差不多的語言）的人口要說他自己是法蘭西國民呢？答案是，就像勒南在《何謂民族》[8]這本書中所講的那樣，關鍵不在於種族、文化或者其他一切客觀因素，而是在於理性的認同。

我們要注意《何謂民族》這本書產生得時代比較晚，是在阿爾薩斯—洛林割讓給德國以後的事情。它直接的觸發因素，就像是李鴻章和伊藤博文的《天津條約》刺激福澤諭吉提出了脫亞入歐的理論[9]。在《天津條約》以前，日本的主流——即使不是主流輿論，也是相當強大的輿論，是主張清日韓三國提攜、共同抵抗歐洲人的；但是現在既然李鴻章這麼不客氣的話，日本思想家在這個刺激之下也要憤怒地指出，我們索性不跟你們這些壞鄰居一起玩兒了，我們日本人自己去做歐洲人，讓你們清國人和韓國人去做亞洲人吧，看看最後是誰能夠更好。有很多思想，如果不是全部的話，甚至可能是大部分思想，都是有政治上的刺激的。

勒南的《何謂國民》這本書是由於阿爾薩斯—洛林事件的刺激的，而阿爾薩斯—洛林屬於德國還是屬於法國的問題，最後就要牽涉到先驗主義和理性主義這兩大原則之間的鬥爭。德國人說：「阿爾薩斯—洛林自古以來就是屬於德國的。因為斯特拉斯堡是神聖羅馬帝國的自由城市，是路易十四吞併的，最重要的是，當地的大部分人習慣於用更接近於德語的方言講話，浪漫主義的基本原則就是語言和文化優先，所以他們應該是德國人。」而法國人的做法就是：「為什麼我們不搞公民投票呢？阿爾薩斯—洛林人無論說的是什麼方言，但是只要他們心裡面向著法蘭西，他們就應該是法國人。他們如果愛拿破崙法典，愛法國的啟蒙主義基本原則，不高興接受德國的封建統治，那麼他們就應該是法國人。你們不經過公民投票，不問當地人的意見，就直接了當地根據他們說什麼語言，把他們武斷地劃進了德國的領域，這就是對當地人民的不尊重。」

《何謂國民》的核心思想是什麼？順便說一句，「國民」和「民族」是一個詞，在法語和歐洲各國的語言中都是一個詞，只是在滿大人語當中才被劃分成了兩個詞。這兩個詞就有了微妙的差別：「國民」這個詞的概念更接近於勒南的《何謂國民》，更接近於法蘭西共和國賴以立國、使康德和歌德都崇拜得五體投地的那種理性的國民認同主義；「民族」這個詞的概念就更接近於赫爾德的徒子徒孫發明出來的浪漫主義的民族主義原則，以語言和文化的基礎、以先驗的基礎發明出來的民族原則。

法蘭西式的民族原則是純粹理性的，建立在個人選擇的基礎上。為什麼我是法國人，為什麼我贊同法蘭西的國民共同體？根本的原因是，我是一個理性的啟蒙主義者，我相信文明的力量，也相信法蘭西共和國。《人權宣言》是符合人類普遍理性的選擇，全世界人民早晚都會接受，法蘭西共和國只不過是第一個接受《人權宣言》原則的國民共同體。假如德國、匈牙利、波蘭、俄羅斯或者世界的其他地方尚未接受普遍理性的陽光普照，還沒有接受《人權宣言》的真理的話，那麼即使我是法國、波蘭人、俄國人，只要我堅信啟蒙主義的原則，那麼我就可以成為法蘭西國民共同體的成員。有無數的波蘭人逃離俄羅斯的統治，來到了法國，變成了最愛國的法國人，變成了法蘭西國民議會的議員。像薩科齊[10]這樣的匈牙利人，也是抱著同樣的想法來到法蘭西的。

法蘭西是什麼？法蘭西是啟蒙理性的化身，法蘭西並不代表法蘭西。法蘭西有國民，國民共同體建立在選擇的基礎上，而這個選擇是純粹理性的。雖然我的祖先可以做一種選擇，但我現在可以做另一種選擇；即使我的祖先在中世紀是神聖羅馬帝國的一部分，現在我也可以選擇我是法蘭西共和國的國民。儘管我說不好法語，說的話跟德語差不多，但是我能說什麼語言還是不能說什麼語言，這不是我能夠做主的事情，我不應該為我不能做主的事情負責，正如黑人的後代大仲馬仍然是法蘭西的優秀國民一樣，所以我這個說不好法語的阿爾薩斯人仍然是法蘭西國民共同體的成員。只要我願意，我說是這樣就是這樣。我認同法蘭西，我就是法蘭西的國民。認同高於一切，其他都是不重要的。這就是理性主義的民族發明原則。

我們要注意，由於《人權宣言》在現代世界體系和國家構建中的基礎性地位，所以目前世界上其實是沒有任何正式的政治體系敢於公開、直接和徹底地否認這個原則的。可以說，他們可以把幾種原則混合起來，但是其他的各種原則就像是次要原則一樣，只有在不違反主要原則和根本原則的情況下才能發揮作用。浪漫主義的語言發明民族的原則雖然已經創造了世界上四分之三的民族國家，但是這些民族國家的憲法，凡是制定成文憲法的國家，它們的成文憲法直接或間接都要追溯到《人權宣言》身上。

例如，並不是說因為我們發明了一種芬蘭語，我們的祖先講瑞典語、自以為是瑞典王國的臣民和俄羅斯統治的瑞典省分的臣民，現在我們發明了芬蘭語，以後我們就是芬蘭民族了，芬蘭憲法可沒這麼寫。芬蘭憲法說的是「芬蘭是主權共和國；芬蘭的國家權力屬於人民。」[11]意思是

⑧ 歐內斯特·勒南（Ernest Renan, 1823–1892），法國東方學和宗教學者，他在一八八二年發表的演講《何謂民族》中主張，民族的界定標準只能是民眾的政治意願，而非種族血統或語言文化，此說被認為是民族主義理論的典範。

⑨ 福澤諭吉原本支持的朝鮮開化改革運動遭到大清國干預而失敗，讓他深感失望，於是寫下《脱亞論》。

⑩ 法國前總統薩科齊的父親保羅是匈牙利人，於一九四四年紅軍占領匈牙利時逃抵法國，並在那裡落地生根；但薩科齊本人卻相當強調「我是法國人」，並基於法國立場，標榜反移民政策。

⑪ 參見芬蘭共和國憲法第一條「國家政治體制」中的第一點「芬蘭是主權共和國」；與第二條「民主與法治國家原則」中的第一點「芬蘭的國家權力屬於人民。議會代表人民。」

說，芬蘭共和國是基於芬蘭人民對芬蘭的認同，而自願要建立一個獨立於俄羅斯和瑞典的國民共同體實體，因此產生了現在的芬蘭民族國家。儘管芬蘭民族的主要標誌，主要是不同於俄羅斯和瑞典的語言和種族，但是這都是事後發明出來的。要硬說金髮碧眼的芬蘭人跟金髮碧眼的丹麥人和瑞典人到底有哪些不同，跟希特勒所聲明的那種雅利安人到底有哪一點不同，為什麼瑞典人變成了雅利安人，而芬蘭人卻非要說自己是烏拉爾人，這是說不清楚的事情，這是民族發明學。民族在發明之前的合法性的基礎，還是得訴諸國民共和主義。

國民共和主義在東歐的兩個「擎天白玉柱，架海紫金梁」就是波蘭和匈牙利。在一八四八年，像斯洛伐克、塞爾維亞、克羅埃西亞、保加利亞這些根據浪漫主義原則、通過語言文化發明民族的出身比較卑微的共同體，還連影子也沒有。而波蘭和匈牙利像法蘭西本身一樣，第一，它們都是古老的封建大國，有著漫長的君統；第二，它們都像法蘭西一樣，是脫離了神聖羅馬帝國這個普世的大帝國、普世的天下國家的地方性君主國。

我們要知道，從歷史發明的順序上來講，地方性君主國脫離有權統治整個基督教世界、從字面上來講是「普天之下莫非王土，率土之濱莫非王臣」的神聖羅馬帝國這樣的君主國，就是通向近代民族國家的第一步，創造了「法蘭西的四十位君王」，無意之中為法蘭西的國民共同體做了鋪墊。而法蘭西的國民共同體創造了國民認同的概念，將種子撒向整個歐洲，那麼正如聖經上說的那樣，有的種子是撒在肥沃的田地上，立刻就結出了成百倍的果實；有的種子是撒在石田上，連種子自己都死了；有些種子當然是撒在比較貧瘠的土壤上，雖然沒有長出幾百倍的收成，但還是長了一些收成，情況是各不相同的。當然，最初的種子收成最好的地方總是在那些跟種子原產地的土壤最相近的地方，因為你要考慮到水土不服的問題。

法蘭西國民共同體的種子，在哪裡能夠最容易生長呢？當然是條件最接近於法蘭西本身的地方——脫離神聖羅馬帝國、而又具有漫長君統的新君主國。匈牙利和波蘭就是典型的這樣的國家，所以它們在一八四八年是最積極地支援法蘭西式國民民族主義的國家。而相捷克人、斯洛伐克人的特點是什麼呢？他們缺乏法蘭西、波蘭和匈牙利那樣漫長穩定的君統，缺乏君統和貴族建立起來的這個已經成型的國家實體，所以他們在近代以前一般來說是處在被統治者的地位。被統治者沒有像歷代的波蘭國王、法蘭西國王、匈牙利國王這樣正式的政權機構，他們的武器就是老保姆和老祖母教給他們的語言。這就是說，在近代史的領域裡，他們的身分比較卑微一些，他們所擁有的政治資源要稍微少一些。

國民民族主義和浪漫主義民族主義這兩種民族發明模式，在第一次世界大戰以後已經基本上融合了。二戰以後、特別是冷戰以後的民族發明，基本上都使用的是這個融合版本，把兩方面的邏輯都摻雜到裡面了——雖然最後的根本原則還是住民自決：阿爾薩斯人說我是法國人，我就是法國人；說我是德國人，我就是德國人。「自古以來」不是不算數，只是像普通法的一個具體判例一樣，起了一個加權作用，但是也像是法國憲法的法律和憲法的區別一樣，這些像普通法一樣加權加進來的判例只有在不違反根本原則的情況下才能夠發揮作用。也就是說，如果你有語言方面的條件、文化方面的條件和各方面的條件發明出一個民族，最後還是要過最後一關，就是住民自決這一關。最後是，你這個地區的居民是願意發明一個民族，你這個民族才能發明得起來；如果不願意，其他的條件都不管用。反過來，即使其他條件都沒有，像烏拉圭那樣，講的完全是西班牙語，但是他們只要自己願意，我哪怕是永遠用西班牙語，但我就是說「第一我不是西班牙人，第二我不是美洲人，第三我還不是阿根廷人」，那麼誰也拿他們沒有辦法，他們就是烏拉圭人。

所以，近代社會的民族發明，特別是二戰結束以後的民族發明，它是一個混合版本的民族發明。它從哲學意義上講，實際上是把三種哲學體系都已經結合在內了。經驗主義的東西通過不斷的先例積累，通過國際法的方式，通過內部自治的判例積累，通過聲索（claimant）的時間長短，通過聲索的效力高低，來發揮作用。但是它不是像英國憲法那樣，純粹是一條一條積累起來、沒有高低上下之分，而是具有一點法蘭西人權宣言的那個邏輯，它最後有一條最高的根本法，就是住民自決這條根本法，這條根本法能夠打敗一切的判例。最後還有最常見的，浪漫主義的原則。

像普通法判例那樣積累出來的各種聲索理由當中，有四分之三以上都是先驗主義和浪漫主義的理由，也就是說他們都是訴諸語言文化、地方文化特徵諸如此類的差異來建立自己的民族聲索要求的。但這個聲索要求以普通法的方式、以經驗主義的方式積累起來，積累到足夠的時候是要過最後一關的，這最後一關就是人權宣言，住民自決。現在我們看到的這個情況是民族發明經過一百多年融合以後的產物。在一八四八年，這兩種發明模式在現實政治中是常常相互衝突的。

一七八九年那種法蘭西式的國民民族主義的原則，在一八四八年首先就體現在波蘭和匈牙利的革命。波蘭和匈牙利的革命像是一七八九年的法蘭西共和國一樣，是國民民族主義，他們不強調浪漫主義的語言原則，所以他們自身也像當時的法蘭西革命軍一樣，四處播撒種子，將共和主義的種子播撒到更多的地方，彼此之間也是很國際主義的。例如，匈牙利國民軍的主力其實是波蘭軍隊。波蘭軍隊被俄羅斯軍隊打敗了以後，大批地逃入匈牙利境內。由於他們的戰鬥素質比起匈牙利人來說高一籌，所以科蘇特領導的匈牙利共和國實際上主要是用被俄國人鎮壓以後逃到匈牙利來的波蘭軍官組成的。

而俄羅斯的尼古拉皇帝之所以非要幫助奧地利皇帝來鎮壓匈牙利的革命，也不完全是像後來一八五四年以後的斯拉夫主義者說的那樣，「俄羅斯是赤膽忠心的，天真的俄羅斯人一再為歐洲人犧牲而被歐洲人出賣」，他其實也是有自己的私心的。他正確地看到，只要波蘭人協助匈牙利人打敗奧地利人，在匈牙利站住了腳跟，那麼俄羅斯統治的波蘭就永遠穩不住。這就像是，如果伊拉克有了一個的庫德國，那麼土耳其和伊朗的庫德人也會穩不住；只要敘利亞有了一支維吾爾軍團的話，那麼喀什就會永遠不得安寧，道理是一樣的。所以，他幫助奧地利人鎮壓匈牙利革命，是維持俄羅斯統治波蘭的現實政治的不二法門。從俄羅斯和奧地利君主國的角度來講，這等於是神聖同盟戰爭的重演。

但是在反對法蘭西革命的神聖同盟戰爭的重演過程中間產生了新的因素，就是我以前提到的反革命的民族發明。由赫爾德播種用來反對拿破崙精神的那些浪漫主義的子子孫孫，在克羅埃西亞人和波希米亞人的手中終於發育成了他當時希望、但是自己沒有活著看到的那種現實政治力量。這些人像他當時播種龍牙武士的時候所設想的那樣，在一八四八年已經成長為龍牙武士。雖然沒有像他設想的那樣能夠打到拿破崙的兒子羅馬王頭上，但是確確實實也已經打到拿破崙精神上的繼承人——匈牙利人和波蘭人頭上，而且把他們打敗了。於是一八四八年以後的波蘭和匈牙利就出現了這種情況：假如旺代省[12]的舒昂黨人、布列塔尼的舒昂黨人打敗了巴黎的共和黨人，然後把布列塔尼、諾曼第、洛林和過去被「四十位法國君王」一個個併入法蘭西王國的那些中古時期的大公國，一個一個搞成司法自治、立法自治、半獨立和獨立的領地以後，法蘭西又退縮回過去聖路易以前的那個小小法蘭西島[13]的時代。

假如反動的勢力在法蘭西獲勝，將法蘭西拖回到聖路易以前的古老的封建自由的法蘭西，那你就會看到這樣一幅景象：真正的法蘭西王國不過是塞納河中游的法蘭西島，這塊地方還沒有諾曼第公爵的領地大。統治法蘭西島的法蘭西國王雖然理論上講仍然統治著路易十四的全部江山，但遠離法蘭西島的大部分地區實際上都是由諾曼第公爵、布列塔尼公爵、勃艮第公爵、佛蘭德伯爵、圖盧茲伯爵、阿奎丹公爵諸如此類的各路爵爺統治的。這些爵爺雖然向法蘭西國王稱臣，但是他們各有自己的議會，各有自己的習慣法。他們對法蘭西的效忠，屬於名義的成分比較多，而不是像現代民族國家和法蘭西共和國設想的那樣，巴黎的國民議會一道法令下去，各省都要乖乖地服從，巴黎的教育部制定了一個課程，今天

腓力二世贏得布汶戰役　為法國畫家韋爾內（Horace Vernet）創作於1827年的作品，描述法國國王腓力二世（Philippe II Auguste，1165–1223）於1214年贏得布汶戰役（Battle of Bouvines）的勝利場景。在此戰役後，腓力二世成功附庸諾曼第及布列塔尼公國，奠定了中世紀法蘭西王國強盛地位的基礎，也是法國王權中央集權的開始。

早上九點鐘，從北方的里爾到南方的土倫，所有的法蘭西小學生都在上同一篇課文，這樣就不可能了。

一八四八年以後的匈牙利就恢復了這種狀態。即使是在一八六七年的《奧匈協定》簽署，匈牙利王國透過「二元帝國體制」恢復了王國的建制以後，蒂薩伯爵和匈牙利自由黨恢復了科蘇特時期匈牙利自由黨失去的地位以後，這樣一個匈牙利王國仍然處在像我剛才在這個假設的歷史——反動派打敗了共和派以後復辟的封建法蘭西君主國的那種情況。這個匈牙利王國，十九世紀後期奧匈二元帝國內部的匈牙利王國，它不是路易十四的法蘭西，不是國民公會和拿破崙的法蘭西，而是聖路易以前的法蘭西。在它的核

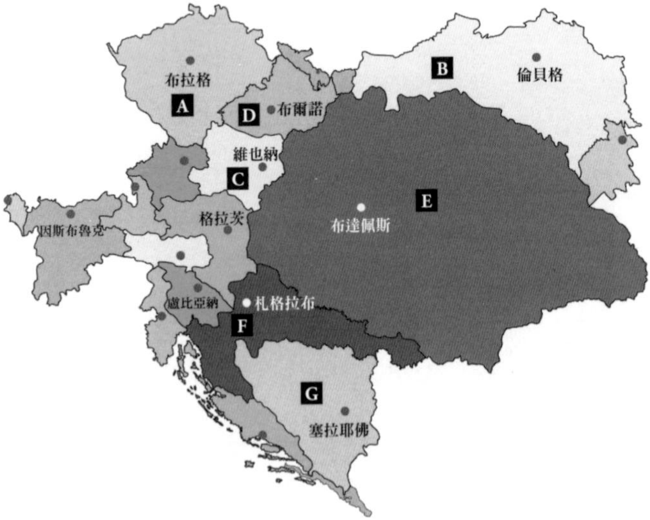

奧匈二元帝國政治區域圖　1867成立的奧匈二元帝國，政治結構複雜，其重要地區包括：A、捷克（波希米亞），B、加利西亞，C、下奧地利（維也納），D、摩拉維亞，E、匈牙利王國，F、克羅埃西亞王國，G、波士尼亞。

心，只有一個相當於法蘭西島的小匈牙利是真正的匈牙利，而它周圍布滿了像克羅埃西亞巴昂領地這樣的法律上講是屬於匈牙利的、但只是匈牙利的封建領地而不是直轄領地的地方。

一八四八年的匈牙利革命者，像我們都熟悉的科蘇特和著名詩人裴多菲・山多爾[14]這樣的人，他們當時想要的匈牙利是一個類似國民公會的法蘭西的統一的大匈牙利，兩個匈牙利的合併。匈牙利的合併包括斯洛伐克、特蘭西瓦尼亞、羅馬尼亞和塞爾維亞在內的大片土地。這些土地，斯洛伐克、特蘭西瓦尼亞、塞爾維亞和克羅埃西亞，都要像法蘭西共和國建立以後的布列塔尼、諾曼第、洛林、阿維利翁這些舊封建領地一樣，它們將不再是准藩屬狀態，而將變成法蘭西共和國和匈牙利共和國的各省。在他們的學校當中將會住滿了從巴黎和布達佩斯派出去的教師，這些教師將會用法語和匈牙利語為各地的小學生和中學生講授啟蒙理性的道理，讓他們做法蘭西共和國和匈牙利共和國的好公民，忘記在古老的中世紀，他們只不過是布列塔尼人和安茹人，他們服從法蘭西國王只不過是因為他們的公主和王子跟法蘭西的公主和王子聯姻了，聯姻並不代表他們放棄自己原有的語言、習俗和習慣法。

這些事情在一八四八年革命失敗以後都不可能實現了。法蘭西的復辟王朝並沒有能夠做到這一切，這是他們失敗的原因。路易十八和查理十世[15]只能接受國民公會和拿破崙給他留下的這個政權形式，這是他們最終失敗的根本原因。但是一八四八年匈牙利革命失敗以後，匈牙利真正回到了封建時代的那種狀態。蒂薩伯爵的匈牙利自由黨一直執政到第二次世界大戰前夜，他們所能夠做的也就只能是在小匈牙利（就是包括今天的匈牙利和斯洛伐克的這塊地方）普及匈牙利語。同時，在事實上是等於一個國際體系的奧匈帝國當中，通過外交手段，使勁渾身解數，盡可能跟各路斯拉夫民族發明家作對，利用封建政治的原則和奧匈特殊關係，盡可能地打壓塞爾維亞人、克羅埃西亞人和斯洛伐克人，阻止他們發明民族。他們正確地看到，像這些人一路搞起反革命的民族發明的話，最倒楣的就是匈牙利的自由派啟蒙主義者。

這就涉及一個很奇妙的問題：啟蒙主義者在法蘭西是站住了腳跟，但是在萊茵河以東的歐洲，包括在法蘭克福國民議會，他們的勝利是非常短暫而居於表面的。中歐各君主國在一八四八年一度以為，這些啟蒙主義者像拿破崙手下的大軍一樣極其可怕，也用出了當年神聖同盟那種獅子搏兔的力氣來鎮壓他們。但是實際上他們不久就發現，整個中歐的啟蒙主義者實際上是非常薄而脆弱的一張紙，一捅就破。這些開明資產階級和知識分子坐在法蘭克福的國民議會、克拉科夫的國民議會、波蘭國民議會、布達佩斯和德布勒森的匈牙利國民議會當中，他們錯誤地以為他們代表了全部國民，除了封建貴族以外的全體國民都支持他們，然而事實並非如此。

結果就出現了雨果所描繪的那種「共和派愛普選制，普選制不愛共和派」的局面：共和派以為人民是支持他們的，只要全體人民都參加選舉，勝利一定是屬於他們；但是下層人民卻用投票來證明，中下階級的人民更支持天主教會，而不是支持開明資產階級和知識分子。這個綜合征斷送了匈牙利自由黨的全部事業。在整個十九世紀，匈牙利看上去即使是不像多瑙河上的小法蘭西，至少也是像一個多瑙河上的小波蘭；但是第一次世界大戰以後的匈牙利就變得更像是佛朗哥的西班牙了。在十九世紀主導匈牙利的開明啟蒙主義者和自由派完全失勢了，取而代之的是相當於舒昂黨人和佛朗哥將軍的天主教保守派。啟蒙主義者、理性主義者很快就落到了左右不討好的局面，他們信任人民，而人民卻不愛他們。啟蒙理性要求解放所有人民，然後他們發現，人民一旦獲得了解放，其實支持他們的只是一小撮人，相當於是加斯普林斯基集團在俄羅斯的那種局

⑫ 旺代省，法國西部羅亞爾河下游地區的一個省分，在歷史上以強烈的保皇傾向著稱。

⑬ 指巴黎周遭的地區。法國在中世紀的卡佩王朝初期，國王直轄的土地基本上只有法蘭西島周圍，可說「令不出家門」。

⑭ 裴多菲・山多爾（Sándor Petőfi, 1823–1849），匈牙利愛國歌曲《民族之歌》的作者，在一八四八年「匈牙利革命」期間負責起草《十二條宣言》。他在一八四九年對抗俄奧聯軍的什瓦拉戰役（Battle of Segesvár）中陣亡，被後世匈牙利人視為民族英雄。

⑮ 拿破崙失敗之後，復辟的兩任波旁國王，查理十世於一八三〇年因為反動被趕下台，由出身波旁分支奧爾良家、親近民主派的路易—菲利普出任國王。

面。

匈牙利王國的大多數居民在他們的腳下分成了兩個陣營：一些是講匈牙利語的真正的匈牙利人，然而這些匈牙利人並不像是科蘇特和裴多菲所設想的那樣，將會像法蘭西共和國的好法國人一樣，建立一個匈牙利共和國，相反，匈牙利語居民最堅實的內核不是別人，就是匈牙利的保王黨人和教權派；另一撥人是講各種方言，例如克羅埃西亞方言、斯洛伐克方言，漸漸就被民族發明家帶過去，漸漸就不肯做匈牙利人的這些各封建領地，他們漸漸就被反匈牙利的民族發明家帶走了。匈牙利自由黨在一八四八年是堅決主張擴大選舉權的，然而到了第一次世界大戰前夜，匈牙利自由黨已經看得很清楚，擴

1848年匈牙利國民議會　圖為匈牙利攝影師波爾索斯（József Borsos）的攝影作品，紀錄1848年匈牙利革命時期，第一屆匈牙利國民議會於7月5日開幕的場景。匈牙利革命源於1848年登基的新任奧地利皇帝法蘭茨·約瑟夫，取消前任皇帝賦予匈牙利高度自治權的「四月法案」（April Laws），此舉激起匈牙利人的民族情感，進而召開國民會議宣布獨立。

大選舉權對於匈牙利人和匈牙利自由黨來說那就是自殺。奧地利帝國擴大選舉權的結果就是，一面是泛日耳曼黨控制了德語區的大部分選民，一面是波希米亞和斯洛維尼亞的民族發明家控制了南部邊區和北部邊區的大部分選民。哈布斯堡帝國的支持者和哈布斯堡帝國的反對者，也就是一八四八年的君主派和一八四八年的自由派，兩者都變成了輸家。

普選制解放的並不是法蘭西啟蒙主義者設想的那種開明的、理性的公民，而是兩方面的民族主義者，兩方面的民族主義者都想把對方撕得粉碎，最終將會導致帝國本身的解體。而匈牙利王國這一邊的形勢比起奧地利帝國這一邊還要糟糕。奧地利帝國的泛日耳曼主義者在奧地利帝國當中還算是掌握了一個過半的人口區域，而匈牙利語的居民在匈牙利只掌握了三分之一到四分之一的區域。一旦普選權完全實施，那麼匈牙利王國第一是必然解體，第二是必然會解體得比奧地利帝國更加徹底。一九一四年的匈牙利人為了維護匈牙利的存在，就不可能再指望一八四八年的自由派、甚至是蒂薩伯爵時期的自由派為他們出力了。哈布斯堡帝國瓦解以後，卡羅伊伯爵[16]率領的自由黨人曾經建立了一個短暫的政權，但就像過去拉法葉侯爵的斐揚黨人在法蘭西共和國的曇花一現，沒過一年就垮台了。

接下來的匈牙利就進入布爾什維克分子和君主主義者、保王黨人、教權派相互角鬥的過程。雙方各走極端，結果就出現了類似俄國內戰的局面：你要麼支持高爾察克，要麼支持列寧，但是你不可能支持立憲會議。立憲會議儘管得到了四分之三以上的俄羅斯選民的支持，但是在軍事上卻是最軟弱的。右派的高爾察克有他的志願軍，極左派的列寧有他的赤衛隊，而按照民主原則、按說應該得到四分之三以上的絕大多數民主主義者和社會民主主義者支持的立憲會議，結果在紅軍和白軍的管轄區都站不住腳，遭到了悲慘的失敗，首先被列寧解散了一次，然後又被高爾察克解散了一次，無論在哪裡都站不住腳。一九一九年的匈牙利就陷入了這種局面。

在一八四八年是主流派、在奧匈二元帝國時期是長期執政黨的匈牙利自由黨，在卡羅伊伯爵的領導之下一年都沒有當滿，就被左翼和右翼的聯合夾攻斷送掉了。如果說威

拉法葉侯爵於1790年宣誓效忠國王　為1790年代的法國繪畫作品，描繪拉法葉侯爵（Marquis de La Fayette, 1757–1834）在1790年7月15日宣誓效忠國王與立憲議會的場景。拉法葉侯爵雖然同情法國大革命，但在立場上採取溫和漸進的保守改革路線，並支持君主立憲制，他與相近立場者共同組成斐揚俱樂部（Feuillant），但隨著革命激化，拉法葉於1792年離開法國，並在1799年返回法國後退出政壇。

瑪共和國[17]遠不如法蘭西共和國，那麼一九一八年的匈牙利又遠不如威瑪共和國。威瑪共和國好歹是支持了二十年才被希特勒和共產黨兩面夾擊給打垮了，而卡羅伊伯爵的匈牙利自由黨政權連威瑪共和國的二十年都沒有混滿，在一年時間內就被君主主義者和共產主義者左右夾攻打垮了。

這場內戰中，正如我們上次在捷克和斯洛伐克的講座中間提到過的，列寧從戰俘營當中選出了願意支持布爾什維克部隊的那一部分，把他們武裝起來，就變成了庫恩・貝拉的匈牙利蘇維埃共和國和捷克斯洛伐克蘇維埃共和國的主體；而擁護君主國和擁護天主教會的那一部分，首先聚集在哈布斯堡卡爾大公的麾下，然後聚集在霍爾蒂海軍上將的麾下。霍爾蒂海軍上將的那支志願軍在匈牙利王國的版圖之內，就相當於是高爾察克海軍上將在俄羅斯帝國版圖之內發揮的作用。雙方面一場混戰的結果是，這一次紅軍打輸了。

霍爾蒂海軍上將回到了布達佩斯，召集了新的議會。但是這個議會不再是俄羅斯立憲會議那樣全民普選產生的議會，而是舊的匈牙利王國等級選舉制選舉出來的、類似俾斯麥議會那樣的王國議會。這個王國議會當然不是一人一票選舉出來的，而是按等級選舉的。就是說，它比較像是路易十六召集的那個三級會議，而不是像後來全民選舉出來的那個國民公會。三級會議是什麼呢？貴族一個會議，教士一個會議，人民一個會議，然後三個會議聯合起來開會。當然這樣的話，貴族和教士占的比例就比一人一票的選舉制之下所占的比例要大得多。霍爾蒂海軍上將的白色政權成立以後，產生出來的就是這樣一個匈牙利王國的議會。

匈牙利蘇維埃共和國在紅色恐怖的時期，基本上把匈牙利的中上層人物——等於是全民族的精英都殺絕了。然後還鄉團[18]回家的時候發現，凡是留在紅區的地主資產階級、知識分子，凡是社會上比較有頭有面而沒有來得及逃跑的人，都被殺了全家，自然是對布爾什維克分子恨得要命。於是就一鼓作氣，甚至連民主主義者所主張的那種普選制都不要了，直接了當地恢復了舊匈牙利王國的等級選舉制。這樣一個等級選舉制選舉出來的匈牙利議會宣布，匈牙利是一個王國。

但是由於國際形勢的緣故，捷克斯洛伐克、羅馬尼亞這些國家並不高興哈布斯堡帝國復辟，而哈布斯堡王室已經跑到葡萄牙去了，自己也不高興復辟，於是在國王陛下不願意回來的情況下，匈牙利君主國的議會任命霍爾蒂海軍上將為匈牙利的攝政王，代替國王攝政。這就是佛朗哥將軍在一九三六年的西班牙內戰以後重建的那個西班牙君主國的體制。其實西班牙君主國的體制就是從匈牙利這裡學來的。

西班牙占了一個便宜就是，它是位於西歐的。所以，佛朗哥將軍打贏了內戰，恢復了君主國，佛朗哥代替波旁王朝攝政，在他死以後把權力重新還給波旁王朝的胡安·卡洛斯國王，恢復民主。西班牙像法蘭西一樣，保住了「西班牙的布列塔尼」——也就是加泰隆尼亞、巴斯克、加利西亞這些地方，它不是只剩下一個卡斯提爾。而匈牙利比較倒楣，深處歐洲內地，沒有像法蘭西和西班牙這樣的西歐國家那麼幸運，它把它自己的布列塔尼和加泰隆尼亞全都丟得光光了，只剩下一個小小的匈牙利核心地帶。它就相當於是一個隻剩下法蘭西島的法蘭西，或者是一個隻剩下卡斯提爾的西班牙。假如佛朗哥的西班牙只剩下卡斯提爾的腹地的話，那就跟霍爾蒂的匈牙利是一樣的。

這個小小的匈牙利核心繼承了中世紀的匈牙利王國和哈布斯堡時期的奧匈二元帝國王國時期的匈牙利——聖斯蒂芬王國[19]的全部君統和法統，霍爾蒂只是作為君主的代理人來執政的。議會是君主國的議會，而不是普選的議會。從憲法的角度來講，匈牙利仍然是一個君主國。這樣選舉出來的匈牙利議會當中，保王黨和教權黨是占壓倒優勢的，還有一些保守派的小黨。最左的黨也就是獨立小農黨[20]。比獨立小農黨更左的黨，社會民主黨和共產黨，基本上沒有什麼勢力。

匈牙利的問題在於，它不能像法蘭西和佛朗哥的西班牙那樣，在建立了保守派的君主國以後就到此為止，因為佛朗哥沒有損失西班牙君主國的土地，它繼續鎮壓加泰隆尼亞和巴斯克的獨立；而霍爾蒂的匈牙利卻念念不忘，因為它被特里亞農條約剝奪了斯洛伐克、克羅埃西亞、塞爾維亞、特蘭西瓦尼亞的大片土地，而那些被割讓的土地不僅有大量的匈牙利語人口，而且這些匈牙利語人口還處在精英的地位。

我在以前的講座中間曾經提到過，東歐的民族發明是跟階級鬥爭聯繫在一起的。匈牙利人跟波蘭人一樣，是統治民族。也就是說，你說誰是匈牙利人和波蘭人，那就是說他是貴族和地主。而斯洛伐克人、塞爾維亞人和羅馬尼亞人都是被統治民族。因此在斯洛伐克你會看到，普雷斯堡的城裡有大量的匈牙利語人口，他們過去是這個社會的精英，然而在獨立的斯洛伐克他們卻變成了遭受排擠的少數民族。在羅馬尼亞和特蘭西瓦尼亞，例如在克魯日（Cluj）這些地方，情況是一模一樣的。最精英、最上層的少數人口是匈牙利人，而階級地位比較低的多數人口是羅馬尼亞人。當然，在第一南斯拉夫王國，情況也是這樣的。

匈牙利人對於凡爾賽特里亞農條約體系的感覺跟德國人是一樣的：我們不僅失去了土地，而且導致了階級的倒置。過去我們德國人在波蘭或者波希米亞是統治者，然而在凡爾賽條約建立起來的波蘭和捷克斯洛伐克反倒變成了受排擠的少數民族。斯洛伐克和羅馬尼亞人的匈牙利人也是這樣的。在過去舊匈牙利王國的等級選舉制當中，一個貴族地主的票比一百個農民的票還要值錢。在俾斯麥的德國和路易十六的法國，情況也是這樣的。現在呢，因為一人一票的緣故，他們的階級優勢消失了。這股隱痛是難以消失的。

但是在凡爾賽條約所建立起來的以民族國家為正統的這個世界上，他們不能以階級鬥爭的語言說出自己的要求，只能以民族自決的語言說出自己的要求。德語人口不能說，「布拉格的資產階級是講德語的，德語人口過去是波希米亞統治者，我們要求恢復我們的統治權」。這句話不能講，因為上層人士的人口總是比下層人士要少，上層人士之所以是精英，它必然就是人口比較少、重質不重量的一方面。它只有一個辦法就是，我們講德語的人口跟你們講捷克語的人口一樣，是一個民族。

憑什麼你們捷克人可以從奧地利獨立，而我們蘇台德的德語人口就不能從你們那裡獨立？根據同樣的道理，蘇台德的德國人可以要求脫離捷克，回歸德意志祖國。事實上是，小小的奧地利共和國都想跟德國人合併。同樣，普雷斯堡的匈牙利人也可以要求脫離斯洛伐克、回歸匈牙利，特蘭西瓦尼亞的匈牙利人也可以要求脫離羅馬尼亞、回歸匈牙利。諸如此類的要求就構成了條約

⑯ 米哈里·卡羅伊（Mihály Károlyi, 1875–1955），匈牙利政治家，於一九一八年成立匈牙利民主共和國，但因為協約國的「威克斯最後通牒」而辭職下台。

⑰ 正式名稱為「德意志國」。德國在皇帝倒台之後，由社會民主黨的艾伯特起而執政；因為它在威瑪通過了做為國家根本的憲法，所以又稱為「威瑪共和國」。

⑱ 還鄉團是指第二次國共內戰期間由中國國民黨組織的地主武裝。此處是借用這種説法。

⑲ 聖斯蒂芬王國（Lands of the Crown of Saint Stephen），又稱「聖斯蒂芬王冠領」，指奧匈帝國中屬於匈牙利的部分。由於它包含了很多一戰後被割出去的領土，成為後來眾多國際糾紛的根源。

⑳ 獨立小農黨（Independent Smallholders' Party），成立於一九〇八年的匈牙利左派政黨，在二次大戰後的首次大選中一躍成為第一大黨，但後來遭到共產黨壓迫、解散，直到一九八八年才重新組黨。

修正主義。國際聯盟左右為難，如果真正嚴格執行民族自決的原則，那麼你不能說是只有捷克人可以獨立、波蘭人可以獨立，其他人都不能獨立。只要他們自己要求獨立的話，你也應該讓他們獨立。但是這麼一來的話，凡爾賽條約體系就要完全解體了。

但是國際聯盟既然這樣的言行不一致，不能把民族自決原則貫徹到底，那麼像德國和匈牙利這樣的失敗者和吃虧的人就自然是心不服，他們自然會聯合起來推翻條約體系。結果就導致了慕尼克事件，捷克斯洛伐克解體了，蘇台德被德國吞併了。匈牙利借此時機，從斯洛伐克奪回了很多領土。他們其實是很想連普雷斯堡——也就是布拉提斯拉瓦都一起拿回匈牙利的，但是這時候連德國人都不願意了。經過維也納仲裁的結果就是，匈牙利收回了一半左右的失地：斯洛伐克的南部，但是不包括普雷斯堡，特蘭西瓦尼亞的大概一半土地，南斯拉夫北部邊緣地帶的一些土地。這樣遠遠沒有恢復舊匈牙利王國的廣大土地，也沒有恢復匈牙利王國的出海口。

我們都知道，霍爾蒂海軍上將之所以是海軍上將，那就說明奧匈帝國時期的匈牙利王國是有出海口的。中世紀的匈牙利王國在亞得里亞海也是有出海口的。早在十字軍東征的時代，亞得里亞海沿岸的札拉（Zara）就是匈牙利的屬地。但是匈牙利自從接受了民族自決的原則，經過凡爾賽和約割地以後，就變成了內陸國。德國和義大利主持的維也納仲裁雖然還給了匈牙利一部分土地，但是還是沒有把出海口還給匈牙利。舊匈牙利王國是兩海之間的大國，從波羅的海一直延伸到黑海。中世紀的匈牙利也是一個延伸到亞得里亞海的大國。經過特里亞農和約以後，即使經過維也納仲裁以後，匈牙利永遠恢復不到過去的境界了。

霍爾蒂的匈牙利之所以要跟希特勒合作，跟芬蘭聯合德國打蘇聯的道理是一樣的，主要是為了恢復失地，並不是說它自己是法西斯國家或者納粹國家。恰好相反，從匈牙利君主國的角度來看，納粹分子和共產分子一樣，都是危險的民主分子。但是匈牙利人為了借德國的實力來收復失地，也不得不付出一定的代價——就是部分地開放了選舉權，結果容許一部分親德的「箭十字黨」[21]參加選舉。但他們搞到一定程度的時候，因為他們主張的納粹式原則跟匈牙利君主國主張的封建原則格格不入，所以最後又遭到霍爾蒂海軍上將的鎮壓，遭到匈牙利占主流的天主教會的譴責。結果，匈牙利和德國的聯盟關係就在這種磕磕碰碰、表面合作而暗地裡相互算計的狀況下展開。匈牙利人一方面要借助德國的力量收復失地，一方面又要在國內鎮壓親德的、具有民粹主義性質的勢力，所以也是左右為難。

隨著德軍在前線的逐步失利，德國和匈牙利的關係也日益惡化。匈牙利君主國開始考慮到，既然德國要失敗了，我們為什麼還要跟著失敗的德國聯合在一起呢？於是他就跟進攻義大利的英國將軍亞歷山大[22]聯繫，希望匈牙利王國向英國軍隊投降，由英國軍隊占領匈牙利君主國，保全匈牙利君主國收復的一部分失地。德國人得到這個消息以後，就煽動他們在匈牙利王國境內的第五縱隊發動政變，驅逐了霍爾蒂海軍上將。霍爾蒂海軍上將在逃跑的關鍵時刻通過電台發表演說，宣布匈牙利君主國退出第二次世界大戰，向德國宣戰。然後德國人就撕開聯盟國的面具，完全占領了匈牙利。接下來，霍爾蒂海軍上將在蘇軍和德軍的壓力之下站不住腳，不得不逃亡到義大利。

然後蘇聯軍隊打敗德國以後，占領匈牙利全境並建立親蘇的傀儡政權，直接了當取締過去參加匈牙利君主國的所有政黨。這就是意味著，實際上在匈牙利君主國議會當中，從中間派到右派的所有政黨都不復存在了。匈牙利君主國議會的主流政黨是君主派和教權派，現在都沒有辦法參加未來的聯合政府了。在未來的聯合政府當中，最右的黨派恰好就是在過去匈牙利君主國當中最左的黨派，就是獨立小農黨。獨立小農黨是匈牙利君主國憲法能夠容忍的最民主、最左派、最民粹主義的政黨；但是在蘇聯人主持的統一戰線聯合政府當中，他們就變成最右派的政黨了。

蘇聯人之所以要搞這個聯合政府，是因為他們跟美國人和西方盟國有協議，在包括波蘭、匈牙利、羅馬尼亞和保加利亞的東歐要首先建立所有反法西斯政黨組成的聯合政府（就是國民黨和共產黨在重慶搞政協會議的那一套），建立這個聯合政府以後，通過民主選舉再決定這些國家未來的走向。按照美國人的意思，民主選舉當然就是美國式的選舉，開始的時候我們在戰爭時期各黨派一致合作，但是戰爭結束以後，經過一個很短期的過渡，聯合政府維持秩序、舉行選舉，選舉出來以後，民主黨占多數當然就是民主黨當權，共和黨回去下野，然後下次選舉再說。

而蘇聯人對於民主選舉的看法就是這樣：首先我們在聯合政府當中一定要把內政部長和國防部長兩個職位留給共產黨，這樣的話軍隊和員警就是我的了，然後用軍隊和員警監督選舉，在選舉的選票箱上做一個手腳，在選舉的前夜把所有對共產黨有威脅的候選人先抓起來，然後在選舉結束以後對選票箱裡面出來的選票重新清理一下，那麼無論如何都是共產黨贏。聯合政府完成了過渡時期的歷史使命以後，你們就滾蛋，我們就實行人民民主專政了。

但是，匈牙利的第一次選舉[23]中，儘管聯合政府當中的內政部和國防部掌握在共產黨人的手裡面，選舉出來的結果仍然是，過去的最左派黨派、現在的最右派黨派獨立小農黨拿到了百分之五十七的選票。按說應該由獨立小農黨單獨執政，但在蘇聯占領軍的壓力之下，獨立小農黨的領袖納吉．費倫茨[24]不得不組織第二個聯合政府。第二個聯合政府仍然要把主管武裝力量和員警部隊的員警情報工作的重要部門交給共產黨人，本來可以單獨組閣的獨立小農黨和其他的中間派政黨只能占據一些無關緊要的部位。

這種危險的平衡自然是不能持久的。獨立小農黨之所以能夠獲得這麼大的勝利，其實就是出於替補效應。原先匈牙利的民意結構主要是偏右派的，十九世紀的那個自由主義的匈牙利已經不復存在了。二十世紀的匈牙利是一個保守主義的匈牙利，大多數選民，尤其是控制農村的天主教會的選民，本來是要支持保王黨的，但是保王黨已經被取締了，所以他們不得不支持他們原先反對的獨立小農黨。結果，在一九四五年支持獨立小農黨的絕大部分選民，其實倒退十年是反對獨立小農黨的。他們支持獨立小農黨是無可奈何，因為沒有比獨立小農黨更右的政黨了。在這種情況下，蘇聯人只有撕下假面具，用赤裸裸的政變手段。這場政變的結果是把納吉和獨立小農黨直接了當取締了，用赤裸裸的政變手段取消了第二屆聯合政府和支持第二屆聯合政府的整個議會。

無論你獨立小農黨再怎麼樣能夠贏得選舉，都像是金庸的《鹿鼎記》上所說的那樣（第四十七回），中國人的規矩就是中國人的靈。如果中國人扔出來的點數小，那就是點數小的人贏；如果中國人扔出來的點數大，那就是點數大的人贏。什麼是規矩？就是中國人說了算，中國人無論如何都不會輸的。在金庸的小說中間，俄國人聽到這句話就說：「那我們還要賭什麼？你的規矩就是讓中國人贏，這個是賭博作弊，我們還賭什麼？」然後鹿鼎公韋小寶就說：「就是就是我們的規矩就是讓我們自己贏，所以你反正都是要被砍頭的，我就直接砍了你的頭吧。」蘇聯人進行的選舉也是這樣的：「我們要舉行選舉，但是前提條件是讓共產黨贏。如果共產黨不贏的話，我們就不搞選舉了。」然後匈牙利各民主黨派的態度也就是像韋小寶面對那些俄國兵一樣：「既然是這樣，你還不如直接殺了我們算了，還搞什麼狗屁選舉？」共產黨人就理直氣壯、很愉快地告訴他們：「正是，我們的意思就是要殺了你們。」

然後故事就這樣演化開來，一直到一九五六年的匈牙利事變。匈牙利事變的結果就是，當時共產黨還沒有來得及殺絕的那些匈牙利君主黨人，被納吉・伊姆雷[25]釋放了。這是另外一個納吉了，他是共產黨內的改革派，我們可以把他理解成為匈牙利的杜布切克[26]和趙紫陽。在「匈牙利的趙紫陽」的領導之下，匈牙利為時過早地利用了史達林死後的小陽春搞了改革開放，把關進監獄的那些反動分子放出來了。然後正如史達林分子非常準確地預見到的那樣，這些人是過去匈牙利舊社會的精英階級，他們只有在監獄裡面才能夠不對無產階級政權構成威脅，他們一旦出了監獄就是民心所向。自然而然的，過去把他們關進監獄的那些安全部隊的官員們，一個個都被掛

㉑ 箭十字黨（Arrow Cross Party），匈牙利的親納粹黨派，一九四四年曾受納粹扶植成立政權，後來遭到紅軍鎮壓。

㉒ 哈羅德・亞歷山大（Harold Alexander, 1891–1969），英國陸軍元帥，曾在緬甸、北非等地作戰，特別是在北非戰役中戰功彪炳，之後升任地中海盟軍最高司令。

㉓ 匈牙利的第一次選舉（1945），在這次選舉中，獨立小農黨獲得百分之五十七議席，社會民主黨與共產黨加起來只有百分之三十四。

㉔ 納吉・費倫茨（Ferenc Nagy, 1903–1979），一九四六—四七年間的匈牙利總理。蘇聯進駐後他被逐走，流亡美國，一方面經營酪農業維生，一方面也任職於匈牙利流亡組織，並積極推動國際農民的合作運動。

㉕ 納吉・伊姆雷（Imre Nagy, 1896–1958）匈牙利共產黨領導人，主張改革與更溫和的外交政治路線，結果遭到蘇聯鎮壓與謀殺。

㉖ 亞歷山大・杜布切克（Alexander Dubček, 1921–1992），捷克共產黨領導人，主張改革開放，帶領了著名的「布拉格之春」改革運動，但遭到蘇聯正壓而失敗。

上了布達佩斯的路燈[27]。劉少奇和鄧小平當時看到這一幕就得出結論，以後再出現類似情況的時候，千萬不能犯納吉的錯誤，一定要趕盡殺絕，否則我們自己就要掛在路燈上了。所以後來的一九八九年事件其實是從一九五六年的經驗中發展出來的。

無論如何，蘇聯軍隊再一次開進布達佩斯，剛剛放出監獄的那些反動分子要麼在街壘上戰死了，要麼就一路逃到維也納去了。他們像波蘭流亡者一樣，形成了自己的傳奇。然後一九八九年鐵幕終於倒塌以後，他們又回到了匈牙利。結果就是，他們的存在使匈牙利在後冷戰時期的政治發展不同於東歐其他國家。最初的幾次選舉是溫和的中間派自由民主派上台，在民主協定或圓桌會議[28]中的中間派黨派上台，但是過不了幾次，青年民主聯盟就上台了。青年民主聯盟在政治光譜上是天主教保守派和保王派，也就是過去在霍爾蒂的匈牙利君主國時期曾經依靠匈牙利天主教會的保護、支持匈牙利君主國的那批力量。現在他們以青年民主聯盟的名義出現，使匈牙利回到了過去天主教君主國的時代。經過幾次修改憲法以後，使匈牙利的憲法結構已經不同於歐盟的慣例。

匈牙利人仍然沒有忘記特里亞農時期受到的委屈。對於他們來說，他們的精英受到的委屈是三重的：他們的精英本來按照民主選舉原則就是吃虧的；在共產主義原則下就是吃雙重的虧；作為兩次世界大戰的戰敗國，不得不把匈牙利人和其他各民族發明家雜居的地區割讓給其他國家，這就是三重的吃虧。這三重的吃虧使匈牙利人不僅不能像是佛朗哥西班牙的繼承者西班牙人民黨那樣理直氣壯，甚至連二戰後的德國那樣心平氣和都做不到。這是因為德國人至少是報復過了。他們雖然受了凡爾賽綜合征的刺激，但在希特勒時期又往歐洲重新征服了一遍，又對歐洲其他國家犯下了更加嚴重的罪行。可以說至少是，你欺負過了我，但是我更加嚴重地欺負了你，所以大家扯平了。如果算誰欺負得更厲害一些，還是德國人欺負得更多一些。而匈牙利人就不是這樣，他們覺得他們自己每一次都是受欺負的一家，所以自然而然對那些失敗的貴族、地主和天主教教士更加同情，因為他們受到的委屈沒有像德國人那樣經過好幾次的報復已經撈回本錢。所以，他們在青年民主聯盟的旗幟之下重新奪回了政權。

歐盟的中間派自由民主派覺得青年民主聯盟是一支右翼民粹主義力量，其實並非如此。青年民主聯盟代表了雙重的力量：第一，他們代表了一七八九年和一八四八年最正宗的國民民族主義遭到失敗以後留下的那一副委屈的情緒；第二，他們代表了最古老的、像法蘭西君主國一樣古老的匈牙利君主國的貴族和教士的勢力，代表了地主和天主教會留下的精神遺產。階級這個東西主要不是依靠物質上的傳承，從物質的角度上來看這些階級早已經不復存在了，但是在精神上他們的傳統仍然存在了下來。他們在精神上的繼承人，即使是在教會已經不再是匈牙利最大的地主、貴族的勢力已經完全不復存在的情況下，仍然可以建立他們自己的保守派政黨，而這個保守派政黨像過去的封建時代一樣，仍然能夠贏得匈牙利絕大多數貧下中農的支持。

匈牙利的絕大多數貧下中農沒有享受過像法蘭西共和國——哪怕是像威瑪共和國那樣的開明派資產階級長期執政的好日子。對於他們來說，他們要麼就是在保守派的君主國之下過日子，要麼就是在布爾什維克之下過日子，歷史上他們只有這兩種選擇，而君主國給他們的日子比布爾什維克分子給他們的日子要好過得多。他們自然而然就覺得，中間派自由民主派哪怕是嘴上說得再好，實際上他們是沒有能力維持統治的，要麼就是共產黨人，要麼就是君主派。兩相比較的話，我們只能認為，只有君主派和保守派才能有效地保護我們免遭赤色分子的奴役和蹂躪。

自由民主派如果能夠上台固然很好，但是，法國人可能會相信自由民主派的力量，德國人也有理由相信自由民主派的力量，捷克人也有一定的理由相信自由民主派的力量，而匈牙利人實在是沒有這個理由。自由民主派在法國執政了將近兩百年，在德國執政了將近一百年，在捷克至少也有二、三十年的歷史，使得法國人、德國人和捷克人的下層階級、貧下中農和工人階級都相信，跟著法國、德國和捷克的自由民主派過是能夠過得下去的。而匈牙利的自由民主派，執政的時間很可憐，儘管經歷了一八四八年、一九一八年和一九五六年三次革命，但是在這三次革命當中，自由民主派三次革命加在一起能夠執政的時間還不到一年。所以你完全可以理解，一九八九年以後，匈牙利重新回到政壇的自由民主派能夠執政的時間也不過是區區十年而已，遠遠不能跟法國、德國和捷克相比。

最後匈牙利的選民還是決定，在動盪的中歐內地，只有教權派和保王黨人才是他們安全的唯一保障，因此匈牙利義無反顧地在今天歐洲人稱「問題總理」歐爾班[29]的領導之下，回到了保守派的統治之下。匈牙利和波蘭的保守主義統治跟歐盟的自由民主派統治之間的博弈，目前還是剛剛開始。這些其實都是一八四八年、一九一八年和一九五六年的綜合症以及特里亞農綜合症給匈牙利留下的後遺症。

㉗「把這些人全部吊死」的隱諱說法。

㉘ 匈牙利圓桌會議（匈牙利語：Ellenzéki Kerekasztal）於一九八九年秋季在匈牙利首都布達佩斯舉行，確定匈牙利實施多黨民主政治，也宣告共產黨黨一黨專政時代的結束。

㉙ 維克特．歐爾班（Viktor Orbán），匈牙利政治人物，主張反移民、嚴格取締難民、強化雇主權力，在政治上實施威權主義，和歐盟各國多有齟齬。

匈牙利
民族發明大事記

時間	事件
10世紀前	**匈牙利早期歷史** 16世紀以前的匈牙利土地歷經羅馬人、匈人等統治或局部統治，然而這段歷史和匈牙利的民族發明並無聯繫（據說匈牙利一詞和匈人有關），匈牙利的民族發明主要遵循的是法蘭西式的理性民族主義路徑，而和歷史、語言文化關聯較少。
1526至1867年	**哈布斯堡匈牙利王國** 1526年，鄂圖曼帝國與哈布斯堡君主國分別占領了匈牙利。鄂圖曼帝國扶持原特蘭西瓦尼亞總督亞諾什一世為匈牙利國王；哈布斯堡王朝則扶持奧地利大公斐迪南一世為匈牙利國王。這一局面直到1570年才結束，亞諾什一世的兒子宣佈退位，將匈牙利王位交給哈布斯堡的統治者。
1848/3/15	**匈牙利革命** 當年3月，由科蘇特、裴多菲領導的革命要求選舉產生一個獨立於哈布斯堡王朝的匈牙利政府，並效法法國，將斯洛伐克、特蘭西瓦尼亞、羅馬尼亞和塞爾維亞等封建領地變成新的共和主義的匈牙利各省區。當年9月，革命在俄羅斯與奧地利聯軍鎮壓下迅速終結，匈牙利重新併入奧地利。3月15日現在是匈牙利的國家法定節假日。
1867至1918年	**奧匈二元帝國** 1867年通過的奧地利-匈牙利折衷方案，建立了奧匈二元君主國。在法律和政治上恢復了匈牙利王國因1848年革命而失去的傳統地位。但奧匈二元帝國內部的匈牙利王國，只有直轄核心的小匈牙利才是真正的匈牙利，周圍則佈滿了像克羅埃西亞巴昂這樣的封建領地。
1918/10/31	**匈牙利民主共和國建立（第一共和）** 奧匈帝國於1918年瓦解之後，由自由派的卡羅伊伯爵短暫成立的一個共和制政權，1919年三月被匈牙利蘇維埃共和國取代（只維持四個月）。接下來的匈牙利進入了布爾什維克分子和君主主義者、保王黨人、教權派相互鬥爭的歷史。

1920年 **《特里阿農條約》簽訂**

第一次世界大戰導致了奧匈帝國解體。《特里阿農條約》重新劃定匈牙利、奧地利及其他剛剛獨立之新國家的邊界。新的匈牙利王國總共失去72%的領土，舊王國的部分封建領地分別歸屬今天的羅馬尼亞、捷克和克羅埃西亞。匈牙利也永久性失去亞德里亞海的出海口。

1920至1946年 **匈牙利王國（霍爾蒂主導）**

海軍上將霍爾蒂擊潰匈牙利蘇維埃共和國，自己擔任攝政而重建的匈牙利王國，實際上並無國王。霍爾蒂主導的新議會是由貴族、教士和人民組成的三級議會，代表舊貴族和天主教的保守勢力。為了收復失地，匈牙利選擇在二戰期間加入軸心國，並獲得斯洛伐克南部、北特蘭西瓦尼亞等地，但最終遭到德國入侵，霍爾蒂被迫流亡。

1946年2月1日 **匈牙利第二共和國建立**

蘇聯打敗德國而占領匈牙利全境，根據協約國協議，建立了共和性質的傀儡政權，並根據《巴黎條約》，放棄戰爭時期所獲得的領土。蘇聯取締了前匈牙利王國的貴族政黨，組成了由共產黨和獨立小農黨的聯合政府，並奉行親蘇聯的外交政策，但該共和政權只維持三年。

1949至1989年 **匈牙利人民共和國**

納吉流亡後，由匈牙利勞動人民黨及其改組而來的匈牙利社會主義工人黨一黨執政。匈牙利的憲政改為社會主義政權，存續至冷戰終結。

1956年 **匈牙利革命**

匈牙利民眾反抗匈牙利人民共和國和蘇聯所強加之社會主義制度的革命。納吉・伊姆雷成立了新政府，宣佈退出《華沙條約》，預備舉辦自由選舉。但最後被蘇聯鎮壓。

1989/10/23 **「匈牙利共和國」**

在1956匈牙利革命33周年之際，匈牙利放棄社會主義制度，並更改國名為「匈牙利共和國」。此後在政治光譜上是天主教保守派和保王派的青年民主聯盟再次執政。

波蘭

Republic of Poland

Rzeczpospolita Polska

獨立時間：1989年12月31日

首都：華沙

八、波蘭

帝國超民族主義和文化泛民族主義的剋星

我們今天講波蘭。波蘭是近代國民民族主義的最佳典範。基本上所有談論民族和民主這兩個概念的人，都會把波蘭當作標準典範。波蘭案例的重要性在於，波蘭本身的民族構建是跟另外兩種民族構建的模式針鋒相對的，那就是大俄羅斯主義和泛斯拉夫主義。這兩種民族構建只要有任何一種成功，那麼波蘭民族都將不復存在。封建貴族的波蘭曾經存在過，本身並不必然會導致波蘭民族的存在，因為一個地方的貴族地主階級要延續自己的政治生命是有很多種可能的模式的。而且，你也不能夠簡簡單單地說所有人都是為了自己的利益。這樣好像很聰明地把一切問題都解決了，但是實際上，你的利益是什麼，關鍵是要看你的觀念體系；你

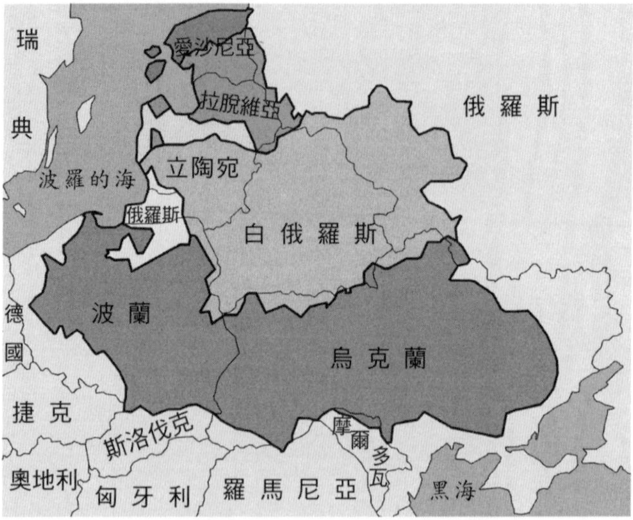

十七世紀初期，波蘭立陶宛聯邦在「大洪水時代」來臨前的政治結構圖　波蘭王國與立陶宛大公國於1569年結成聯邦體制，由波蘭國王擔任統治者，並採取歐洲獨特的「選王制」（波蘭語：wolna elekcja），在十七世紀初期進入黃金時代。

在不同的觀念體系當中，你對利益就會有不同的解讀。

現代的波蘭民族神話把波蘭描繪成一個威武不屈的典範，被俄羅斯、普魯士和奧地利三大國瓜分以後，仍然強硬地堅持了自身的存在，而且從來沒有屈服過。但是，所有神話都是為政治服務的宣傳。如果波蘭貴族真的全都是一條心的話，那麼波蘭也不可能被三國瓜分。瓜分波蘭之所以能夠成功，就是在於當時的許多波蘭貴族（如果不是主流派的話）在《五三憲法》①這個關鍵性的歷史節點上認為：維護波蘭立陶宛聯邦固有的政治傳統——自由否決權制度②；跟接受《五三憲法》規定的把權力集中到國會（波蘭語：Sejm）的新式共和主義體制相比，前者是更加重要的。如果你要按照軒克維奇以後的近現代波蘭民族發明家的看法來說的話，這些波蘭貴族都是賣國賊。但事實上並非如此，他們認為自己是波蘭傳統憲法的維護者。他們對自由否決權的看法，跟馬英九對中華民國憲法的看法是一樣的。如果太陽花運動③或者其他什麼運動的學生指著馬英九罵，說你是台灣人的奸細，你想把我們台灣出賣給共產黨，那麼馬英九是不是會服氣呢？他不服氣。他會說：我不是台灣人的奸細，因為我本來就不是台灣人，我是湖南人，我是中華民國的總統，不是台灣的總統。

擁護凱薩琳女皇和維也納會議產生的波蘭會議王國④的波蘭大貴族也是這樣一撥人。他們認為，他們的義務和他們的利益都依靠過去的那一部中世紀遺留下來的波蘭立陶宛聯邦憲法。在舊的憲法當中，聯合王國的議會是由兩王國的貴族地主階級選舉產生的，他們有權選舉波蘭的國王；而這個國王只是一個象徵性的角色，沒有實權。貴族擁有自己的武裝，可以進行私人決鬥和私人戰爭。在議會進行討論的時候，任何決議，包括選舉國王的決議，都需要國會全票通過。也就是說，只要有任何一個議員不同意其他議員的意見的話，那麼會議就沒有辦法進行下去，只能不停地中斷。在中世紀那種國家事務還比較少、跟私人事務也沒有辦法區分的時代，這樣做還算是可行的。而波蘭貴族在中世紀也以強烈的愛國精神著稱，也就是說，他們在反對俄羅斯和土耳其這兩個天然敵人的大是大非問題上其實還是能夠達成一致協定的。因此，這個表面上看來似乎很容易毀了他們的憲法缺陷並沒有引起嚴重的問題。但是近代，自從絕對主義國家開始興起以後，特別是俄羅斯、奧地利和普魯士三個強大的鄰國陸續都開始加強君主權力、推行絕對君主制以後，波蘭在設立常備軍、打近代化戰爭的過程中間就顯得明顯落伍了。僅僅依靠波蘭貴族騎兵的勇武，不足以完全彌補這方面的缺陷。

在《五三憲法》通過的時候，波蘭已經被瓜分了兩次。如果我們按照近代威爾遜主義的民族構建原理來說的話，我們很難說前兩次瓜分是侵略，因為聯合王國跟所有的封建國家一樣，它並不是按照近代意義上的語言民族的邊界來劃分的，事實上當時也沒有連續的語言民族的邊界。在波蘭立陶宛聯邦的境內，城市人口中，商人一般是講意第緒語的猶太人，工匠一般就是日耳曼人，貴族地主是波蘭人，農民是羅塞尼亞人。你要說烏克蘭的邊界從哪兒開始，波蘭的邊界從哪兒開始，德國的邊界從哪兒開始，這是很難說的事情。在同一座城的邊界線內，在鄉下，好像就是羅塞尼亞人或者烏克蘭人的天下；進了城，好像就是波蘭貴族地主的天下；到了金融市場上，好像就是一座猶太人的城市；到了工商業區，好像就是一座日耳曼人的城市。城市和鄉村的語言種族結構不一樣，城市不同地區的語言種族結構也不一樣。這樣的鑲嵌式結構在中世紀的波蘭和匈牙利是完全正常的，所以俄羅斯人和普魯士人在瓜分波蘭立陶宛聯邦的領土的時候，他們也根本沒有援引近代民族國家的原則，而波蘭貴族當時也沒有援引近代民族

愛國的雷伊坦與波蘭的衰亡 圖為波蘭畫家馬捷科（Jan Matejko）創作於1866年的作品，描繪波蘭議員雷伊坦（Tadeusz Rejtan, 1742–1780）於1773年阻止第一次瓜分波蘭的場景。雷伊坦為圖中右方倒坐在地者，而普魯士、奧地利、俄羅斯三國代表則為右方站立人物。第一次瓜分波蘭後，雷伊坦便退出政壇，相傳他最終死於自殺，雷伊坦在今天波蘭被視為民族英雄。

國家的原則來反對他們。

對於他們來說關鍵的是，割讓土地是否會影響波蘭的傳統自由。對於殘存的那個小小的波蘭來說，傳統自由顯然沒有受到影響，天主教會的權利一如既往，貴族的權利一如既往，國會的組織方式也是一如既往。而在被割讓給俄羅斯的靠近烏克蘭邊境的那些地方，波蘭貴族繼續控制著省議會，也就是說省議會的選舉方式跟聯合王國的時代是差別不大的。俄羅斯帝國的波蘭各省和小俄羅斯各省仍然各自實行各自原有的傳統，也就是說波蘭貴族在省一級議會中仍然是統治者。烏克蘭農民仍然沒有統治權，對於他們來說，僅僅是從效忠於波蘭國王改為效忠於俄羅斯沙皇。波蘭國王是軟弱的，在國會的控制之下沒有什麼實際權力，而俄羅斯沙皇是強大的，有很大的實際權力，這就是唯一的差別。這個差別不足以大到使他們得出結論說必須武裝反抗的地步。

《五三憲法》的制定是波蘭國會的開明自由派推動的成果。波蘭的開明自由派，我們可以把它理解成為法國的拉法葉侯爵在波蘭的化身，也就是後來產生了科蘇特和蒂薩的匈牙利自由黨那個派別在波蘭的對應物。他們並不代表波蘭的全部，只是代表了波蘭貴族當中特別開明的人。這些人覺得波蘭不應該在整個歐洲都日益近代化的狀態下仍然墨守封建時代的常規，特別是這種常規已經使波蘭國家的生存面臨威脅的情況下。《五三憲法》的通過，差不多就相當於是太陽花學運推翻了馬英九的統治、把民進黨重新送進台灣總統府以後發生的事情一樣。根據《五三憲法》

成立的新的波蘭國會，準備模仿法蘭西立憲君主國，廢除傳統的自由否決權制度，授予今後的波蘭國王相當大的權力，而且把國會改為多數表決制。那麼這樣一個新產生的波蘭王國雖然還沒有像路易十四的法蘭西王國那麼強大，但是至少已經向路易十六的立憲君主國靠攏了。跟原先軟弱無力的波蘭王權和渙散的波蘭國會相比，大家普遍都認為，這樣一個新的波蘭立憲君主國將會產生一個更強有力的中央政府，這個中央政府很可能會使波蘭重新成為一個軍事強國，使俄羅斯和普魯士面臨嚴重的威脅。

而與此同時，新憲法還有一些模仿法國憲法的內容，例如宗教信仰自由，啟蒙運動的各種基本原則，人生而平等、出版自由這些原則。這些原則最重要的問題就是，它觸犯了天主教會在中世紀的傳統特權。波蘭傳統上是一個天主教國家，在宗教改革以後，在波蘭跟瑞典和俄羅斯的戰爭當中，特別是後來被波蘭人稱為「大洪水」⑤的那一次瑞典入侵的戰爭當中，波蘭人把天主教的信仰和波蘭王國聯繫在一起，而把瑞典入侵者和新教信仰聯繫在一起，強化了對天主教的忠誠。波蘭大貴族，當然大多數在「大洪水」戰爭以後都把自己跟天主教黨派聯繫在一起了。實行宗教自由，那就是意味著取消天主教作為波蘭唯一宗教的傳統地位，這使他們感到無法接受。

新的國會成立時間太短，處理各方面的矛盾也是有欠成熟。當然我們也可以用後見之明來說，它當時可能也沒有一種足以能讓方方面面都滿意的做法。特別是，傳統的波蘭王國本來就有著很多地區性和家族性的矛盾，有很多矛盾本來是地方性的，或者就是一家和另一家之家的矛盾，在這個節骨眼上就會變成憲法性質的衝突。開明天主教徒和非天主教徒對宗教信仰自由各執一詞，至少形成了三個或者四個主要黨派：有堅持主張天主教的傳統地位的，有主張天主教為國教、但是容許其他宗教也享有信仰自由的，有主張在普魯士國王和沙皇的支持下乾脆取消天主教的國教地位的，也有主張依靠普魯士國王和沙皇的支持保持天主教的國教地位的。等於是，比較主張維護波蘭王國的勢力和主張投向俄羅斯和普魯士的勢力當中都有親天主教派和反天主教派。這時，事態變得更加複雜了。

而這時，法國革命向縱深發展。法蘭

瑞典軍圍攻波蘭光明山修道院　此為19世紀的作品，描繪位於波蘭琴斯托霍瓦地區的光明山修道院（波蘭語：Jasna Góra）於1655年遭到瑞典軍隊圍攻的場景，站立在破損的城牆上、手持十字架的白衣教士為全圖焦點。此修道院為波蘭的天主教聖地，在「大洪水時代」從未被外國軍隊占領，至今成為重要的波蘭民族象徵。

西立憲君主國不復存在了，國民公會砍掉了國王的頭，這在歐洲各君主國當中引起了極大的震動。他們認為，按照法國革命的規律，那麼波蘭下一步也可能會走向同樣的道路。而波蘭原來在《五三憲法》以後失勢的那些大貴族，這時候他們認為不能再等待下去了，不能再無休止地在國會討論下去了，他們認為有必要邀請俄羅斯帝國出兵來維護他們的傳統特權。當然，他們並不是政治白痴，他們在這樣做的時候也必然會知道，俄羅斯人一旦進了波蘭以後，即使恢復了他們原有的傳統特權，波蘭王國的獨立也已經保不住了，但他們為了反對《五三憲法》，寧願付出這樣的犧牲。這種做法其實是跟今天馬英九[⑥]時代的國民黨的做法是差不多的。他們覺得自己在過去

① 一七九一年，《五三憲法》（*Constitution of 3 May 1791*）通過。這是歐洲第一部、世界第二部成文國家憲法，編纂時間僅次於一七八八年正式通過的美國憲法。該憲法在一七九二年俄波戰爭時被廢除，僅施行一年。

② 自由否決權制度（Liberum veto），一種全票贊成制的議事制度，只要一位議員表達反對意見，即可中止立法程序。起初的立意原本是要限制王權，最後卻造成了國家的癱瘓與立法效率不彰。

③ 二〇一四年三月十八日，一群反對國民黨通過兩岸服貿協議的台灣學生攻占立法院，表達自己的反對意見；此舉迅速獲得社會各界的聲援，形成一場巨大的社會運動，同時也導致了國民黨政權在下次大選中的垮台。

④ 波蘭會議王國（Congress Poland），又稱俄屬波蘭，是俄羅斯瓜分波蘭後，在占領地上設置的傀儡王國。該國雖然名義上有一定的自治權，但是實際上生殺大權都操在俄國手中，後來更屢次被俄國削弱，主權逐漸喪失。

⑤ 「大洪水時代」（Deluge, 1655–1660）波蘭在一六五〇年代陷入王位紛爭的動盪中，一部分貴族擁護瑞典國王卡爾・古斯塔夫兼併波蘭；瑞典軍於一六五五年占領華沙，但波蘭各地反抗紛起，瑞典軍窮於應付，最後在一六六〇年全面撤退。

⑥ 作者使用馬英九、陳水扁等台灣知名人士作為書中比喻，不代表出版社立場。

的台灣是統治者，現在即將失去統治權，而且在憲法改革和社會變革以後，這個統治權很可能會一去不復返，並不是說一次選舉下去了、另一次選舉還會上來，因此他們就索性要把他們原先曾經維護過的這個國家毀掉，希望能夠把共產黨的勢力引進來。即使他們明知道，共產黨如果到了台灣，他們頂多做一做政協委員，不可能再恢復過去在蔣經國時代的統治，但他們也是寧願這麼做，也不願意把政權交給原先的在野黨民進黨或者是交給其他的本土派勢力。當時，一七九一年左右的波蘭大貴族採取的就是這種做法。

當然，當時沒有現代的民主選舉方式，我們無從判斷在當時的波蘭王國當中到底有多少人是跟著這些類似馬英九的大貴族走的，到底有多少人是擁護新產生的《五三憲法》和波蘭國會的，但是毫無疑問，這些大貴族的勢力強大到足以跟《五三憲法》的支持者分庭抗禮，所以他們即使是少數，也是一個不可忽視的少數。也就是說，如果我們用現代民族構建學的原理來研究的話，這時候的波蘭還是一個正在由封建國家轉型的政治實體，還不能說是波蘭民族已經誕生。恰好是圍繞著這次轉型的一系列國際事件，才迫使波蘭民族誕生的。威爾斯在他的《世界史綱》⑦中曾經說過，波蘭作為一個民族，其實是在它瀕臨滅亡的時候誕生的。也就是說，原先本來是對政治漠不關心的廣大民眾，原先認為國會和國王都是貴族地主選舉產生、上層政治的事情跟我們普通老百姓不相干的大多數人，正是在這一系列震盪中才產生了政治意識，才發現自己必須做一個波蘭人或者選擇自己索性不做波蘭人的。在這以前，波蘭跟大多數中世紀國家一樣，政治是上層階級的事情，跟普通百姓是不相干的。

無論如何，後來的故事我們都知道了，俄羅斯帝國在類似馬英九的波蘭大貴族的支持之下入侵了波蘭，導致了波蘭王國的最後滅亡。不甘失敗的《五三憲法》的支持者分別跑到法國和美國去，在法國和美國形成了強有力的政治傳統，這些政治傳統對後來的波蘭復國起了很大作用。法國和美國作為十九世紀的兩個最大的共和國，它們的國會當中經常都有波蘭移民選舉出來的議員，它們的國會也經常是同情波蘭而反對俄羅斯的。這就是所謂的「院外活動集團」現象。如果我們要問，歐巴馬政府要跟卡斯楚的古巴搞關係正常化，為什麼結果總是搞不成呢？那你就要

波蘭《五三憲法》 圖為波蘭畫家馬捷科（Jan Matejko）創作於1891年，為《五三憲法》一百周年的紀念作品。此圖戲劇性的表現《五三憲法》於1791年5月3日通過後，波蘭制憲會議成員與外國代表遊街接受人民的歡慶場景，為表達民族情感的浪漫主義傑作。

去問克魯茲議員⑧或者諸如此類的人了。他們是什麼人呢？他們就是在卡斯楚把古巴赤化以後從古巴逃出來的資產階級。這些資產階級逃到美國以後，在美國形成了強大的流亡社區。他們選舉出了很多議員，還差一點把他們的人選上了總統。雖然這一次總統讓川普當了，但是川普無疑也是很在乎古巴裔議員的看法的。所以，任何一屆美國政府如果想要跟卡斯楚言歸於好的話，它就要冒失去佛羅里達的古巴移民後裔選票的危險。這些古巴移民的後裔堅決反共，反對古巴的現政權。任何美國政府只要跟古巴發生友好關係的話，他們就要反對這屆美國政府。類似的現象就是歐布萊特國務卿代表東歐人的利益，所以把美國的政策引向了堅決反俄的方

圖左為軒克維奇肖像畫，圖右為手持戰旗的波蘭翼騎兵像　兩者均為重要的波蘭民族象徵。軒克維奇，又譯顯克維支（Henryk Sienkiewicz, 1846–1916）為波蘭作家，出身波蘭沒落貴族，其作品及形象在歐美廣為人知，代表作為「衛國三部曲」：《火與劍》、《大洪水》、《星火燎原》，於1905年獲頒諾貝爾文學獎。

向。十九世紀的法國和二十世紀的美國對波蘭的政策，在很大程度上就是由一七九三年（第二次瓜分波蘭）以後逐步移居到法國和美國的波蘭僑民團帶去的。波蘭僑民按照絕對數目來講不太多，但是在大多數選民對於法國和美國以外的國際問題並不瞭解也不關心的情況下，他們這一點選票經常能夠發揮四兩撥千斤的重要作用。

同時，也因為波蘭在海外的僑民是優秀的民族發明家，他們經過亡國的刺痛以後，產生了像蕭邦、帕德雷夫斯基[9]這樣的偉人，在國外弘揚波蘭文化。即使波蘭文化在被三大國瓜分的波蘭本土已經吃不開了，但是他們在法國或美國仍然能夠把波蘭的品牌打出來，一連打了一百多年，使法國人和美國人，無論是像巴爾扎克這樣的保守派，還是像維克多·雨果這樣的激進派，在他們的文學作品當中都對波蘭人的藝術成就和悲慘命運不勝同情。要知道，你要讓別人同情你，首先你的海外社區要很有力，你必須是很出色的人，否則的話別人還根本不知道你是誰。大家一聽到蕭邦在這兒演出在那兒演出，就覺得波蘭還是有很傑出的人物的。僅僅是蕭邦這樣一個人存在，就是波蘭的一個品牌。而有軒克維奇這樣的著名文學家和歷史發明家，用他的小說來弘揚波蘭歷史，把歷史上波蘭跟俄羅斯人打仗、跟日耳曼騎士團打仗的那些經歷都寫成小說，讓美國的讀者、英國的讀者、西歐國家的讀者普遍地深受感動，自己又在文學界拿了很多著名獎項，那麼軒克維奇走到哪裡，他就是波蘭民族的一個活動的廣告。所以，如果你說波蘭民族首先產生在哪裡，最經典的波蘭民族在哪裡，那麼合理的答覆是，最經典的波蘭民族是波蘭的海外社區，特別是在法國和美國的海外社區。

在波蘭本土，獨派到底占多大的勢力，因為沒有現代民主選舉和民意測驗，不好說，但是趨勢是這樣的：每一次波蘭人跟德國人、俄國人或者其他人打仗而失敗了以後，結果總是獨派在本土待不下去，不得不流亡。願意背井離鄉逃往海外的人，必然是最堅定的獨派；妥協性比較強的、願意支持俄羅斯的或者是對政治沒有明確看法、什麼事情都得過且過的這些人，他們必然就是多一事不如少一事，就將就著在原地湊合下去了。只有那種非常愛波蘭、堅持說波蘭非獨立不可的人才會覺得，無論勝利還是失敗，

柯斯丘什科起義　圖為波蘭畫家斯穆格列維奇（Franciszek Smuglewicz）創作於1797年的作品，描繪1794年3月24日，柯斯丘什科在克拉科夫廣場宣示就任波蘭軍隊總司令，並發起反抗瓜分波蘭的軍事行動，史稱柯斯丘什科起義。

我都要堅持下去。在失敗的情況下，我只能把波蘭獨立的旗號打到海外去，讓我的子孫後代來完成我今天的未竟之業。所以每一次政治事變的結果，都使得最堅定的獨派流亡海外了。他們流亡海外的結果，就是在海外把波蘭獨立的旗幟繼續打下去，然後重新把火種一波接一波地再撒進波蘭本土，然後在波蘭本土發動一次又一次新的起義，用這種方式不斷從海外輸送新血，也使占領了波蘭的俄羅斯人永遠不得安寧。這批海外流亡者的第一個勝利就是柯斯丘什科[⑩]輔佐華盛頓，在美國獨立戰爭的時候立下了很大的功勞，這使得美國人天然地同情波蘭人。而且對大多數對國際政治不太清楚的美國人來說的話，柯斯丘什科就代表了波蘭。他跟華盛頓並肩作戰，這就是說明波蘭人民跟美國人民一樣，都是熱愛自由的共和主義者。波蘭人被俄羅斯帝國鎮壓了，而美國成功地建立了自由民主的共和國，因此美國人民普遍感到他們欠了波蘭人的情，將來有朝一日要還波蘭人這個人情。

而流亡到法國的那一批人很快就找到了機會，這個機會就在拿破崙身上。我們都知道，近代波蘭的國歌叫做《波蘭沒有滅亡》[⑪]，它最初的起源就是拿破崙手下的波蘭軍團的軍歌。波蘭流亡者把希望寄託在拿破崙身上，正如著名波蘭詩人密茨凱維奇說的那樣：「我一輩子只有一個春天，這就是一八一二年的春天。」[⑫]一八一二年，拿破崙發兵征俄。托爾斯泰在《戰爭與和平》中描繪了當時的景象，在法國大軍出發前往俄國的時候，最興奮的、衝鋒陷陣在前的就是這支波蘭軍團。他們總算是得到了強大的法蘭西的支持，找到了一個可以跟俄羅斯人對抗的力量，因此他們懷著男兒報國爭先死的慷慨情懷，在拿破崙東渡尼曼河（Neman）的時候，英勇的波蘭騎兵搶在拿破崙面前，搶先渡河，甘願冒被河水沖走和淹死的危險。一八〇七年，拿破崙從普魯士的口中奪出了普魯士人瓜分的那一部分波蘭，成立了華沙大公國[13]。在波蘭軍團看來，華沙大公國是波蘭的復國先聲，既然得到普魯士人占據的一部分，俄國人占據的那一部分也很容易奪回來了。他們的口號是一九一九年畢蘇斯基[14]仍然堅持的口號，就是恢復一七七二年的波蘭邊界，也就是說恢復那個包括烏克蘭和白俄羅斯在內的大波蘭的邊界，那個三國瓜分波蘭以前、波蘭作為從波羅的海到黑海的大國的波蘭國界。現在拿破崙已經幫他們拿回了德國人奪走的那一半，接下來又要幫助他們拿回俄國人奪走的那一半了。

但是接下來的事情我們都知道，拿破崙征俄失敗，自己也垮台了。在維也納會議上，亞歷山大一世沙皇公開對其他列強說：波蘭掌握在我手裡面，我用五十萬大軍牢牢地掌握了波蘭。意思就是說，誰敢跟我搶波蘭，先問問我手上這五十萬大軍同意不同意。列強經過討價還價和協商以後，達成了這樣一個協定：首先在波蘭的核心地帶成立一個所謂的波蘭會議王國。這個波蘭會議王國在很多中文的翻譯作品中被翻譯成「議會制波蘭」，其實不是，它是「波蘭會議王國」。會議就指的是維也納會議，意思就是說這個波蘭是維也納會議規定的波蘭。這個波蘭以君合國的形式和俄羅斯帝國結合在一起，也就是說，以類似芬蘭大公國的方式，俄羅斯的沙皇兼任芬蘭大公國的大公和波蘭王國的國王，但是波蘭王國、芬蘭大公國和俄羅斯帝國仍然是不同的政治實體，各自有各自的議會和政府。另外成立一個克拉科夫共和國[15]，在列強的保護之下就變成凡爾賽和約的但澤自由市[16]那樣，這也是一個純波蘭的國家。另外，靠近邊界的那些部分，分別併入俄羅斯帝國、普魯士王國和奧地利帝國。

克拉科夫共和國作為唯一一個完全不受約束的波蘭自由國家，自然而然就會變成海外的波蘭人從海外向波蘭本土輸入革命的一個中轉站。對於俄羅斯帝國來說，當然感覺是有如芒刺在背。

⑦ 赫伯特．喬治．威爾斯（Herbert George Wells, 1866–1946），美國著名的科幻小說家、廣播主持人，《世界史綱》（The Outline of History）是他以一般讀者為對象，寫成的一部從地球誕生到一次大戰的通史，對於向大眾普及世界通史有很大的貢獻。

⑧ 泰德．克魯茲（Ted Cruz），美國共和黨議員，父親在古巴出生，得到政治庇護並移居美國。

⑨ 蕭邦（Frédéric Chopin）、帕德雷夫斯基（Ignacy Jan Paderewski），兩人皆為波蘭的傑出音樂家，也都懷有強烈的波蘭民族主義情懷。

⑩ 塔德烏斯．柯斯丘什科（Tadeusz Kościuszko, 1746–1817）波蘭貴族，軍事工程專家。在美國獨立戰爭中相當活躍，參與了薩拉托加會戰等關鍵戰役。回國之後致力於波蘭的自主獨立，多次領導波軍和俄軍作戰。

⑪ 當時在義大利的波蘭軍團從屬於拿破崙麾下，為解放波蘭而作戰，他們的口號就是「波蘭沒有滅亡」；後來作曲家維比茨基以此為靈感，創作出了這首給波蘭軍團的頌歌。

⑫ 密茨凱維奇（Adam Mickiewicz, 1798—1855）是波蘭浪漫主義的代表性詩人，拿破崙革命時期他還是學生；拿破崙失敗後，他在俄羅斯治下成立地下組織，不斷為波蘭獨立而奔走，因此屢屢遭到俄國的鎮壓和逮捕。

⑬ 華沙大公國（Duchy of Warsaw, 1807—1815），拿破崙在耶拿擊敗普魯士後，將普屬波蘭割裂出來成立的國家，和薩克森王國屬於共主邦聯。

克拉科夫共和國並不是俄羅斯帝國的領土，甚至連君合國[17]也不是，所以俄羅斯帝國無法干涉克拉科夫共和國的出版自由、結社自由和政治活動。但是它明明白白看到，在它自己統治的波蘭會議王國造反的波蘭革命分子紛紛跑到克拉科夫共和國去避難，然後就在邊界咫尺之隔的地方繼續搞各種活動，自己卻不能出兵，自然是非常憤怒。一八三〇年波蘭革命失敗以後，俄羅斯帝國就開始考慮消滅克拉科夫共和國的獨立。對於它來說，克拉科夫共和國這塊土地到底歸誰是件無關緊要的事情，但是要讓克拉科夫共和國不存在卻是至關緊要的事情。

你可以想像，香港對於共產黨統治的中國就是這樣的地方。對於它來說，一國兩制就像是插進自己腹部的一個毒丸，在這裡可以實行資產階級的自由民主和各種體制。一九八九年以後，在共產黨統治下的中國混不下去的各路政治流亡者就一路跑到香港去，在香港辦報紙，出書，寫各種罵共產黨的書。共產黨之所以要在香港抓桂民海[18]這些書店老闆，幹這些活動，也無非是看著這個小小的香港城邦共和國地方雖然不大，對它來說卻變成了一個重大的汙染源。它在自己的統治範圍內可以搞各種清洗和消毒，但是因為有香港的存在，這些想要清除掉的東西都在香港聚集起來了，而香港又是近在咫尺，香港和深圳之間的聯繫無法關閉，於是這些對它來說很有害、很危險的思想就迅速從香港傳到深圳，迅速傳到了共產黨統治區的全部。這對它來說，感覺是非常不好的。

俄羅斯帝國看待克拉科夫共和國，自然也就是這樣的。但是限於國際條約的束縛，它沒有辦法幹掉克拉科夫共和國，而且其他列強對俄羅斯也不是很滿意，於是它就唆使奧地利帝國去消滅克拉科夫共和國。《論美國的民主》的作者托克維爾[19]當時正擔任法蘭西的外交大臣，所以他以十九世紀貴族喜歡的那種諷刺語氣記載這件事情。他說，情況是這樣，奧地利的外交大臣告訴我說，「俄羅斯的外交大臣是這麼對我說的：『您要不要把克拉科夫共和國拿下？如果你不動手的話，我們俄國人可就要動手了。』我們奧地利人就是害怕俄國人動手，才勉為其難地拿下了克拉科夫共和國。」他說這話的意思就是，與其讓俄國人拿下克拉科夫共和國，還不如奧地利人拿

⑭ 約瑟夫・畢蘇斯基（Józef Piłsudski, 1867–1935），波蘭政治家、軍事強人，在華沙會戰中挫折了紅軍赤化波蘭的企圖。一九二六年起執掌波蘭政權，致力於維持波蘭在強國之間的獨立地位。

⑮ 即克拉科夫自由市（Free City of Cracow），一八一五年維也納會議建立的波蘭自治領地。位處俄屬波蘭王國、普魯士、奧地利三國交界地帶，包括克拉科夫城及其周邊地區。由俄、普、奧三國聯合監督，內部擁有自己的憲法、共和制政府和員警力量，享有免稅區地位。因波蘭民族主義者經常在該市出版鼓吹波蘭獨立的書刊，並利用該市的特殊地位策劃起義、偷運軍火，故三大國在一八三三年後逐步削減了該市的自治權。一八四六年的克拉科夫起義（Kraków Uprising）失敗後，奧地利兼併該市，將其改為克拉科夫大公國（Grand Duchy of Kraków）。

⑯ 一次大戰後，協約國將但澤市從德意志帝國割裂出去，形成一個處於國際聯盟保護之下的自由市。

⑰ 君合國（Personal union），或稱共主邦聯，指的是兩個主權獨立的國家共同擁戴同一位君主，形成特殊的國與國關係。

⑱ 桂民海是香港銅鑼灣書店股東，二〇一五年在泰國遭到中國當局綁架帶走；中國方面宣稱他涉及多起罪案，將他重判十年，但實際原因是他出版了一些批評中共的書籍，所以遭到逮捕。

⑲ 一八三一年五月，托克維爾前往美國遊歷，回國後寫成《論美國的民主》一書；他在書中一方面讚揚了民主制度在美國的成就，但也對可能出現的多數暴力感到憂心，並表示對激進個人主義的反對態度。

下，奧地利畢竟是一個歐洲的文明國家，它對境內的波蘭人比起俄羅斯人來說是要好得多了，克拉科夫在奧地利的統治之下至少還可以享有一部分的自由，在俄羅斯的統治之下可能就一點自由也沒有了。這一點實實在在是實際情況，但是多多少少也有一種為自己的不光彩行徑遮羞的味道。而法國人是普遍同情波蘭人的，於是托克維爾聽到這話就說了一句諷刺的話：「照你這麼說，那麼奧地利人的侵略反倒是一種自我犧牲的偉大行動囉？你的侵略其實是克制的表現，不是嗎？」

無論如何，克拉科夫共和國滅亡、波蘭會議王國遭到鎮壓以後，波蘭政治自由的活動好像在本土已經完全熄滅了。俄羅斯鎮壓了波蘭起義以後，把維也納會議規定給波蘭的那些政治自由也給取消了。當然，這樣做又導致了新一批波蘭流亡者大量流亡到巴黎、匈牙利、義大利、美國和其他地方。流亡在海外的波蘭人，後來在一八四八年革命的時候有很重要的表現。一八四八年的法蘭西第二共和國和一八四八年的匈牙利共和國，在很大程度上都是波蘭流亡者建立起來的。波蘭流亡者的將領和軍官在他們的革命當中是身先士卒，發揮了非常重要的作用。結果，就進一步地把波蘭人的命運跟法蘭西乃至全歐洲的自由派的命運結合在一起了。

一八四八年對於民族發明學來說是一個重要的節點。國民民族主義，我們前面講過，是一七八九年隨著法國大革命而產生的；語言民族主義，是隨著一八四八年的反革命而產生的。

一八四八年的革命和反革命以後，又產生了兩種我們今天非常熟悉的偽民族主義：一種是以大俄羅斯主義、奧斯曼主義為代表的帝國超民族主義，一種是以泛斯拉夫主義、泛突厥主義以及拿破崙三世的拉丁民族主義為代表的文化泛民族主義。我們要注意，這兩種我稱之為假民族主義的大型民族主義之所以產生，都是針對國民民族主義的一種反擊。國民民族主義，眾所周知，它就是要建立法蘭西式的民族民主國家，那麼對於這種構建模式來說，最大的犧牲者是誰呢？當然是像俄羅斯這樣的大帝國。它不僅因為自己專制的緣故要被推翻，而且還因為它自己的多元性和遼闊地域而必須被瓜分成為很多個不同的小共和國。

最初在一八一二年的時候，俄羅斯反對國民民族主義的邏輯是正統君主制。按照當時俄羅斯推行的正統主義原則，當然也是梅特涅和一八一二年的歐洲大陸各君主國普遍支持的正統主義原則，民族主義和民主主義都是危險的顛覆勢力，只有正統君主制才是唯一合法的力量。但是經過一八四八年革命以後，正統君主制的力量已經遠不如前，而且正統君主國之間的內部矛盾也已經十分突出。例如像普魯士王國就明顯有倒戈的傾向，它一面跟國內的自由派結合，形成了自由派的內閣，使俾斯麥痛心疾首，另一方面又表現出很願意支持波蘭反對俄羅斯的跡象。正如海涅[20]說的那樣，普魯士和波蘭的命運其實是一致的，因為普魯士占據的就是波蘭的生態位。有波蘭王國在的時候，是波蘭王國看守歐洲的邊疆，抵抗亞細亞主義——也就是俄羅斯的入侵；波蘭沒有了，那就是普魯士人看守歐洲的邊疆，普魯士之外就是亞細亞的俄羅斯了。所以普魯士不僅得到了波蘭的一部分領土，而且繼承了波蘭人抵抗俄羅斯的使命。因此普魯士的自由派普遍支持波蘭人起來反抗俄羅斯，這個傾向一直到俾斯麥掌握政權以後才被壓下去。所以，各君主國聯合一致鎮壓共和民族主義的統一戰線已經靠不住了。

這時，俄羅斯帝國就很需要有新的統治原則，也就是大俄羅斯主義。這個新的統治原則其實在它鎮壓十二月黨人的時候就已經產生了，但是那時還是只限於烏瓦羅夫伯爵和國內一小批保守派思想家的支持，它並不是沙皇尼古拉一世支持的官方學說[21]；但在一八四八年以後，大俄羅斯主義的學說就開始進入官方層面了。大俄羅斯的學說當然就建立在家長制沙皇的保護、東正教臣民的效忠和俄羅斯專制主義的不可分割性這三條基本原則之上。它認為，法蘭西式民族民主主義建立的國民共同體自我統治的觀念是根本要不得的，為什麼呢？因為沙皇是東正教徒的「小爸爸」，沙皇就是人民，人民就是沙皇，沙皇和人民彼此之間是根本沒有區別的，大俄羅斯的沙皇和大俄羅斯的人民之間存在著庸俗的契約論者無法理解的神祕協和關係，這個神祕協和關係是俄羅斯專制體制的基礎，經過了東正教教會的祝福以後，是具有高度的有機性的，不可能被機械粗暴的資產階級契約觀念所取代。

從民族主義者的角度來看，共和民族主義的原則是國民自我統治，「國民」就是說，以後不再需要有什麼封建王公來代表你或者是統治你，國民選舉自己的代表來統治自己，自我統治是世界上最美好的形式，憲法是國民自我統治的契約。但是在大俄羅斯神祕主義者看來，所謂的國民自我統治顯然是具有欺騙性的。什麼叫做國民自我統治？無非就是選舉議會和總統而已。議會和總統是什麼人？必然就是資產階級人士。人民群眾選舉出來的必然是人民認可的知名人士，而知名人士必然是社會上的成功人士。如果不是成功人士的話，人民也信不過他們，不會選他們。所以實際上選舉出來的還是資產階級人士。所以所謂的國民自我統治是具有欺騙性的，表面上是人民統治，實際上還是資產階級統治。反而不如俄羅斯專制統治之下，沙皇為了窮苦的東正教百姓的利益嚴厲地打擊資產階級，不使資產階級有借國民的名義統治人民的機會，這樣的統治才是真正為人民的。所以東正教的專制主義才是真正為人民的，號稱民主的民族民主國家其實只不過是資產階級的一層遮羞布而已，大俄羅斯主義才是真正的有機共同體。

如果大俄羅斯帝國也建立憲法了，那就是說把沙皇和人民之間這種像父子一樣的具有生物學性質和神祕性質的親熱關係，簡化成為資本家跟資本家之間、資本家跟顧客之間簽署商業條約那種庸俗的關係，那實際上是把有機共同體的有機性給嚴重削弱了，所以它根本不是建立共同體的良好方式。大俄羅斯帝國的實質意義就是，凡是跟大俄羅斯皇帝有過君臣之義的人，跟大俄羅斯皇帝之間都存在著神祕的有機關係，因此大俄羅斯主義維護的就是大俄羅斯的版圖。例如現成的一個例子就是，效忠凱薩琳沙皇、反對《五三憲法》的那些波蘭大貴族，你能說他們是波蘭人的叛徒嗎？不是，他們已經宣誓忠於俄羅斯的沙皇了，俄羅斯的沙皇保護他們，他們也忠於沙皇，他們的君臣之義是建立在大俄羅斯主義的基礎上的，而大俄羅斯主義跟你是波蘭人還是吉爾吉斯人沒有什麼關係。眾所周知，俄羅斯帝國既有波蘭的貴族和立陶宛的貴族，也有瑞典的貴族和德國的貴族，還有吉爾吉斯的貴族和穆斯林的貴族。這些人在沙皇的朝廷上是怎樣共聚一堂的呢？答案是，他們都是按照大俄羅斯主義的原則忠於大俄羅斯的沙皇，這就足夠了。大俄羅斯主義是建立在沙皇和臣民之間的神祕效忠的基礎上的，它直接排除了波蘭人所主張的那種民族民主主義。

但是，大俄羅斯主義還是一種保守性的意識形態，你可以看出，俄羅斯宮廷在放棄正統君主制的原則以後願意支持大俄羅斯主義的原則，歸根結底是因為俄羅斯帝國還是一個保守性的力量，它未經其他列強的贊同，是不敢也沒有認真考慮去在歐洲肆無忌憚地擴張領土的；而民間的思想家，像丹尼列夫斯基[22]這些人，看法就不一樣了，他們不像是大俄羅斯主義者那樣要照顧沙皇的外交利益，他們就肆無忌憚地主張，沙皇俄國在過去的幾十年內都是在被歐洲列強當槍使，自己沒有得到什麼好處，最後還被奧地利人背叛了，所以俄羅斯是俄羅斯，歐洲是歐洲，俄羅斯不應該為歐洲的利益去出頭，而是應該為斯拉夫人的利益去出頭。

斯拉夫主義是針對一八四八年的重要反動之一。它的主要意義是什麼呢？就是要把防禦性的正統君主制原則和大俄羅斯主義原則改為進攻性的斯拉夫主義原則。俄羅斯不是號稱歐洲的憲兵、是歐洲的保守力量嗎，保守就有一個壞處就是，革命者打你的主意，你卻不能打別人的主意。波蘭革命者以克拉科夫為基地、以法國為基地、以普魯士為基地、以美國為基地，不斷地進攻俄羅斯帝國所屬的波蘭各省，而俄羅斯帝國卻必須遵守維也納會議的條約規定，不能反過來，比如說把普魯士、奧地利的某些領土也畫過來，這樣好像是很不公平、很失敗的做法。僅僅是因為那些萬惡的波蘭人在法國思想家的教唆之下有了一套政治理論，好像就覺得他們從俄羅斯帝國割下一片領土來就挺合法似的。理論是什麼？理論不過就是知識分子寫的幾本書而已。你們法國人會寫書，波蘭人會寫書，難道就欺負我們俄國人不會寫書嗎？我們也會寫書，我們要來一個泛斯拉夫主義。

俄羅斯沙皇是全世界斯拉夫人和東正教徒的保護者，不僅是俄羅斯帝國的斯拉夫人和東正教徒的保護者，而且也是全世界的東正教徒的保護者。他負有一個神祕使命（這個神祕使命的說法是從大俄羅斯主義者那裡接管下來的），這個神祕使命不再是針對跟沙皇有君臣之義的那些臣民，而是針對沙皇從來也不認識、他們也不認識沙皇、僅僅是在種族上是斯拉夫人、在信仰上是東正教徒、在語言上是斯拉夫語系的這些所有居民，他們有很多是普魯士王國、奧地利帝國和奧斯曼帝國的臣民。這樣一來，沙皇就可以反過來了，不是說只有外國人才能夠以香港為基地去煽動顛覆我們，我們也可以以香港為基地、甚至以紐約為基地去煽動顛覆一下美國呀。你們不是要搞什麼西藏獨立嗎，我們也可以去煽動一下，搞一下琉球獨立、加利福尼亞獨立之類的。這就是泛斯拉夫主義者當時的考慮。

泛斯拉夫主義者的第一個目標就是奧匈帝國境內的捷克、克羅埃西亞這些地方，第二個目標就是巴爾幹半島的希臘東正教徒。泛斯拉夫主義最開始產生的時候，是沙皇宮廷非常厭惡的意識形態；但是等到沙皇在歐洲方面的外交吃虧吃得多了以後，他漸漸就開始覺得，這種具有革命性的意識形態對他來說還是很能出氣的，在有些地方（特別在巴爾幹外交的方面）給他也扳回了不少的失分。結果他就一步一步的，特別是在一九〇五年革命以後，漸漸向泛斯拉夫主義靠攏，最終完全落入泛斯拉夫主義的掌控之中了。

現在我們可以用科學的方法來歸納一下這幾種民族主義的特點了。小民族主義，無論是國民民族主義還是語言民族主義，它要求的共同體都必須小，因為自我治理的要求就是要小。第一是要有一片連續的、很小的地區，第二就是國民彼此之間要有高度的認同感，非如此不能夠自我治理。如果彼此之間互不熟悉或者互不認同的話，那就要麼是各自獨立，要麼就只能是你征服我或者我征服你了，不可能形成有效的認同。語言文化共同體自然是只能夠根據較小的方言的邊界了，否則的話，僅僅是德語或者拉丁語就有多種方言，要想形成一個連綿的方言區，這個方言區的範圍自然就不會很大。

大俄羅斯主義和奧斯曼主義代表的這種帝國民族主義，因為它產生的主要動機是在正統君主制的原則已經失去生命力以後，還要找出一種能跟民族民主主義對抗的意識形態，能夠證明俄羅斯和奧斯曼這樣的大帝國有存在的必要和理由，所以它的意識形態就是要尊重歷史既成事實。原先的各大帝國是什麼邊界，我們就順著它的邊界去發明民族，這樣一來就可以減少很多外交糾紛。梁啟超的中華民族概念就是這樣發明出來的。他發明中華民族的概念就是因為，如果我們按照語言文化的邊界來發明，或者按照認同的邊界來發明，或者按照自我治理的邊界來發明，隨便怎麼樣發明，大清帝國必然也會像大俄羅斯帝國、奧匈帝國和奧斯曼帝國一樣面臨類似的問題，就是說解體是不可避免的，解體就要引起國際糾紛，國際糾紛是很麻煩的事情。我們索性發明一個大民族，發明一個中華民族，中華民族的範圍跟原來的大清帝國一樣大，豈不是就解決一切問題了嗎？這就是帝國民族主義。

帝國民族主義好是好，看上去能解決很多問題，但它有一個致命的弱點：我們發明民族是為了幹什麼，難道不就是為了要搞自我統治嗎？如果我們的意思是發明了中華民族就讓大清皇帝來統治，或者是讓一小撮國民黨人或者一小撮共產黨人來統治，絕大多數老百姓仍然繼續做毫無權利的順民，那請問我們發明民族幹什麼？我們還不如直接去搞正統君主制，就說我們忠於成吉思汗的後代或者是忠於愛新覺羅家族的後代不就得了？這跟忠於國民黨或者忠於共產黨有什麼區別？不同樣都是閉著眼睛、不動腦筋地服從嗎？我們還不如直接延續原有的正統君主制。你不是說為了省麻煩嗎？好，最省麻煩的方法就是，我們連革命也不要了，我們就繼續支援正統君主制不就得了？你這個大俄羅斯主義跟正統君主制沒有任何區別，我們為什麼還要搞這一套？

如果說是有區別，大俄羅斯主義是俄羅斯人當家作主，大俄羅斯主義就是意味著大俄羅斯人也要像法蘭西人、德意志人一樣，在自己的大俄羅斯帝國內當家做主，俄羅斯帝國的主人不是沙皇，而是大俄羅斯人，那麼問題就來了：過去沙皇可以對芬蘭人、波蘭人、俄羅斯人、烏克蘭人因俗而治，也可以一律平等；現在你要搞大俄羅斯主義，如果大俄羅斯人要當家作主，他們當統治者，他們要比芬蘭人、波蘭人和烏克蘭人高一等，這些人幹不幹？他們原先願意服從沙皇，要麼是因為沙皇對他們一視同仁，要麼就是因為沙皇對他們因俗而治，而波蘭人享有的政治自由其實比莫斯科人還要多，芬蘭人享有的政治自由比波蘭人和莫斯科人都要多，所以他們的地位比莫斯科人原先要優越。你一搞起大俄羅斯主義，那就顛倒歧視鏈，原先不如我們的莫斯科人現在竟然爬到我們頭上變成統治民族了，這樣做我們能忍受嗎？本來不鬧事，現在也要鬧事了。

結果，大俄羅斯主義和所有帝國民族主義一樣，又一次實現了自己承諾的反面。你許諾我們搞大俄羅斯主義，不就是說我們搞大俄羅斯主義就比較省事嗎？結果你看，你一搞大俄羅斯反而生事了。如果我們要省事，我們乾脆搞正統君主制，那樣的話，波蘭人和芬蘭人也不鬧事；一搞大俄羅斯主義，原來是願意服從沙皇，因為沙皇畢竟是皇帝，現在他可不願意服從什麼莫斯科的馬車夫。波蘭貴族服從沙皇是可以的，我們只是公爵伯爵，你沙皇是皇帝；但是波蘭貴族如果聽說莫斯科的裁縫和馬車夫認為，「因為我是大俄羅斯主體民族，我就要騎在你波蘭貴族頭上」，那也真是是可忍孰不可忍了。這樣做，還是要鬧事的。既然還是要鬧事，那我們還不如索性就搞民族民主主義，波蘭人建波蘭人的國，俄羅斯人建俄羅斯人的國，不是更好嗎？你說這樣做太麻煩了，那我們回去搞正統君主制好了。

所以，大俄羅斯主義者和所有的帝國民族主義者都一樣，後來的中華民族也好，或者是其他類似的奧斯曼主義的發明也好，都逃不過這一關。它無論從邏輯上講還是從政治現實上講，都是自相矛盾的，實現不了它的承諾。如果要省事的話，就不如搞正統君主制；如果要搞什麼帝國民族主義，結果就必然會導致帝國核心地帶的順民一下子被發明為主體民族，他們本來是帝國內部政治自由最少的，反而會淩駕於帝國周邊地帶政治自由比較多的那些人之上。你如果要問蒙古貴族願不願意接受駱駝祥子[23]的統治，他們的答覆必然會跟波蘭貴族一樣：「你去死吧！我們服從愛新覺羅家的皇帝是一回事，服從駱駝祥子那是另外一回事。在大清帝國在的時候，我們是貴族，你駱駝祥子是一個賤民；現在一搞起中華民族來，你駱駝祥子突然變成主體民族了，我們蒙古人變成少數民族了，你這個賤民變成主體民族，憑著主體民族的發明要騎在我們出身高貴的少數民族之上，我們能不鬧嗎？」

這樣做到底是省了事還是多了事，答案應該是一目了然的。奧斯曼主義是沒法逃避這樣的問題的。奧斯曼主義的理想初衷就是，要把整個帝國境內的所有族群都發明成為一個整體，正像是米德哈特帕夏[24]和恩維爾帕夏說的那樣，「太陽底下只有奧斯曼人，大家一律平等」，但是這可能嗎？實際上奧斯曼主義實行的結果就是，原先的穆斯林變成了死心塌地的奧斯曼人，而原先的希臘東正教徒、亞美尼亞東正教徒這些人原來在封建主義和米勒特制度下還能相安無事，然後現在立刻就感覺到穆斯林才是真正的奧斯曼主義受益者，我們不如發明一個希臘主義、阿拉伯主義或者亞美尼亞主義算了。本來想要省事的，反而多事了。大俄羅斯主義發明的結果是什麼？就是原先莫斯科的順民願意相信自己是大俄羅斯人，而周圍的波蘭貴族、芬蘭資產階級沒法接受自己也是大俄羅斯人的事實。

發明奧斯曼主義的結果，必然就要引起類似於漢族、俄羅斯族、奧斯曼族這樣的次級發明，也就是順民「民族」的發明。在正統君主制時代最沒有權利、順民性格最強的那一批人，最容易接受奧斯曼主義的民族構建。他們容易接受，是因為他們本來就一無所有，也就無所謂了。你說我們過去是順民，好，我們就乖乖當順民。現在我們變成奧斯曼主義者，都是奧斯曼人、都是俄羅斯人或者都是中華民族，好，我們就當我們的大俄羅斯人、當我們的奧斯曼人或者當我們的中華民族。但是，原先在帝國內部擁有一定的政治權利的那些人，波蘭人、高加索人、蒙古人或者西藏人之類的，必然會不滿意。帝國民族主義發明的結果不但沒有消滅民族主義的挑戰，反而刺激了民族主義，使原先本來是帝國忠誠之士的那些人變成了帝國的敵人。在凱薩琳和尼古拉一世的時代，波蘭大貴族當中有很大一撥人像蒙古王公忠於大清皇帝那樣，是忠於俄羅斯帝國的。他們實際上絕不會相信自己是大俄羅斯人，但是卻很樂意相信自己是沙皇的臣民。而大俄羅斯主義

⑳ 海因里希・海涅（Christian Johann Heinrich Heine,1797–1856），德國浪漫主義詩人、文學評論家。

㉑ 烏瓦羅夫伯爵（Sergey Uvarov, 1786–1855）是沙皇尼古拉一世（Nicholas I, 1796–1855）的教育部長，他提出了「官方民族理論」，主張以「專制、東正教、民族特性」為核心的俄羅斯意識形態。

㉒ 尼古拉・丹尼列夫斯基（Nikolay Danilevsky, 1822–1885）當代俄羅斯文化理論的奠基者之一，強調歷史文化類型論、世界歷史循環論，也是泛斯拉夫主義的擁護者。

㉓ 出自於老舍的名著《駱駝祥子》，描述一位一九二〇年代北京人力車夫的掙扎與不幸，這裡是用來借喻「北京的下層平民」。

㉔ 米德哈特帕夏（Ahmed Şefik Midhat Pasha, 1822–1883），奧斯曼帝國首相（1872，1876–1877），親西歐開明派的代表人物，是推動一八七六至七七年立憲制改革的主要人物。因新憲法賦予非穆斯林以平等權利，遭到各方反對，一八七七年初遭解職。次年被派往敘利亞，繼續在當地推行改革措施。一八八一年被指控謀殺前任蘇丹阿卜杜勒，後被處死。

者一旦產生的話，他們就發現自己做不了大俄羅斯人，因此他們連沙皇的臣民也都不願意做了，也就是說，沙皇本來能夠統戰的那批波蘭貴族從此以後也一撥一撥地倒向波蘭獨派了，這樣做等於是給獨派壯大了聲勢。

泛斯拉夫主義的發明就更加糟糕了，它要求俄羅斯帝國以進攻性的方式去侵略奧斯曼帝國和奧匈帝國，把那些地方的捷克人、克羅埃西亞人之類的放到俄羅斯帝國的版圖之中，這樣做的結果是使俄羅斯帝國背上了無法解脫的外交包袱。而恩維爾帕夏的泛突厥主義也是一樣，使奧斯曼帝國承擔了必須深入中亞的外交任務和軍事任務，最後把帝國完全壓垮了[25]。尤其糟糕的是，文化泛民族主義本身連帝國民族主義那種基於歷史既成事實的聯繫也沒有。帝國民族主義至少還可以說是，我們祖上是效忠俄羅斯帝國的波蘭貴族，我們就可以根據歷史傳統效忠。而文化泛民族主義所企圖兼併的那些捷克人，他們自古以來就是效忠哈布斯堡皇帝的。他們的貴族階級和上層階級沒有理由說是，僅僅是因為我講了斯拉夫語或者是我有斯拉夫血統，就要效忠於俄羅斯皇帝，或者就跟莫斯科人連在一起。從社會經濟各方面來講，他們也不可能說是僅僅在文化上有親緣關係，就能夠聯繫在一起。從溝通和認同的角度來講，語言上有親緣關係、但仍然不是同一種語言，並不能使他們有效交流。例如，你可以把波希米亞語發明出來，宣布它是斯拉夫語言的一種，但是波希米亞人說話還是德國人和奧地利人比較容易聽懂，而莫斯科人是很難聽懂的。雖然民族發明家可以在他的分類學上寫一下，說捷克語和塞爾維亞語是俄語的親戚，但是他們彼此之間講話仍然是聽不懂的。

拿破崙三世發明了拉丁民族，以為這樣一來，在憲法上效法美國、在經濟上依賴英國、在歷史傳統上屬於西班牙、在宗教上效忠於羅馬教廷的這些拉丁美洲國家，從此以後就可以根據「拉丁」這個虛名歸屬到法蘭西帝國的麾下來了，使它能夠跟英美勢力和日耳曼勢力平起平坐了。結果就是，墨西哥人根本不認他的帳，把他派去的馬克西米利安皇帝[26]給槍斃了。今天的拉丁美洲雖然被很多人叫做拉丁美洲，但是實際上它還是跟西班牙和羅馬教皇更親，跟美國更親，跟法蘭西的關係基本上是等於沒有。泛斯拉夫主義所發明出來的斯拉夫各民族之間的團結，泛突厥主義發明出來的突厥語各民族之間的團結，效果也是差不多的。

如果按照泛斯拉夫主義者的設想的話，泛斯拉夫主義一旦發明出來，那麼波蘭問題就可以自動解決了。波蘭人不也是斯拉夫人嗎？你們應該跟斯拉夫人團結在一起，共同反對那些日耳曼人和拉丁人才對。你們如果不這麼做，那豈不是變成斯拉夫人的叛徒了？普希金[27]就採取了這種做法。後來的文學家當中，也有許多人贊同這種看法[28]。但是，民族真正的力量還是在認同。民族主義能夠取代過去的封建主義，取代絕對君主制，取代正統君主制和其他政治勢力，在近代世界上站住腳跟，靠的是什麼？就靠的是在一個國民共同體當中，無論它是怎樣被發明出來的，在這個小團體當中，他們彼此之間就是感到我們自己比外人要親。而比外人要親，第一是團體不能大，第二就是你的團體跟別的團體要有差別。如果你的團體大得無邊無際，像俄羅斯帝國和奧斯曼帝國那樣大，你很難讓希臘人和阿拉伯人覺得自己是一家，很難讓波蘭人和塔吉克人覺得自己是一家。

按照文化泛民族主義方式發明的話，語言學家在紙上論證出來的親緣民族在現實當中能不能夠交流在一起，那也是很難說的事情。真正能夠通過歷史考驗的共同體，並不僅僅是在語言學家、政治哲學家的紙上能夠說得過去，而是在現實當中能夠做有效交流。例如湖南人說的話廣東人就聽不懂，那麼他們之間就不可能僅僅根據文化泛民族主義的原則說，我們都是寫方塊字的民族，就發明成為同一個民族共同體。這樣做就等於是把塞爾維亞人和俄羅斯人、烏克蘭人、白俄羅斯人發明成為同一個民族一樣，語言學家可以說你們的字母都是西里爾字母，但是保加利亞人和烏克蘭人彼此之間講話還是聽不懂。湖南人和廣東人雖然都用同一套字元，但是他們彼此之間講話都還是聽不懂。

他們的關係就像是烏克蘭人和保加利亞人的那種關係，按照文化泛民族主義的關係來說，可以發明成為同一個斯拉夫民族或者同一個漢族；但是按照國民民族主義和語言民族主義的原則來講，那就只能劃分為不同的小民族了。同樣的，湖南人和廣東人如果是按照奧斯曼主義的原則

（波蘭人和塔吉克人都受沙皇的統治，所以都是大俄羅斯人，保加利亞人和敘利亞人都受蘇丹的統治，所以都是奧斯曼人），湖南人和廣東人都受大清皇帝的統治，那麼他們必然都是大清帝國臣民和中華民族的一部分；但是，同樣根據國民民族主義和語言民族主義的原則，只要他們在大清帝國當中只是臣民，並沒有政治上的主動性，也沒有政治團結的欲望和可能，在大清帝國或者諸如此類的帝國解散以後，他們內部團結的成本低，外部團結的成本高，那麼他們在歷史上都被大清帝國統治的這個事實並不能保證他們會重新構建成為同一個民族。

中華民族這個概念是屬於奧斯曼主義的概念，它跟奧斯曼主義和大俄羅斯主義一樣，是要維持歷史上原有的帝國邊界的；而漢族這個概念則跟泛斯拉夫主義和泛突厥主義是一樣的，強調的是文化，我們都用同樣的斯拉夫字母，我們都講同樣的突厥語，或者是我們都用同樣的漢字符號，所以無論你在新加坡、馬來西亞、印尼、美國，還是在湖南、廣東，你們都可以把自己發明成為漢族。泛斯拉夫主義就要面臨一個嚴重的弱點：它自己要跟大俄羅斯主義者打架。它不僅會要求沙皇以進攻性的外交政策去侵略巴爾幹半島，而且還會為沙皇提出一個嚴重而尷尬的問題，就是說，如果巴爾幹的斯拉夫各民族應該歸沙皇統治的話，那麼我們可以很合理地推斷，波羅的海地區並非斯拉夫血統的各民族和中亞並非斯拉夫語言的突厥語各民族也應該從俄羅斯帝國中分離出去。

同樣，實行漢族主義也有這樣的尷尬邏輯，你可以用漢族主義論證湖南人、廣東人、韓國人、馬來人和印尼的方塊字使用者都應該歸屬於同一個民族，但是與此同時你也實際上證明了滿洲人、蒙古人、西藏人、突厥人都不是漢族，應該從大清帝國和中華民族當中分離出去。為了解決這個問題，你又必須回到中華民族的邏輯上去，也就是回到奧斯曼主義的邏輯上去，必須維持大清帝國的邊界，圍繞大清帝國的邊界來發明民族。但是大清帝國邊界以內有很多民族並不使用漢字符號，俄羅斯帝國境內也有很多族群並不使用西里爾字母[29]，奧斯曼帝國內部也同樣有很多族群用的並不是舊土耳其的文字。這樣一來，帝國民族主義跟文化泛民族主義之間的矛盾就變得不可調和了。

帝國民族主義和文化泛民族主義之間的矛盾，結果就是在兩者之間的交錯地帶產生了很多國民民族主義或者語言民族主義的小民族。波羅的海各民族是怎麼樣產生出來的？就是因為它們按照泛斯拉夫主義原則不應該屬於沙皇，但是按照大俄羅斯民族主義的原則卻是應該屬於沙皇的。中亞細亞的那些小民族也是這樣產生的。奧斯曼帝國的邊疆地帶和大清帝國的邊疆地帶，例如蒙古、西藏和突厥這些地方，其實也就是在奧斯曼主義和文化泛民族主義相互鬥爭的過程當中，才產生了現在這些眾小民族的。

回到波蘭的問題上來。十九世紀後期的波蘭就面臨著這三種不同的民族構建：俄羅斯官方提倡的大俄羅斯民族主義，就是至少要把波蘭的貴族和上層階級納入俄羅斯貴族的行列，變成大俄羅斯民族的一部分；而俄羅斯民間的泛斯拉夫主義，就是要把波蘭人跟巴爾幹半島的塞爾維亞人、中歐的捷克人一起，算成需要俄羅斯人保護的泛斯拉夫人；而波蘭自身的開明人士所主張的國民民族主義，就是要把波蘭從俄羅斯帝國獨立出來，變成一個類似法蘭西共和國的國民民族國家。

從後來的歷史演變，就可以看出國民民族主義相對於帝國民族主義和文化泛民族主義的優越性。最簡單的解釋就是，國民民族主義，第一，它建立起來的國家是能夠自我統治的，它不像是

㉕ 恩維爾帕夏，一戰期間土耳其的領導人；他高舉泛突厥主義旗幟，企圖收復丟失給俄羅斯的土地，還對亞美尼亞人展開嚴酷的種族清洗。一戰後他失敗流亡到中亞打游擊，最後被紅軍擊斃。

㉖ 馬克西米利安一世（Maximilian I of Mexico, 1832–1867）奧皇法蘭茨·約瑟夫之弟，應法皇拿破崙三世之邀，前往墨西哥擔任皇帝。馬克西米利安人品高尚，但不受當地人民歡迎，隨著法軍的武裝干預日漸困窘，他的處境也日益危急；一八六七年，他因為不願意捨棄追隨自己的人民，遭到墨西哥反抗軍逮捕，並被槍決。

㉗ 普希金雖然喜親近波蘭浪漫主義，但也認為「波蘭的事情是斯拉夫民族自己的家庭糾紛，歐洲各國不該橫加插手」。

㉘ 比如杜斯妥也夫斯基一貫的主張就是在俄羅斯帝國的羽翼下，團結所有斯拉夫民族。

㉙ 西元九世紀時由教士西瑞爾（西里爾）所發明、用來拼寫斯拉夫語言的字母，現在大約有兩億五千萬人使用這種字母書寫文字。

帝國民族主義和文化泛民族主義那樣無法實現自己的諾言。如果你按照國民民族主義的方式構建民族，例如波蘭民族，事實證明它是能夠建立民族民主國家的，而帝國民族主義和文化泛民族主義卻辦不到。第二，帝國民族主義和文化泛民族主義就像我剛才說的那樣，在現實政治層面上是自我毀滅的，它們相互破壞的結果是造成了有利於國民民族主義和語言民族主義的結果。它們按照帝國民族主義的原則和文化泛民族主義的原則劃分出來的邊界是不一致的，而邊界不一致的地方就會自動產生出新的國民民族或者語言民族。

結果就是，如果一個地方按照國民民族主義或者語言民族主義的原則建立了國家，那麼這個國家是相當穩定的，就像我們今天看到的波蘭一樣穩定；而如果按照帝國民族主義的原則建立了國家，那麼這樣的國家像大清帝國、今天的中華人民共和國和蔣介石的中華民國一樣，是天然不穩定的。如果你企圖按照文化泛民族主義的原則建立國家，也就是按照漢族主義或者是按照突厥主義的方式建立國家的話，那麼你就要做一個長期的革命者，去推翻現存的各國家。而且你會發現，你推翻現存的各國家的結果反而是為他人作嫁衣裳，結果是產生了愛沙尼亞和拉脫維亞這樣一系列小的國民民族國家或者語言民族國家。

這三種建構模式雖然在全世界各地的近代化進程中間都存在著競爭關係，但是最經典的競爭莫過於十九世紀末期的波蘭了。十九世紀末期的波蘭經過三次起義以後，大體上來講獨派都被趕到海外去了，俄羅斯帝國內部主要就是那些消極服從的波蘭人。但是，消極服從是在俄羅斯帝國的兩種構建模式彼此之間的相互矛盾還沒有達到使帝國解體的那個程度之前才能夠維持的。在兩種假民族主義——俄羅斯帝國民族主義和泛斯拉夫文化民族主義之間的衝突最終導致俄羅斯帝國解體的時候，波蘭人就重新得到了選擇的機會。在這種情況下，重建大俄羅斯的力量，例如像鄧尼金在烏克蘭和弗蘭格爾在克里米亞的部隊，或者是企圖重建泛斯拉夫的那些力量，例如像二十世紀二十年代的那些歐亞主義者，他們的勢力可以說是在俄羅斯帝國這一部分都是自顧不暇，根本沒有辦法對忠於他們的主義的支持者進行有效的援助。而在波蘭本土，過去在奧地利帝國統治之下保留了一定自治權的波蘭人，在畢蘇斯基的領導之下回到了華沙，自然而然就解決了民族構建的問題。

當然，對於畢蘇斯基的波蘭來說的話，僅僅是波蘭國民民族構建這個概念戰勝了大俄羅斯民族構建和泛斯拉夫民族構建這兩種偽民族主義的構建，它本身要建立的這個波蘭國民民族還是有眾多問題的。在上層建築這方面，首先就是要處理原先各種獨派勢力之間的鬥爭。波蘭在最終獨立建國之前，也是有東方派、西方派和其他更小派別的衝突的。一八三〇年前後，波蘭人中曾經有過強烈親普魯士的派別；西方派主張依靠法國的支持，重點從俄羅斯統治的那些波蘭土地建國；東方派主張依靠俄羅斯的支持，重點在德國人統治的那一部分波蘭建國。德國和奧地利在第一次世界大戰中從俄羅斯占領的那部分波蘭建立了小小的波蘭王國[30]，建立了一支小小的波蘭軍隊，而奧地利境內的波蘭貴族又有一支小小的波蘭軍隊，這幾個不同的政治勢力之間是有巨大衝突的。

我們不要僅僅根據後來波蘭的民族神話和今天波蘭在自由世界宣傳戰上所占的那個地位，就以為波蘭人始終是眾志成城的。波蘭人眾志成城是一九一九年以後的事情，那時候他們被布爾什維克共了產，以後就學會了眾志成城。他們之後在納粹侵略和蘇聯侵略的時候確實是眾志成城的，所以一九四五年的波蘭號稱是唯一一個沒有出過任何妥協者和背叛者的被占領民族，在蘇聯統治下的東歐又是唯一一個從頭到尾堅持抵抗到底的民族。但那是一九一九年以後的事情，一九一九年以前，波蘭的各個派別之間跟今天李碩[31]與協和會[32]的滿洲復國主義者一樣，是充滿了各種不同派別的，彼此之間的關係是一團亂麻。畢蘇斯基本人就被很多人罵成是波奸，因為國家民主黨和畢蘇斯基的社會民主黨在東方派和西方派的問題上就始終是糾纏不清的，有些人主張投俄，有些人主張投德，有些人主張投法。

因為波蘭是被三國瓜分的，所以很自然的，在三國最終解體的具體路徑產生出來以前，波蘭的獨派確實沒有辦法事先準確地判斷到底是投哪一方對波蘭的國家利益最有幫助。如果你要說投法的話，雖然法國是波蘭的傳統密友，但是法國為了在第一次世界大戰中反對德國，仍然是跟波蘭最大的敵人俄羅斯結盟，所以對於波蘭流亡社區來講的話，那就等於說是我們最大的保護者已經背叛了我們，意見分歧當然是更多了。今天的滿洲國協和會當中也是這樣的，有些人要投美，有些人要投日，有些人要投俄。投俄那一派也有充分的理由，就是說，難道不是美國和日本已經跟共產黨做起生意來了嗎，所以他們背叛了我們滿洲國的事業，我們還不如投靠俄羅斯人，指望俄羅斯人至少會對中國狠一點。

在中國最終解體的路徑沒有確定以前，你也不能說他們這種看法一定是對的或者一定是錯的，但是你也可以想像，今天的協和會的主流派仍然是親西方、至少是親日的力量。一九一九年以前的波蘭獨派的勢力也同樣是這樣的，親德派的勢力和親俄派的勢力都是有的，但是占壓倒優勢的力量仍然是傳統的親法派和親美派。道理很簡單：波蘭的流亡社區絕大部分是在法國和美國，而傳統的波蘭流亡政治家、文學家和各種知名人士絕大部分都是在美國和法國的民主社會當中成長起來的，他們有很多人當上了美國和法國的議員，在美國和法國的政壇上已經有了一定的根基，這個根基是可靠的。

最終，大戰的結果是使俄國和德國同時解體，那時候投俄派和投德派的聲音自然而然就消失了，所有原先的爭論都消失了，大家都統一在畢蘇斯基的領導之下了。可以說，對於波蘭國家的構建來說最難過的一關就是，原先主張投德、投俄、投法的不同派別，在三大帝國同時解體、波蘭真的獲得復國機會的時候，他們原先的黨派性的糾紛沒有變成破壞性的內戰，使波蘭人在畢蘇斯基的領導之下能夠抓住這個難得的歷史視窗期。可以設想，如果在一九一八年和一九一九年之間，原先的東方派和西方派在自己立足未定的時候就先打起來了，那麼托洛茨基和圖哈切夫斯基[33]的紅軍就很可能飲馬維斯杜拉河、打進華沙了。他們當時能夠團結起來，以後就再也沒有分裂開來。這可以說就是波蘭民族經過了德性的檢驗。

任何人在經過檢驗以前，都不能夠確定自己的德性是什麼，而事先吹牛是沒有用處的。就像波赫士（又稱博爾赫斯，Jorge Luis Borges）說的，所有男人都要過兩關，一關是上戰場，一關是上女人的床。有很多在平時人高馬大、英俊瀟灑、看上去無所不能、特別會吹牛、看上去無比勇敢的人，一到關鍵時刻，一聽到槍聲就撒腿就跑，一上了女人的床就不行；有很多貌不驚人、個子矮矮小小的、像兔子一樣、平時好像非常膽小怕事的人，上了戰場卻是堅定沉著，很快成長為戰鬥英雄，在女人的床上也能證明自己是一個猛男。但是這你也不能怪他們，沒有一個男人在上戰場之前真正知道自己是不是勇敢，自己是不是能夠經得住槍林彈雨的考驗，也沒有一個男人真正知道自己上了女人的床以後表現如何，這些事情你都是只有做了才能知道的。

對於民族發明家來說，事先的理論上的爭論其實都不是最重要的，最重要的就是要過一九一九年那種關頭——你上戰場那一關。上了戰場、經過了血的考驗以後，如果是畢蘇斯基的集團帶領你通過了血的考驗，那麼他對民族發明的意見必然就會戰勝所有無論理論上說得多麼天花亂墜的知識分子。所有民族發明家如果最終想要不被歷史所淘汰、將來還要被歷史所記住、還要讓自己的設想進入歷史的話，他們需要過的就是這一關。所有的民族，無論在紙上發明得有多麼好，在現實政治當中它是像波蘭民族那樣能夠成立，還是像假想的庫爾蘭民族或者摩拉維亞[34]民族一樣只是作為民族發明家的奇思異想、在故紙堆裡面曇花一現就迅速消失，最終都是要在這場血的考驗中決定的。能夠在考驗中勝出，就是你考試及格；不能勝出，那麼說什麼都是沒有用的。

㉚ 又稱「波蘭攝政王國」（Regency Kingdom of Poland），一戰後期德國在占領的俄屬波蘭土地上建立的衛星國。包括一八一五年「會議波蘭」的大部分領土。一九一六年十一月五日，德皇威廉二世和奧地利皇帝弗蘭茨·約瑟夫發表宣言，承諾支持波蘭復國。一九一七年，波蘭王國臨時政府和攝政委員會先後成立（畢蘇斯基一度在臨時政府中負責軍事事務），並頒布了臨時憲法。次年德國在西線戰敗後，德方將行政權和波蘭籍部隊的指揮權先後移交給臨時政府和攝政委員會。德國投降後，攝政委員會主動將權力移交給畢蘇斯基，隨後自行解散。

㉛ 李碩，長春人，網路意見領袖。二〇〇八年後活躍於人人網、微博、推特等平台，是當代滿洲民族主義和復國主義運動的重要思想貢獻者。

㉜ 滿洲帝國協和會（Concordia Association of Manchuria）於二〇一九年三月一日在美國正式註冊為流亡政治組織。

㉝ 米哈伊爾·圖哈切夫斯基（Mikhail Tukhachevsky, 1893–1937），蘇聯戰略家、元帥，一九二〇年進軍華沙的紅軍統帥，一九三七年遭到史達林祕密處死。

㉞ 庫爾蘭（Courland）是拉脫維亞西部的半島地區，摩拉維亞（Moravia）為捷克東部一處地區，這兩個地區都沒能成功建立起屬於自己民族的「想像的共同體」。

波蘭
民族發明大事記

時間	事件
1569年	**波蘭立陶宛聯邦成立** 波蘭的歷史可追溯到由波蘭王國與立陶宛大公國於1569年結成的聯邦，該聯邦的政治制度被稱為「波蘭選王制」或「金權自由制」，在該制度下，君主權力遭到限制，國家實際上由貴族控制議會的進行統治。
1791年	**通過《五三憲法》** 波蘭立陶宛聯邦採取的貴族民主制，在俄羅斯、普魯士加強絕對主義王權的背景下逐漸變得不合時宜。為解決憲政問題，聯邦議會於1791年通過《五三憲法》，並廢除了貴族的自由否決權制度。此舉引發俄羅斯在1792年的干涉，結果《五三憲法》在俄波戰爭時被廢除，僅施行一年。《五三憲法》時的波蘭還是一個正在從封建國家開始轉型的政體，此事件刺激了波蘭民族的誕生。
1792至1795年	**三次瓜分波蘭** 《五三憲法》事件引發了波蘭領土遭到普魯士、奧地利帝國（當時為哈布斯堡帝國時期）和俄羅斯帝國三個鄰近國家的瓜分。此分割有三個階段，最後一次瓜分導致了波蘭立陶宛聯邦的滅亡。
18至19世紀	**海外流亡者推動波蘭文化** 支持《五三憲法》的波蘭人士流亡國外，在法國和美國形成了強有力的政治傳統，對後來的波蘭復國起了很大作用。波蘭的海外僑民是優秀的民族發明家，產生了像蕭邦、帕德雷夫斯基、軒克維奇等著名人物。這印證了民族發明學的一個原則：民族國家最早往往形成於海外社區，而非本土社區。
1807年	**華沙大公國建立** 波蘭流亡者一度把希望寄託在拿破崙身上，《波蘭沒有滅亡》這首波蘭國歌便起源自拿破崙手下的波蘭軍團的軍歌。1807年，拿破崙建立「華沙大公國」（至1815)，其領土主要為普魯士人瓜分的部分波蘭，此為日後波蘭復國的先聲。

1815年

波蘭議會王國的成立

拿破崙戰爭失敗後的維也納會議上，確立了由俄國主導的波蘭議會王國，亦稱俄屬波蘭。雖然俄羅斯不斷削弱其主權，並加速該地區的俄羅斯化，但波蘭議會王國還是保持了部分的獨立性。直到一戰時期，德軍占領俄屬波蘭，用波蘭攝政王國取而代之。

1815至1846年

克拉科夫自由市

克拉科夫自由市是由維也納會議創設的城市國家，位於今天的波蘭境內，由俄羅斯、普魯士和奧地利三國控制。克拉科夫自由市是波蘭歷史上首個純粹的共和制國家，也是海外波蘭人向波蘭本土輸入革命的中轉站。該自由市後來被合併入奧地利。

1917至1939年

波蘭攝政王國、波蘭第二共和國等

因為波蘭被普魯士、俄國和奧匈帝國多次瓜分的歷史，使得波蘭的獨立派形成了依賴不同國家的不同獨立路徑和想像。這是從一戰開始到二戰結束，波蘭土地上出現眾多外部勢力以波蘭復國之名而建立的不同政權（波蘭攝政王國、波蘭第二共和國）的原因。波蘭內部親俄、親德勢力造成了國家憲制的不穩定。但波蘭民族經過了德性的考驗，他們的黨派糾紛並沒有導致破壞性的內戰，二戰結束，波蘭人在畢蘇斯基的領導之下抓住這個難得的歷史視窗期，從而復國。

1944年後

波蘭共和國建立

二戰末期，在蘇聯主導下，波蘭重建戰前的「第二共和國」議會政治體制，並在1952將國號改為「波蘭人民共和國」。蘇聯對波蘭的內政和外交雖有一定的影響，但波蘭民族國家的建構已經完成。1989年底，波蘭更改國號為「波蘭共和國」，重回西方式議會政治及市場經濟體制。

加泰隆尼亞

Catalonia

Catalunya

尚未獨立（現屬西班牙）

首府：巴塞隆納

附錄（1）

加泰隆尼亞

遲到的民族發明

二〇一七年十月一日，加泰隆尼亞人舉行公投要求脫離西班牙，這個事件不僅關係到加泰隆尼亞這個地方本身，而且關係到現代政治構建的一個重大問題，包括很多中國海外流亡人士所談論的民主化問題。他們的邏輯就是，民族問題本質上是由於民主化不徹底造成的，假如沒有共產黨或者是沒有任何其他獨裁力量的話，民族問題是很容易解決的，為此他們提出了各種理論來論證這點。例如，戈巴契夫在蘇聯進行改革的時候搞錯了順序，首先在地方上實行民主選舉，沒有在中央一級實行民主選舉，所以導致了蘇聯分裂。按照他們的看法就等於說是，如果你首先在中央一級推行民主或者是採取其他設計得更好的民主化方案的話，民

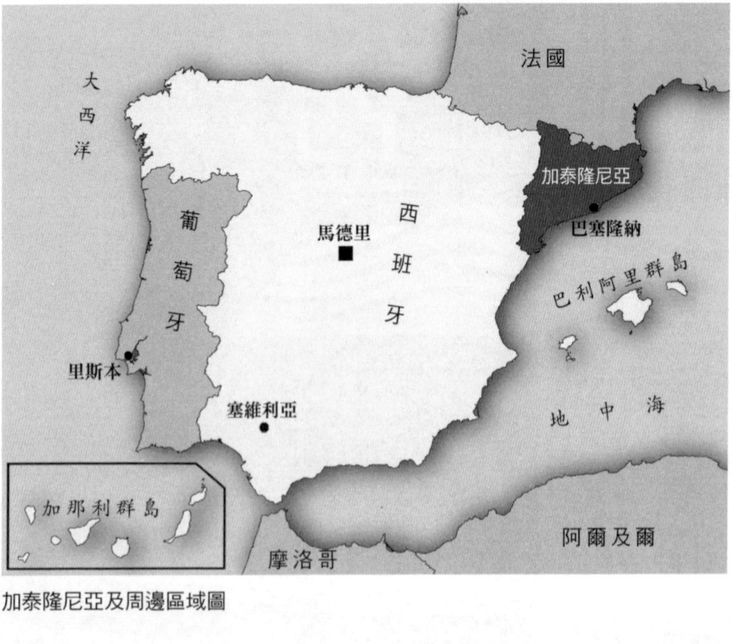

加泰隆尼亞及周邊區域圖

主化以後就不會出現解體問題或者不會出現民族發明的問題。然而西班牙和加泰隆尼亞的問題實際上是對這種理論的直接反駁，因為西班牙等於是他們最喜歡談論的那種「和平民主轉型」的成功典範。佛朗哥[1]的西班牙在胡安·卡洛斯國王[2]的領導之下順利地實現了民主化的轉型，今天的西班牙已經不存在一個民主不民主的問題，它是北約和歐盟的成員國，是西方典型的民主國家，從生活水準、社會形式、政治活動的各個方面來看都是一個當之無愧的西方國家。它自己出現加泰隆尼亞問題，就像英格蘭出現蘇格蘭問題一樣，是對目前占主流的民族民主理論的一個重大的挑戰。

① 法蘭西斯科·佛朗哥（Francisco Franco, 1892–1975），西班牙軍閥、政治家，現代西班牙的主要締造者之一。生於西班牙西北部加利西亞省費羅爾（Ferrol）的海軍世家。早年從軍，長期在摩洛哥前線服役，逐步晉升為少將。一九三六年夏，由於西班牙共和國當選的左派人民陣線政府持續縱容左派暴徒遍及全國的大規模沒收私人財產、襲擊教會、政治綁架和謀殺等行為，佛朗哥參與了軍方試圖推翻人民陣線政府的政變，隨後成為內戰中民族運動派的領袖。在德國、義大利的支持下，民族運動派粉碎了蘇聯和共產國際支持的左派政府的抵抗，於一九三九年八月贏得內戰。佛朗哥執政期間，確保西班牙免於直接捲入二戰，並在戰後與西方陣營修好；通過專家治國路線，保障了西班牙的戰後經濟起飛和城市中產階級的鞏固；逐步開放言論和結社自由，並積極培養前波旁王朝的胡安·卡洛斯王子為自己政治繼承人。與此同時，其政權繼續大力打壓共產黨、無政府主義者及其同路人，遭到國際主流輿論抨擊，留下「獨裁者」形象。一九七五年佛朗哥去世後，按其遺願葬於安葬內戰雙方死難者的英靈穀（Valle de los Caídos），但在二〇一九年被執政的西班牙社會主義工人黨（PSOE）政府強行遷離。

而且，在民主轉型的過程當中，西班牙是充分考慮了加泰隆尼亞和其他方面的問題的。西班牙原先在佛朗哥統治時期傾向於中央集權化，而民主化的過程中間，優先就給了巴斯克人、加泰隆尼亞人和其他各地區充分的自治權。為了使這些地區在民主化的西班牙當中不顯得過於孤立和特殊，還實行了轉型時期的主要策畫者蘇亞雷斯首相[3]所謂的「大家都來喝咖啡」政策。也就是說，任何地方，無論是卡斯提爾的腹地，還是加利西亞、巴斯克和加泰隆尼亞這些有民族特色的地方，都要實行普遍的地方自治。例如，馬德里雖然傳統上講是西班牙的腹心之地，但是它也要建立大馬德里行政區，在憲法上是一個跟加泰隆尼亞和巴斯克一樣享有特權的獨立地區。按照一般的看法來說，這就是已經充分吸納了聯邦制的優點，不應該再出現民族問題或者是分裂問題了。但是民族問題和分裂問題仍然出現了，而且仍然釀成了流血事件。這就可以看出，民主問題和民族問題的複雜性，實際上是超越剛才那些比較簡單化的思想家的討論和策畫的。

我們仔細回顧一下民族產生的背景，就可以發現民族本質上講是民主化的一個附屬過程，因為只有你接受民主化的這個基本前提，才會要求人民自己統治自己。以前實行的任何統治體制，無論是封建主義的，還是帝國征服者的，他們都只要求一個小的統治集團能夠實施有效統治，大多數臣民從理論上和實踐上都是不必參與政治的；民主就要求所有人都參與政治，自己統治自己。但是在各個集團對統治方式有不同看法的情況下，他們實際上不可能做到所有人共同統治自己。只有把所有各種立場不同的政治集團劃分為不同民族以後，這一點才能夠實現。例如，一九四六年政協會議在重慶召開的時候，美國調解人馬歇爾將軍邀請胡霖④長談，胡霖就有一個很精闢的看法：國民黨和共產黨不可能建立同一個國家，因為這樣做的可能性就像建立一個「德意志法蘭西聯合共和國」一樣荒謬。德意志和法蘭西並非不能實現民主，但是它們必須分別實現民主，因為它們不是一個能夠達成共識的政治共同體。

民主的產生自動地導致了民族問題的產生。甚至是，原先本身並沒有族群差異的地方，也會因為民主化的節奏不同、方式方法不同或者政治判斷的各方面不同而自動地產生不同的民族。所

② 胡安．卡洛斯一世（Juan Carlos I, 1938–）西班牙波旁王朝末代國王阿方索十三世（Alfonso XIII）之孫，一九四七年佛朗哥宣布西班牙為君主國後，因不信任原王太子、巴塞隆納伯爵胡安．德．波旁（Juan de Borbón）的政治投機傾向，故最終決定直接培養其子胡安．卡洛斯為繼承人。一九六九年胡安．卡洛斯獲得「西班牙親王」頭銜並正式被指定為王位繼承人，一九七五年佛朗哥去世後被加冕為西班牙國王。他在統治期間與左派達成和解，啟動民主化改革並主持平息一九七五年二月的政變，確保西班牙民主轉型的完成。雖有再造民主的貢獻，但在任期晚年因王室醜聞不斷而聲望大跌，最後於二〇一四年宣布退位。

③ 阿道弗．蘇亞雷斯（Adolfo Suárez, 1932–2014）西班牙政治家，早年在佛朗哥政權中多次出任要職，一九七六年起擔任首相，任內進行民主化改革，推動「大家都來喝咖啡」（café para todos）政策促成左右派和解，恢復地方自治。

④ 胡霖（1889–1949），筆名冷觀，四川成都人。民國著名記者，《大公報》合作創辦人之一。

以說，民族是一個被發明和被構建的政治共同體。「人民」這個概念是產生於民族國家誕生以後和民族國家構建的過程之中，而不是在這以前。在民族國家構建成功以前，沒有「人民」這個概念，而且也不可能有「人民」這個概念，只存在著要麼是完全沒有自我管治能力，要麼是有自我管治能力、但是對自我管治的方式方法各方面有著無法調和的分歧意見的各個團體。這些各個團體加在一起實行民主，可能性就像是英國和印度建立一個大英聯合共和國。這樣一個大英聯合共和國，要不要選甘地當首相，以印地語⑤為國語，然後對使用英語或者凱爾特語的少數民族在高考的時候給他們加一百分呢？很顯然這種看法是極其荒謬的，比較方便的辦法就是他們各自立國。

這就是為什麼隨著民主化的不斷推行，世界上的國家數目越來越多。維也納會議的時候，具有政治行為能力的國家實體只有幾十個，第一次世界大戰結束的時候也不到一百個，如今有一百九十多個國家，而且同樣的進程仍然在迅速展開。民主化開始最早的歐洲，小國最多，民族發明的時間最早。隨著這個過程向歐洲以外的地方擴散，最大的特點就是，原先多民族的大帝國迅速瓦解，原先沒有民族認同的地方、沒有明確民族的地方，根據方言語言和政治形式差距的不同，不斷產生出原來聞所未聞的新民族，像庫爾德這樣。由於世界上大多數地區實際上並沒有達到民主愛好者所指望的程度，也沒有達到美國威爾遜主義者所指望的那樣能夠建立自己為自己負責的、自我統治的民主政體的程度，所以民族發明的過程目前仍然在擴散之中。加泰隆尼亞的問題實際上就是一個典型的標本。它向我們說明了，統治方式的不同如何在本來談不上有民族的地方發明出民族的一個過程。

我們回顧一下西班牙的歷史。其實，西班牙就是一九四六年重慶談判的時候那些民主小清新最喜歡的那種，「一切問題都是專制造成的，只要我們大家實行民主，那麼大西洋兩岸的西班牙語居民不難建立一個自由民主的西班牙」。但他們造成的直接後果就是西班牙美洲的分離，而西班牙美洲企圖按照一種類似於「炎黃子孫」和「漢族」的方式發明出一個「美洲民族」、建立美洲合眾國的努力也隨之遭到破產。接下來，西班牙語的美洲經歷了三輪到四輪的解體，形成了三、四個大國和幾十個小國。一直到烏拉圭和巴拿馬這樣的小國，就是連續經歷了四級解體、四次民族發明才產生出來的國家。從一八一二年西班牙愛國者設想的那種大西班牙，到玻利瓦爾[6]和米蘭達[7]設想的那種類似漢族和炎黃子孫的美洲合眾國，再到進一步破碎，相當於是孫傳芳「五省聯邦」、唐繼堯「西南聯邦」、張作霖「東三省聯邦」的那種第三級的拉普拉塔聯合省，最後終於瓦解成為像廣東那樣的烏拉圭和像滿洲聯合體那樣的拉普拉塔聯合省——也就是阿根廷。加泰隆尼亞的問題實際上跟近代民族構建和民主化的過程也是結不解緣的。

最初的加泰隆尼亞是一個中世紀歐洲非常常見的伯爵領地，它通過封建主義慣有的手段跟南方的亞拉岡王國[8]聯姻，結果併入了亞拉岡王國。與此同時，西方的萊昂王國[9]和卡斯提爾王國[10]也通過類似的聯姻方式聯合起來。卡斯提爾王國承擔了對南方的穆斯林國作戰的主要任務；而亞拉岡所屬下的各個邦國，因為它們面臨地中海，離義大利比較近，所以更多地捲入了義大利各城邦之間的交涉。在哥倫布時代以前，也就一四九二年以前（注意這個年分，這個年分既是穆斯林的格拉納達陷落的時間，也是兩西班牙王國合併[11]的時間，同時也是哥倫布駛向美洲的船隊出海的時間，這是近代世界開始的關鍵性時間），很少有人認為，亞拉岡王國下屬各邦和卡斯提爾王國下屬各邦的關係，會比卡斯提爾王國跟葡萄牙王國下屬各邦的關係更加密切一些。它們都是封建性的邦國，隨著聯姻可以隨時結盟也可以隨時解體。波蘭王國有的時候跟匈牙利王國聯邦，有的時候跟瑞典王國聯邦，更多的時候跟立陶宛大公國聯邦，這都是婚姻和家族方面的安排，並不影響它下屬各邦的語言、文化、風俗和政治傳統。聯邦的意思就是，我的公爵或者伯爵跟你的親王或者女王結婚，這是他們家族之間的事情，他們家族之間的領地收入可以相應地調整，但是原先分離的各領地仍然是各領地。布列塔尼的女公爵和法蘭西的國王聯姻，但是聯姻的條約必然會規定布列塔尼繼續使用布列塔尼的習慣法，並不受法蘭西島的習慣法的影響。中世紀的聯姻和政治形式就是這樣。

從某種意義上來講，這也是一種類似世外桃源的狀態，因為各地的臣民不受上層政治的干擾，戰爭和外交都是貴族和國王之間的事情，你們可以打，但是人民不用打仗，人民也不用承擔政治後果。各國無論簽署什麼樣的條約，例如英國可以把諾曼第割讓給法國，但是條約也會規定，諾曼第繼續使用諾曼第的習慣法，無論是它歸於英格蘭王國還是法蘭西王國，這對它沒有影響[12]。人民繼續可以過著這種類似世外桃源的生活，根據自己的習慣生活，根據自己的族群和方言生活，上層政治對於他們來說是沒有影響的。割地賠款，那是法蘭西貴族和國王向英格蘭割地賠款或者相反，跟老百姓沒有關係。老百姓也不用打仗當兵，也不用承擔其統治者外交失敗或者戰爭失敗的後果。無論他們的公爵和伯爵換成誰，他們原有的生活方式都還是照樣。卡斯提爾王

⑤ 印地語（Hindi），屬印歐語系的一支，是印度北部和中部地區主要通行的語言，也是印度最多人口使用的語言。

⑥ 西蒙–玻利瓦爾（Simón Bolívar, 1783–1830），美洲革命英雄，領導南美洲反抗軍脫離西班牙的控制。一八一九建立大哥倫比亞共和國，但僅維持十年就宣告分裂。

⑦ 弗朗西斯科・德・米蘭達（Francisco de Miranda, 1750–1816）委內瑞拉軍閥、政治家，南美獨立運動的先驅者，曾參與美國獨立戰爭與法國大革命。一八〇六年返回委內瑞拉發動革命失敗。一八一一年受玻利瓦爾省等人之邀，再次返回委內瑞拉，領導委內瑞拉第一共和國的軍事行動，次年戰敗投降後病死獄中。

⑧ 亞拉岡王國（Kingdom of Aragon），伊比利亞半島東北部王國名，存在於一〇三五－一七〇七年間。狹義的亞拉岡王國疆域大致相當於今西班牙的亞拉岡自治區，廣義的亞拉岡王國（Crown of Aragon）尚包括亞拉岡國王以聯姻、分封等方式控制的巴塞隆納伯爵領地、瓦倫西亞王國（Kingdom of Valencia）、馬略卡島以及義大利、希臘部分地區。

⑨ 萊昂王國（Kingdom of León），伊比利亞半島西北部王國名，存在於九一〇至一三〇一年間。疆域包括今葡萄牙北部和西班牙西北部。自一三〇一年起王位由卡斯提爾國王兼任，一八三三年王國建制正式被廢除。

⑩ 卡斯提爾王國（Kingdom of Castile），伊比利亞半島中部王國名。原為萊昂王國東部邊區，十世紀中葉起實質獨立。一三〇一年合併萊昂王國，一四七九年合併亞拉岡，一七一五年後廢棄王國建制。

國是一個內陸的山國。如果近代的開明知識分子看到這樣的山國，會認為它們跟阿富汗塔利班沒有什麼區別。它們的權力有很多都掌握在地方的酋長、公爵、伯爵手裡面，國王的權力像過去阿富汗政變以前的阿富汗國王一樣，是非常虛弱的。教會分割了一部分權力，但是總的來說是威權粉碎，誰也不服誰。因為威權粉碎的結果，無論是大貴族、教會領主還是國王，個別的宮廷掌握的資源都是非常有限的。即使是最英勇的國王也必須帶著自己的親兵和副手上戰場打仗，像普通一兵一樣，經常會因此死在戰場上或者被敵人俘虜。如果被俘虜以後，他和他的封臣就要籌錢贖回這些被俘的國王。但是這跟人民群眾是沒有什麼關係的，人民是超脫於上層政治之外的，是不受上層政治負擔影響的。

因為威權粉碎的緣故，所以卡斯提爾的任何一個宮廷，無論是伯爵、公爵、教會還是國王，都沒有多少錢，養不起大知識分子。當然，他們也修不起壯麗的宮殿，也不會有很繁榮很巨大的城市、大量的稅收和很多的文化生活。但是正因為如此，卡斯提爾的資源就像今天的阿富汗山地一樣，是分散在各地的。可能有個別的酋長或者族長是暴虐的，還可能有個別的教派幹出了像塔利班一樣殘暴的暴行，引起比他們更繁榮更富裕的鄰居的憤怒和抗議，但是沒有任何一個壞人能夠把他的權威和破壞性擴大到一小片領地以外的地方，大部分資源可以慢慢在基層積累。因此，在知識分子看不見也看不清的時候，傳統和力量不斷地積累，它的人口始終是繁衍的。東亞的春秋時期也是這樣的，上層政治是不影響諸侯以下各族長之間原有的生活方式的。即使是周人滅了殷，原有的這個族那個族也無非是由殷人手裡面劃分到周人的某一個諸侯手裡面。它無論是分封到哪一個諸侯國，原有的族以下的普通人民的生活不受影響。因此他們可以像在桃花源一樣繼續生活、繼續積累、繼續繁衍子孫，他們的人口始終是在緩慢而穩定地增長的。這個機制像水密艙[13]一樣，實際上保護了大多數人。卡斯提爾就在這種封建自由的體制之下，人口和領地都在不斷繁榮。它像是春秋時期的各邦一樣，每一個小邦都很土、很簡陋，但是它們的資源都在不斷地增長之中。

而南方的穆斯林大國則採取了我們很熟悉的——就是秦始皇以後的那種廢封建立郡縣的形式。他們從拜占庭和波斯帝國那裡學到了東方更加先進的統治方式，把原有的阿拉伯封建領主和酋長的權力剝奪了，用開明的技術官僚去管理這些國家。這些技術官僚完全依附於國王，依附於哈里發和埃米爾本人。因此，他們把封建國家和部落國家常見的具有強有力的自我保護能力的部落酋長和封建領主這一層給刪掉了。也就是說，他們具備了更好的條件，能夠把主要的資源集中到中央一層。這就是為什麼科爾多瓦和格拉納達的宮廷比起卡斯提爾的宮廷或者亞拉岡的宮廷要富麗堂皇得多。國王任命完全依賴他的官僚去徵收稅收，把基督教各封建王國會遺留在地方的所有資源都集中到中央一層，因此宮廷富裕、財政寬裕、君主開明，可以優養大批知識分子，建立大圖書館，有繁盛的商業城市。

如果現在的開明知識分子看到這樣的情況，他們就會認為，西班牙的封建國家跟阿富汗的酋長國和封建公國是一樣落後的；先進的力量，像蘇聯或者像拿破崙帝國一樣先進的力量，顯然是在南方——安達盧西亞[14]平原上的穆斯林國家。這些穆斯林國家也會出暴君，而且出暴君的危險性比封建的公國、王國出暴君要嚴重得多。國王和公爵的權力很小，管轄的地方很小，而且他也殺不了他手下的附庸，他手下的附庸跟他一樣是有武器的；然而吏治國家的哈里發和埃米爾是可以隨便殺掉他的大臣的，如果他實施暴政的話，他手下的穆斯林臣民只有俯首就戮，沒有辦法有任何反抗的餘地。但是如果出一個開明君主呢，這個開明君主實施仁政的範圍和效果就要比封建主義的各位領主（那些狹隘的領主和愚昧的原教旨主義者）效果要好得多、大得多。他們可以不拘泥於教派的限制，不僅任用穆斯林，而且會任用基督教和猶太教的學者和知識分子做自己的大臣。這對開明君主是沒有損害的，因為學者和知識分子是沒有武力的。讓他們做大臣，不會損害國主的權力，反而會提高行政效能。如果現在的知識分子看到他們的情況的話，就會覺得哈里發國是非常開明的，各宗教教派的知識分子都能夠做大官，高官厚祿，可以搞各種科學實驗和文化活動，而北方窮困的基督教山國卻不是這樣。

但是，開始的時候是這樣，隨後的情況就顛倒過來了。南方的哈里發國像基督教的拜占庭一樣把全部資源集中到中央，因此它的基層越來越衰弱。基層在上級任命的流官統治之下無法積累自己的資源，流官是對上負責的，只顧把資源集中到中央，而且他自己不是本地人，也不想留在本地搞建設，所以本地的社區很容易遭到破壞；而封建主義的領主則會保全本地的社區，把資源留在本地。結果，從國家這一層來看，拜占庭式的伊斯蘭哈里發國繁榮富強，而山區的卡斯提爾封建國家貧困愚昧落後，從社區這一層卻恰好相反。北方的基督教各王國和各公國在社區這一層是繁榮昌盛的，他們有大家庭，社區不斷擴張，每隔幾十年他們都會產生出更多的人口，占領山下更多的平原；而穆斯林的哈里發國像基督教的拜占庭一樣，上層的繁榮昌盛無法掩蓋下層的凋敝，每隔幾十年，基層的人口相對於其鄰國的人口就會更劣勢一些。拜占庭每隔幾十年，原先的基督教社區就會被突厥人和阿拉伯人的穆斯林社區擠占一批，而伊斯蘭的哈里發國也是同樣的，每隔幾十年，穆斯林的基礎社區就要被北方封建主義的基督教的基礎社區擠占一批。

當時的評論家如果也像現在的知識分子這樣看問題的話，他們就會像是今天的知識分子哀嘆穆斯林社區入侵福利國家的歐洲一樣，覺得野蠻的、文化落後的基督教教區不斷地入侵先進的、繁榮昌盛的、文化先進的穆斯林帝國。其實，這不過就是自由的力量而已。自由的力量往往是跟表面看上去愚昧落後分散的社區聯繫在一起的。美國在立國之初的時候同樣是原教旨主義者，是愚昧、落後、分散的。今天適用於攻擊穆斯林原教旨主義者政教合一、如何如何偏激之類的話，絕大多數都可以適用於建立北美殖民地的那些先民。但是，他們雖然有諸如此類的弱點，卻有一個巨大的優點：他們的權威是分散的，沒有任何人能夠號召任何人。如果某一個或者是某一些社區極端的（用現在的話說是）反動愚昧強暴，那麼它的人口就會逃到其他社區去，基本上傷害不了任何人。只要權力分散，任何破壞都不能持久，而任何改進都能夠迅速地擴張。因此，它們分散的權力從愚昧和落後中迅速崛起，最終戰勝了那些看似繁榮富強先進、但是因為權力集中和資源集中最終毀了自己的大帝國。

北方的基督教國家享有這樣的優勢，但它們也有兩種模式。山地的卡斯提爾就是我剛才描繪的那樣，但是沿海的亞拉岡，特別是巴塞隆納伯爵領地[15]（就是今天加泰隆尼亞的政治前體），它有一個卡斯提爾沒有的優勢：它不是像阿富汗山地那樣雖然自由但是沒有出海口和商業活動，它既有自由和威權粉碎的好處，又跟義大利的商業城邦聯系在一起，它擁有地中海的商業港口。所以在中世紀早期，亞拉岡王國的政治是跟義大利聯繫在一起的，亞拉岡國王不斷地捲入義大利的政治，熱那亞的銀行家是亞拉岡王國主要的財政操盤手，巴塞隆納是亞拉岡王國的明珠；相反，卡斯提爾雖然像今天的阿富汗一樣有彪悍善戰的武士，但在經濟上講，他們沒有商業港口，沒有自由城邦，沒有義大利式的銀行家和體制，他們非常缺錢。在南下征服各穆斯林王國的過程中，卡斯提爾提供了絕大部分戰士，而熱那亞和亞拉岡的銀行家為他們提供了絕大部分金錢。因此，他們既然在外交上有這樣的互補關係，結成聯盟就變成自然而然的事情了。最後是，亞拉岡國王斐迪南[16]和卡斯提爾女王伊莎貝拉[17]結婚。這個伊莎貝拉就是支持哥倫布遠航駛向美洲的那個伊莎貝拉，這個斐迪南和伊莎貝拉也就是攻陷穆斯林在西班牙的最後一個據點格拉納達的西班牙君主，他們是近代西班牙王國的創始者。近代的波蘭是波蘭和立陶宛的聯姻建立起來的，近代的西班牙就是卡斯提爾和亞拉岡的聯姻建立起來的。

格拉納達王國的陷落對於伊斯蘭世界的意義，跟拜占庭帝國的陷落對於基督教世界的意義是一樣的。無論是基督教世界還是伊斯蘭世界，實行中央集權、集中資源和威權的帝國和吏治國家

⑪ 一四六九年亞拉岡王子斐迪南和卡斯提爾女王伊莎貝拉聯姻而促使兩王國政治合併，這次聯姻被視為西班牙統一的關鍵步驟。

⑫ 諾曼第割讓給法國，但是條約也會規定，諾曼第繼續使用諾曼第的習慣法，無論是它歸於英格蘭王國還是法蘭西王國，這對它沒有影響

⑬ 船艙的安全結構設計，即船體內部由艙壁區隔出的多間獨立艙室。在某幾個隔艙破損進水時，其他隔艙仍能保持浮力，使船免於沉沒。

⑭ 安達盧西亞（Andalusia），西班牙歷史地區名。位於伊比利亞半島南端，傳統上以農業著稱，主要城市包括塞維利亞、科爾多瓦、格拉納達等。

⑮ 巴塞隆納伯爵領地（County of Barcelona），中世紀伊比利亞半島東北部的伯爵領地，十世紀後實質獨立後，由於和亞拉岡的聯姻安排，巴塞隆納伯爵的頭銜自一一六四年後均由亞拉岡國王擁有，巴塞隆納伯爵領地實質上合併於亞拉岡王國。

⑯ 亞拉岡國王斐迪南二世（Ferdinand II of Aragon, 1452–1516），繼位前通過與卡斯提爾的伊莎貝拉公主聯姻（1469）而成為卡斯提爾的共治國王（1475–1504），史稱「天主教雙王」（Catholic Monarchs）。

⑰ 卡斯提爾女王伊莎貝拉一世（Isabella I of Castile, 1451–1504），以宗教虔誠著稱，通過與斐迪南王子的聯姻而成為亞拉岡共治女王，在位期間，兩人合作實施了一系列加強中央集權的改革，於一四九二年征服伊比利亞半島上最後一個穆斯林政權格拉納達（Granada）王國，並支持哥倫布的航海計畫。

都被威權分散的封建國家和部落國家打敗和消滅了。社區層面成功才是真正的成功。即使你暫時在很長一段時間內在最上一層——帝國這一層顯得貧困落後，都沒有關係。只要你在社區層面是成功的，是不斷擴張、具有侵略性的，那麼你的上層政治共同體早晚會吃掉對方的上層政治共同體。相反，如果你把資源集中到上層，以基層社區的凋敝為代價換取上層政治共同體的富強，那麼無論你暫時顯得多麼富強，最終都將沒落。君士坦丁堡、科爾多瓦和格拉納達曾經是中世紀真正的大城市和明珠，巴黎和倫敦根本就是非常土　的鄉鎮，而美洲殖民地早期也無非是一批極其土　的鄉鎮，但是帝國沒落了，鄉鎮崛起成為未來的文化中心，道理都在這裡，自發秩序的優越性就是以這種方式體現在歷史上的。有些比較膚淺的觀察家經常說這是伊斯蘭教的問題或者是基督教的問題，其實都是不能自圓其說的，基督教和伊斯蘭教與分權和集權並沒有固定的關係。突厥人和阿拉伯人面對拜占庭的時候，分權的優勢或者說是蠻族自由的優勢、部落自由的優勢、封建自由的優勢是在阿拉伯人和突厥人一方的，所以基督教勢力落敗了；而在西班牙恰好相反，集權是在科爾多瓦和格拉納達一邊的，分權的優勢、封建自由的優勢、蠻族的優勢是在基督教一邊的。當然，伴隨著這種優勢，即使不是不可避免、也是經常存在的愚昧落後偏狹等等特點也都在基督教這一方面。每一次都是自發秩序這一方面取得了勝利。

兩西班牙的合併和美洲的征服產生了另一方面的後果。征服是伊莎貝拉女王用自己的私房錢實現的，西班牙人是從卡斯提爾王國的塞維利亞港出發前往美洲的，這就造成了一個特殊的後果：儘管亞拉岡王國的各領地的臣民並非沒有參加美洲的開發和建設，但是美洲新西班牙從法統的角度來講是屬於卡斯提爾的，而並非屬於亞拉岡。伊莎貝拉雖然是斐迪南的妻子，而且治理王國大多數時候出謀畫策的都是足智多謀的斐迪南，伊莎貝拉並不是一個出色的政治家，她的作為完全被掩蓋在斐迪南之下，但是錢是伊莎貝拉出的，錢是卡斯提爾出的，而不是亞拉岡出的，美洲是屬於卡斯提爾的。然後，在接下來的查理五世[18]的朝代，哈布斯堡王朝爭霸歐洲的時代，卡斯提爾的哈布斯堡家族跟奧地利的哈布斯堡家族建立了密切的家族聯繫，變成了天主教在整個歐洲的主要柱石，要在德國、荷蘭、英國各條戰線上跟北方的新教徒作戰，這些錢由誰出呢？由卡斯提爾出。

這一點其實跟針對穆斯林的征服是有直接關係的。針對穆斯林的征服需要有一個旗號和旗幟，而卡斯提爾的國王是打著「基督教世界衛士」的旗號去從事這場戰爭的。這就跟在波蘭立陶宛聯邦的情況是一樣的。天主教本身雖然不是政治動員的符號，嚴格來說天主教按其純粹的教義來說是普世主義和和平主義的，但是正如這不會妨礙普世主義和和平主義的佛教在戰國時代的日本變成武家各藩鎮之間的標誌一樣，它也照樣可以變成卡斯提爾王國進行政治動員的標誌。卡斯提爾王國為了打敗南方的穆斯林各國，以天主教會保護者的口號凝聚民氣，凝聚全歐洲方面的支持者，因此也給自己背上了這個負擔。因此，在打完穆斯林各王國，戰線延伸到美洲、延伸到中歐、延伸到全世界各地，哈布斯堡的西班牙變成世界性帝國的時候，它仍然背上了「天主教會衛士」這個巨大的負擔。這既是它的利益又是它的負擔，天下沒有免費的午餐，能夠得到利益的東西也必然會給你帶來負擔，因此卡斯提爾的戰爭開支極重。

絕對主義國家取代比較鬆散和比較自由的封建主義各等級，關鍵就是在於戰爭開支。近代民族國家，至少是像法蘭西這種歐洲型的民族國家，它在政治上和制度上是絕對主義國家的直接繼承，它的大部分體制是由此直接延伸下來的。所以，有國界線、有明確邊界線、能夠有效統治的近代國家取代過去那種沒有明確邊界線、也談不上什麼有效統治的封建國家，關鍵就在於，絕對主義國家把富國強兵的負擔壓到了王室之上，使得王室為了富國強兵的理由，不得不打破封建主義的舊憲法，向各等級徵收更多的稅款，想盡千方百計在財政上打開出路，實行常備軍，增強國王的權力。無論是對於全歐洲還是全世界，這一切都是從卡斯提爾開始的。從這個意義上講，一四九二年誕生的新卡斯提爾王國也是全世界的種子，它是絕對主義的模範王國。路易十四的法蘭西是從它這裡學到的，全歐洲的絕對君主國都是從法蘭西這裡學到的。所以，它是歐洲絕對君主國的太老師，因此也就變成了歐洲很多由絕對君主國轉化來的民族國家的太老師的太老師，是祖師爺。

但是，這一切卻漏過了亞拉岡。卡斯提爾獨自承擔了這一切，也得到了這一切的榮譽，《唐吉訶德》時代的西班牙騎士威震整個歐洲，但是亞拉岡仍然是一個地方性邦國，它跟卡斯提爾的關係仍然是聯邦的關係。亞拉岡的主要利益仍然是跟義大利各邦從事貿易，它在美洲沒有利益，在荷蘭沒有利益，跟英國人無怨無仇，跟路德教徒無怨無仇，看不出有什麼理由要跟捷克的新教徒、波希米亞的新教徒、立陶宛的新教徒、普魯士的新教徒、瑞典的新教徒打仗，這一切都是在消耗錢。它不想承擔這個負擔，也沒有承擔這個負擔。卡斯提爾的財政開支和國債螺旋形上升，從美洲運來的金銀還沒有駛進塞維利亞港，就已經被抵押給荷蘭的銀行家了；而亞拉岡呢，它仍然維持著過去封建公國和王國那個極小的政治機構、極低的開支、極少的稅務，當然它也享受不到帝國的榮耀。名義上如日中天的哈布斯堡西班牙帝國，實際上就包含了這兩個內部政治制度截然不同、生活方式截然不同的實體。這種差異就是今天西班牙面臨解體、加泰隆尼亞人要發明民族的主要原因。卡斯提爾在如日中天的時候，加泰隆尼亞的負擔仍然像過去一樣輕。卡斯提爾的負擔已經像法蘭西王國一樣的重了，而加泰隆尼亞的負擔仍然像封建的英格蘭王國一樣輕。英法這兩種模式的衝突塑造近代世界的面貌，其實是以較小規模體現於西班牙王國內部這兩個成分——卡斯提爾和亞拉岡之間的差別的。

法蘭西走上了絕對主義國家之路，國家強大了，實現了富國強兵的目的，但是封建自由被摧毀了，領主的權力被收歸到凡爾賽的中央集權的宮廷手中，地方的財源被壓榨到宮廷手中。國王得到了戰無不勝的常備軍，可以輕而易舉地粉碎各自治市鎮的市鎮委員會，取消地方市鎮，使資本主義萌芽胎死腹中。而英格蘭保留了過去的封建自由。國王沒有權力，只有區區幾百個誰都不用特別害怕的侍衛。如果要打仗的話，還需要各地派民兵出來勤王，國王不能隨便收稅。各地的大貴族鄉紳把持著政權，國王沒有權力，因此實現不了富國強兵的目的，僅僅是因為大海的保護才沒有被強大的法蘭西和西班牙吞沒。但是國王沒有常備軍，不能侵犯地方的自由，不能侵犯自治市鎮的自由，這意味著積累起來的財富都留在基層。資本主義萌芽在法蘭西和西班牙胎死腹中，在英格蘭和荷蘭卻像滾雪球一樣不斷積累出來，最終釋放出了近代資本主義的巨大力量。於是，沒有權力的英格蘭王國憑著近代資本主義的巨大財富和力量，反過來征服了富國強兵的法蘭西和西班牙。這又是自由秩序戰勝中央集權的另一個事例。

西班牙王國發生的情況就是，沒有帝國榮耀的亞拉岡，人民生活富裕，雖然沒有能夠像英格蘭和荷蘭一樣富裕，但是卻至少像威尼斯和熱那亞一樣。強大的卡斯提爾威震四方，使荷蘭人、英國人和德國人一聽到西班牙軍團的名字就要瑟瑟發抖，一聽到紅衣主教親王[19]的名字就像現在的人聽到曼施坦因[20]和拿破崙的名字一樣瑟瑟發抖，他們很難聚集起來同樣的戰鬥力量。但是在卡斯提爾的腹地，哪怕是貴族也像小說中的唐吉訶德一樣窮困潦倒，只有到星期六才能夠打牙祭開洋葷，平時都需要精打細算，一件細呢外套都捨不得在平時穿[21]，農民就更不用說了。帝國的榮耀就是以這種代價換來的。法蘭西島的核心地區和卡斯提爾的核心地區就是為了絕對君主制的中央集權而不得不過窮日子，無法實現資本主義的積累，錯過了踏入近代社會最關鍵的一班車。使他們富國強兵的力量，正是使他們愚昧落後的力量。世界上沒有兩頭同時占便宜的事情，這又是一個例子。

經濟水準相差太大了自然會引起很多效果。西班牙在如日中天的時候還可以不在乎亞拉岡沒有像卡斯提爾一樣擠幹自己最後一滴牛奶來支持帝國的榮耀，但是隨著英格蘭和荷蘭國力節節上

⑱ 查理五世（Charles V, Holy Roman Emperor, 1500–1558），迪南和伊莎貝拉的外孫，哈布斯堡家族領袖，尼德蘭領主（1506–1555）、西班牙國王（1516–1556）、奧地利大公（1519–1521）、神聖羅馬帝國皇帝（1519–1556）。在位期間通過聯姻等方式，使哈布斯堡家族所控制的土地達到頂峰。在位期間為捍衛天主教正統，與德意志等地新教諸侯和奧斯曼帝國頻繁作戰，結果陷入法國策劃的全歐反哈布斯堡包圍網中，實力耗竭，難以為繼。西班牙—奧地利聯合帝國在其統治末期瓦解。

⑲ 斐迪南樞機親王（Cardinal–Infante Ferdinand of Austria, 1609–1641），三十年戰爭中的西班牙及奧地利名將，曾在諾德林根戰役（Battle of Nördlingen, 1634）中決定性地擊敗瑞典軍隊，後又在尼德蘭戰場屢次對尼德蘭—法國聯軍取得勝利。

⑳ 埃利希·馮·曼施坦因（Erich von Manstein, 1887–1973），二戰德國名將，曾提出以裝甲集群越過荷蘭、比利時突擊法國在北部阿登山脈的防線薄弱部分的「曼施坦因計畫」，該計畫後被證明是迅速擊敗法國的關鍵。

㉑ 見《唐吉訶德》第一章。

升，西班牙帝國力不從心、越來越頂不住，這個時候它就開始考慮：為什麼我們卡斯提爾人已經擠幹了自己的最後一滴奶，而你們亞拉岡人還能夠繼續輕徭薄賦、享受著像義大利城邦一樣富裕而太平的日子，這是不是太不公平了？自然，馬德里的中央集權的宮廷就開始拿主意想辦法，想要改變這種局面，盡可能地「公平」負擔賦稅，讓富裕卻負擔很輕的亞拉岡各邦國（特別是加泰隆尼亞）像卡斯提爾一樣出更多的錢來支持這個搖搖欲墜的帝國。

這一切，最終導致了波旁家族入主西班牙[22]。波旁家族取代哈布斯堡家族是西班牙近代史的關鍵，也是加泰隆尼亞和卡斯提爾分道揚鑣的關鍵。從法統和君統的角度來講，主要是因為在位的國王沒有直系繼承人，那麼就要由他的親屬來繼承。而波旁家族路易十四的孫子安茹公爵是他的近親，奧地利哈布斯堡家族的卡爾親王[23]也是他的近親，他們雙方都有王位繼承權，當然就要像英國的薔薇戰爭[24]中的貴族一樣，集結各自的支持力量。從法律的角度來講，爭論的條件應該是哪一家跟已故的國王陛下的血親關係最近，但是實際上，支持他們兩者的力量就代表了兩種不同的政治勢力。擁護哈布斯堡家族繼承王位的勢力主要來自加泰隆尼亞和舊亞拉岡王國的轄區，他們希望未來的兩西班牙王國像深居中歐、封建遺產深厚的奧地利那樣能夠保留較多的封建遺產。

封建遺產涉及到很多方面，具體到錢的這方面就是盡可能地保留原有的亞拉岡和加泰隆尼亞貴族的特權，使他們可以按照中世紀的標準輕徭薄賦。按照中世紀的標準輕徭薄賦，差不多就像你對二〇一七年的一個上海人說，「我授予你一種特權，允許你按照一九七八年的價格購買房子」，請問有哪一個上海人會不接受這個條件呢？上海人如果能夠按照二〇一七年的工資標準拿錢、同時卻可以按照一九七八年的物價標準去買房子或者是買其他物產的話，他剎那之間就能變成大富翁了。不要說是一九七八年，就是一九九八年，任何一個人只要有權利按照一九九八年的房價在上海灘買房子的話，他怎麼可能不發大財呢？奧地利家族的繼承權背後的實際含義就是這樣，他將容許亞拉岡王國的臣民保留自己的封建特權。這個封建特權，在哥倫布以後物價和工資

㉒ 一七〇〇年，西班牙的哈布斯堡末代國王查理二世（Charles II of Spain, 1661–1700）死後無嗣，遺囑指定自己同父異母姐姐與路易十四所生的孫子，安茹公爵（Duke of Anjou）菲利普二世為繼承人。最終，菲利普以永遠放棄自己和後代的法國王位繼承權（包括安茹公爵頭銜）為條件被西班牙方面接受為國王，即西班牙波旁王朝第一代國王菲利普五世（Philip V of Spain, 1683–1746）。

㉓ 卡爾親王，即後來的神聖羅馬帝國皇帝查理六世（Charles VI, Holy Roman Emperor, 1711–1740年在位）。1700年西班牙哈布斯堡家系絕嗣後，其作為奧地利哈布斯堡家系的最近血親，與法國的安茹公爵競爭西班牙王位繼承權，最終引發了西班牙王位繼承戰爭。

㉔ 薔薇戰爭（Wars of the Roses, 1455–1487）指英格蘭金雀花王朝（1154–1485）的兩個支系蘭開斯特家族（House of Lancaster）和約克家族（House of York）爭奪英格蘭王位而引發的內戰。戰爭導致蘭開斯特家族男系（1471年）和約克家族男系（1485年）同歸於盡，被視為英國封建主義衰落的標誌性事件。蘭開斯特家族女系繼承人亨利·都鐸（Henry Tudor, 1457–1509）於1485年取得內戰的最後勝利，並與約克家族的女繼承人結婚，加冕為都鐸王朝首任國王亨利七世。

標準已經上漲了幾十倍和幾百倍的時代，就等於授予未來的加泰隆尼亞人按照一九七八年或者一九九八年的價格在上海灘買房這樣一個發大財的特權了。

不言而喻，已經被迫按照二〇一七年的物價標準買房、而且已經把這筆錢付了出去、而且是付的按揭、將來還要不斷地按這個物價標準繼續付錢的這批卡斯提爾人，對這種可能的未來自然是很不感冒，自然是感覺到很不公平。他們要求擁立路易十四的孫子進來，這位路易十四的孫子安茹公爵的政綱就是要統一兩西班牙，要通過新基本法使兩西班牙王國真正統一起來。真正統一起來的實質含義就是，讓卡斯提爾人已經承擔了兩百年的沉重負擔分攤到輕徭薄賦了兩百年的加泰隆尼亞人頭上。加泰隆尼亞人自然不高興，卡斯提爾人自然高興，於是西班牙王位繼承戰爭[25]就爆發了。路易十四派兵出來支持他的孫子，卡斯提爾人為安茹公爵死戰；同時，巴塞隆納人堅決擁護哈布斯堡王朝，英國軍隊在巴塞隆納登陸，抵抗進軍馬德里的法國軍隊。西班牙的內戰，骨子裡面是封建自由的加泰隆尼亞和絕對主義的卡斯提爾之間的鬥爭，於是又同時牽引了整個歐洲乃至於全世界的爭霸戰爭。這場戰爭有的時候被稱為「近代世界的黎明」。無論如何，絕對主義的法蘭西站在絕對主義的西班牙波旁家族一邊，由封建自由轉化為立憲君主和資本主義自由的英格蘭王國站在封建自由的亞拉岡和加泰隆尼亞一邊。表面上是兩個家族爭奪王位的鬥爭，實際上是兩種體制之間的鬥爭。

最後的結果是，法國和西班牙的聯軍在一七一四年攻陷巴塞隆納，把兩個西班牙王國重新統一起來。波旁家族在西班牙站住腳跟以後就頒布了新基本法[26]，這個新基本法對於西班牙王國的意義有如黎塞留紅衣主教[27]和路易十四對法蘭西王國的意義。它就是東亞歷史上我們非常熟悉的，商鞅和秦始皇廢井田開阡陌，廢封建立郡縣，取消地方權力，建立和完善中央集權的官僚體制。儘管最早的中央集權體制是從卡斯提爾發源的，亨利二世[28]的法蘭西是學生，但是到路易十四這一朝，靠著法蘭西波旁家族幾代雄主明王賢相的持續努力，特別是黎塞留紅衣主教和馬薩林紅衣主教[29]的努力，法蘭西的中央集權已經變得比卡斯提爾更完善更細緻，徵收到的錢更多，

㉕ 一七〇一年，路易十四違反其孫菲利普五世繼承西班牙王位時的保證，在巴黎高等法院登記了菲利普對法國王位的繼承權，並派法軍進駐西班牙在義大利北部和尼德蘭南部的一些屬地，引發神聖羅馬帝國、英國和荷蘭對法國宣戰。戰爭結束後，菲利普五世以割讓西屬尼德蘭和直布羅陀等地，且正式宣告放棄自己和後代的法國王位繼承權為代價，得以保留西班牙王位。

㉖ 新基本法（Nueva Planta decrees），指菲利普五世在一七〇七至一七一六年間通過的一系列法令。這些法令先後廢除了亞拉岡、瓦倫西亞、馬略卡島和加泰隆尼亞等地的特殊體制，以卡斯提爾法律取代當地原有法律。至一七一六年，原亞拉岡王國已不復存在。

㉗ 黎塞留紅衣主教（Cardinal Richelieu, 1585–1642），法國國王路易十三世的宰相，對內鎮壓新教徒、對外則積極參與三十年戰爭，擴大了君主專制的力量，被視為近代法國專制政體最重要的締造者。

㉘ 亨利二世（Henry II of France, 1519–1559），在位期間對內鎮壓新教改革，對外奉行優先遏制哈布斯堡勢力的政策。插手義大利事務失敗，但在加萊和洛林等地獲得了補償。

㉙ 馬薩林紅衣主教（Cardinal Mazarin, 1602–1661）法國政治家，在法王路易十三和路易十四的宮廷中長期擔任首相（1642–1661），被視為路易十四最重要的導師。在任期間，取得三十年戰爭的勝利和一系列外交成就，鎮壓投石黨運動（Fronde），大力獎掖藝術，並在遺囑中資助了法蘭西學會（Institut de France）的創立。

建立的常備軍更多，反過來變成了全歐洲的模範，以至於使卡斯提爾的那些本來還帶著一點點封建自由、可以說是中央集權不徹底的舊式的絕對君主制相形見絀。因此，支持路易十四的波旁家族入主西班牙的力量絕不是僅僅要安茹公爵這一個人而已，而且還要法蘭西的統治模式。他們認為，進一步加強中央集權、建立更完善的中央集權體制是扭轉西班牙王國不斷衰落的良藥。

這個做法其實就很像是，今天歐盟的馬克宏[30]和其他一些人認為，歐盟之所以在面臨穆斯林問題、恐怖襲擊問題和其他種種問題時軟弱無力，是因為歐盟的中央集權還不夠強大，他認為歐盟應該進一步加強中央集權。換到路易十四那個時代，這就是波旁王朝的選擇。當然另一種選擇就是英國的選擇，英國退出了歐盟，決定回到自己傳統的道路上，這個選擇就是加泰隆尼亞的選擇、英國和荷蘭的選擇。如果出現問題的話，問題不是因為中央集權不夠完善、需要加強中央集權，而是因為中央集權太完善了，侵占了社會太多的資源，損害了社會本身自發秩序的活力，我們應該削弱中央集權，把權力還給社會、還給地方。這就是兩條路線的鬥爭。這兩條路線的鬥爭，在過去體現於英國和荷蘭、法蘭西和西班牙這兩條不同的路線，在現代就體現於馬克宏和英國前首相梅伊[31]針對歐盟的兩條不同的路線。

在外交上，英國及其盟國在殖民地和海外貿易方面得到了很大的補償，於是放棄了加泰隆尼亞[32]，正如美國在第二次世界大戰結束時把波蘭和捷克放棄給蘇聯一樣。大國之間的利益交換，自古以來、恐怕將來仍然會是以小國為犧牲品的。英國得到了美洲的自由貿易，對於它來說，比小小的加泰隆尼亞要重要得多，因此它也就不再繼續保衛加泰隆尼亞了。失去英國和奧地利保衛的加泰隆尼亞，迅速落入法國和西班牙的強大常備軍之手。法國和西班牙喪失了海外的巨大利益，但是在歐洲大陸，它們的霸權更加鞏固。這其實跟冷戰初期的情況也是非常類似的。走中央集權路線的內陸集權國家為了強化自己在歐亞大陸內陸的統治，而犧牲了自己在海洋和貿易方面的利益；走自由秩序路線的海上強國不願意搞中央集權，因此寧願犧牲自己在內陸的利益，保全自己在海洋和貿易方面的利益。幾十年以後，兩種不同的道路、不同的選擇就會結出不同的果實，讓全世界都看清楚到底哪條道路更優越。但是，加泰隆尼亞在這場利益交換的遊戲當中，就像是一九四八年的捷克和波蘭一樣倒了大霉。它們原先比希臘和義大利更接近於英美的生活水準，過了幾十年以後它們就變成窮國了；原先比它們窮的希臘和義大利因為跟著英美一邊，走自由秩序的道路，反而變得比它們富裕了。這個故事在東方就是，原先比韓國和新加坡富裕得多的上海跟了蘇聯和共產黨幾十年以後，結果反而變成韓國和新加坡面前的窮人和落後者了。

加泰隆尼亞在西班牙的日益合理化的中央集權統治之下，被迫接受了跟卡斯提爾同樣的負擔。對於卡斯提爾人來說的話，這個沒有什麼不妥的，我們已經承受了幾百年，你們只是剛剛開始，我們不算過去幾百年的老帳已經是很便宜你們了。這就像是河南人可以對上海人說：「你們以前在工部局在的時候，在帝國主義保護之下已經發了幾十年的財了，在那幾十年當中我們始終是窮困落後的、始終是專制的。現在你們在共產黨的領導之下要跟我們一模一樣地享受專制主義的滋味了，這才叫做公平嘛！我們不敢希望我們自己獲得自由，但是我們可以讓你們原來有自由的人變得沒有自由，這也是另外一種實現公正的方式。」我們都可以看到，東亞歷史上幾千年來比較流行的方式就是這樣的；但是在歐洲，哪怕是在西班牙和法蘭西，這種方式就不那麼名正言順，因此加泰隆尼亞人自然不會滿意。

不滿意的方式在封建時代就要體現在君主方面，因為在封建時代，普通人民都不用統治自己，都是由國王和公爵來統治的，於是他們就體現為家族矛盾，「你不是要波旁家族嗎，我們就要誓死效忠哈布斯堡家族」；在民主時代，這種異心就要體現在發明民族，「現在不是大家都要自己統治自己嗎，很好，那麼你們卡斯提爾人是西班牙民族，我們就一定要說我們不是西班牙人，我們是加泰隆尼亞民族」。本來在中世紀是既沒有所謂的西班牙民族也沒有所謂的加泰隆尼亞民族的，大家都是君主統治的，不同政策、不同制度是體現於君統的選擇。例如在英格蘭，絕對君主制路線就要體現於斯圖亞特王朝，而立憲君主制路線和自由秩序路線就要體現於奧蘭治親王和漢諾威王朝。即使在英國也是這樣的。當然，法國大革命以後大家都開始發明民族了。原先說是漢諾威王朝和斯圖亞特王朝誰是正統的爭論，自然而然就變成了英格蘭民族和法蘭西民族的爭論。但是這只是改變了標籤，實質內容還是一樣：「奧蘭治家族」、「漢諾威家族」和「英格蘭民族」這些標籤下面掩蓋的其實都是自由秩序；「波旁王朝」、「斯圖亞特王朝」和「法蘭西民族」這些標籤掩蓋之下的其實都是中央集權統治和國家資本主義路線。在封建時代體現於兩個君統之間衝突的卡斯提爾和加泰隆尼亞的矛盾，隨著民主時代的來臨，在法國大革命以後，西班牙開始實行議會制以後，就迅速體現為卡斯提爾人和加泰隆尼亞人分別發明民族。順便說一句，發明民族的不只是他們，巴斯克人、加利西亞人、安達盧西亞人其實也是有這一手的，但是這跟加泰隆尼亞人關係不大，我們就只講加泰隆尼亞人和卡斯提爾人的糾紛。

卡斯提爾人當然就像東亞的河南人和山東人一樣，他們堅持說沒有卡斯提爾民族，只有一個大西班牙民族。這個大西班牙民族在最開始的時候，在一八一二年國會的那些支持者，他們在西班牙歷史上的地位就像是袁世凱和蔣介石一樣，堅持西班牙民族的範圍是從智利和阿根廷開始、一直到巴斯克和加泰隆尼亞為止，大家都是西班牙人。過去國王專制不好，現在我們民主了，民主了你們就不能再搞分裂了。以前專制的時候你們可以說是國王專制了你們，你們要搞分裂情有可原；現在大家都民主了，一人一票選出了同一個西班牙國會，如果你們現在還要搞分裂的話就是你們大逆不道，因為我們已經給你們民主了。但是實際上是，以玻利瓦爾省和米蘭達為代表的美洲愛國者對大西班牙民族不滿意，他們發明了一個美洲民族，要求隔大西洋分治。於是一八一二年國會的那些偉大的民主派政治家都堅定不移地說，民主的西班牙不容分裂，我們必須鎮壓你們。

由於英國人的干涉和橫跨大西洋的地理困難，他們最終失敗了，美洲又經歷了二次、三次、四次的民族發明，那是另外一回事了，但是西班牙自由派和保守派在西班牙半島這個他們能夠保留下來的西班牙王國境內，仍然堅持巴斯克和加泰隆尼亞都是大西班牙民族的一部分：「我們雖然壓不住那些美洲的分離主義者，但是鎮壓你們還是不成問題的。無論是保守黨在馬德里上台還是自由派在馬德里上台，我們都要堅決地鎮壓巴斯克人和加泰隆尼亞人」。十九世紀西班牙自由派的格言跟今天自稱為中國民主派的那些人的格言是一樣的——集權就是自由。他們心目中的模範國家是雅各賓黨的法蘭西共和國：一方面要一人一票選出全法蘭西的中央政權，絕對要搞最徹底的民主，要比英國人更民主，英國人如果不准窮人和無產階級投票的話，我們法蘭西共和國就要全民投票，比英國人更先進；但是，這個投票產生出來的中央集權當局絕不容許法蘭西分割，絕不容許布列塔尼人自己發明一個跟法蘭西人不同的民族，絕不容許文化傳統和文化成就跟法蘭西人一樣悠久而強大的普羅旺斯[33]人也自己發明民族。

西班牙保守派和自由派的爭議就以這種方式在馬德里進行了一百多年。他們有意無意地無視，巴斯克人和加泰隆尼亞人擁立唐・卡洛斯本質上並不是復辟封建自由的企圖、而是近代化的發明民族的企圖，盡可能地搞輿論宣傳，使全歐洲的進步知識界（例如像維克多・雨果這種人）都把巴斯克人和加泰隆尼亞人作為反動的封建主義者對待，跟進步的民主主義者相矛盾。他們達到了相當多的效果。漢語世界比較熟悉十九世紀歐洲文學史的人都會注意到，被我們列為進步作家的那些人提到西班牙的時候，通常都會支援擁護中央集權的西班牙自由派，而反對那些堅持要求地方分權的巴斯克人和加泰隆尼亞人，認為他們要求地方分權的企圖是妄圖復辟落後的封建主義的歷史逆流。這種邏輯也跟類似的、自稱中國民主派的那些人認為「西藏的封建主義是落後的，突厥的伊斯蘭主義或者民族主義是落後的，我們要先進的民主，應該用先進的民主體制、中

㉚ 法國現任總統馬克宏（Emmanuel Macron）於二〇一八年的一戰終戰百年紀念活動演講中，主張歐洲應該建立真正的「歐洲軍」，並暗指美國的歐洲政策其實是損害歐洲利益，若要擺脫這問題就要擺脫軍事依賴美國的現狀。

㉛ 前英國首相梅伊（Theresa May）於二〇一九年提出「軟脫歐」，即在有緩衝的情況下逐漸讓英國脫離歐盟，和繼任者強森（Boris Johnson）的強硬脫歐主張有著明顯差異。

㉜ 指一七一三年英國單獨與法國和西班牙波旁王室媾和，訂立《烏德勒支和約》一事。

㉝ 普羅旺斯（Provence），法國東南部歷史地區名，一四八一年前曾長期為普羅旺斯伯國。其本土語言普羅旺斯語（Provençal）或稱朗格多克語（langue d'oc）與加泰羅尼亞語具有密切親緣關係。

央集權的民主體制去同化他們」是一個道理。這種邏輯最典型地體現於蔣介石和戴季陶的民族政策，不過即使在現在恐怕仍然是漢語知識界的比較主流的思想。其實一九九八年以前的西班牙語知識界也是這樣的。當然，他們大多數都是卡斯提爾人，他們要抹煞加泰隆尼亞和巴斯克的語言和文化。其實從經濟上來講，儘管巴斯克人確實是在政治上支持唐·卡洛斯這樣的保王黨人，但是他們是西班牙工業化的先驅，而加泰隆尼亞是西班牙商業化的先驅。西班牙在十九世紀最窮困的地方其實是卡斯提爾王國下轄的加利西亞和安達盧西亞這些農業地區，巴斯克的工業和加泰隆尼亞的商業使當地的經濟水準比西班牙大部分地方更高。但是這並不妨礙西班牙的知識分子盡可能地通過宣傳戰把它們抹黑成為封建落後的代表。

但是，單方面的抹黑並不解決問題。只要實行民主，你就要實行選舉；實行選舉，那麼你看不見的、也不願意承認的那些力量就會冒出來。於是，就產生了「巴斯克民族黨」[34]和「加泰隆尼亞共和左翼」[35]。這些政黨既不願意支持西班牙的保守黨，也不願意支持西班牙的自由黨。而且，只要西班牙自由黨推行民主普選，它們在西班牙國會就要占據相當大的一部分議席。它們的存在使國會政體陷入紊亂。國會政體是需要那種英國式的兩黨制的，從理論上講應該是保守黨上台、自由黨下台，然後自由黨上台、保守黨下台。如果冒出這麼多既非保守黨又非自由黨的政黨，而它們對於哪一派都要給你投反對票的話，那麼你就沒有辦法建立穩定的內閣。建立不了穩定的內閣而國家又需要管理，就會導致軍事政變不斷地發生，於是西班牙就陷入了拉美國家經常出現的那種接二連三發生軍事政變的怪圈。但是軍事政變並不解決問題，獨裁者獨裁了幾年以後又會把權力重新交還給國會，再次舉行國會選舉，造成的結果跟原來一樣，加泰隆尼亞民族黨和巴斯克民族黨又會捲土重來，於是下一輪政變又會發生。遊戲一直延續到君主制整個倒台，社會主義和共和主義者在馬德里成立西班牙共和國，他們依靠親共產國際的黨派的支持推翻了馬德里的君主國。但是第一次實行普選的結果又是老調重彈，原有的民族主義的巴斯克和加泰隆尼亞各黨派又重新捲土重來了，使原有的國會政體變得更加難以運作。而且，這一次又增加了共產國際通過人民陣線統戰的方式輸出革命的企圖，最終導致了佛朗哥的軍事政變和西班牙的內戰。

西班牙的內戰，大多數卡斯提爾人和受他們宣傳影響的全世界歷史學家都是只講佛朗哥一邊和西班牙共和軍一邊的。西班牙共和軍就是一個共產國際統一戰線的政權，佛朗哥的長槍黨[36]則糾集了從君主主義者到保守主義者的所有反共產主義的力量。但是也有兩個地區是雙方的歷史趨勢都沒辦法籠罩的地區，那就是巴斯克和加泰隆尼亞。共產國際為了消滅加泰隆尼亞的自治權，首先以消滅託派分子和德國間諜為藉口，在加泰隆尼亞的左派勢力當中發動了一場史達林式的清洗。這場清洗的內容後來被喬治·歐威爾寫在《向加泰隆尼亞致敬》[37]這篇文章裡面了。這場衝突嚴重損害了加泰隆尼亞的左派勢力，使加泰隆尼亞對西班牙共和政府離心離德。而加泰隆尼亞資產階級的加泰隆尼亞共和左翼政府雖然在選舉的過程當中能夠贏得大部分選票，但是在打仗的過程中，就像我們經常在俄羅斯內戰和其他地方發現的那樣，資產階級政黨心狠手辣的程度不夠，在內戰當中反應過來需要的時間太長，結果同時被佛朗哥的力量和共產國際的力量打得找不到牙。最後在佛朗哥勝利以後，他一方面鎮壓了所有的左派，包括親共的社會主義的力量和共和派的力量，一方面又對巴斯克和加泰隆尼亞的民族主義分裂力量嚴加鎮壓。於是，在佛朗哥實行獨裁的這幾十年時間內，巴斯克和加泰隆尼亞暫時沒有發出聲音。但是佛朗哥的獨裁並不妨礙他推行經濟改革，推行資本主義經濟。要發展經濟，那麼工商業是必不可少的。因此從經濟水準上來講，巴斯克和加泰隆尼亞仍然是足夠先進和強大，具有巨大的潛勢力，只是懾於佛朗哥將軍和卡斯提爾民主主義者的鎮壓，無法在政治上層表現出來而已。加泰隆尼亞民族主義黨始終是存在的，只不過通常要到法國和墨西哥去活動。

佛朗哥一死，把政權還給胡安．卡洛斯國王，並在蘇亞雷斯首相的輔佐之下開始推行民主化的進程。而民主化就要同時面臨兩個問題：第一就是要讓長槍黨放棄權力，還政於民；第二個問題就是，在還政於民的過程中要說服以加泰隆尼亞為首的分離主義的各地，願意接受新的立憲君主國。這個談判應該是研究民主轉型的政治家學者最喜歡講的成功典範。最初期是成功的。我剛才已經講過，按照蘇亞雷斯首相那種「大家都來喝咖啡」的政策，加泰隆尼亞固然得到了廣泛的自治權，但是他們也不用反對馬德里和原來卡斯提爾各省也獲得廣泛的自治權。這樣一來，一方面，加泰隆尼亞的分離主義得到了部分的滿足；另一方面，表面上看，西班牙並沒出現什麼特殊地區。西班牙所有的各省，無論是卡斯提爾各省還是亞拉岡各省，都得到了自治權，而不是只有加泰隆尼亞人得到了自治權。

表面上看上去這樣的做法是可以使大家都滿意的，但是故事還沒有過二十年就發生了變化，尤其是在一九八六年西班牙加入歐盟以後。歐盟很像是歷史上的神聖羅馬帝國，它不僅是一個歐洲各國的國與國之間的聯盟，而且是包含了多層級的聯盟。例如歐盟有地區委員會，像大不列顛及北愛爾蘭聯合王國的蘇格蘭和西班牙王國的加泰隆尼亞在地區委員會這個層次，雖然沒有國家主權，但都是享有獨立行為主體資格的代表團派出者。西班牙加入歐盟和北約這件事情，本身就極大地促成了加泰隆尼亞獨立運動的進一步發展。原先作為獨立運動龍頭老大的加泰隆尼亞共和左翼，現在顯得是太溫和了。他們在一九三〇年代的加泰隆尼亞看上去很像是一個萬年執政黨，但是在一九七〇年代的民主化之後，生存空間就迅速地被台灣人所謂的深綠政黨——也就是說更積極主張加泰隆尼亞不僅要自治、而且要獨立的政黨所擠占了。

歐盟的存在使加泰隆尼亞的政治身分有了進一步升級，而西班牙國會為了息事寧人，又不得不通過承認加泰隆尼亞是國中國的決議，進一步使加泰隆尼亞自治區的地位升格為具有部分主權地位的實體，就是像現在的香港那樣的國際法意義上的半主權實體[38]。這樣的要求，卡斯提爾其他各省（例如大馬德里行政區）或者是英格蘭的大倫敦市政委員會都沒有提出過，沒有提出也就沒有享受過，只有蘇格蘭和加泰隆尼亞這樣搞獨立比較積極的政治勢力才提出並得到了這樣的權利。這樣的權利進一步地增加了獨立派、深綠派勢力的政治實力，使加泰隆尼亞本地的選民看到，只有深綠派的政黨才能夠更好地維護他們的利益。因此在最近十幾年的幾次選舉當中，深綠派政黨在蘇格蘭和加泰隆尼亞的勢力節節上升。最近的公民投票就是他們進一步加強自身政治實力的一個博弈。他們算准了西班牙中央政府無論怎麼樣做都是輸家：如果實行鎮壓的話，那麼在歐盟和北約的框架之下，必然會使西班牙喪失民主化以後來之不易的「西方民主大家庭一員」的資格；如果不鎮壓的話，實際上無論最後怎麼解決，都必然是進一步提升加泰隆尼亞的政治地位，而最後終點就是加泰隆尼亞的完全獨立。

㉞ 巴斯克民族黨（Basque Nationalist Party），西班牙巴斯克自治區最大的民族主義政黨，成立於一八九五年。目前該黨的立場並不傾向獨立，而是支持高度自治，屬於穩健派政黨，但因此也與支持武力獨立的ETA相對立。

㉟ 加泰隆尼亞共和左翼（Republican Left of Catalonia），加泰羅尼亞民族主義左派政黨，成立於一九三一年。因在西班牙內戰中支持共和派，一度被佛朗哥政權禁止。一九八六年後重新恢復活動，目前為加泰隆尼亞自治區主要政黨之一。

㊱ 佛朗哥的長槍黨（西班牙語：Falange Española），原為西班牙的法西斯政黨，後來在佛朗哥的領導下吸收了卡洛斯派和保王黨，成為西班牙右派勢力的最大政黨，一九七七年遭到改革後的西班牙政府所取締。

㊲ 喬治．歐威爾（George Orwell, 1903–1950），英國左翼作家，以《一九八四》、《動物農莊》等作品著稱。他曾經參與西班牙內戰，在共和派一方向佛朗哥挑戰，《向加泰隆尼亞致敬》（*Homage to Catalonia*, 1938）是他對這場內戰的紀實。

㊳ 根據西班牙一九七八年憲法，加泰隆尼亞和巴斯克自治區、加利西亞一起被定義為「半主權實體」（nationality），即居民具有歷史形成的強烈身份認同的地區；而加泰隆尼亞議會於二〇〇六年通過的《自治法》（*Statute of Autonomy*）則將加泰隆尼亞定義為「民族」，並得到憲法法院的讓步。

烏拉圭

Oriental Republic of Uruguay

República Oriental del Uruguay

獨立時間：1825年8月25日

首都：蒙特維多

附錄（2）

烏拉圭

從地區到民族的意外發明

我們今天講烏拉圭。烏拉圭是民族構建的一個特殊範例，是在沒有任何人願意獨立或者是沒有任何人願意建立民族的情況下由統派變成獨派的例子。西班牙美洲建國的歷史，跟中華民國建國頭二十年的歷史是非常相似的。最初是，西班牙國王和貴族統治廣大的西班牙美洲的殖民地，把西班牙美洲劃分為四個總督轄區：新西班牙駐守墨西哥，新格拉納達管轄從巴拿馬到委內瑞拉這一帶的地方，祕魯管轄今天的祕魯和玻利維亞，拉普拉塔總督轄區管轄今天的阿根廷、巴拉圭和烏拉圭。四個總督轄區的總督，頭銜都是副王（Viceroy）[1]。也就是說，他們是國王本人的代表。他們在自己所在的首府有類似西班牙王國的宮廷。也就是

烏拉圭及周邊區域圖

說，他們在殖民地，自身的地位就相當於是國王。總督也代表國王，周圍有一撥貴族，同時也有一個西班牙式的絕對君主制的體制。

西班牙跟英國的殖民主義的最大不同點是，兩者在歐洲的母國的發展路徑不同。它們都是從中世紀的等級君主制開始的，但是英國從等級君主制逐步發展到立憲君主制，而西班牙從等級君主制逐步發展到絕對君主制。西班牙美洲殖民地的產生是在等級君主制向絕對君主制發展過程中的一個中間步驟，因此一開始它就產生了強有力的外貿管制和官僚機構。美洲殖民地的黃金、白銀和主要礦藏是王室的財產，不能由企業家自己經營。王室為了避免在美洲形成西班牙本土和歐洲常見的貴族統治，通過檢審法院②建立了強大的文官體系。總督和他的文官管理一切，包括軍事、政治和經濟。教會雖然有一定的獨立性，但是王室通過總督掌握了重要教士的推薦任命權，而且可以沒收教會財產③。這樣一來，西班牙美洲就變成了歐洲絕對君主制的一個樣板。按照東亞的標準來看，其實這種體制還是相當的自由，保存了很多封建的殘餘，教會和領主的自由比起商鞅變法以後的東亞各帝國是要大得多的；但是按照歐洲標準來講的話，西班牙已經成為絕對君主制的典範。後來路易十四的凡爾賽宮和歐洲的絕對君主制，都是直接和間接從西班牙學來的。德國人主要是學法國人，而法國人建立絕對君主制的樣板始終是西班牙的宮廷。

西班牙各殖民地是以開礦為主的，他們把殖民地的礦產、貴金屬、金銀開採出來以後，在巴拿馬集中上船，由國王特許的商人負責經營，然後統一運到塞維利亞（Seville），整個事務由馬德里的西印度事務院[④]主管。也就是說，不僅西班牙王國的領地和全世界其他地方沒有自由貿易，即使是王國各領地之間也沒有自由貿易。例如，拉普拉塔河沿岸各地不能夠直接跟祕魯或者巴拿馬貿易，不能夠直接跟西班牙其他城市貿易，也不能夠直接跟塞維利亞貿易。它的產物只能像是哥倫比亞的礦產一樣統一運到巴拿馬，然後在巴拿馬運過地峽，裝上船運到塞維利亞去。巴拿馬這個口岸變成了整個美洲唯一的出口。當然，整個殖民地的經濟發展都會因此受到嚴重的影響。

「烏拉圭」當時是不存在的，只有烏拉圭河[⑤]，甚至連「烏拉圭行政區」都不存在。一條烏拉圭河穿過拉普拉塔河殖民地，河的東岸和西岸都是屬於「布宜諾斯艾利斯行省」[⑥]。也就是說，烏拉圭和阿根廷的前體不但不是兩個國家，甚至不是兩個殖民地，甚至不是一個殖民地中的兩個省。它們位於同一個國家，西班牙；位於同一個殖民地，拉普拉塔河殖民地；位於拉普拉塔河殖民地的同一個行省，布宜諾斯艾利斯行省。只是同一個行省當中有一條名叫烏拉圭河的河，河的東岸有一撥人，河的西岸也有一撥人。它們之間的關係如果換到遠東來說的話，甚至都不能說是成都和武漢的關係，只能說是成都和重慶的關係；不能說是長春和瀋陽的關係，只能說是瀋陽和營口的關係。同一個省裡面隔了一條河，距離還沒有從瀋陽到大連的距離長，行政建制、人口構成和宗教信仰這些都沒有任何區別。他們都是西班牙移民和印第安人以不同比例構成的居民，他們的教育都是由天主教會提供，他們的主要產業都是養牛業。在美國西部的養牛業發展起來以前，拉普拉塔河兩岸是世界上最大的養牛基地。當地的牛肉比牛皮還要便宜，有錢人就能夠喝得起茶葉和咖啡，沒有錢的人就只能吃肉，肉比什麼都便宜。

這種情況維持了相當長的時間，直到英國開始慢慢推行自由貿易，而葡萄牙和它的巴西殖民地漸漸地捲入了英國的自由貿易體系，這樣一來就導致了走私販子的猖獗。西班牙殖民地的各種產物，按照規定都是要統一發賣、由國王的代理商主管的，但是英國的走私販子、荷蘭的走私販

① 副王（Viceroy），是西方國家君主派駐在殖民地或行省代理人的稱號，也有人翻譯成「總督」。

② 檢審法院（Audiencia），西班牙對上訴法院的稱謂。在西屬美洲，檢審法院在其管轄區內兼有立法、行政和司法權，是國王的全權代表。美洲殖民地第一個檢審法院建立於一五一一年海地島上的聖多明哥（Santo Domingo）。

③ 經教皇許可，西班牙國王從十六世紀開始對西屬美洲教會行使聖職授予權。一七六七年，國王卡洛斯三世頒發詔書，從西班牙及其美洲領地驅逐了耶穌會，沒收了其全部地產。

④ 馬德里的西印度事務院（Real Supremo Consejo de las Indias），一五四二年成立，輔佐國王處理新大陸殖民地事務的官僚機構，在十六至十七世紀間西班牙的新大陸事務上扮演著相當重要的角色。

⑤ 烏拉圭河（Rio Uruguay），拉普拉塔河支流，自北向南流經巴西、阿根廷和烏拉圭三國，總長度約一千五百公里。

⑥ 即布宜諾斯艾利斯王家檢審法院轄區（Real Audiencia de Buenos Aires），設置於一七八三年，所轄範圍包含烏拉圭河東岸地區。

子、尤其是近在咫尺的巴西的走私販子，可以帶來不納關稅的、又便宜又好的貨物，可以用更好的價錢去購買當地人的物產。當地人儘管是西班牙人和天主教徒，從理論上講非常仇恨新教徒和葡萄牙人，但是他們也抵擋不住利潤的誘惑，經常跟這些走私貿易者發展關係。於是在這種情況下，布宜諾斯艾利斯的商會就開始提出，要求國王允許西班牙國內實行自由貿易。最後在波旁王朝取代了哈布斯堡王朝以後，西班牙進行了行政改革⑦。

這個行政改革是兩方面的，它很像是俄羅斯帝國斯托雷平首相推動的改革，既有加強中央集權的一方面，又有擴大經濟自由的一方面。它就是中華人民共和國國內在九十年代經常談論的那種政治威權主義和經濟自由主義相結合的做法。在政治上講，它進一步收權，把原來封建領主和教會的權力進一步收歸中央政府，擴大官僚政府的權力。在各總督轄區，當然也就是擴大了總督和檢審法院的權力，使教會和貴族的權力進一步被壓縮，增加了監督官（Intendente）和其他官僚體系，強化了國家的權力。但是在經濟上卻是採取打開共同市場的做法，把西班牙全國的各個領地，包括各主要殖民地和西班牙本土，變成一個單獨的關稅區。這樣一來，原先那幾個指定口岸和指定的王家商人的壟斷地位就被打破了。殖民地雖然不能夠跟英國人、荷蘭人或者葡萄牙人自由貿易，但是它現在可以跟其他的西班牙殖民地和西班牙本土發展貿易。

這樣一來，在拉普拉塔河殖民地就產生了兩個重要港口，一個是布宜諾斯艾利斯，一個是蒙特維多[8]。這兩個港口就是日後阿根廷和烏拉圭分離的開始，但是當時這兩個港口的商人誰都沒有想到它們將來會分裂。他們都認為自己是西班牙人，而且是忠誠的西班牙愛國者。只是，這兩個港口距離很近，自然會產生競爭。布宜諾斯艾利斯的商人主要收取拉普拉塔河上游潘帕斯大草原[9]的物產，而蒙特維多的商人自然而然就是順著烏拉圭河，收取上游所謂的「七大傳教區」[10]附近的貨物。由於水系的不同，它們兩地覆蓋的經濟區就產生了差別，經濟區的差別使兩個位置很近的港口產生了競爭性的關係。所以在西班牙和英國開戰的前幾十年，烏拉圭河東岸的商會和烏拉圭河西岸的商會就經常打嘴仗。但是打嘴仗的方式還都按照「我們都是西班牙愛國者」的方

⑦ 行政改革（Bourbon Reforms），指西班牙波旁王朝於十八世紀在西班牙及其美洲領地實行的旨在加強中央集權的一系列改革。在美洲，王室於一七四三年頒布《美洲經濟政府新體制》，推行重商主義，改革行政組織，剝奪土生白人（克里奧爾人）通過賄賂等手段獲得殖民地官職尤其是檢審法院官職的管道，改由中央直接委派「半島人」擔任各級官職。

⑧ 烏拉圭首都，位於拉普拉塔河河口北岸，一七二六年由西班牙人建立。

⑨ 阿根廷中部的著名大草原，面積約七十六萬平方公里。

⑩ 七大傳教區（Misiones Orientales），指烏拉圭河以東建立於十七、十八世紀的七個耶穌會傳教居民點（Jesuit Reductions），分布於今巴西的南里奧格蘭德州境內。居民點由耶穌會修士獨立組織管理，在印第安人中間廢除奴隸制，傳授天主教教義、生產技術知識和軍事知識，建立了龐大高效的莊園體系，結果引起其他殖民者和西班牙王室猜忌，於一七六七年遭到國王驅逐。

式打嘴仗。他們的競爭方式絕不是相互把對方視為外國，而是以相互嘲笑說「我比你更西班牙，我比你更愛國」這種方式進行的，直到英國和西班牙開戰[11]。

這場戰爭有一部分是為了英國人期望擴大自由貿易的範圍而展開的，所以在一八〇七年初英軍攻陷蒙特維多以後，英國人打算讓西班牙的美洲殖民地嘗一下自由貿易的好處，就把英國在本國和英國殖民地推行的制度到西班牙美洲來短暫地執行了一下。這次短暫的英國占領是西班牙美洲走向啟蒙和開化的開端。儘管美洲的西班牙人非常驕傲，口頭上還是非常敵視英國的異教徒和新教徒，嘲笑這些人，但他們不得不承認，英國人的殖民統治比他們高一籌。英國人統治時期，由於開放了港口，蒙特維多的繁榮急劇增進了，當地文化教育水準隨著經濟水準的提高也跟著提高。拉普拉塔河殖民地第一次產生現代的報紙[12]，也就是在英國占領時期。他們嘗到了自由貿易的好處，商業繁榮，城市的人口急劇增加了，但是感情上仍然覺得我們西班牙天主教徒不應該屈服於英國新教徒的統治，我們仍然要忠於自己的國王。

西班牙自從跟英國發生戰爭以後，本國的自由主義思想開始有了一點萌芽，但是根本上促進西班牙自由主義大發展的還是拿破崙的入侵。拿破崙入侵西班牙，把西班牙推到了進退維谷的情況下：只有英國才能保護他們抗擊拿破崙，但是跟英國聯盟是要有一定代價的——英國人是要自由貿易的。美洲的貿易是英國對外貿易的一個大宗，西班牙人要想得到英國海軍的保護，就不得不把西班牙美洲的自由貿易開放給英國。經濟的改革也自然而然推動了政治上的轉型。西班牙國內在拿破崙的壓力下，在陸上打不過拿破崙，只能依靠皇家海軍在海上的支持，不得不跟英國結成聯盟。但是雙方的關係並不對等。英國人在海上，是拿破崙怎麼也打不到的地方；西班牙在陸上，是拿破崙很容易打到的地方。西班牙有求於英國，而英國對西班牙卻沒有多少所求。因此結果就是，主要是英國的思想傳到了西班牙，西班牙國內的自由主義傾向急劇上漲，要求像英國一樣召開議會，實行君主立憲制。最後斐迪南國王不得不做出讓步，允許西班牙召開議會。[13]

西班牙議會的召開，從西班牙憲法的角度來講，是跟清朝末年召開諮議局類似的行動。本來是國王和大貴族主管一切，現在召開議會以後就要涉及殖民地的問題。殖民地本來也是總督和大貴族主管的地方，現在我們要把西班牙統一起來。原來那個分等級的、國王和貴族居高臨下、半島人[14]淩駕於殖民地之上的體制，現在維持不下去了，我們本土面臨著拿破崙的極大壓力，迫切需要全國人民團結起來。這就像是清朝一樣。清朝原先是，滿洲和蒙古是騎在十八省之上的，滿洲貴族又是騎在十八省文官之上的。西班牙王國也是，西班牙本土的國王和貴族是騎在殖民地居民之上的，本土和殖民地的地位不平等，就像滿洲和十八省的地位不平等一樣。但是在拿破崙的壓力之下，現在我們必須走自由主義的道路，召開國會。召開國會那就得大家一律平等了，不能只是西班牙半島的居民才能夠選舉議員，殖民地的居民也可以選舉議員。

於是國會就決定，今後的西班牙就是在西班牙國王之下的一個自由民主的國家，以後不再存在宗主國和殖民地的差別，西班牙半島的居民和殖民地的居民都要選出自己的議員，這樣產生出來的一個大西班牙才是真正自由民主的西班牙，既能夠實現各等級之間的平等，又能夠實現各地區之間的整合。聽起來是非常好的，但是實際上，實行自由民主的結果一般就是促使帝國分裂。儘管設計自由民主的改革家一般都是以為，民主參與很好，是可以把原來處在政治體系之外的各地的人民都加入到政治體系之內，會加強國家的團結；但是實際上，由原先的絕對君主制和帝國體制轉向自由民主的結果恰好是導致了帝國的分裂。民主沒有站住腳，分裂倒是變成了既成事實。

西班牙各地無論是殖民地還是本土，以前在絕對君主制的統治下已經有兩百年沒有過自我治理的經驗了，所以他們選舉出了中央的議會和各地方的議會以後，自然而然就出現了酷似中華民族最初二十年的情況。他們沒有經驗，新選出來的議員多半也是讀多了英國或者法國啟蒙主義作家作品的知識分子，自己也不會辦理財政和軍事上的業務，手裡面有錢又有戰鬥力的土豪——也就是地主士紳和民團首腦反倒很少進入議會或者是無法控制議會。於是，議會政治實行還沒有十年，無論是本土的各省還是殖民地的各省都紛紛發生政變，政變產生了各種不同的軍紳政權。議會不斷解散，不斷重新選舉。而各地的議會跟加迪斯（Cádiz）的西班牙全國議會不和，各地的議會彼此之間也不和。

儘管所有的議會都認為自己是西班牙人，但是他們彼此之間相互打架的結果卻導致了全國大部分地方都陷入軍閥統治之下。各地軍閥各據一方，墨西哥有墨西哥的軍閥，哥倫比亞有哥倫比亞的軍閥，祕魯有祕魯的軍閥，拉普拉塔河和巴拉圭也有各自的軍閥。各自的軍閥相互征伐，都想搶地盤。拉普拉塔河的軍閥以布宜諾斯艾利斯為基地，很想打下巴拉圭，但是在進攻巴拉圭的過程中間，又被巴拉圭的軍閥給打了回來⑮。雙方在作戰的初期，都並不是以阿根廷國家和巴拉圭國家的名義來打仗的。這就像是，陳炯明和孫中山打仗，他們一個以中華民國非常大總統的名

⑪ 英西戰爭（Anglo-Spanish War, 1796–1808）屬於拿破崙戰爭的一部分，當時西班牙加入拿破崙一方與反法同盟開戰，結果在海戰中屢遭挫敗。一八〇八年，拿破崙任命兄長約瑟夫為西班牙國王，引起了半島戰爭，而西班牙王室也倒向英國，兩者於是停戰。

⑫ 即《南方之星》（*The Southern Star*（*Montevideo*）），於英軍占領下的蒙特維多的英語及西班牙語雙語報紙，是該市有史以來首份報紙，從一八〇七年開始發行。該報鼓吹親英觀點，主張拉普拉塔河殖民地脫離西班牙獨立，出版數月即停刊。

⑬ 斐迪南七世（Fernando VII, 1784–1833）於一八〇八年被拿破崙逼迫退位。拿破崙未占領地區的各界代表在加迪斯召開特殊議會，制定一八一二年憲法，準備實行君主立憲制。一八一四年拿破崙戰敗後，斐迪南七世恢復權力，立即廢除加迪斯憲法。一八二〇年起義四起，斐迪南七世不得不宣誓接受加迪斯憲法，重新召開議會，自由派得勢。一八二二年，維羅納會議授權法國出兵西班牙，摧垮自由派政府，斐迪南七世重新掌權。

⑭ 半島人（Peninsulars），此名源於西班牙位處的伊比利亞半島，是美洲殖民時代的土生白人（克里奧爾人）對來自西班牙本土的人的稱呼。

⑮ 巴拉圭戰役（Paraguay campaign, 1810—1811），一八一〇年，布宜諾斯艾利斯的軍閥貝爾格拉諾將軍率領軍隊入侵巴拉圭，但最後以失敗告終，而巴拉圭也成功獨立。

義打仗，一個以中華民國廣東軍政府都督的名義打仗，他們都說自己是中華民國的一方諸侯。

在西班牙帝國內部打來打去的這些軍紳政權的各路軍閥，最初的時候也說自己都是斐迪南國王或者加迪斯議會的忠實追隨者，但是因為斐迪南國王和加迪斯議會不和，於是就會出現這樣的情況：有些地方的軍閥理直氣壯地說，我是擁護斐迪南國王反對加迪斯議會的，例如像烏拉圭東岸的軍閥就選擇了這條道路；有些地方的軍閥則說是，我是擁護加迪斯議會來反對斐迪南國王的，例如布宜諾斯艾利斯的軍閥就採取的是這種態度；還有另外一些軍閥只是泛泛提出保證國王和教會的權利，但是實際上是只搞地方主義的。各種各樣的立場都有。

這種情況就是非常酷似張作霖、吳佩孚和馮玉祥爭霸的那個時代。他們名義上都說自己是中華民國的軍閥，但是實際上所占有的地區都是自己抽稅，既不管北京的總統也不管北京的國會。同時，對本地選舉出來的國會也不是很尊重。國會如果聽話的話就好說，如果不聽話就使用武力來解散國會，重新選一個聽自己話的國會。然後自己指不定哪一天又被自己手下的某一個軍官發動政變推翻，而新上台的軍官又會解散原來的國會，再重新選舉一個新的國會。也就是說，西班牙第一次實行自由民主的結果，在不到二十年的時間內，使西班牙全國陷入了類似北洋軍閥的那種狀態。這是第一步。

北洋軍閥開始的時候還以為自己是中華民國的軍閥，但是最後到了一定程度，像張作霖幾次進攻北京，在打了敗仗、不得不一再退出關以後，在他發現他再也打不進北京城的時候，他就公開宣布滿洲獨立了[16]。宣布滿洲獨立的好處就是，以後他可以借助滿洲獨立的口號，依靠俄國和日本的干涉，防止北京城的勝利者（例如像吳佩孚這種人）不僅打下了北京城，還要出關來打關東的土地。如果他如果繼續以中華民國軍閥的名義自居的話，那麼很自然的，他在北京打了敗仗以後，吳佩孚自然就可以長驅直入，殺到山海關以外來追殺他；如果他宣布滿洲獨立的話，那麼他就可以關閉山海關，吳佩孚越過山海關來打他，他就可以邀請日本和俄國出兵，吳佩孚害怕日本和俄國，尤其是害怕日本的干涉，只好在打到山海關的時候就停兵不打。

這就是美洲各殖民地獨立最初的原因。像包括烏拉圭和巴拉圭在內的拉普拉塔河殖民地，最初宣布獨立的主要原因就是這樣。布宜諾斯艾利斯的軍閥和亞松森[17]的軍閥（布宜諾斯艾利斯是現在阿根廷的首都，亞松森是現在巴拉圭的首都），最初的時候雙方都還沒有想要獨立，只是兩撥軍閥在西班牙王室和加迪斯國會的威名解體以後，相互之間各自組織自己的軍紳政權，想要爭奪拉普拉塔河的霸權。布宜諾斯艾利斯的兵馬先勝後敗，差一點打下亞松森，但是在被巴拉圭人打得大敗、被一路追殺下來以後，他們就決定，召集自己現在還能夠控制的各省，就像是張作霖召集東三省保安會、推舉他自己為東三省保安總司令、關閉山海關、不准吳佩孚繼續追擊我們一樣，雖然我們打了敗仗，上游的土地——亞松森內地的土地我們已經拿不下來了，但是我們至少可以保住下游的土地——布宜諾斯艾利斯附近的土地，不讓耶穌會和萬惡的弗朗西亞博士[18]之流來追殺我們。於是，他們召開了圖庫曼議會[19]。圖庫曼制憲會議就是近代阿根廷的起源，它宣布拉普拉塔聯合省獨立。

拉普拉塔聯合省的組成者，也就是舊西班牙拉普拉塔總督轄區當中反耶穌會的、反對亞松森軍閥的各路軍閥和派系的一個總和，包括了現在的阿根廷和烏拉圭。烏拉圭近現代民族神話的兩位國父，一位是隆德奧[20]，一位是阿蒂加斯[21]，在這場拉普拉塔總督轄區的內戰當中都是支持布宜諾斯艾利斯的。所以，內戰分裂了拉普拉塔總督轄區，把原先的拉普拉塔總督轄區一分為二，變成了後來的巴拉圭和阿根廷的前體——只是前體，而不是本身，因為當時的巴拉圭是一個大巴拉圭，比現在的巴拉圭要大得多，當時的拉普拉塔聯合省也是一個大阿根廷，比現在的阿根廷要大得多。這種情況就好像是，吳佩孚和張作霖打了仗以後，吳佩孚和張作霖各自建國，以便讓他們雙方之間在山海關附近停戰。他們雙方這樣各自建國以後，然後又邀請英國人和葡萄牙人來調停，也就像是張作霖讓日本人出來控制山海關一帶的鐵路、在英國觀察員的監督之下在山海關兩側建立非軍事區一樣。只要英國人和日本人一來，雙方就打不起來了。非軍事區隔在當中，自動地把雙方的戰爭隔離開來了，然後雙方就各自建立自己的獨立政權了。

這是西班牙帝國總體解體的第二步，再次解體的第一步。第一次解體就是西班牙美洲殖民地軍閥崛起，為西班牙半島上的國王政府和國會政府所無法控制，而國王政府和國會政府又自己跟自己瘋狂打仗，根本顧及不了美洲的事情；第二步是美洲跟歐洲的西班牙本土相隔離以後，美洲各殖民地又發生了第二次解體，第二次解體就產生了大哥倫比亞、上下祕魯、墨西哥帝國和拉普拉塔河殖民地；這個分割開來的四大體系各自之間又打起了軍閥戰爭，結果又導致再度解體，就是我剛才說的那樣，在拉普拉塔河地區就變成了內地的亞松森、耶穌會、弗朗西亞博士的勢力範圍和南方拉普拉塔聯合省的勢力範圍。

烏拉圭東岸直到這時仍然沒有絲毫要獨立的想法。他們認為他們自己是布宜諾斯艾利斯體系

⑯ 一九二二年四月第一次直奉戰爭，奉軍戰敗，東三省議會推舉張作霖為東三省保安總司令，並宣布滿洲自治。

⑰ 亞松森（Asunción），巴拉圭首都，位於巴拉圭河東岸，一五三七年由西班牙人建立，為南美歷史最悠久的城市。

⑱ 何塞·弗朗西亞（José Gaspar Rodríguez de Francia, 1766–1840），巴拉圭首任事實國家元首（1814–1840）。任內標榜以盧梭《社會契約論》為執政方針，大規模沒收白人農場主土地和教會財產，廢除高等教育，建立政治員警，嚴厲鎮壓反對派；對外則充實軍備，採取鎖國政策，總體上避免干涉拉普拉塔聯合省和其他鄰國的事務。死後被巴拉圭人視為民族英雄。

⑲ 圖庫曼會議（Congress of Tucumán）是阿根廷獨立戰爭期間召開的會議；一八一〇年，阿根廷五月革命爆發，推翻了原本的拉普拉塔總督轄區，成立臨時政府。之後他們在聖馬丁的率領下擊敗了西班牙人，鞏固了革命成果；一八一六年七月九日，圖庫曼會議發表了《獨立宣言》，宣布拉普拉塔聯合省（United Provinces of the Rio de la Plata）獨立，這天後來被訂為阿根廷的國慶日。

⑳ 何塞·隆德奧（José Rondeau, 1773–1844）阿根廷和烏拉圭軍閥、政治家，生於布宜諾斯艾利斯，長於蒙特維多。早年從軍，先後參加對英、對法和聯合省獨立戰爭，兩度當選為聯合省最高督政官（1815、1819–20）。一八二〇年卸任後回到烏拉圭東岸活動，曾參加對抗巴西的戰爭。一八二八年導致烏拉圭獨立的《蒙特維多條約》簽訂後，當選為烏拉圭東岸共和國首任總督

的一部分。這就像是，吉林人在張作霖被吳佩孚打敗、跑到滿洲來宣布獨立以後，他們雖然不會認為自己是吳佩孚的一部分而不是張作霖的下屬，但他們不會想到說是，張作霖宣布滿洲獨立以後，我吉林也宣布脫離奉天獨立。不是的，他們認為吉林和黑龍江天經地義都應該是跟著奉天走的，奉天的張作霖既然宣布滿洲獨立了，那麼他們當然也是滿洲的一部分，也就跟著張作霖一起獨立了。烏拉圭東岸的兩個主要軍閥，阿蒂加斯和隆德奧，也就是根據同樣的方式，緊跟布宜諾斯艾利斯的軍閥貝爾格拉諾將軍[22]，宣布他們都是統一的、不可分割的拉普拉塔聯合省的一部分。這時，拉普拉塔聯合省還沒有變成阿根廷。

拉普拉塔聯合省在英國人和葡萄牙人的保證之下，從西班牙爭取了獨立，跟大巴拉圭畫清了界限[23]，似乎解體的任務已經完成了。本來拉普拉塔總督轄區就只剩下一半了，好像沒有理由再分離了。但是問題還沒有這麼簡單，拉普拉塔聯合省本身還有自己的憲法問題。凡是經過了長期官僚專制統治的國家，你要突然一下子實行自由民主、實行議會政治，總會出現軍閥和強人統治，總會反反覆覆的。這可以說是全世界民主化的一個普遍規律，西班牙不例外，全世界任何國家都不例外。民主化的過程中間，不可避免地要刺激各地方的分裂。結果，本來最初推動自由化和民主化的那些人都不想要分裂了，但是最後被形勢所驅迫，也不得不分裂。這就像是，黎元洪也不想讓湖北獨立，但是實際上中華民國其他各省都搞起軍閥來了，那麼湖北不搞軍閥也不行了。這些軍閥最初是沒想要獨立的。西班牙美洲的情況也是這樣的。

西班牙國內，就像我剛才說的那樣，國王和國會不斷打架，為了國王的權力多一點還是國會的權力多一點、為了中央集權好還是地方自治好的問題不斷爆發內戰和政變。拉普拉塔聯合省早在正式宣布獨立之前就已經面臨著同樣的問題：他們也要面臨一個到底是中央集權好還是地方分權好的問題，也就是說一個聯邦主義和中央集權主義的問題。中央集權主義的主要支持者就是布宜諾斯艾利斯的商人，因為布宜諾斯艾利斯是全國最大的城市，也是最大的商業港口。如果實行中央集權政治的話，那麼毫無疑問就是布宜諾斯艾利斯的政治家統治外省。但是外省也不是吃素

（1828–1830），去職後仍在烏拉圭軍隊中服役，最終於一八四四年在蒙特維多圍城戰中陣亡。

㉑ 何塞．赫瓦西奧．阿蒂加斯（José Gervasio Artigas, 1764–1850）阿根廷和烏拉圭軍閥、政治家，被現今烏拉圭人尊為獨立之父；生於蒙特維多土生白人牧場主家庭。早年從軍，參加對英戰爭。一八一〇年聯合省獨立戰爭爆發後，率獨立派軍隊在烏拉圭東岸地區作戰，曾兩次圍攻蒙特維多。第二次圍城（1812–14）期間，因東岸方面的聯邦主義訴求與布宜諾斯艾利斯的中央集權傾向產生矛盾等原因，與聯合省中央政府決裂，於一八一五年會同鄰近的東北部各省成立「聯邦同盟」並出任領導人，一度將聯合省中央軍隊逐出東岸地區，並推行土地和社會改革。後因巴西的葡萄牙人入侵，被迫退往烏拉圭河西岸，在當地又與其他聯邦派領導人矛盾激化，遂於一八二〇年放棄軍隊前往巴拉圭避難，此後未再復出。

㉒ 曼努埃爾．貝爾格拉諾（Manuel Belgrano, 1770–1820），阿根廷軍閥、政治家，生於布宜諾斯艾利斯。一八一〇年五月革命後獲選為聯合省執政委員會（Primera Junta）成員，於一八一一年統率對巴拉圭保王黨人的遠征（Paraguay campaign），但遭到失敗。一八一二年八月在胡胡伊省（Jujuy Province）面臨來自上祕魯（今玻利維亞）的優勢保王黨軍進攻時，執行焦土政策，將該省所有人口遷往圖庫曼省，史稱「胡胡伊遷徙」（Jujuy Exodus）。因對上祕魯保王黨的作戰先勝後敗，一八一四年被解除北方戰線的指揮官職務，派往歐洲從事外交活動。一八一六年參加圖庫曼議會，提出迎立

的，外省的強人也就是地主和軍閥。外省有很多大地主、大牧主，他們是外省政治勢力的主要代理人，像烏拉圭東岸的養牛區的阿蒂加斯和隆德奧這兩個人就是烏拉圭的大地主，科爾多瓦[24]也有科爾多瓦的大地主。

他們覺得，如果全部權力都讓北京城——也就是都讓布宜諾斯艾利斯的中央集權主義者占去了，那麼第一是商人當權、資本家當權採取的政策會不利於地主，地主希望跟英國人搞貿易，廉價進口英國的產品，而資本家則希望發展工業，希望搞保護關稅，把英國的產品排斥在外，自己發展工業，雙方之間的利益不一樣；第二是地區也不一樣，布宜諾斯艾利斯的人口雖然是最多、最密集的，但是論地盤的話當然是外省的地盤大，科爾多瓦省、烏拉圭東岸省論面積來說的話比小小的布宜諾斯艾利斯要大多了，我們這麼大的地方，不可能說是全讓你們占去了。於是雙方之間的矛盾就轉化為聯邦派和中央集權派的矛盾。

在中央集權派和布宜諾斯艾利斯的軍閥控制了首都的情況下，聯邦派各省就轉而共同擁戴烏拉圭的大軍閥阿蒂加斯[25]。阿蒂加斯在拉普拉塔聯合省的政治地位非常像是陳炯明在中華民國的地位。他本來只是烏拉圭東岸的大地主和大軍閥，現在他支持聯邦派。他的意思是說，我不是要把烏拉圭從阿根廷分裂出來，而是要率領烏拉圭、科爾多瓦和阿根廷的東部、北部各省，打倒布宜諾斯艾利斯省的中央集權派，然後打進布宜諾斯艾利斯，重新恢復聯邦主義的憲法。這種做法也就像孫中山和陳炯明在廣東建國，他們不是想要建立一個廣東人民共和國或者是廣東民國，他們的意思是：我們不是廣東民國，我們是中華民國的廣東政府，我們廣東政府總有一天要北伐成功，打到北京去，把萬惡的北京政府打倒，然後統一整個中華民國。結果是，聯邦派的流亡政府和布宜諾斯艾利斯的國會政府之間就打起來了。布宜諾斯艾利斯的中央集權派政府任命隆德奧為他們的海陸軍部長，流亡國會、非常國會則任命阿蒂加斯為護法軍政府的護國軍統帥。

按照我們現在看到的烏拉圭的建國神話和民族神話，烏拉圭的國父有三批人，一批是建國之父隆德奧，另一批是獨立之父阿蒂加斯，還有一批是再獨立之父「東岸三十三人」㉖。但是實際

舊印加王族為聯合省君主的「印加方案」，未被採納。後奉命征討阿蒂加斯聯邦派，在途中病死。被阿根廷人視為民族英雄。

㉓ 巴拉圭直至一八四二年方正式宣布獨立。

㉔ 科爾多瓦（Córdoba），指潘帕斯地區的科爾多瓦省，非指西班牙的科爾多瓦。

㉕ 一八一五年六月二十九日，拉普拉塔聯合省內部的烏拉圭東岸省、科爾多瓦省等聯邦派各省召開議會（Congreso de Oriente），宣布成立「聯邦同盟」（Liga Federal），由阿蒂加斯出任護國公。該同盟與布宜諾斯艾利斯政府分庭抗禮，沒有參加次年舉行的圖庫曼議會。

㉖ 「東岸三十三人」（Treinta y Tres Orientales），一八二二年九月，葡屬巴西攝政王佩德羅宣布成立巴西帝國，巴西陷入內亂。一八二五年四月十五日，包括曼努埃爾．奧里布（Manual Oribe，後為獨立後烏拉圭第二任總統）在內的一批武裝人員，在烏拉圭東岸地區沿海祕密登陸，沿途吸引當地居民加入，於五月二十日到達蒙特維多，並於六月十四日在佛羅里達鎮（La Florida）成立臨時政府並選舉了代表。八月二十五日，佛羅里達議會宣布東岸地區脫離巴西，再次併入聯合省，由此引發了巴西和聯合省之間的三年戰爭。這批武裝人員只有一部分來自東岸地區，數目亦不詳，因傳統上被認為有三十三人，故稱「東岸三十三人」。

上，如果你把拉普拉塔河殖民地按照一個類似大中華的史觀來寫的話，你就會看到：第一，阿蒂加斯和隆德奧這兩位後來的烏拉圭國父，在當時誰都沒有想讓烏拉圭獨立，他們都是烏拉圭人，但是都自以為自己是阿根廷的軍閥；而且，他們在內戰中是站在不同方面的。隆德奧這位獨立戰爭的大英雄是站在阿根廷中央集權派一邊的，要求布宜諾斯艾利斯把外省都統治起來；阿蒂加斯這位獨立戰爭的另一位大英雄則是站在聯邦派一邊的，要求包括烏拉圭東岸省、科爾多瓦省的其他各外省都在聯邦主義的基本憲制之下實行高度自治，但並不是要推翻布宜諾斯艾利斯或者是要從阿根廷獨立出去。

他們的最初目的是要打進布宜諾斯艾利斯，而不是脫離出去，但是他們最後打了敗仗。打了敗仗的原因，是遭受了布宜諾斯艾利斯和葡萄牙人的兩面夾擊。葡萄牙人控制著整個巴西，而烏拉圭河以東的阿根廷領土則是阿根廷領土中最接近巴西的一部分。康熙皇帝寧可讓荷蘭人占領台灣，也不願讓鄭成功家族打著明朝的旗號占領台灣；同樣，布宜諾斯艾利斯的中央集權派寧可把烏拉圭東岸交給葡萄牙人占領，也不願讓聯邦派占領。結果，巴西的葡萄牙人就在聯合省中央政府的默許下在一八一六年打進了烏拉圭，原先的聯邦派各省也把阿蒂加斯拋棄了。阿蒂加斯已經老了，於是他就跑到巴拉圭去，做了一個退休莊園主，完全退出了政界。這個時候，隆德奧已經做到了布宜諾斯艾利斯中央政府的主席。我們可以看得很清楚，阿蒂加斯也好，隆德奧也罷，追求的目的根本就不是建立一個烏拉圭國家和烏拉圭民族。隆德奧的目的是要建立一個中央集權的阿根廷國家，對烏拉圭的態度頂多就是把它變成中央集權的阿根廷的一部分；阿蒂加斯的目的是要建立一個聯邦主義的、像美國一樣的阿根廷，把烏拉圭變成像是美國各州一樣的阿根廷的一個州。他們都不想要烏拉圭民族，所以也就各走各的路了。

現在的烏拉圭在葡萄牙統治下，只好另外找人，而這些人也就是流亡在阿根廷的烏拉圭人，也就是後來著名的烏拉圭「再次」獨立英雄，所謂的「三十三人」。照烏拉圭的民族神話，這三十三人渡過烏拉圭河，到了東岸，趕走了葡萄牙侵略者，在一八二五年恢復了烏拉圭的獨立。但是實際上的故事是這樣的：阿根廷的政府就像是現在的中華人民共和國政府時刻不忘要收復香港和台灣一樣，它也是時刻不忘記被英帝國主義和葡萄牙帝國主義奪走的烏拉圭東岸行省。在他們看來，烏拉圭東岸在我們阿根廷聯邦的統治下過得好好的，你們的著名將領隆德奧都在我們中央政府當了主席這樣的大官，我們阿根廷沒有一絲一毫虧待我們的烏拉圭同胞，就像中華民國沒有一點虧待你們台灣人或者滿洲人一樣。你們自己也不是心甘情願獨立的，而是帝國主義害了你們、吞併了你們。那麼我們當然要在我國的領土之上，像是蔣介石在重慶建立台灣革命同盟會和台灣國民革命黨、時刻都想把台灣奪回來那樣[27]，在布宜諾斯艾利斯建立烏拉圭解放組織，時刻都想找到機會把烏拉圭從葡萄牙人手裡奪回來。

烏拉圭三十三人其實就相當於是阿根廷的連横[28]。連横原來是日本統治下的台灣人，然後他跑去投奔了國民黨人。蔣介石培養他，是希望有朝一日能夠打回台灣去，收回台灣。烏拉圭三十三人的情況跟連横他們是一模一樣的，他們大多是葡萄牙統治之下的烏拉圭居民，然後跑到阿根廷去，被阿根廷的中央集權派收編了，希望借阿根廷的力量打回烏拉圭去，把烏拉圭重新歸併到阿根廷的勢力中。後來這樣的機會果然來了，在葡萄牙內亂、烏拉圭本地又發生動亂的情況下，阿根廷軍隊渡過烏拉圭河，在三十三人的帶領之下重新占領了烏拉圭，宣布烏拉圭自古以來就是阿根廷的土地，現在終於回到祖國了。三十三人其實不是作為烏拉圭獨立戰爭的英雄建立了獨立的烏拉圭，而是作為阿根廷軍隊的帶路黨，在阿根廷軍隊刺刀的保衛之下，把烏拉圭重新變成了阿根廷的一個行省。

但是現在的國際形勢就不容許他們吞併烏拉圭了。巴西是南美洲的大國。這一次失敗是暫時的失敗，它很快就捲土重來了[29]。阿根廷的實力雖然打烏拉圭沒有問題，但是打巴西就很有點吃力，就有點支持不住，再加上英國人又進來干涉。英國人不在乎任何地方歸任何人統治，但是在乎自由貿易。英國人看出，一個小國林立的南美洲比較有利於自由派的事業。一方面是小國的憲法結構容易穩定，不容易像大國那樣不斷地爆發出袁世凱、張作霖這樣的軍事政變；另一方面，小國更容易實行自由貿易政策，它不會像是巴西和阿根廷這樣的大國那樣有很大的野心。巴西和阿根廷都想把自己變成南美洲的美國，變成跟英國平起平坐的大國。那樣的話，你要做大國，就要有強大的工業體系，要有強大的工業體系，就要搞高關稅，盡可能發展本國的工業，盡可能排斥英國的工商業產品。而像烏拉圭這樣的小國就沒有這樣的追求，因為就它的體量來說的話也只有台灣那種大小，它不可能把自己變成像是美國那樣的大國，不可能讓自己跟大英帝國平起平坐的。對於它來說，與其費心費力地驅趕英國產品、勞民傷財地搞什麼本國的工業化體系，還不如開放市場，大家搞自由貿易，讓價格又便宜、品質又高的英國產品進入本國市場，然後借助英國人的勢力去反抗阿根廷和巴西這兩個大國。所以烏拉圭的獨派——「烏獨分子」是堅決主張親英

㉗ 參見《台灣革命同盟會成立宣言》（一九四一年二月九日）。

㉘ 連橫（1878–1936），字天縱，又字雅堂，祖籍福建漳州府龍溪縣，生於福建台灣府台灣縣（今台南）。日治時期曾在《台南新報》等報紙工作，與日本當局關係良好。一九二〇—二一年出版第一部漢文台灣史《台灣通史》。一九三〇年，因在日本報紙上發表《新阿片政策謳歌論》，遭到林獻堂等台灣輿論排斥，無法立足，遂轉向中國發展，獲得國民黨要人張繼的賞識。連橫在寫給其子連震東的家書中說「台灣實不可居」「吾不欲汝為台灣人」。一九三三年舉家遷居上海，一九三六年去世。

㉙ 巴西和拉普拉塔聯合省爭奪烏拉圭東岸地區的戰爭（Cisplatine War, 1825–1828）。海戰中巴西佔優勢，陸戰則陷入僵局。雙方的經濟均因曠日持久的戰爭遭受嚴重損害。經英國調停，兩國於一八二八年簽訂《蒙特維多和約》（Treaty of *Montevideo*）。依約，烏拉圭東岸地區宣告獨立，由兩國保證其內部政治穩定，並可以在不損害兩國安全的前提下制定自己的憲法。條約還同意拉普拉塔河在十五年內實行自由通航。

的，而英國人也願意支持他們。

戰爭最後的結果是，阿根廷和巴西誰也打不敗誰，雙方便在英國人的調停下決定停戰。停戰最好的辦法就是設立一個緩衝區。烏拉圭是戰爭的主要原因，它是最適合於當緩衝區的。於是雙方在英國人的調停之下達成協議，阿根廷軍隊和巴西軍隊都不要進入烏拉圭，讓烏拉圭自己管理自己。這也就是當年丹麥人和瑞典人爭奪挪威的時候發生的同樣的事情。雙方調解的結果就是，誰也不要得到挪威，你們都出去，讓挪威人自治，自治的下一步就是獨立[30]。英國人也是用類似的方式調停了巴西和阿根廷的糾紛，讓它們停戰，雙方都撤出烏拉圭，烏拉圭的未來由烏拉圭人民自己解決。結果，烏拉圭人民自己選舉出來的議會決定建立烏拉圭國家。

他們這樣做其實還不是因為烏拉圭已經有了一個我們現代意義上的民族，迫切希望建立一個跟阿根廷民族和巴西民族都不一樣的民族。他們主要是感到：「我們是一個小國，我們是南美洲的孤兒，就像台灣是亞細亞的孤兒[31]一樣，一會兒清朝把我們扔給日本，一會兒日本把我們扔給中華民國，我們受夠了。你們無論哪一國軍隊都不是好人，你們哪一國軍隊來了以後都把我們當作殖民地居民對待。看來只有我們自己治理自己，本國人治理本國人，我們才有好日子過。如果說有哪一個列強對我們比較好，那也只是遙遠的大英帝國對我們比較好。大英帝國只想要自由貿易，不想占據我們的領土，跟我們做生意、發展經濟，這是很好的事情。最好是你們巴西人和阿根廷人都別來打，你們雙方都不來打，我們的日子最好過。我們跟著阿根廷，過不了幾十年巴西人就要過來打我們，我們跟著巴西，過不了幾十年阿根廷人就要過來打我們，這樣有完沒完？我們還不如就在大英帝國的保護之下，乾脆就建立一個烏拉圭國家算了。」最後是這一派占了上風，他們就建立了烏拉圭國家。

所以，烏拉圭是一個先有國家再有民族的體系。烏拉圭建立國家以後就要看到，既然國家已經建立了，那麼我們必須把本國國民團結起來，要讓本國的下一代知道，我們自己人跟自己人是同胞，而跟阿根廷人和巴西人都不是同胞，那樣的話就需要塑造民族神話，因此我們就必須要有民族英雄。其實，烏拉圭沒有真正的民族英雄。第一代民族英雄隆德奧雖然後來當選了烏拉圭第一任國家元首，但至少在一開始的時候其實以為他自己是阿根廷的集權主義者；第二代民族英雄阿蒂加斯以為他自己是阿根廷的聯邦主義者；第三代民族英雄就是烏拉圭三十三人，他們其實是阿根廷的帶路黨。但是這都沒有關係，只要有需要，我們就可以發明創造。只要烏拉圭國家必須存在，我們就可以創造出烏拉圭民族，通過烏拉圭的中小學課本，然後把以上這三撥人——其實都根本不自認為自己是烏拉圭人的這三撥人，都發明成為烏拉圭的民族英雄和獨立戰爭英雄。

這種做法就好像是，比如說我今天宣布滿洲獨立，我硬著頭皮把張作霖發明成為滿洲民族英雄。儘管張作霖曾經有好幾次打到北京去，很想當中華民國的大元帥，他宣布滿洲獨立，是打了敗仗，不得已才宣布滿洲獨立的，但是我可以把這個歷史選擇性地敘述，只說張作霖宣布滿洲獨立那部分，把張作霖發明成為滿洲國的民族英雄。或者是我宣布廣東獨立，把陳炯明發明成為廣東的民族英雄，也把陳炯明跟著護法軍政府想要打到北京去的那些歷史抹掉，只講陳炯明如何宣布廣東獨立，如何在廣東搞建設。其實，任何國家的民族發明都是有選擇性的，美國也並不例外。美國把華盛頓說成是民族英雄，但是華盛頓在英法戰爭的時候毫無疑問是英國的一個民兵將領，是跟著英國人打法國人的，而到了獨立戰爭時期他才帶著美洲殖民地的居民跟英國人打仗，但他還是美國的民族英雄。全世界所有國家的民族英雄都是這樣製造出來的。你之所以需要民族英雄，需要有民族史，歸根結底是要維持國家的凝聚力。所以，你就可以通過忽略一部分、強化一部分的做法，把自己自圓其說起來。這種做法骨子裡面是一種神話構建。烏拉圭就通過類似的方法，把阿蒂加斯、隆德奧和三十三人發明成為烏拉圭的民族英雄。

南美各國的憲法普遍是總統制的憲法，很容易在政變當中使總統職位落到軍閥的手裡面；然後軍閥當了總統就不肯下台，其他人想要推翻他只有依靠其他的軍閥，讓新軍閥來打舊軍閥，讓革命黨來打老軍閥；而革命黨打進首都以後，自己又會變成老軍閥。哪怕革命黨在起兵的時候原先打的是聯邦主義的旗號（像民國初期的國民黨一樣），但它只要打進了首都以後，它自己也會變成中央集權派。這就像是，蔣介石會撿起袁世凱的衣缽。儘管國民黨打袁世凱的時候是高呼打倒中央集權的，但是蔣介石打倒了北洋軍閥以後，自己還是照樣要搞中央集權。這樣的事情永遠沒完沒了。烏拉圭獨立之後有幾十年也是這樣子的，自由主義集權派的紅黨和保守聯邦派的白黨打來打去[32]。

烏拉圭在平息內部紛爭以後，於一九一八年改成瑞士式的憲政體制，不實行總統獨大的體制，而是實行瑞士式的委員會制[33]。例如，紅黨雖然當選了，但是在聯邦委員會的九個席位當中，紅黨只能占六個席位；白黨雖然失敗了，但是它還會有三個席位。瑞士式的聯邦委員會制度跟總統制的差別就是在於，權力是分散的。不是說比如共和黨當了總統，權力就全歸共和黨。而

㉚ 一八一四年，拿破崙戰敗，其盟國丹麥被迫將挪威割讓給瑞典。挪威人反對和瑞典聯合，自行召開制憲大會，於五月十七日選舉丹麥王太子、原挪威總督克利斯蒂安·腓特烈（即後來的丹麥國王克利斯蒂安八世）為挪威國王，正式宣告獨立，並頒布了一部自由主義憲法。瑞典遂入侵挪威，但未能取勝。根據雙方的談判結果，克利斯蒂安八世退位，由瑞典國王貝納多特繼任挪威國王，瑞典則同意挪威繼續保留獨立王國地位和一八一四年憲法。一九〇五年，挪威經公投脫離與瑞典的聯合，並得到瑞典承認。

㉛ 台灣文學家吳濁流以「亞細亞的孤兒」比喻日本統治下的台灣，後來這個比喻又被歌手羅大佑寫成同名歌曲；羅大佑在歌曲中隱喻台灣是冷戰關係下的孤兒，由於切中當時台灣人的處境，因此轟動一時。

㉜ 包括烏拉圭內戰（Uruguayan Civil War, 1839–1852）、烏拉圭戰爭（The Uruguayan War, 1864–1865）和長槍革命（Revolution of the Lances, 1870–1872）。一八七二年後，執政的紅黨與在野的白黨之間簽訂了權力分享協議，對議會、省長席位等在兩黨間作了分配安排。

㉝ 一九一八年烏拉圭的憲法將行政權力分配給總統和一個由九名成員共同組成的全國行政委員會（CNA），由兩者共同執政。

是說，共和黨得到了百分之六十的選票，那麼聯邦委員會的九個議席中間就有六個歸它；民主黨得到百分之三十的選票，那麼聯邦委員會還有三個議席歸它。權力不在總統，而在聯邦委員會，而聯邦委員會是按照比例代表產生的。這就是所謂的瑞士體制，所以烏拉圭得到了一個「南美洲的瑞士」的綽號。

這是兩方面的。一方面的因素是外交上的。烏拉圭在被巴西和阿根廷爭來爭去打怕了以後，就採取了瑞士式的做法，宣布烏拉圭是民主中立國，我不把烏拉圭領土作為基地反對任何人，其他任何一個鄰國也別來打我的主意。這樣，在阿根廷、巴拉圭和巴西經常打仗的十九世紀後幾十年，烏拉圭得以享受了長期的和平和經濟發展。一方面是憲法，它不採取拉丁美洲普遍的那種總統制和考迪羅制[34]，而是採取了瑞士那種聯邦委員會制。因為在選舉中失敗的黨派可以在聯邦委員會占據一部分席位，所以他們就沒有那種強烈的發動內戰的動機了。因此，烏拉圭國內的政治鬥爭也就比阿根廷和巴西要民主得多、文明得多。

這兩方面的好處都是烏拉圭發明民族、建立小國的紅利。如果它變成阿根廷或者巴西的一部分，阿根廷和巴西都是南美大國，都有跟美國和英國競爭的野心，那麼無論是作為阿根廷的烏拉圭省的居民還是作為巴西的烏拉圭省的居民，他們都可以分享到阿根廷獨裁者羅薩斯[35]和巴西獨裁者瓦加斯[36]的大國夢。他們可以想像，我們烏拉圭人作為大阿根廷或大巴西公民，現在我們國家是跟英國和美國平起平坐的大國了，但是他們也不可避免地要因此受到大國的獨裁政治和貿易保護政策之苦。它現在獨立了，小小的烏拉圭的居民再也沒有希望變成大國的公民，享受不到大國復興的榮耀了，但是他們享受了經濟自由和自由貿易，享受了瑞士式的長期和平和國內民主的好處。這兩種好處是不能都占的。

儘管無論是西班牙還是墨西哥、阿根廷、巴拉圭、烏拉圭，它們最初的所有政治家和所有居民在西班牙推動民主化的這個過程當中一開始都是堅決主張大西班牙統一的，誰也沒有想到讓美洲殖民地獨立，更沒有想到讓美洲獨立了的殖民地再要一次分裂、二次分裂、三次分裂，但是實

㉞ 考迪羅又譯為高地酋（西班牙語：Caudillo），在西班牙語中通常指軍政領袖或專政元首，起源於十九世紀西班牙殖民中央統治權威崩潰過程中，產生的革命家或軍閥所建立的軍事政權，因此又可稱為「軍閥獨裁統治」。

㉟ 胡安·曼努埃爾·德·羅薩斯（Juan Manuel de Rosas, 1793–1877，）阿根廷軍閥、政治家，依靠農村地主和牧場主勢力支持，兩度出任布宜諾斯艾利斯省總督（1829–1832, 1835–1852）。任內，對內通過准員警部隊Mazorca鎮壓異己，樹立個人權威，建立嚴厲統治，同時鼓勵英國投資和經濟發展；對外奉行擴張政策，不斷與南美洲各鄰國發生衝突。一八五二年干涉烏拉圭內戰失敗後被推翻。本書作者在《從華夏到中國》中的《羅薩斯、迪亞斯之反帝新權威主義》中曾有介紹。

㊱ 熱圖利奧·瓦加斯（Getúlio Vargas, 1882–1954），巴西律師、民粹主義政治家，早期從政以提升勞工福利著稱。一九二〇年代末的大蕭條時期獲得中產階級、種植園主和軍方少壯派的聯合支持，在一九三〇年軍事政變中被推為臨時總統，後又於一九三四年正式當選總統，直至一九四五年下台。任內效仿墨索里尼政權，推行工團主義的「新國家」（Estado Novo）體制，同時打擊自由主義和共產主義。一九五一年再次當選總統，一九五四年因親信捲入謀殺醜聞而自殺。在巴西被視為民族英雄。

行自由民主的結果卻出現了所有當事人都無法控制的局面，使他們被迫向時勢屈服，把軍閥割據和黨派分歧造成的事實獨立最終變成了一個多國體系，把原先那些只不過自認為是西班牙或者阿根廷一個黨派的領袖人物，重新發明成為烏拉圭獨立戰爭的獨立英雄。這就是烏拉圭民族構建的歷史。

它給我們的教訓，有一部分是只涉及烏拉圭這個地區的居民的，但是也有一部分是普遍適用於全世界所有地區的。就是說，一個多民族的、地域廣泛的大帝國在實現自由民主的過程中間，首先實現的多半不是全國的自由民主，多半也實現不了大一統的自由民主，而是在企圖實現大一統的自由民主的情況下，由於各地方上台的黨派不一樣和對自由民主的理解不一樣，使整個大一統的帝國分裂開來，變成很多個小國。這些小國當中分裂出來的比較小的國家，像烏拉圭這樣解體比較徹底的國家，與像阿根廷和巴西這樣解體不大徹底的國家相比，是更容易實現自由民主的。這就是西班牙各殖民地在民主化的過程中間給全世界留下的教訓。

劉仲敬．民族發明學講稿

歐洲的感性邊疆

德意志語言民族主義如何抵制法蘭西理性主義

作者　劉仲敬

總編輯　富察
責任編輯　穆通安、涂育誠
特約編輯　三馬兄、xqmxqm、鄭天恩
企劃　蔡慧華
封面設計　黃子欽
排版　宸遠彩藝
彩頁地圖繪製　青刊社地圖工作室（黃清琦）

社長　郭重興
發行人兼出版總監　曾大福
出版發行　八旗文化／遠足文化事業股份有限公司
地址　新北市新店區民權路 108-2 號 8 樓
電話　〇二～二二一八～一四一七
傳真　〇二～八六六七～一〇六五
客服專線　〇八〇〇～二二一～〇二九
信箱　gusa0601@gmail.com
臉書　facebook.com/gusapublishing
部落格　gusapublishing.blogspot.com
法律顧問　華洋法律事務所／蘇文生律師
印刷　成陽印刷股份有限公司

出版日期　二〇二〇年十一月（初版一刷）
定價　五六〇元整

歐洲的感性邊疆
德意志語言民族主義如何抵制法蘭西理性主義
劉仲敬著／新北市／八旗文化出版／
遠足文化發行／2020.11
ISBN 978-986-5524-21-0（平裝）

一、世界史　二、民族史

711
109010846